Harper
Collins

HOMER HICKAM

DIE SCHNEE-KÖNIGE VON COALWOOD

ROMAN EINER JUGEND

Aus dem Englischen von
Elfriede Peschel

Harper
Collins

HarperCollins®

FSC
MIX
Papier
FSC® C014496

1. Auflage: November 2019
Deutsche Erstausgabe
Copyright © 2019 für die deutsche Ausgabe by HarperCollins
in der HarperCollins Germany GmbH, Hamburg

Copyright © 2000 by Homer H. Hickam, Jr.
Originaltitel: »The Coalwood Way«
Erschienen bei: Bantam Dell,
a division of Random House Inc., New York

Umschlaggestaltung: Hafen Werbeagentur, Hamburg
Umschlagabbildung: Mark Owen, Jude McConkey / Trevillion Images,
winyuu / iStock, OrangeVector / Shutterstock
Lektorat: Anne Schünemann
Satz: GGP Media GmbH, Pößneck
Printed in Germany
Dieses Buch wurde auf FSC®-zertifiziertem Papier gedruckt.
ISBN 978-3-95967-348-8

www.harpercollins.de

Werden Sie Fan von HarperCollins Germany auf Facebook!

INHALT

1. Der Cape-Song   7

2. Poppy   26

3. Mein Lebtag lang   44

4. Die Bettelkinder   56

5. Der Frauenverein   61

6. Wagennacht   78

7. Veteran's Day   88

8. Raketentag   99

9. Der Himmel über Coalwood   116

10. 11 East   129

11. Die Eichhörnchenkatastrophe   136

12. Jake ist zurück   146

13. Jims Entscheidung   160

14. Snakeroot Hollow   173

15. Ein hübsches Paar   189

16. Roy Lees Klage   198

17. Weihnachtsgrün sammeln   205

18. Das Dugout   218

19. Trigger und Champion   225

20. Six Hollow   242

21. Ein Coalwood-Mädchen   250

22. Zurück ans Zeichenbrett   269

23. Strebbau   280

24. Die Hungerarmee   293

25. Der Weihnachtsball   308

26. Der zweite Sohn   316

27. Hochzeit in Coalwood   330

28. Einst wie der schöne Schnee   339

29. Das Leben ist, was man daraus macht   351

30. So läuft das in Coalwood   368

31. Eine Seite aus Jeremia   371

32. Die Könige von Coalwood   376

1. Der Cape-Song

Die wichtigsten Dinge, die ich beim Bau meiner Raketen gelernt habe, hatten nichts mit Chemie, Physik oder Metall zu tun. Es waren Erfahrungen von Unschuld, Sünde und anderen Wahrhaftigkeiten, durch die wir geformt werden wie Täler durch Flüsse, Berge durch Regen oder das Meer durch die Strömungen. All dies sollte ich lernen, als der Niedergang der Bergarbeiterstadt Coalwood, in der ich mein ganzes Leben verbracht hatte, seinen Anfang nahm. Es war das Jahr 1959, und der Herbst hatte die Bäume in den umliegenden Wäldern in die prächtigsten Farben getaucht. Noch immer schleppten sich die Männer von Coalwood zu unserer riesigen Zeche, hin und wieder zurück, und ihre Frauen eilten geschäftig in die Läden der Bergwerksgesellschaft und kämpften gegen den Kohlenstaub an, der vor keiner Tür haltmachte. In den düsteren alten Schulräumen lernten die Kinder und die Lehrer lehrten, und in den schneeweißen Kirchen, die man in den Taleinschnitten erbaut hatte, predigten die Geistlichen. Und gewiss war auch Gott, der zweifellos aus West Virginia kam, mit irgendeiner Arbeit im Himmel beschäftigt. Auf der verlassenen Halde, die wir Cape Coalwood nannten, starteten noch immer Raketen in den bleichen, wachsamen Himmel, und jungenhafte Stimmen wurden von den alten, erschöpften Bergen als Echo zurückgeworfen. Coalwood ertrug das alles seit eh und je. Doch es war etwas in Gang gesetzt worden, das nahezu alles verändern würde, und nicht einmal mein Vater würde es aufhalten können. Dies war eine der härtesten

Lektionen, die ich lernen sollte, als auf die raschelnd herabfallenden Blätter unser tiefster und weißester Winter folgte.

Auk XXII-E begann ihre Reise mit einer gewaltigen Flammenfontäne, ohrenbetäubendem Krach und erschütterte unseren Kontrollbunker mit ihrer Schockwelle, während sie in die Luft stieg. Ich rannte mit den anderen Jungs nach draußen, konnte sie aber, so angestrengt ich meine Augen auch zusammenkniff, nicht sehen. Nur Wolken, die, soweit ich dachte, bis ganz hinauf in den Himmel reichten. Sekunden verstrichen. Noch nie hatten wir eine unserer Raketen verloren, aber langsam begann ich mich zu fragen, ob diese womöglich unsere erste war. Wäre sie auf dem Rocket Mountain abgestürzt und hätte sich dort oben in der weichen schwarzen Erde vergraben, könnten wir sie verpasst haben. »Zeit, O'Dell!«, rief ich nervös. Der Junge blickte von seiner Stoppuhr auf, die er sich im letzten Jahr von einem der Wirtschaftsingenieure der Bergbaugesellschaft ausgeliehen und dann vergessen hatte, zurückzugeben. »Sie fliegt womöglich noch«, entgegnete er. »Aber wo ist sie dann?«, fragte ich. Wir durften sie nicht verlieren. Denn wie jede andere Rakete, die wir starteten, brachte sie uns wichtige Erkenntnisse.

»Da ist sie!«, schrie Billy und strahlte dabei übers ganze Gesicht. Hilflos starrte ich wieder nach oben. Ich sah noch immer nichts. »Da ist sie«, wiederholte er, aber diesmal geriet seine freudige Stimme ins Stocken, und als ich ihn ansah, war seine lachende Miene einem besorgten Stirnrunzeln gewichen. Ich wollte Billy gerade fragen, was los war, aber da schüttelte er seinen finsteren Blick ab, preschte an mir vorbei und sprintete über das Feld. Ich rannte hinterher, aber er war zu schnell für mich. Mit der Anmut eines Athleten flog er dahin, seine Muskeln wie kleine Sprungfedern, unter seinen Schuhen wirbelte der schwarze Sand in kleinen Wölkchen auf. Als ich hochblickte, um zu sehen, was er entdeckt hatte, wurde mir schwindelig, und ich wäre beinahe hingefallen.

O'Dell kam neben mir angetrabt und legte eine Hand auf meinen Ellbogen, um mich zu stützen. »Zeit sieht gut aus«, keuchte er, während er unter dem kraftvollen Einsatz seiner kurzen Beine und mit hüpfendem Haarschopf weiterrannte. Er hielt die Stoppuhr fest in der Hand, und sein Finger war bereit, den Moment festzuhalten, in dem unsere Rakete auf der Abraumhalde aufschlagen würde.

Als Nächster holte mich Roy Lee ein. Er trug seine Dugout-Klamotten, hautenge schwarze Hosen, braune Slippers, ein rosafarbenes Hemd mit schwarzen Paspeln, die Haare mit viel Haarlack zum Entenschwanz geformt. Er hatte eine Verabredung für den Samstagabendschwof im Dugout, einem Tanzlokal in War, zu dem er gleich nach dem Start aufbrechen wollte. »Nie kann ich die verdammten Dinger sehen«, maulte er, als er an mir vorbeirannte. Dank seiner langen Beine hatte Roy Lee gleich darauf zu O'Dell aufgeschlossen, aber Billy war noch immer weit voraus. Billy Rose holte niemand ein, wenn er eine Rakete im Blick hatte.

Hinter mir erkannte ich Sherman an seinem ungleichmäßigen Laufstil. Sein linkes Bein holte bei jedem Schritt weit aus, und sein orthopädischer Schuh scharrte dabei den Sand auf. Nach seiner Polioerkrankung war sein Bein dünn wie ein Schössling geblieben. Ich verlangsamte mein Tempo, damit er mithalten konnte. »O'Dell meinte, die Zeit sieht gut aus«, keuchte ich.

Sherman musste grinsen. »Vielleicht wird es ja eine spitzenmäßige Rakete«, meinte er.

Eine »spitzenmäßige Rakete« nannte Quentin, der Kopf unserer Truppe, die Raketen, die ganz genau das taten, wofür wir sie konzipiert hatten. Hoffentlich behielt Sherman recht. Wir hatten diesmal einen noch nicht getesteten Treibstoff und einen neuen Konstruktionsentwurf der Raketendüse verwendet. Die Maschinenschlosser in der Werkstatt der Zeche hatten stundenlang gewerkelt, um meine groben Zeichnungen in glänzendem

Stahl Wirklichkeit werden zu lassen. Während der vergangenen zwei Jahre waren sie zu passionierten Raketenbauern geworden und schoben die Arbeit daran heimlich zwischen den Aufträgen ein, die sie von der Zeche zugeteilt bekamen. Mein Vater, der Zechenleiter, hatte über Monate hinweg versucht, sie davon abzuhalten, sich an diesem Wettlauf ins All zu beteiligen, es dann aber resigniert aufgegeben, als sie trotzdem weitermachten. »Bill«, hatte er zu ihrem Aufseher gesagt, »das ist Ihr Problem. Doch lassen Sie Ihre Jungs wissen, wer ihren Lohn zahlt.« Die Maschinenschlosser hörten es und zuckten mit den Schultern. Raketen zu bauen machte schließlich viel mehr Spaß, als die Zechengerätschaften in Ordnung zu halten.

Quentin befand sich auf seinem Platz am anderen Ende der Abraumhalde, um von dort die Flughöhe unserer Raketen mittels Trigonometrie zu berechnen. Dafür musste er die Rakete sehen können, wenn sie ihren höchsten Punkt erreichte, und sie mit einem Gerät anpeilen, das er aus einem Besenstiel, einem Nagel, einem Holzlineal und einem Winkelmesser aus Plastik gebastelt hatte. Er nannte seine Erfindung einen Theodolit. Aber heute hatte das Wetter ihm einen Strich durch die Rechnung gemacht. Die Rakete war in der tief hängenden Wolkendecke verschwunden. Wir konnten also nur auf O'Dells Stoppuhr bauen. Indem wir die Zeit eines Raketenflugs vom Start bis zum Aufprall maßen und ihre Geschwindigkeit schätzten, konnten wir mittels einer Gleichung, die wir aufgrund der newtonschen Gesetze entwickelt hatten, eine recht gute Höhenberechnung anstellen.

»Wow! Stopp!«, schrie Billy, als wir auf ihn zugerannt kamen. Er hatte seine Arme ausgebreitet, um uns zurückzuhalten. Ich konnte das Pfeifen hören, als die Rakete heranflog und dann in fünfzig Metern Entfernung mit einem metallischen Geräusch in einer Staubwolke aufschlug. *Auk XXII-E* war mit der Nase voran eingeschlagen. »Kommt her!«, brüllte Billy, und wir rannten los.

»Einunddreißig Sekunden«, berichtete O'Dell, als wir die Rakete erreichten. Ich stellte rasch eine Berechnung an. Mein Entwurf der *Auk XXII-E* war darauf ausgelegt, dass sie eine Höhe von zweitausend Metern erreichte. Gemäß der von uns benutzten Formel hatte sie aber nur eine Höhe von tausendzweihundert Metern geschafft. Eine herbe Enttäuschung. Die Big Creek Missile Agency hatte bereits Raketen gestartet, die höher als tausendsechshundert Meter flogen, und das, als wir noch unser altes Raketenkaramell verwendet hatten. Der neue Treibstoff, den wir jetzt benutzten, hätte uns weitaus höher bringen müssen. Da war was richtig schiefgelaufen mit dieser kleinen Rakete, und ich konnte es kaum erwarten, herauszufinden, was das war.

Das rauchende Gehäuse war viel zu heiß, um es anzufassen, also musterte ich es nur kurz. Es bestand aus einem nahtlosen, ein Meter langen Stahlrohr mit einem Durchmesser von drei Zentimetern. Ein Stahlrohr dieser Größe und Machart war unglaublich widerstandsfähig, doch der Aufprall auf dem Grus hatte es verbogen. Rechnen musste man damit, denn schließlich flog es mit einer Geschwindigkeit von mehr als dreihundertsechzig Stundenkilometern, als es senkrecht aufgeprallt war. Vom Holzkegel, der die Spitze bildete und das Rohr verschloss, waren nur noch Splitter übrig. Eines der vier an das Gehäuse geschweißten Steuerruder war abgebrochen. Eine typische und interessante Beschädigung, aber nicht das, was mir weiterhalf. Ich musste einen Blick in die Düse werfen.

Die Düse war das Triebwerk am Ende der Rakete. Sie leitete und komprimierte die heißen Gase, wenn der Treibstoff brannte, sodass sich der Fluss dieser Gase beschleunigte. Je größer die Beschleunigung der Gase, desto größer wurde auch die Schubkraft und umso höher flogen unsere Raketen. Die Düse der *Auk XXII-E* war aus einem Stahlstab mit einer Lochbohrung im Inneren gefertigt. Die Enden waren versenkt, das bedeutete, dass sie oben nach innen gebogen und unten nach außen gebogen waren wie bei seitenverkehrten Abflussrohren. Es war ein kunstloser Entwurf, aber der beste, der sich ohne allzu viele mathematische Berechnungen, die ich mir nicht recht zutraute, umsetzen ließ. Unser neuer Treibstoff, den wir Zinkosprit nannten, bestand aus Zinkstaub, Schwefel und dem reinsten Alkohol, den John Eye Blevins in seiner Destille oben in Snakeroot Hollow zuwege brachte. Düse und Treibstoff waren die Schlüssel zu unserem Erfolg. Sofern beide nicht so funktionierten, wie unsere Entwürfe das vorsahen, flogen unsere Raketen zwar, waren aber alles andere als »spitzenmäßig«.

Während wir darauf warteten, dass die Rakete sich abkühlte, befand Quentin es für eine gute Gelegenheit, uns einen seiner professoralen Vorträge zu halten, auch wenn sein Äußeres so gar nichts von einem Professor hatte. Sein Flanellhemd hatte Löcher an beiden Ellbogen, seine Hosenbeine waren etwa fünf Zentimeter zu kurz. Einer seiner knöchelhohen Arbeitsschuhe aus Leder stand nicht nur offen, sondern die Zunge hing wie die eines müden alten Jagdhunds zwischen den Schnürsenkeln heraus. »Meine Herren, es ist an der Zeit, einen neuen Arbeitsansatz zu finden«, dozierte er mit erhobenem Zeigefinger. »Bis heute haben wir mit unseren Raketen erstaunliche Resultate erzielt. Doch einige von euch lassen eine gewisse Tendenz erkennen …«, dabei schielte er zu Roy Lee, »… unsere Arbeit als – ich darf wohl sagen – Spaß anzusehen! Das hier ist kein Spaß, meine Herren, hier geht es um wichtige Errungenschaften. Deshalb fordere ich euch fortan alle auf, absolut, voll und ganz und äußerst *stringent* bei der Sache zu sein!«

Die anderen Jungs sahen ihn mit offenen Mündern an. Auch ich war überfordert, aber so leicht kam Quentin mir nicht davon. »Definiere stringent«, forderte ich ihn auf.

Quentin rollte mit den Augen, wie er das immer tat, wenn meine Unwissenheit ihn anwiderte. »Stringent in unserer Arbeit zu sein, Sonny, bedeutet, dass wir bei allem, was wir tun, eine gründliche wissenschaftliche Disziplin an den Tag legen.

Und natürlich bedeutet es auch, dass wir alles rasch und ohne Verzögerung erledigen müssen, um uns keine Gelegenheit entgehen zu lassen.«

Mir war nicht klar, was das eine mit dem anderen zu tun hatte, aber Quentin konnte es nie schnell genug gehen, vor allem nicht, seit er die im Frühling stattfindende Wissenschaftswoche des Countys ins Auge gefasst hatte. »Ich weiß nicht, wie wir noch schneller arbeiten können«, erklärte ich ihm, »zumal ich alle Zeichnungen mache und dafür sorge, dass sie in der Werkstatt umgesetzt werden. Ich habe auch noch anderes zu tun, weißt du.«

»Und das wäre?«, knurrte Quentin.

Ich stampfte mit den Füßen, um in der eisigen Brise warm zu bleiben, die in den Talkessel einfiel. Schon bald würde der Winter von den Bergen des südlichen West Virginia Besitz ergreifen. »Hör zu, Quentin«, sagte ich. »Versuch doch, mich zu verstehen. Ich kann nicht meine ganze Zeit darauf verwenden, Raketen zu bauen. Ich will in diesem Semester eine Eins in allen Fächern. Außerdem probe ich noch mit der Marschkapelle. Ich leite die Trommler, wie du weißt.«

Quentin sah mich über seine lange Nase hinweg an. »Deine anderen Aktivitäten, Sonny, sind für diese Gruppe nicht von Belang. Du musst darüberstehen und dich auf deine Entwürfe stürzen. Ich versichere dir, dass wir ohne eine solche Stringenz keinen der Preisrichter auf der Wissenschaftswoche beeindrucken werden. Wir müssen eine sorgfältig und gut durchdachte, stringente wissenschaftliche Erklärung dafür abliefern, warum und wie unsere Raketen fliegen. Und wenn du dich noch so sehr über mich ärgerst, ist dies doch nichtsdestotrotz eine unbestreitbare Tatsache.«

Ich vereinfachte alle seine großartigen Worte, bis ich hinter deren Bedeutung kam. Quentin gefiel sich in der Vorstellung, dass wir die Wissenschaftswoche des Countys gewannen und er auf diese Weise die Chance bekäme, aufs College zu gehen. Ich hegte entschiedene Zweifel an diesem Konzept. Im McDowell County konnten Jungs ein Footballstipendium erhalten, aber ich hatte noch nie gehört, dass man auf einer Wissenschaftswoche mehr als Schärpen und Medaillen gewann. Doch wenn Quentin sich erst einmal etwas in den Kopf gesetzt hatte, war es fast unmöglich, ihm das wieder auszureden. Quentin war ein brillanter Denker, der aber manchmal seltsame Wege ging. Als wir 1957 die Big Creek Missile Agency gegründet hatten, nannten uns die Leute von Coalwood schon bald die Rocket Boys. Das war nicht als Kompliment gemeint, aber das kümmerte uns nicht. Wir waren in einer ernsthaften Mission unterwegs. Als 1957 *Sputnik* in den Weltraum geschickt wurde und zwischen der Sowjetunion und den Vereinigten Staaten ein Wettlauf ins All begann, hatten wir beschlossen, uns diesem Wettstreit anzuschließen. Der Leiter des amerikanischen Weltraumprogramms, ein Mann namens Dr. Wernher von Braun, wurde unser Held. Die BCMA ließ es langsam angehen, mit mehr Explosionen als Flügen, aber nach einer Weile hatten wir den Dreh raus. Schon nach kurzer Zeit konnten wir jedes Mal, wenn wir eine Rakete abschossen, mit einer recht munteren Schar von Bergleuten, Hausfrauen, Kindern und manchmal sogar mit den Cheerleadern der Big Creek Highschool auf unserem Cape-Coalwood-Gelände rechnen, die uns bei unserer Himmelsstürmerei anfeuerten. Im Laufe des Jahres 1958, dem zweiten Jahr, in dem wir uns der Raketentechnik widmeten, begann unser Provinzblatt – das *McDowell County Banner* – regelmäßig in einer Kolumne über uns zu berichten. Der Autor war Basil Oglethorpe, ein Journalist mit Collegeabschluss aus New York. Basil trug weiße Leinenanzüge, Gamaschen, geblümte Seidenschals und Panamastrohhüte. Er lebte in der kleinen Handelsstadt War, zwei Bergzüge von Coalwood entfernt, im The War Hotel. In War befand sich auch die Big Creek Highschool. »Rocket Boys erobern den Himmel«, lautete eine der weniger spektakulären Überschriften von Basil. »Ich werde euer Lowell Thomas sein, Jungs«, sagte er öfter als einmal, »und ihr meine Lawrences von Arabien.« Und er hielt Wort. Seine Kolumnen hatten uns berühmt gemacht, jedenfalls so berühmt, wie Jungs aus dem McDowell County, West Virginia, werden konnten. Aus dem ganzen County kamen die Leute, um unsere Starts zu verfolgen, jeder ein feierlicher Anlass.

In gewisser Hinsicht hatte die Big Creek Missile Agency dem örtlichen Footballteam den Rang als Aushängeschild der Gegend abgelaufen. Bis jetzt war die Big Creek Footballsaison 1959 ein einziges Debakel gewesen, obwohl wir die Hälfte aller Spiele gewonnen hatten. Das Team hatte gerade eine einjährige Sperre hinter sich, nachdem mein Vater und die anderen Mitglieder der Big Creek Football Fathers 1957 gegen den Staat einen Prozess geführt hatten, mit dem Ziel, Big Creek, das alle seine Spiele gewonnen hatte, in der Footballmeisterschaft von West Virginia spielen zu lassen. Mein älterer Bruder Jim war Stammspieler in diesem Team gewesen. Er war ein beeindruckendes Kraftpaket von einem Talent. Aber die von Stolz getragene kleine Klage der Football Fathers wurde rasch abgewendet, und weil die Mannschaft von Big Creek Unruhe gestiftet hatte, sperrte man sie in einem erstaunlichen Racheakt von staatlicher Seite ein ganzes Jahr lang für sämtliche Football-Wettkämpfe. Die Leute im Distrikt machten diese Unterbrechung dafür verantwortlich, dass der Mannschaft in diesem Jahr der Biss fehlte. Meiner Meinung nach waren sie einfach nur zu klein. Jim und die großen Jungs seiner Klasse hatten ihren Abschluss gemacht. Dank seines Talents hatte mein Bruder ein Footballstipendium fürs College erhalten. Der Rest der Mannschaft hatte zum Großteil begonnen, auf der Zeche zu arbeiten, oder sich freiwillig für den Militärdienst gemeldet. Und eine Menge Leute gaben Dad die Schuld daran, dass diese Jungs nicht auf dem College waren.

Obwohl wir die Raketen nicht der Aufmerksamkeit wegen starteten, hatten wir auch nichts gegen diese einzuwenden. In letzter Zeit waren wir dazu übergegangen, extreme Höhen anzupeilen. Im Lauf des Sommers hatten wir sogar die Tausendsechshundert-Meter-Marke durchbrochen. Und jetzt, nach unserem Wechsel zu Zinkosprit, hofften wir darauf, sie sogar noch höher fliegen zu lassen. Aber wenn man bei Raketen auch nur eine Sache veränderte, veränderte sich auch anderes. Leicht war es nie mit diesen Dingern.

Das Gehäuse war endlich so weit abgekühlt, dass Quentin es aufheben konnte. Er warf einen Blick in die Düse, schnalzte mit der Zunge und hielt mir das Getriebe dann vor die Nase. »Schau! Erosion!«

Er hatte recht. Das Loch, das mitten durch die Raketendüse ging, war zu einem hässlichen unregelmäßigen Oval verbrannt. Und das war der Grund, weshalb sie sich nicht entsprechend ihrer Konstruktion verhalten hatte.

Quentin überreichte mir die Rakete voller Verachtung. »Wie lösen wir dieses Problem, meine Herren? Was sagst du dazu, Billy?«

Billy hatte sich im Hintergrund gehalten, ohne die Rakete zu begutachten. Er schien irgendetwas oben auf dem Kamm des Rocket Mountain anzuvisieren. Ich folgte seiner Blickrichtung, sah aber nichts weiter als ein Kiefernwäldchen. Er wandte sich uns wieder zu. »Vielleicht brauchen wir einfach härteren Stahl«, sagte er ohne seine übliche Begeisterung. Billy war unglaublich dünn, und sein ordentlich gewaschenes, aber verblichenes und geflicktes Hemd hing an ihm herunter wie an einer Vogelscheuche. Sein Vater hatte die Zeche vor ein paar Monaten wegen einer Auseinandersetzung verlassen. Ich wusste nicht, worum es dabei ging, aber ich wusste sehr wohl, dass sein Dad gern einen über den Durst trank. Billy war der Älteste von sieben Kindern. Ich hatte keine Ahnung, wie die Familie zurechtkam.

»Wenn wir härteren Stahl benutzen, wird es viel länger dauern, ihn maschinell zu bearbeiten«, lautete O'Dells Antwort auf Billys Idee. »Außerdem glaube ich nicht, dass wir uns viel besseren leisten können.« O'Dell war der Hauptschnorrer der BCMA, ein Job wie geschaffen für den Sohn von Red Carroll, dem Müllmann von Coalwood. O'Dell war auch nie um neue Ideen verlegen, wie wir an Geld für Material kommen konnten, und einige davon funktionierten auch tatsächlich.

Sherman kickte gegen den Abraum. »Vielleicht wird Zinkosprit einfach zu heiß«, warf er ein. »Raketenkaramell hat doch ziemlich gut funktioniert. Vielleicht sollten wir wieder darauf zurückgreifen.«

»Natürlich wird der heiß, Sherman!«, ereiferte sich Quentin. »Deshalb ist er ja so gut! Und eine Rückkehr zu geschmolzenem Kaliumnitrat und Zucker wäre wohl kaum stringent, oder?« Dabei sah er mich an. »Was denkst du, Sonnyboy?«

Tatsächlich dachte ich daran, Quentin von seinem hohen Ross herunterzuholen, wenn er noch einmal die Worte »Stringenz« oder »stringent« aussprach. »Ich weiß nicht«, entgegnete ich stattdessen. Es war eine ehrliche, wenn auch wenig beeindruckende Antwort. Mr. Van Dyke, der Coalwoods Generalsuperintendant war, bis die Stahlgesellschaft ihn rauswarf, pflegte zu sagen: »Es ist besser, Unwissenheit zuzugeben, als sie an den Tag zu legen.«

Als kein anderer mit irgendwelchen Vorschlägen herausrückte, fingen wir an, am Cape aufzuräumen. Wie üblich sangen wir bei der Arbeit. Was wir singen würden, wussten wir vorher eigentlich nie. Es kam einfach über uns. Heute stimmten wir »Get a Job« an. Dann arbeiteten wir uns vor bis zu dem Lied, das ich für unseren Cape-Song hielt: »All I Have to Do Is Dream«. Wir liebten die Everly Brothers. Als wir die Melodie endlich anstimmten, fiel mir auf, dass Billy nicht mitsang. Er lehnte am Kontrollbunker, die Arme verschränkt. Wieder schien er den Bergkamm zu beobachten. Dann erkannte ich, dass er jeden von uns Jungs, mich eingeschlossen, ganz genau musterte, als versuchte er, sich einzuprägen, wie wir aussahen. Ich fragte mich, ob er krank war.

Unser Publikum zerstreute sich. Es waren über hundert Zuschauer da gewesen, darunter hauptsächlich Kumpel, die gerade keine Schicht hatten, und deren Familien. Der Gewerkschaftsboss von Coalwood, Mr. John Dubonnet, stieg in seinen Wagen. Es war ein brandneuer kastanienbrauner Chrysler, ziemlich ausgefallen für einen Gewerkschafter, wie ich fand. Mr. Dubonnet verpasste nur selten einen unserer Raketenstarts, ganz im Gegenteil zu meinem Vater, der noch nie einem beigewohnt hatte. Dad hatte anfangs sogar versucht, die BCMA zu verbieten, und gemeint, solche Aktivitäten hätten keinen Platz in Coalwood. Auf Drängen meiner Mutter und meiner Lehrer hatte Dad schließlich nachgegeben und uns die alte Abraumhalde unterhalb von Frog Level für unsere Raketenstarts überlassen. Obwohl er nachgegeben hatte, bedeutete das noch lange nicht, dass er unser Tun billigte. Er blieb auf Distanz und tat, als wüsste er nichts davon. In Coalwood jedoch gab es keine Geheimnisse. Dafür sorgte schon der Nachbarschaftsklatsch.

Einige der Bergmänner, die noch ihre Arbeitshelme trugen, standen dicht gedrängt auf der anderen Straßenseite. Unsere Starts waren gesellige Anlässe. Kinder spielten entlang der Straße und auf der Abraumhalde. Dann entdeckte ich eine schlanke rothaarige junge Frau in einem schlichten braunen Mantel, die mir zuwinkte. Ich kannte sie nicht. »Komm, komm her, komm!«, rief sie und bedeutete mir dabei, zu ihr zu gehen. Als ich nicht reagierte, kam sie mit großen Schritten auf ihren staksigen Beinen über den Kohleboden auf mich zugelaufen. »Das war das Schönste, was ich je gesehen habe!« Sie streckte mir ihre Hand entgegen. »Na los, gib mir die Hand!«, sagte sie. »Ich bin Dreama Jenkins.«

Ihre Zudringlichkeit verschreckte mich ein wenig. »Freut mich, Sie kennenzulernen, Ma'am«, sagte ich und schüttelte ihr die Hand. Sie war rot und kräftig.

»Du hast mich Ma'am genannt.« Dreama kicherte. Dann sah sie mich mit einem breiten Grinsen an und zeigte mir ihre

Zähne. Vermutlich war sie stolz darauf. Sie befand sich im ständigen Kampf mit ihrem strähnigen karottenroten Haar, das ihr immer wieder ins Gesicht fiel. Ihre Stupsnase war voller Sommersprossen, auf den Wangen hatte sie zu viel Rouge aufgetragen, und auf ihren Lippen glänzte dunkelroter Lippenstift. Was meine Aufmerksamkeit jedoch wirklich fesselte, waren ihre Augen. Sie hatten die Farbe von Moos. Noch nie hatte ich derart grüne Augen gesehen. Ungeachtet ihres Make-ups schätzte ich sie auf neunzehn. Ich erkannte in ihr das, was die Klatschmäuler unter den Zuschauern ein »Landmädel« nannten, ein in Coalwood gestrandetes Mädchen aus irgendeinem tiefen Tal West Virginias, das keine Manieren besaß, jedenfalls nicht die, auf die es in Coalwood ankam, und vor dem eine ungewisse Zukunft lag. Solche Frauen hielten sich selten lang in unserer Stadt. Wenn die Bergbaugesellschaft sie nicht kurzerhand davonjagte, gingen die Frauen schließlich von selbst.

»Du kannst mich Dreama nennen«, sagte sie. »Bestell deiner Ma einen schönen Gruß von mir. Wie ich höre, ist sie aus Gary, genau wie ich. Sag ihr, ich bin von oben aus der 3rd Street. Dreama Carlotta Jenkins, das ist mein voller Name. Farlow Jenkins war mein Pa, bevor er in der Mine umkam.«

Ich löste meinen Blick von ihr und sah einen Coalwood-Kumpel namens Cuke Snoddy auf uns zukommen. Dreama packte ihn am Arm, sobald er neben ihr stand. »Oh Cuke, Liebling, sag Sonny doch, wie toll seine Rakete war. Nun mach schon, sag es ihm jetzt. Was ist in dich gefahren? Sag was!«

Cuke sah mich an wie etwas, das von seiner Schuhsohle gekratzt werden musste. Was mich nicht überraschte. Ich kannte Cuke mehr oder weniger schon mein ganzes Leben, und er war schon immer ziemlich griesgrämig gewesen. »Cuke« war die Abkürzung für *Cucumber*, denn offenbar aß er Gurken am liebsten. Bevor er nach Coalwood gekommen war, hatte er wegen eines Gewaltverbrechens im Gefängnis gesessen – nicht wegen des üblichen Alkoholschmuggels oder einfachen

Diebstahls, wie das im südlichen West Virginia schon mal vorkommen konnte, sondern weil er was richtig Gemeines und Verachtenswertes angestellt hatte, worüber aber keiner reden wollte. Er wohnte in einem Häuschen, das einsam auf dem Berg und schon fast in den Wäldern lag, gleich unterhalb der Coalwood School. Als ich noch den *Bluefield Telegraph* austrug, hatte ich immer Cukes Haus betreten müssen, um die Ausgabe abzukassieren. Der Gestank, der dort herrschte, war eine Mischung aus Tabakrauch, verdorbenem Essen, Alkohol (vermutlich reinster Fusel) und ungewaschener Kleidung und kam jedes Mal einem tätlichen Angriff auf meinen Geruchssinn gleich.

In Cuke schien es zu arbeiten, seine Schultern zuckten unter seinem schmutzigen karierten Wollmantel, als wäre es ein Kraftakt, die Worte hervorzuwürgen. »Diese blöden Raketen scheren mich einen verdammten Scheißdreck«, sagte er und spuckte mir einen Schwall Tabaksaft vor die Füße. »Das Big Creek Footballteam taugt nichts mehr, und das allein interessiert mich. Daran ist dein Daddy schuld. Und dein Bruder war gar nicht so großartig.«

»Also wirklich, Cuke, das ist nicht nett«, sagte Dreama und umklammerte Cukes Arm. »Du entschuldigst dich jetzt, hörst du?«

Meiner Schätzung nach war Cuke in den Vierzigern, aber er hatte bereits das Gesicht eines sehr alten Mannes mit tiefen Stirnfalten und eingefallenen Wangen. Ein paar seiner Vorderzähne fehlten, und die, die er noch hatte, waren beschädigt oder abgebrochen. Cuke legte seine große schmutzige Hand auf ihre kleine rote. »Dreama, ich tu fast alles für dich. Aber mich bei einem verdammten Hickam entschuldigen? Kommt nicht infrage!«

»Du machst jetzt besser, was ich sage, du alter Narr«, meinte die Frau mürrisch und entfernte seine Hand von ihrer.

Der Ausdruck in Cukes Augen wurde erst sanft, dann hart. Er packte ihren Arm und drückte zu. Sie jaulte auf und wich zurück. In dem Moment kam Roy Lee dazu, die Fäuste bereit. »Na los doch, Cuke«, sagte er. »Willst du kämpfen? Nimm mich.«

Cuke musterte Roy Lee von Kopf bis Fuß, aber dann kamen die anderen Jungs dazu, und er entspannte sich. Er ließ Dreama los, und sie trat beiseite. Über eine ihrer geschminkten Wangen lief eine Träne. »Ich fass es nicht, dass du mir wehgetan hast«, sagte sie kleinlaut.

»Ach Süße, du weißt doch, ich hab's nicht so gemeint«, erwiderte Cuke und wandte sich ihr zu, blickte stattdessen aber in die friedvollen Augen von Tag Farmer, dem Polizisten von Coalwood.

Ich freute mich, Tag zu sehen. Er verpasste fast nie einen unserer Starts und war von der Straße zu uns herübergekommen, als er erkannte, dass sich Scherereien anbahnten. Zum Gruß an Dreama tippte er sich an die Polizeimütze. »Ma'am? Ich glaube, Sie sollten sich in den Wagen setzen. Cuke kommt gleich nach. Ich muss nur ein Wörtchen mit ihm reden.«

»Ja, Sir«, sagte sie ängstlich. Dann lächelte sie mir zu. »Tut mir leid, Sonny. Ich wollte keinen Ärger machen.«

»Gehen Sie jetzt«, sagte Tag zu ihr und warf einen Blick in meine Richtung.

Die Frau ging zu Cukes Auto, einem alten Chevrolet, und stieg ein. Tag nahm Cuke beiseite, legte dem Kumpel seine große Hand auf die Schulter. Er überragte Cuke um mindestens dreißig Zentimeter und beugte sich tief zu ihm herab, sodass seine Lippen sich dicht am Ohr des Bergarbeiters bewegten. Nachdem Tag seine Moralpredigt beendet hatte, schlurfte Cuke davon, stieg in den Wagen und fuhr auf die Schotterpiste, die nach Frog Level und weiter Richtung Coalwood Main führte.

Dreama rollte ihre Scheibe herunter, streckte ihren Kopf hinaus und brüllte: »Bye-bye, Sonny! Du erzählst deiner Ma von mir, hörst du?« Dann hob Cuke seine Hand zu einem Ein-Finger-Gruß, drückte aufs Gas und raste mit quietschenden Reifen und in einer braunen Staubwolke davon.

Tag schlenderte zur Startrampe. »Ich hab euch was zu sagen, Jungs. Hört mir gut zu. Ein Mann, der einer Frau wehtut, ist ein Mann, der sich in erster Linie selbst nicht leiden kann.« Er schob seine Mütze zurück und kratzte sich am Schädel, dann blickte er versonnen dem von Cukes Wagen aufgewirbelten Staub hinterher. »Deshalb macht er das. Für ein, zwei Minuten kann er sich dann groß fühlen, aber es hält nicht an. Er ist klein, und das weiß er, aber es zu wissen kann einen Mann verrückt machen.« Stirnrunzelnd schaute er hoch zur Straße, dann schüttelte er den Kopf. »Da kommt Ärger auf uns zu«, sagte er leise. »So viel steht fest.«

Als ich nach Hause kam, traf ich meine Mom am Küchentisch vor dem noch unfertigen Wandgemälde von Myrtle Beach, South Carolina, an. Chipper, ihr geliebtes Eichhörnchen, saß auf ihrem Schoß, und vor ihr auf dem Tisch lag ein Stapel Zeichnungen, an denen sie arbeitete. Es handelte sich dabei wohl um die Pläne für den Festzugswagen, der jedes Jahr vom Frauenverein der Olga Coal Company für den Veteran's Day gebaut wurde. In diesem Jahr lag die Verantwortung dafür bei Mom. »Die sind nicht verheiratet«, sagte sie, als ich ihr von Cuke und Dreama erzählte. Sie stützte ihren Kopf in die Hände, und ihr lockiges schwarzes Haar ergoss sich über ihren Arm. »Angeblich kommt sie aus Gary.«

»Sie sagt, sie komme aus der 3rd Street«, berichtete ich.

Mom runzelte die Stirn. Sie hatte ein hübsches Gesicht, wenn sie ihre Stirn nicht aus Sorge um Dad oder Jim oder mich oder Coalwood im Allgemeinen in Falten legte. Eine Menge Leute meinten, sie sähe aus wie Loretta Young, die berühmte Schauspielerin, nur dass Moms Haare lockiger und dunkler waren. »In der 3rd Street sollen einige sehr bedauernswerte Leute gewohnt haben, wie man hört«, meinte sie seufzend. Da Mom in Gary aufgewachsen war, dürfte sie vermutlich eine Expertin sein, was die Bewohner dieser Stadt betraf. »Hab auch gehört, dass sie hübsch sein soll. Gott allein weiß, was dieses Kind bei Cuke zu suchen hat.« Chipper streckte sich, wobei er seine kleinen Vorderpfoten in ihr Kleid grub. Sie lächelte und kraulte ihn am Kinn, woraufhin er verzückt quiekte. »Manchmal nimmt eine solche Frau einfach den nächstbesten Mann, der sie haben will«, ergänzte sie, und ihre Miene verriet mir, dass sie alles gesagt hatte, was es über Dreama Carlotta Jenkins zu sagen gab. »Hattet ihr einen guten Raketenstart?«, fragte sie. »Ich wäre gern gekommen, aber dieser Festzugswagen macht viel Arbeit.« Sie deutete mit dem Kopf auf die Zeichnungen.

»Wir haben es nicht so hoch geschafft, wie ich es berechnet hatte«, berichtete ich. »Die Düse ist erodiert. Und wir wissen nicht, was wir dagegen tun können.«

»Nun, euch wird sicher etwas einfallen, Liebling«, sagte sie sanft. »Mir ist aufgefallen, dass du dir auch viel Zeit für deine Hausaufgaben nimmst. Ich bin stolz auf dich, Sonny.«

»Ich werde in diesem Semester nur Einsen bekommen«, ließ ich sie wissen.

Sie sah mich an. »Nimm dir nicht zu viel vor. Das ist dein letztes Schuljahr. Du solltest auch ein wenig Spaß haben.«

»Ja, Ma'am. Aber ich werde aufs College gehen und muss einen guten Abschluss schaffen.«

Sie lächelte in sich hinein. »Weißt du, was Spaß machen würde?«, fragte sie. »Sobald ich mit dem Festzugswagen für den Veteran's Day fertig bin, werde ich mir was für das Krippenspiel überlegen. Du könntest mir dabei helfen, was meinst du? Wir wären ein gutes Team. Du konntest das Skript dafür schreiben.«

Das war eine Versuchung. Ich hatte in der dritten Klasse mit dem Schreiben angefangen. Damals kopierte meine Lehrerin Mrs. Laird die Kurzgeschichten, die ich verfasste, und verteilte sie in der Schule. »Eines Tages, Sonny Hickam«, hatte sie mir prophezeit, »wirst du deinen Lebensunterhalt als Schriftsteller verdienen.« Obwohl sie inzwischen im Ruhestand und nach

Elkins gezogen war, hatte ich von ihrer tiefen Enttäuschung darüber erfahren, dass ich beschlossen hatte, Ingenieur zu werden. Doch ich hatte das Schreiben nicht ganz aufgegeben. Erst im vorangegangenen Jahr hatte ich ein Theaterstück für die Schule verfasst, angelehnt an Shakespeares *Julius Caesar*. »Sei auf der Hut vor diesem Quintonius Wilsonius, er hat einen verkniffenen und hungrigen Blick« war mein Lieblingssatz aus diesem Stück.

Sosehr es mich reizte, den Text für das Krippenspiel zu schreiben, schwieg ich, denn mir fehlten die Worte. Und sosehr ich mich auch bemühte, meine Erinnerung an letztes Weihnachten nicht in Wut umschlagen zu lassen, sah Mom mir diese doch an. »Sonny? Du musst langsam vergessen, was letztes Jahr geschehen ist.«

»Ja, Ma'am«, entgegnete ich. Sie hatte recht. Wie meistens. Ich wartete, ob sie noch etwas hinzufügen wollte. Als sie still blieb, ging ich auf mein Zimmer, und sie wandte sich wieder ihren Zeichnungen zu. Eine Weile saß ich an meinem Schreibtisch und versuchte an nichts zu denken, dann holte ich den Bleistiftstummel und das Plastiklineal hervor, die ich für meine Raketenentwürfe verwendete. Billy kam mir in den Sinn. Was war das, was ich in seinem Gesicht gesehen und in seiner Stimme gehört hatte? Ich konnte es nicht sagen. Also nahm ich mir vor, ihn in der Schule darauf anzusprechen, vergaß dieses Vorhaben aber prompt wieder. Ich fing an, eine weitere entgratete Düse zu zeichnen, doch dann fiel mein Blick auf das rote Buch auf meinem Schreibtisch. Es war das Buch, das meine Physiklehrerin Miss Riley mir letzten Winter gegeben hatte. Darin fanden sich alle Gleichungen, die ich benötigte, um die ausgeklügelte Raketendüse namens Lavaldüse zu entwerfen. Eben diese Konstruktion, so vermutete ich, war der Schlüssel zu einer »spitzenmäßigen« Rakete. Ich musste nur noch den Mut aufbringen, ihn auch zu benutzen. Bis jetzt hatte ich einfach nicht die nötige Zuversicht gefunden.

Ich wandte mich wieder meiner Zeichnung zu. Weil ich mit dem Ergebnis unzufrieden war, schmiss ich den Bleistift durchs Zimmer und zerknüllte das Blatt Papier. Mir schossen viel zu viele Gedanken durch den Kopf. Der Schlimmste davon war, dass Mom mich dazu gebracht hatte, an Weihnachten zu denken, was ich nun wirklich nicht wollte. In all den Jahren meiner Kindheit in Coalwood war Weihnachten eine fröhliche, wunderbare Zeit gewesen. Jetzt verband ich Weihnachten immer mit dem armen toten Poppy und musste an den Blick meines Vaters denken, der sich angesichts dessen, was ich getan hatte und was ich nicht hatte tun können, nach und nach mit Bitterkeit und Verachtung füllte.

2. Poppy

Reverend Josiah Lanier von der Coalwood Community Church predigte immer wieder, dass wir Unannehmlichkeiten als Gottesgeschenke ansehen sollten, als Prüfungen, die uns und unsere Überzeugung, Gutes zu tun und besser zu werden, bestärkten. Meine Mutter hingegen akzeptierte Unannehmlichkeiten im Allgemeinen nicht gern, egal, von welcher Seite sie kamen. So war sie der Meinung, sie und ihre Überzeugungen seien ohnehin schon stark genug, weshalb der gütige Herr und Reverend Lanier in ihrem Fall ganz beruhigt sein könnten. Mir jedoch erschien es, als brächte sie den Unannehmlichkeiten, die mich betrafen, eine bedeutend größere Toleranz entgegen.

»Es tut mir leid, dass du Probleme hast, Sonny«, erklärte Mom mir einmal, als ich mich über dies und jenes beklagte, »aber die gehören nun mal zum Leben dazu.« Damals stand sie auf der Leiter und ergänzte das Wandgemälde mit der Strandszene, an der sie in unserer Küche seit Jahren malte, um eine Palme. »Du kannst nicht erwarten, dass alles so läuft, wie du dir das vorstellst«, fügte sie hinzu, nachdem sie über die richtigen Pinselstriche für die Kokosnüsse nachgedacht hatte. »Manchmal hat das Leben einfach einen anderen Plan.«

Mein Vater, der unser Gespräch mitgehört hatte, ließ mich später an diesem Tag wissen, dass er eine andere Vorstellung vom Leben und dessen Plänen hatte. Als ich über den Hausaufgaben saß, kam er in mein Zimmer. »Wenn es dir nicht gefällt, wie die Dinge laufen«, sagte er, »dann finde den Mut, sie zu ändern. Das macht nämlich einen Mann aus.« Dann klingelte das Zechentelefon, das wir »das schwarze Telefon« nannten, und er verschwand, um einen seiner Steiger anzubrüllen, und ich hing dem Gedanken nach, dass meine Eltern die interessantesten Menschen waren, die ich kannte.

Während all meiner in Coalwood verbrachten Jahre nannte man mich »Sonny« anstatt bei meinem richtigen Namen, der Homer Hadley Hickam lautete und derselbe war, den auch mein Vater trug, nur dass bei mir junior angehängt wurde. Mein älterer Bruder hieß James Venable, aber alle nannten ihn Jimmie oder Jim. Es kursieren unterschiedliche Versionen der Geschichte, wie ich als der zweite Sohn (Schwestern gab es keine) von Elsie und Homer Hickam zum Namen meines Vaters kam. Die, der ich Glauben schenke, weil ich meine Mutter gut kenne, besagt, dass mein Vater nach meiner Geburt einen Blick auf mich warf und meinte: »Das ist das hässlichste Baby, das ich je gesehen habe.« Nachdem er gegangen war, blieb nur noch eine Krankenschwester mit einem Klemmbrett im Krankenzimmer der Stevens-Klinik der Kreisstadt Welch zurück. »Und wie soll Ihr Baby heißen?«, fragte sie ganz offiziell. Ich sehe das triumphierende Lächeln meiner Mutter direkt vor mir, als sie darauf antwortete.

Für meinen Vater dürfte es eine Erleichterung gewesen sein, als die Leute anfingen, mich mit meinem Spitznamen anzusprechen. Obwohl er und ich denselben Namen trugen, war man sich überwiegend einig, dass wir uns nicht sehr ähnlich waren. Seine physische und intellektuelle Präsenz war einschüchternd, wohingegen ich ziemlich entspannt war. Vom Hörensagen weiß ich, dass meine Großmutter mütterlicherseits – meine Amamma – uns einmal in Coalwood besuchte, als ich noch ein Baby war, und mich aus der Wiege zerrte und aufweckte. »Oje, Elsie, dieser Junge braucht Bewegung«, verkündete sie, »oder er wird es nie zu was bringen.« Dann legte sie mich auf den Fußboden und ließ mich für den Rest des Tages herumkrabbeln, obwohl ich jedes Mal sofort einschlummerte, wenn sie mich kurz aus den Augen ließ. Mom meinte, ich hätte meine Babyjahre mehr oder weniger verschlafen. Das mag auch an der täglichen Dosis Tee aus Katzenminze gelegen haben, mit der meine Koliken kuriert wurden, aber ich halte mich lieber an die Vorstellung, dass ich mich für all die kommenden Aufregungen ausruhte.

Meine Mutter brachte mir das Lesen bei, bevor ich eingeschult wurde, und in den Büchern, die meine Eltern im oberen Flur gestapelt hatten, entdeckte ich eine neue Welt jenseits von Coalwood und seinen Bergen. Ich kämpfte mit Jim Hawkins gegen Piraten, flog mit Wendy und Peter Pan über das Meer, bezwang den Mississippi mit Huck und Jim auf einem Floß und wurde einer der letzten Mohikaner. In mir brannte ein beinahe unstillbares Bedürfnis, die Abenteuer, die ich in den Büchern fand, selbst zu erleben, und ich dachte mir raffinierte Spiele aus, die ich mit meinen Jugendfreunden, vor allem Benny Brown und Roy Lee, umsetzte. Als Piraten wickelten wir uns Tücher um die Köpfe, zimmerten Holzschwerter zusammen, bauten Flöße und terrorisierten vor allem die Krebse im Bach. »Aufgepasst, Weib! Bring uns Rum!«, brüllte ich einmal meiner Mutter vom Bach aus zu, als sie in den Garten kam, um Wäsche aufzuhängen.

»Weib, aha?«, entgegnete sie lachend. »Da hat wohl ein gewisser junger Mann etwas zu viel *Die Schatzinsel* gelesen.«

»Verflixt! Ich werde dich kielholen lassen!«, lautete meine Antwort. Ich war gut darin, selbst unter dem Druck der Realität in meiner Rolle zu bleiben.

Nachdem ich die Disney-Fernsehserie über Davy Crockett gesehen hatte, wurden die Kumpel, die nach der Tagesschicht heimwärts trotteten, zu mexikanischen Soldaten. Ich gab das Signal, und wir Jungs erklommen die Mauern unseres Alamo aus Stöcken und Brettern und feuerten aus unseren Flinten fürchterliche Salven aus eingebildetem Rauch und Feuer ab.

Die Bergleute, die bereits zuhauf Rollen in meinen Geschichten übernommen hatten, begriffen sofort, welche Besetzungen ihnen diesmal zugedacht waren, und griffen sich taumelnd an die Brust, bevor sie sich wieder aufrichteten und ihren Weg hinunter ins Tal fortsetzten. Benny Brown meldete sich für gewöhnlich freiwillig, das letzte Aufgebot von Mexikanern zu spielen, was mir erlaubte, mit meiner Old-Betsy-Flinte auf ihn einzuprügeln und ihn hundertmal niederzuschlagen, bevor ich schließlich zusammenbrach und stöhnend mit patriotischer Inbrunst um Texas trauerte, was ich für eine Gegend irgendwo unten im Süden hielt. Bennys Vater starb an Staublunge, und gemäß der Regeln von Coalwood mussten er und seine Mutter wegziehen. Ich vermisste ihn noch immer.

1954 wurde mein Vater Zechenleiter von Coalwood, und meine Mutter, mein Bruder Jim und ich zogen in das sogenannte Captain's House. Der »Kipper« der Zeche, mit dem die Kohle nach draußen befördert, sortiert und auf Kohlenwaggons verladen wurde, befand sich nur hundert Meter von unserem Haus entfernt. Wenn ich die Bergmänner auf ihrem Weg zur Kippstelle und wieder zurück beobachtete, kamen sie mir vor wie die Soldaten in den Wochenschauen, nur dass sie beim Marschieren anstatt Gewehren zylindrische Blecheimer trugen und ihre schwarzen Helme in der Sonne glänzten oder bei Regen funkelten. Mein Dad war in vielerlei Hinsicht ihr General, der Strategien und Taktiken gegen einen unbeugsamen Gegner plante, die Grube selbst. Coalwoods Bergleute förderten stolz die feinste Steinkohle der Welt zutage, die allesamt für die Hüttenwerke von Ohio und Pennsylvania bestimmt war. Dad sagte, dass es ohne Coalwood und ähnliche Städte keinen Stahl gäbe und ohne Stahl die Vereinigten Staaten nicht das wären, was sie waren. Er erachtete es als seine persönliche und patriotische Verantwortung, dafür zu sorgen, dass die Kohle nach Norden befördert wurde. Obwohl er es nicht hätte tun müssen, suchte er jeden Tag den Kohlenstoß auf, wo die Kohle aus dem

Flöz gefräst wurde. Dort konnte er die Ergebnisse seiner täglichen Planung in Augenschein nehmen. Mikroskopischer Kohlenstaub, den die Fräsmaschinen produzierten, hing in der Luft und legte sich auf die Bergleute. 1957 wurden bei Dad schwarze Schatten auf der Lunge diagnostiziert, aber er hielt dennoch daran fest, jeden Tag den Kohlenstoß aufzusuchen. Wenn er zu Hause hustete, lag Besorgnis in den Augen meiner Mutter. Sie wusste sehr wohl, dass Lungenschatten nicht kleiner, sondern nur größer werden.

Meine Eltern stammten beide aus Gary, einem weiteren Kohlegebiet im McDowell County. Fünfzehn Kilometer, zwei Berge und die Philosophie von Mr. George L. Carter, dem Gründer von Coalwood, trennten die beiden Städte. Als Dad seinen Abschluss an der Gary Highschool machte, war die Weltwirtschaftskrise auf ihrem Höhepunkt angelangt, und wie viele andere junge Männer in Gary suchte auch er verzweifelt nach einer Möglichkeit, sich seinen Lebensunterhalt zu verdienen. Coalwood musste ihm wie das Paradies erschienen sein. In Gary wehte ein rauer Wind, Streiks und blutige Köpfe waren keine Seltenheit. Coalwood bot Festanstellungen, es gab bergwerkseigene Geschäfte, in denen es fair zuging, kostenlose medizinische und zahnärztliche Behandlungen und schöne große und stabile Häuser, die jedem Bergarbeiter für eine geringe Monatsmiete angeboten wurden. Mr. Carter erlaubte in seiner Zeche keine Gewerkschaft, zahlte aber die besten Löhne im County. Die Sicherheit der Zeche lag ihm am Herzen, und er installierte ein komplexes Belüftungssystem, um das explosive Methangas auszuleiten, das von den Kohleflözen entwich. In Gary standen neben den Häusern Koksöfen, deren giftige Dämpfe über den Talkesseln hingen. Die Luft in Coalwood war trotz des Staubs von den unentwegt fahrenden Kohlezügen, die vom Kipper durch das Stadtzentrum tuckerten, im Vergleich dazu lieblich und rein. Als Dad sich um Arbeit bewarb, erkannte Captain William Laird,

Mr. Carters rechte Hand, in dem dürren jungen Mann Potenzial und nahm ihn unter seine Fittiche, lehrte ihn, wie man Kohle abbaute, Menschen führte und sich mit aller Entschiedenheit für Coalwood und die Sozialphilosophie von Mr. Carter begeisterte. Eine Menge Leute in der Stadt nannten Dad den »kleinen Captain«.

Mr. John Dubonnet, ein Klassenkamerad sowohl meines Vaters als auch meiner Mutter von der Gary Highschool, trat zur selben Zeit seine Arbeit in der Zeche an. Mr. Dubonnet wurde zu einem leidenschaftlichen Verfechter der amerikanischen Bergarbeitergewerkschaft und schloss sich dem langen Kampf an, auch die Zeche von Coalwood gewerkschaftlich zu organisieren. 1949 gewann die Gewerkschaft gegen Mr. Carter, was zur Folge hatte, dass er die Mine an ein Hüttenwerk in Ohio verkaufte. Die Carter Coal Company wurde nach der Frau eines Stahlfunktionärs in Olga Coal Company umbenannt. Fünf Jahre nach dem gewerkschaftlichen Umbau ging der Captain in den Ruhestand, und Dad stieg vom Steiger zum Zechenleiter auf. Etwa zur selben Zeit wurde Mr. Dubonnet zum örtlichen Gewerkschaftsboss ernannt. Zwei Jungs aus Gary, die beide arm und verzweifelt nach Coalwood gekommen waren, teilten nun nur noch Argwohn und Misstrauen.

Die Häuser von Coalwood lagen eingepfercht zwischen steilen Bergrücken, die so dicht beisammenstanden, dass ein guter Werfer einen Stein von einem Hügel zum nächsten schleudern konnte. Die Häuser waren in Reihen entlang der Täler gebaut, und jede Reihe trug einen charakteristischen Namen: New Camp, Substation, Tipple, Six, Main Street, Coalwood Main, Club House, Snakeroot, Middletown, Mudhole und Frog Level. An der Coalwood Main lagen der zentrale Betriebsladen (Big Store genannt), die Büros der Gesellschaft, das Haus des Betriebsdirektors erhöht auf einem Hügel (leer stehend, seit Mr. Van Dyke gefeuert worden war), das Club House der Gesellschaft (Hotel für alleinstehende Bergleute, Besucher und auch benutzt für Bankette und Tanzveranstaltungen der Bergbaugesellschaft), die von der Bergbaugesellschaft unterhaltenen Kirchen (die Geistlichen waren Angestellte), Büros für den gesellschaftseigenen Arzt und Zahnarzt (nach wie vor kostenlose Behandlung für Bergleute und ihre Familien) und das Postamt. Wenn Besucher über den Welch Mountain anreisten, stießen sie als Erstes auf die Häuserreihe von New Camp auf der linken Seite, gefolgt von Substation auf der rechten. Kamen Besucher über den Coalwood Mountain aus Caretta und War zu uns, fuhren sie zuerst an Six und dann am Kipper vorbei. Unser Haus, ein großes zweistöckiges Gebäude mit vier Schlafzimmern, lag an der Kreuzung von Tipple und Substation. Es hieß noch immer Captain's House.

In Coalwood schien es keine Zeit zu geben, denn ein ständiger Strom von Männern und ihren Söhnen und deren Söhnen war unterwegs zur Mine und förderte die Kohle zutage. Aber schon bald nachdem Dad seine Position als Zechenleiter angetreten hatte, vollzog sich ein grundlegender Wandel. Die größte Veränderung bestand darin, dass das Stahlunternehmen die Häuser verkaufte. Wenn ein Coalwood-Kumpel in der Stadt bleiben wollte, musste er sein Haus kaufen oder ausziehen. Der Verkauf der Häuser begann im Frühjahr 1958, als ich in der elften Klasse war. Binnen weniger Monate war der Verkauf bis auf zwei Häuser abgeschlossen. Nur unseres und das des Bergwerksdirektors blieben Eigentum der Gesellschaft. Auch die Kirchen wurden verkauft, zusammen mit den jeweiligen Einrichtungen. Zum ersten Mal seit seinem sechzigjährigen Bestehen war Coalwood keine reine Bergarbeiterstadt mehr, und Fremde tauchten bei uns auf.

Bevor die Häuser verkauft wurden, besagten die Richtlinien der Gesellschaft, dass ein Bergmann, der seine Arbeit in der Zeche verlor, mitsamt seiner Familie ausziehen und die Stadt verlassen musste. Dies galt auch, wenn ein Mann zu Tode kam – zwei Wochen nach der Beerdigung musste die Familie fort sein.

Aber da nun die Häuser verkauft waren, konnten Männer, die gekündigt oder ihren Arbeitsplatz unfreiwilligerweise verloren hatten, bleiben, wo sie waren, und der Hypothekenbank die Stirn bieten. Wenige Monate nach dem Verkauf machten Gerüchte die Runde, dass oben in Six Hollow sogar einige Familien hungerten. Das hatte es bei uns vorher nie gegeben. Coalwood war umgeben von Städten wie etwa Gary, Bartley und Berwind, in denen Armut herrschte, weil die Minen geschlossen worden waren oder bestreikt wurden, und die Familien jede Woche Schlange standen, um sich ihre staatliche Zuteilung an Artikeln des täglichen Bedarfs abzuholen. Coalwood jedoch war immer eine Oase des Wohlstands im County gewesen. Jeden Tag hörte ich in der Stadt die besorgte Frage, was wohl aus uns werden würde. Vor allem Dad trieb diese Sorge abends beim Essen um.

Im Herbst 1958 kam für Dad noch eine weitere Sorge hinzu. Sein Vater war an Darmkrebs erkrankt, der schon so weit fortgeschritten war, dass man nichts mehr tun konnte. Dieselbe Krebsart hatte Dad vor fünf Jahren durchgestanden, aber Poppy war älter und schwächer. Das war die letzte Kränkung eines Mannes, dem 1941 in der Coalwood-Zeche beide Beine abgetrennt worden waren. Was nach diesem Unfall noch von ihm übrig war, saß zusammengesunken in einem Stuhl, in den man ihn gesetzt hatte. Nicht einmal einen Rollstuhl hatte er, denn er wollte keinen und weigerte sich, den zu benutzen, den Dad für ihn besorgte. Als Kind machte mir der alte Mann, den ich Poppy nannte, Angst. Er hatte feuchte blaue Augen, drahtige Arme und einen zahnlosen Mund, doch Albträume bereitete mir sein beinloser Unterleib.

Mom sagte, Dad gebe sich die Schuld an Poppys Unfall. Denn er hatte Poppy überredet, seinen Job in Gary aufzugeben und hier für den Captain zu arbeiten. Nur wenige Monate nach seinem Umzug nach Coalwood stand Poppy im »Alten Mann«, wie man den ausgekohlten Abbaubereich nannte, an der Weiche seines Abschnitts, als eine beladene Lore aus den Gleisen sprang, die Reihe der Pfosten niedermähte, die er gerade eingesetzt hatte, und ihn dann überrollte. Die rasiermesserscharfen Räder der Lore durchtrennten seine Beine direkt unterhalb der Hüfte. Es hieß, Poppy sei während des ganzen Vorfalls bei Bewusstsein gewesen, selbst noch, als man ihn aus der Grube trug. Dad war einer der Männer, die ihn rausbrachten. Er hatte sich anhören müssen, wie sein Vater alle anflehte, man möge seinem Leben ein Ende bereiten.

Auf Anweisung des Captains blieben Poppys Beine einen ganzen Tag lang genau an der Stelle, wo er überrollt worden war. An einen Pfosten wurde ein Schild genagelt. Darauf stand: HIER VERLOR EIN MANN SEINE BEINE, WEIL ER ZU DICHT AN DEN GLEISEN STAND. Angeblich soll das Schild des Captains Wirkung gezeigt haben. Lange Zeit stand keiner der Kumpel von Coalwood mehr zu dicht an irgendeinem Gleis, und die Stelle, an der Poppy seine Beine verloren hatte, wurde besonders gemieden. Schließlich trug man Poppys Beine hinaus und begrub sie irgendwo oben auf dem Berg hinter der Zeche, aber das Schild blieb zur Mahnung noch einige Wochen stehen. Mom behauptete, Dad hätte es dann abgenommen, vielleicht das einzige Mal, dass er sich den Befehlen des Captains widersetzte, und zu Feuerholz zerhackt.

Poppy, der eigentlich Benjamin Venable Hickam hieß, war ein belesener Mann. Nach seinem Unfall las er fast jedes Buch, das es in der Bücherei des Countys gab, bis die Phantomschmerzen ihn zwangen, zu Betäubungsmitteln zu greifen. Eine Frau, die in der Nähe von Panther lebte, versorgte ihn gut damit. Sie wurde von meinem Dad bezahlt und lieferte, was Poppy benötigte. Mom meinte, seitdem er die Schmerzmittel nehme, habe Poppy nie mehr ein Buch gelesen.

Dad hatte für seinen Vater ein kleines Haus oben in Warriormine Hollow gefunden und übernahm die Mietzahlungen dafür. Jeden Sonntag besuchten Mom, Dad, Jim und ich ihn und meine Großmutter, die wir Kinder Mimmie nannten und die eine ganz bescheidene, stille Frau war. Wenn wir zu Besuch kamen, stand sie die meiste Zeit am Herd und setzte sich dann, die Hände im Schoß gefaltet, schweigend mit an den Tisch, ohne selbst etwas zu essen. Dabei strahlte ihr Gesicht immer sanft und friedlich, doch mir schien, dass sich hinter ihrer Maske Entsetzliches abspielte. Einmal ermutigte Mom mich, Mimmie ein Modellflugzeug zu zeigen, das ich aus Balsaholz gebaut hatte. Meine Großmutter setzte sich und nahm es in die Hand, ließ ihre braunen Knopfaugen über den primitiven Flugzeugrumpf und die Flügel wandern, bis mir in den Sinn kam, dass sie womöglich noch nie ein echtes Flugzeug gesehen hatte. Ich selbst hatte auch erst ein paar gesehen, hauptsächlich in Myrtle Beach, South Carolina, wo wir mal Urlaub gemacht hatten. Nachdem ich mit meiner Erläuterung des Modellflugzeugs fertig war, blieb Mimmie noch eine Weile sitzen, als wartete sie darauf, dass noch etwas von mir kam. Als das nicht geschah, gab sie es mir wortlos zurück und stand dann auf, um an den Herd zurückzukehren. Mimmie starb 1956 an einem Herzanfall. Die Trauerfeier fand am offenen Sarg statt, und das war das erste Mal, dass ich sie hatte lächeln sehen.

Im Dezember 1958 hatte man Poppy in die Stevens-Klinik nach Welch bringen müssen. Mom war der Ansicht, dass er die Klinik nicht mehr verlassen würde. Solange Poppy im Krankenhaus war, redete Dad kaum mit uns beim Abendessen, der einzigen Zeit am Tag, die ich mit ihm verbrachte. Seine rastlosen Augen fokussierten etwas, das ich nicht sehen konnte. Abend für Abend stieg er in den Buick, fuhr zum Krankenhaus und kam erst zurück, wenn ich bereits im Bett lag.

Eines Abends kam Mom zu mir ins Zimmer, während ich am Schreibtisch über meinen Raketenplänen brütete. »Hör zu, Sonny, du musst deinen Vater begleiten, wenn er Poppy besucht«, sagte sie.

»Warum?«, fragte ich.

»Du musst es tun«, wiederholte sie, und da sie es zweimal gesagt hatte, erübrigte sich jede Widerrede von selbst.

Am nächsten Abend, als Dad zu Hut und Mantel griff, gab sie mir einen Schubs. »Sonny möchte mitkommen«, sagte sie.

»Das sollte er wohl auch«, erwiderte Dad, und damit hatte es sich.

Während unserer Fahrt über den Welch Mountain sprach Dad kein Wort mit mir, sodass ich mit der Dunkelheit der Berge und meinen Gedanken allein war. Ich hatte keine Lust, in ein altes stinkendes Krankenhaus zu fahren, und das wusste er vermutlich. Die Klinik lag am anderen Ende von Welch, und wir mussten quer durch die Stadt mit ihrer strahlenden Weihnachtsbeleuchtung und dem Gewimmel von Kauflustigen. Bergleute, die noch ihre Helme trugen, liefen am Arm ihrer Ehefrauen durch die abschüssigen Straßen, gefolgt von aufgeregt hüpfenden Kindern. Ich beneidete sie.

Wir schlichen durch die stillen Krankenhausflure, die nach Desinfektionsmitteln, Baumwolllaken und geputzten Böden rochen. Poppy lag an Schläuche angeschlossen in seinem Bett. Ein Laken bedeckte seinen Torso nur zum Teil, sodass die kurzen Stümpfe frei blieben. Es waren schrecklich geschundene Dinger mit violettem Narbengewebe an ihren Enden. Dad sprach so leise, dass es sich gar nicht nach seiner Stimme anhörte. »Hi, Daddy.«

Poppy stieß etwas zwischen seinen verzerrten Lippen hervor, was ich jedoch nicht verstehen konnte. Daraufhin zog Dad einen weißen Metallstuhl vors Bett und setzte sich. Ich nahm auf einem weiteren Metallstuhl in einer Ecke Platz und beobachtete die beiden. Was anderes fiel mir nicht ein. Die langen dünnen Hände des alten Mannes lagen reglos neben seinem Körper. Dad begann zu erzählen, ganz leise. Hin und wieder schnappte ich ein paar Worte oder Sätze auf – »Schrämmmaschine«, »Wettergardine«, »Stempel«, vertraute Bergbaubegriffe. Wenn Poppy keuchte und zitterte, unterbrach Dad seine Litanei, griff in seine Manteltasche und holte eine kleine Papiertüte heraus. Er hielt die darin versteckte kleine Flasche schräg an Poppys Lippen, und gleich darauf beruhigte sich der alte Mann, und Dad steckte die Tüte wieder weg und erzählte weiter von der Zeche. Sobald Poppy einschlief, stand Dad auf, nickte mir zu, und wir stahlen uns aus dem Zimmer.

Als wir auf der Rücktour wieder durch Welch fuhren, hatte sich die weihnachtliche Geschäftigkeit gelegt, und die fröhliche Beleuchtung war ausgeschaltet.

Zu Hause war Mom bereits zu Bett gegangen. Am Morgen begrüßte sie mich. Noch bevor ich es ansprechen konnte, sagte sie: »Jawohl, du wirst heute Abend wieder mitfahren und jede Nacht, solange dein Vater hinfährt.«

»Warum fährt Jim nicht mit?«, wollte ich wissen. Mein Bruder war eine Klasse über mir in der Schule. Er war in seinem letzten Jahr an der Big Creek und ein von meinem Vater abgöttisch geliebter Footballstar. Ich fand, dass diese Frage durchaus berechtigt war.

»Weil ich es sage«, erwiderte Mom und berichtigte sich dann: »Du hast mich mal gefragt, ob dein Daddy dich liebt. Erinnerst du dich daran?«

Das tat ich und bejahte. Ich hatte diese Frage an dem Abend gestellt, als meine erste Rakete den Zaun unseres Rosengartens in die Luft gesprengt hatte. An jenem Abend hatte Mom mich ermuntert, meine Raketen zu bauen und meinem Dad damit zu beweisen, wozu ich fähig war. Wenn mir das gelänge, meinte sie, würde er mich vielleicht aufs College gehen lassen, anstatt mir einen untergeordneten Job in der Zeche zu beschaffen. Seitdem hatte ich meine Raketen mit zielstrebiger Entschlossenheit gebaut. Ich würde aufs College gehen und dann nach Cape Canaveral, um dort für Dr. Wernher von Braun, den großen Raketenwissenschaftler, zu arbeiten.

»Ich habe dir damals gesagt, dass er dich liebt, aber einfach zu beschäftigt ist, es dir zu zeigen. Das hier ist deine Chance, Zeit mit ihm zu verbringen. Verstehst du jetzt, warum ich möchte, dass du ihn begleitest?«

Ich glaubte, es zu wissen, war mir aber nicht sicher. Als Weihnachten vor der Tür stand, half ich beim Aufstellen des Christbaums, schmückte ihn und packte die Geschenke ein, die ich für Mom, Dad und Jim gekauft hatte, erledigte alle weihnachtlichen Aufgaben, jedoch ohne mit dem Herzen dabei zu sein. Mich beschäftigte nur eine Sache, nämlich der gefürchtete Moment an jedem Abend, wenn Dad aufhörte, in das schwarze Telefon zu brüllen, und seine Sachen zusammensammelte, denn dann wusste ich, dass ich in die Küche kommen und bereit sein musste, mit ihm zum Krankenhaus zu fahren.

Mit jedem Mal, das wir auf dem Weg zum Krankenhaus durch Welch tuckerten, fand ich die Weihnachtsbeleuchtung weniger festlich. Dads nächtliche Sitzungen bei Poppy kamen mir endlos vor, während ich sie von meinem Metallstuhl in der Ecke mürrisch beobachtete. Nur ein einziges Mal in all den Nächten, die ich dort verbrachte, hatte Poppy Notiz von mir genommen. Er hatte einen Finger angehoben, in meine Richtung geblickt und etwas mir Unverständliches gemurmelt. »Er kann ein guter Junge sein, Daddy«, hatte mein Vater darauf erwidert, sodass ich annahm, Poppy habe von mir gesprochen. Ich blieb auf meinem Stuhl sitzen. Sobald Poppy schlief, nahm Dad seine Sachen, und wieder fuhren wir schweigend über den kalten dunklen Berg zurück nach Coalwood.

Die Besuche bei meinem Großvater zogen sich über die ganze Vorweihnachtszeit hin. Abend für Abend hockte ich mit Dad bei ihm im Zimmer, bis ich es nicht mehr aushielt. Irgendetwas nagte an mir. Obwohl Poppy nie etwas sagte, war klar, dass sie das Beisammensein genossen. Und das ärgerte mich. Hin und wieder nahm Dad ein feuchtes Tuch, wischte Poppy über die Stirn und strich ihm über die Haare. So zärtlich hatte ich ihn sonst bei niemandem erlebt. Natürlich wusste ich, wie gut das war, was er tat, aber es war mir unerträglich, dabei zuzusehen. Ich gewöhnte mir an, mich mit irgendeiner Ausrede aus dem Raum zu stehlen, und sei es nur, um durch die Gänge zu laufen. Die Toilette aufsuchen zu müssen war meine Standardausrede. Ich erfand sogar einen Freund von der Highschool mit einem gebrochenen Bein auf einer anderen Station. Doch Dad ertappte mich, weil ich den erfundenen Namen für meinen »Freund« vergaß und durch einen anderen ersetzte. Im Gegensatz zu mir erinnerte sich mein Vater an den ersten Namen. Ich denke, er wusste ganz genau, was ich tat, auch wenn er den Grund dafür nicht kannte. Ich übrigens auch nicht.

»Er findet es gut, dass du hier bist«, sagte Dad, nachdem ich den Raum mit der einen oder anderen Ausrede für etwa eine Stunde verlassen hatte. »Hör auf, wegzulaufen.«

»Ja, Sir«, sagte ich, aber ich konnte nicht über meinen Schatten springen. Wie auch immer Moms Plan aussah, er ging nicht auf. Er schien sogar einen Keil zwischen Dad und mich zu treiben.

Am Heiligabend flehte ich Mom an, daheimbleiben zu dürfen. Fast jeder in Coalwood besuchte das alljährliche Krippenspiel. Dieses wurde vom Frauenverein des Orts ausgerichtet und fand auf der Wiese vor dem Vereinshaus statt. Es wurden Weihnachtslieder gesungen und gepredigt, es gab gutes Essen, und auf der Straße vor dem Haus wimmelte es fast immer von fröhlichen Menschen. Ich versuchte, ihr ganz vernünftig zu erklären, dass ich während der ganzen Vorweihnachtszeit keinen einzigen Abend für mich gehabt hatte. Sherman hatte eine Heuwagenfahrt mit den zwei Ponys organisiert, die Red Carroll in der Scheune hinter seinem Haus hielt, sie sollte vor dem Krippenspiel stattfinden. Könnte ich nicht wenigstens einen Abend zusammen mit meinen Freunden verbringen? Mom schüttelte den Kopf. »Du wirst deinen Vater begleiten«, sagte sie.

»Es funktioniert doch gar nicht, Mom!«, platzte es aus mir heraus. »Ich mache Dad nur wütend, wenn ich mitkomme!«

»Versuch's noch einen Abend«, sagte sie.

»Was ist mit dir?«, forderte ich sie heraus. »Wann kommst du mit?«

»Poppy ist deine Familie«, sagte sie. »Er ist kein Verwandter von mir. Jetzt hör auf und mach dich fertig.«

Also kehrte ich am Heiligabend in das schreckliche Krankenzimmer zurück, saß in stummer Empörung bei meinem Vater und meinem Großvater und fühlte mich hundeelend. Draußen begann es zu schneien, und ich wünschte mir drei Meter Neuschnee, damit alle in ihren Häusern bleiben mussten und keiner es zur Heuwagenfahrt oder zu sonst einer Veranstaltung schaffte. Im Licht, das vom Schwesternwohnheim nach draußen fiel, sah ich die zarten Flocken tanzen. Während ich mit meinem Schicksal haderte, redete Dad auf Poppy ein und erzählte immer weiter vom Kohleabbau. Ich musste raus hier. Als ich es nicht mehr länger aushielt, ging ich mit einem gemurmelten »Muss auf die Toilette« zur Tür.

Dad sah mich an. »Du musst hierbleiben.«

»Ich *muss* aber!«, antwortete ich und schrie dabei fast, bevor ich aus dem Zimmer stürmte.

Im Flur hätte ich vor Freude, diesen fürchterlichen Ort hinter mir gelassen zu haben, beinahe gesungen. Eine Krankenschwester lief an mir vorbei und sah mich an. Sie blieb stehen. »Sonny Hickam«, sagte sie.

Ich betrachtete die stämmige Frau mit den goldenen Locken genauer. Es dauerte ein wenig, aber dann erkannte ich sie. Seit unserer letzten Begegnung war sie fülliger und erwachsen geworden. »Charlotte Sheets«, sagte ich. Sie war ein Coalwood-Mädchen oder war eins gewesen, ein paar Jahre älter als ich. Ihr Dad arbeitete als Wagenführer in der Zeche, und im Vorgarten ihrer Mutter wuchsen Brombeeren. Charlotte war weggezogen, als sie erwachsen war. Nun wusste ich auch, wohin es sie verschlagen hatte. Sie war Krankenschwester geworden und ins McDowell County zurückgekehrt.

Sie berichtete mir kurz von der Zeit, seit sie die Stadt verlassen hatte, und erzählte von ihrer Ausbildung. »Wenn Jesse den Job bekommt, gehe ich vielleicht nach Florida«, fügte sie hinzu, und ich vermutete, dass Jesse ihr Ehemann war. Ich warf einen Blick auf ihr Namensschild, auf dem »Dawson« stand, wie sie jetzt wohl hieß.

Sie nickte in Richtung des Zimmers, das ich so freudig verlassen hatte. »Mr. Hickam ist ein so wunderbarer Mann«, sagte sie. »Macht nicht den geringsten Ärger. Lässt sich problemlos die Bettpfanne unterschieben, aber es kommt nur Blut. Wir wissen nicht, wie er das aushält. Wir geben ihm so viele Schmerzmittel, wie wir dürfen, aber die können unmöglich ausreichen. Der Krebs hat sich in seinem ganzen Körper ausgebreitet.«

Ich erwiderte nichts. Die Hickams nehmen das selbst in die Hand, sagte ich mir und dachte dabei an die Flasche mit Schmerzmittel in der Papiertüte, die Dad in seiner Manteltasche mitbrachte.

»Ich bewundere dich, Sonny«, fuhr Charlotte fort. »Ich habe gehört, dass du jeden Abend mit deinem Daddy herkommst, um bei deinem Grandpa zu sein. Heutzutage gibt es nicht viele Teenager, die das tun würden. Du bist ein reizender Junge. Das warst du schon früher. Stets ein süßer Junge.«

Und darauf lief sie weiter den Flur hinunter, wobei ihre Gummisohlen auf dem dunklen, gewachsten Boden quietschten. Ich sah ihr hinterher und stahl mich dann zurück in Poppys Zimmer.

Dad hielt Poppys Hand und wirkte irgendwie verkrampft, als hätte er Magenschmerzen. Ich setzte mich auf meinen Stuhl und wartete. Nach einigen Minuten ließ Dad Poppys Hand los und sagte: »Ich hab dich lieb, Daddy.« Dann wandte er sich mir zu. »Lass uns gehen«, sagte er barsch, stand auf, zog den Mantel an, setzte den Hut auf und ging hinaus. Ich folgte dicht hinter ihm, dankbar, wieder einen Abend bei Poppy überstanden zu haben.

Wie gewohnt fuhren wir durch Welch. Doch zu meiner Überraschung bog Dad ins Parkhaus ein. Sobald wir den Wagen abgestellt hatten, ging er voraus und steuerte das Woolworth-Kaufhaus an. Es hatte für die Bergarbeiter der Abendschicht lange geöffnet. Ich ging mit Dad in die Damenabteilung, wo er Ohrringe und ein Armband für Mom kaufte und beides hübsch einpacken ließ. Dann folgte ich ihm wie ein Hündchen zurück zum Wagen, und wir fuhren nach Hause. Als wir dort ankamen, war Mom noch wach. Dad legte ihr Geschenk unter den Weihnachtsbaum. »Daddy ist heute Nacht von uns gegangen«, teilte er ihr mit.

Wie ein Schlag traf mich meine Schuld. Ich war hilflos gegen meine Tränen und stand einfach nur da, als Mom nach Dads Hand griff und sie zusammen nach oben gingen. »Wir haben Kohle abgebaut, bevor er ging«, erzählte Dad ihr. »Dieser Mann hat für sein Leben gern Kohle abgebaut.«

Ich stand allein neben dem erleuchteten Christbaum und fühlte mich elend. Mein Poppy war gestorben, und ich war vor ihm weggelaufen. Chipper saß im Baum und schlief auf einem der Zweige. Offenbar träumte er, denn ich hörte sein Fiepen bei jedem Atemzug. Daisy Mae, meine kleine bunte Katze, hatte sich neben den Geschenken zusammengerollt und nutzte die Baumwollschneeflocken unter dem Baum als weiches Bett. Sie schnurrte, als ich ihren Kopf berührte. Das Haus war in Schweigen gehüllt. Es roch nach Tannennadeln und Wachskerzen und meiner Schuld. Ich warf einen Blick auf die Uhr auf dem Kaminsims. Der erste Weihnachtstag 1958 war angebrochen, aber ich konnte keine Freude daran finden.

Am nächsten Morgen kam Mom zu mir ins Zimmer, setzte sich aufs Bett und reichte mir einen braunen Umschlag. Als ich ihn öffnete, entdeckte ich darin zu meiner Überraschung ein signiertes Foto von Wernher von Braun. »Ich dachte, es freut ihn, zu erfahren, wer zu ihm kommt, um ihm beim Bau seiner Raketen zu helfen«, sagte sie und strich mir übers Haar.

Dr. von Braun hatte mir eine Nachricht geschrieben. Sie war voller Lob für meine Arbeit an den Raketen, und er riet mir, aufs College zu gehen. Sie endete mit den Worten: *Wenn du hart genug arbeitest, wirst du alles schaffen, was du dir wünschst.* Ich umarmte meine Mom. »Danke. Das ist das schönste Geschenk, das ich je bekommen habe.«

Unten saß Dad im Wohnzimmer und las Zeitung. Ich zeigte ihm das Foto. Er streifte es mit einem Blick und wandte sich dann wieder seiner Lektüre zu. »Es tut mir leid wegen Poppy«, sagte ich.

Dad gab keine Antwort, raschelte nur mit seiner Zeitung.

»Ich habe mein Bestes getan«, sagte ich.

Daraufhin senkte Dad die Zeitung, sah mich aber nicht an. »Dein Poppy hat dich mehr als alles auf der Welt geliebt, Sonny, aber du hieltst es nicht mal aus, mit ihm im selben Raum zu sein.«

»Ich hab's versucht, Sir. Aber ich wusste nicht, dass er im Sterben lag.«

»Das war dir vielleicht auch egal«, sagte er.

Ich nahm mein Foto. »Frohe Weihnachten, Sir«, sagte ich, ohne den bitteren Ton in meiner Stimme zu verbergen. Dad erwiderte nichts darauf. Und hatte das auch zehn Monate später noch nicht getan.

3. Mein Lebtag lang

Im Herbst 1959, als ich gerade mein letztes Jahr an der Big Creek Highschool begann, passierte mir etwas höchst Seltsames. Ich war mit einer alltäglichen Sache beschäftigt – lernte an meinem Schreibtisch, trommelte bei der Probe der Marschkapelle vor mich hin, bestückte eine Rakete im Keller oder war einfach nur auf dem Weg zum Unterricht –, als mich ganz unvermittelt und ohne einen ersichtlichen Grund Traurigkeit überkam. Das hielt nie lange an, war eher wie ein Stich, und kurz darauf verschwand das Gefühl wieder. Wochenlang rätselte ich. Als ich es Quentin gegenüber ansprach, meinte er ziemlich ungeduldig: »Als aufstrebender Wissenschaftler, Sonny, solltest du verstehen, dass jede Frage auf diesem Planeten, einschließlich aller nervösen Symptome, letztendlich mittels angewandter Logik erforscht werden kann.«

Es dauerte ein wenig, bis ich die Worte entschlüsselt hatte. Dann erwiderte ich: »Du willst damit sagen, dass ich nur logisch zu denken brauche und es mir dadurch gelingen sollte, herauszufinden, warum ich traurig bin?«

»Ganz recht«, schnaubte er.

Quentin war ein gut aussehender dunkler Typ mit einer Adlernase, stechenden blauen Augen und sehr glatten schwarzen Haaren. Sein Markenzeichen war eine alte ramponierte Aktenmappe aus Leder, die er stets mit sich herumtrug. Sie war voller Bücher, abgenagter Bleistifte und dem einen oder anderen angebissenen Apfel. Er bediente sich manchmal einer Ausdrucksweise, deren Übersetzung eine Herausforderung darstellte und die mit einem pseudobritischen Akzent vorgetragen wurde. Ich war stolz auf meine Fähigkeit, sein Quentinesisch verstehen zu können.

Er fuhr fort: »Falls dein Geist jedoch nicht imstande ist, die angemessenen Szenarien zu konstruieren, auf denen die physikalischen und mathematischen Realitäten der materiellen Welt beruhen, lohnt es kaum, sich damit zu befassen.«

Ich ordnete seine Worte und lotete ihre Bedeutung aus. »Wenn ich es also mittels Mathematik und Wissenschaft nicht ergründen kann, lohnt es nicht, mir Sorgen zu machen?«

»Ganz genau!«, schrie er regelrecht und klatschte seine Faust in die Innenfläche der anderen Hand. »Jetzt denkst du wie ein wahrer Wissenschaftler!« Wenn er aufgeregt war, fiel ihm jedes Mal eine Haarsträhne in die Stirn. Gerade schob er sie mit gebieterischer Geste zurück.

»Danke, Quentin.«

»Immer gern.«

Obwohl ich Quentins Rat zu schätzen wusste, stand für mich fest, dass ich mich mit meinem Problem noch an jemand anderen wenden musste. Deshalb beschloss ich, Reverend »Little« Richard, dem Pastor der Mudhole Church of Distinct Christianity an der Talmündung von Mudhole Hollow, einen Besuch abzustatten. Ich war zwar kein Mitglied von Little Richards Gemeinde – es war die Kirche der Schwarzen von Coalwood –, aber der Reverend war seit meiner Zeit an der Junior Highschool, als ich Zeitungsjunge für den *Bluefield Telegraph* gewesen war, ein Freund von mir. Wenn ich eine Zeitung übrig hatte, schaute ich immer bei der Kirche des Reverends vorbei und schenkte sie ihm. Als Gegenleistung erzählte er mir Bibelgeschichten. Meines Erachtens war der Reverend einer der klügsten Menschen, die ich je hatte kennenlernen dürfen. Von Wissenschaft und Mathematik hatte er keine Ahnung, dafür wusste er aber eine Menge anderer Dinge. Ich vermutete, dass mein »nervöses Symptom«, wie Quentin es nannte, wohl eher in diese letzte Kategorie fiel.

Es war ein regnerischer Tag, als ich mit dem Fahrrad hinunter zur Talmündung von Mudhole Hollow fuhr und die winzige Kirche mit dem Turm betrat. Der Reverend stand in seinem schwarzen Predigergewand in der ersten Bankreihe und blickte hoch zur Decke. Ich wusste nicht, was er dort betrachtete, bis ein dicker Wassertropfen herunterfiel und platschend in der Kaffeekanne landete, die neben seinen glänzenden spitzen Schuhen stand. Als er mich bemerkte, breitete sich ein Grinsen auf seinem Gesicht aus, das den ganzen Raum erhellte, und sein goldener Schneidezahn blitzte mir entgegen. »Sieh mal einer an«, sagte der Reverend. »Sonny, der Rocket Boy. Hast du eine Zeitung dabei?«

Ich musste ihm gestehen, dass dies nicht der Fall war, da ich schon seit zwei Jahren keine Zeitungen mehr austrug. Ich hatte damit aufgehört, als ich in die Oberstufe kam. Little nickte und richtete seinen Blick wieder hoch zur Decke. Auch ich schaute nach oben. Dort war ein Wasserfleck, und während wir hinaufsahen, löste sich ein weiterer dicker Tropfen und platschte in die Kaffeekanne. »Ihre Tür stand offen«, erklärte ich, »und da dachte ich mir, ich schau mal rein und sag Hallo.« Das war zwar nicht die ganze Wahrheit, aber ich konnte ja nicht gleich mit der Tür ins Haus fallen und zugeben, dass ich ein Problem hatte. So etwas Erbärmliches taten wir in West Virginia nicht.

»Ich musste die Tür offen lassen, um hier was sehen zu können«, erwiderte Little, den Blick immer noch hoch zur Decke gerichtet, als könnte er das Leck wegstarren. Schließlich riss er sich los. »Die neue Stromgesellschaft neppt uns, Sonny. Ich kann kaum die Rechnungen bezahlen, und diese alte Kirche ist mächtig dunkel. Ich könnte vorn gut ein paar Fenster gebrauchen, um Gottes Sonne hereinzulassen.«

Wann immer jemand in Coalwood Baumaterial benötigte, dachte man zuerst daran, es sich von der Bergbaugesellschaft zu holen. Für meinen Dad war Zecheneigentum einzig und allein für die Förderung der Kohle bestimmt, aber die meisten Leute hielten dies für eine verschrobene Einstellung. Für gewöhnlich sah Dad es dann doch etwas entspannter, wenn Wochenend-Zimmerleute ihn um ein Brett oder ein paar Nägel baten. Ich denke, er hielt sich dabei an die alte Weisheit: Es ist besser zu geben, als sich bestehlen zu lassen.

Ich rechnete fest damit, dass Little um eine Spende für seine Fenster bitten würde, und wurde nicht enttäuscht. »Etwas Glas und ein bisschen Holz für den Rahmen kämen mir also sehr zupass«, sagte er. »Auch ein Stück Teerpappe für das Dach. Du weißt nicht zufällig, ob die Zeche so was hat?«

Ich wusste es nicht, aber ich versprach Little, Dad zu fragen, und das schien ihn zufriedenzustellen. Er winkte mich heran und musterte mich. Ich war mir sicher, mein Pokerface aufgesetzt zu haben, aber er sagte: »Mein Lebtag lang ist mir kein Junge untergekommen, der so bekümmert aussah. Wo drückt denn der Schuh, Sonny?«

Ich erzählte ihm von dem traurigen Gefühl, das mich immer wieder ohne Vorwarnung überfiel. Little grübelte eine Weile und legte dann seine Hand auf meine Schulter. Berührungen waren ziemlich ungewohnt für mich – sie waren in unserer Familie die Ausnahme –, und so zuckte ich zurück. Er verstärkte seinen Griff und sah mir in die Augen. »Hast du jemals die Geschichte von der Töpferscheibe gehört?«, fragte er. »Die steht bei Jeremia im Alten Testament.«

Ich gestand, dass ich sie nicht kannte. Methodisten beschäftigten sich eher nicht mit Jeremia. Little ließ mich los, trat hinter seine Kanzel und holte seine alte, vom vielen Gebrauch schon ganz rissige Bibel. Ich wusste, dass er jede Zeile in diesem Buch auswendig kannte, aber er entschied sich dafür, die Worte vorzulesen, die er im Sinn hatte. Auf diese Weise vermied er es, allzu stolz rüberzukommen, was in West Virginia eine Kardinalsünde war. »Hör dir das an, Sonny«, sagte der Reverend und las dann vor:

So ging ich zum Haus des Töpfers. Er arbeitete gerade mit der Töpferscheibe. Missriet das Gefäß, das er in Arbeit hatte, wie es beim Ton in der Hand des Töpfers vorkommen kann, so machte der Töpfer daraus wieder ein anderes Gefäß, ganz wie es ihm gefiel. Da kam der Herr auf mich zu und sagte: Kann ich nicht mit euch verfahren wie dieser Töpfer? Seht, wie der Ton in der Hand des Töpfers, so seid ihr in meiner Hand.

Little klappte die Bibel zu und musterte mein Gesicht auf der Suche nach einem Zeichen, ob ich verstanden hatte. Offenbar blieb mein Blick leer. »Der Herr bearbeitet uns«, erklärte er mir geduldig, »formt uns nach seinem Gefallen genau wie einen Batzen Lehm, obwohl er uns darüber in Unkenntnis lässt.«

Ich nahm die Botschaft in mich auf. Warum hält Gott das geheim? fragte ich mich.

Little platzierte den Daumen auf der Bibel, als überlegte er, an welcher Stelle er sie aufschlagen sollte, ließ sie aber geschlossen. »Kommen du und dein Daddy denn miteinander klar?«, fragte er.

Ich zuckte mit den Schultern. »Er hat in letzter Zeit nicht mehr versucht, mich vom Bauen meiner Raketen abzubringen.«

»Läuft's gut in der Schule?«

»Bis jetzt habe ich überall Einsen, selbst in Miss Rileys Klasse. Ich werde mich bemühen, dass es so bleibt. Das wäre dann das erste Mal.«

Er nickte. »Ein lohnenswertes Ziel. Was macht dein Bruder Jim?«

»Der ist auf dem College. Er ist dort Stammspieler im Freshman Footballteam. Dad ist mächtig stolz auf ihn.«

»Und wie läuft es mit deinen Raketen?«

»Ziemlich gut. Wir haben ein paar Probleme mit unserem neuen Treibstoff, aber das werde ich lösen.«

»Was ist mit deiner Mom?«

»Alles wie immer.«

»Du sprichst jeden Abend deine Gebete?«

»Ja, Sir. Es sei denn, ich schlafe über den Hausaufgaben ein.«

»Wofür betest du?«

Ich überlegte. »Ich bitte um Segen. Dass Gott Mom und Dad und Jim und die Katzen und Hunde und die Rocket Boys und Miss Riley und alle Soldaten, Seeleute, Piloten und Marines segnen möge.«

»Wer ist diese Miss Riley?«

»Sie unterrichtet Physik. Sie hat uns ein Buch über Raketen besorgt, aber ich bin noch nicht schlau daraus geworden. Sie ist meine Lieblingslehrerin, und sie ist wirklich hübsch.«

»Für dich selbst betest du nicht?«

»Nein, Sir, das wäre doch nicht recht, oder?«

Little zog die Augenbrauen hoch. »Ein Junge, der keinen Segen für sich selbst erbittet, muss ziemlich stolz sein, wenn er sich einbildet, er brauche keine Hilfe von oben oder von sonst wo. Bring dich in deine Gebete mit ein, mein Sohn, frage und du wirst sehen, ob Gott dir sagt, was dich traurig macht. Weißt du, vielleicht ist Er es, der versucht, dir damit etwas zu sagen. Fragen schadet nicht. Wirst du das tun?«

Ich versprach es ihm, und Little sah mich zufrieden an. »Vergiss auch nicht, deinen Daddy nach Glas, Holz und Teerpappe zu fragen«, sagte er, als ich zurück zu meinem Fahrrad ging. Er winkte mir von der Kirchentür hinterher, bis ich außer Sichtweite war.

Als ich an diesem Abend betete, dachte ich über das nach, was Reverend Richard mir angeraten hatte. Ich versuchte es, aber ich brachte es nicht über die Lippen. In Wahrheit hielt ich nämlich nichts davon. In der Coalwood Community Church hatte man mir beigebracht, dass Gebete dafür gedacht waren, einen Segen für andere zu erbitten, und nicht Fragen an Gott zu stellen. Was auch immer mich plagte, selbst wenn es Gott selbst wäre, würde sich wohl erst herausstellen, wenn der richtige Zeitpunkt dafür gekommen war.

Anfang Oktober sollte Dad nach Ohio fahren, um dort der Stahlgesellschaft über den Zustand der Zechen Coalwood und Caretta Bericht zu erstatten. Normalerweise wurde dieser Vortrag vom Direktor der Coalwood-Zeche gehalten, aber als man angekündigt hatte, die Häuser zu verkaufen, war Mr. Van Dyke, unser langjähriger Bergwerksdirektor, nach Ohio gefahren, um zu protestieren. Als Belohnung seiner Aufrichtigkeit und Ehrlichkeit entließ die Stahlgesellschaft ihn kurzerhand und schickte einen Mr. Fuller zu uns, um sicherzustellen, dass der Verkauf abgewickelt wurde. Nachdem das erledigt war, kehrte Mr. Fuller zurück nach Hause. Die Position wurde einem Mr. Bundini übertragen, der eine Inspektionsreise nach Coalwood unternahm und mehrere Wochen blieb. Aber er verließ die Stadt wieder, weil er wollte, dass seine Töchter erst noch das Schuljahr in Ohio beendeten. Eine Rückkehr Mr. Bundinis war vorgesehen, aber bis dahin bekleidete Dad vorübergehend sowohl den Posten des Zechenleiters als auch den des Direktors. Mom merkte an, dass Dad sich trotz der zwei Jobs, die er ausübte, wenigstens keine Gedanken wegen einer Gehaltserhöhung machen musste.

Seit Tagen hatte Dad darüber gebrütet, welchen Ton er bei der Stahlgesellschaft anschlagen sollte, und sich darüber beim Abendessen oft mit Mom ausgetauscht. Als ich zum Kipper kam und an die offene Bürotür in dem schmutzigen Klinkerbau klopfte, der ihm als Zentrale diente, arbeitete er gerade an seinem Bericht. Er hatte den Kopf auf die Hände gestützt und stierte auf die alte Underwood-Schreibmaschine und das dort eingespannte Blatt Papier. Er blickte auf, sah mich und sagte ganz allgemein erst einmal: »Nein.«

»Telefondraht«, sagte ich und bestätigte damit seine Vermutung, aus welchem Grund ich hergekommen war. Cape Coalwood benötigte Telefondraht für ein neues Kommunikationssystem. Trotz dieser Begrüßung trat ich ein, stellte mich vor seinen Schreibtisch und setzte meine übliche Bittstellermiene auf, die immer dann zum Einsatz kam, wenn ich etwas erschnorren wollte. »Und falls du Glas, Holz und Teerpappe übrig hast, die Kirche in Mudhole benötigt dringend welche«, ergänzte ich beherzt.

Dad legte den Kopf schief und machte ganz offensichtlich im Stillen Inventur von jedem letzten Schrottteil an Zechenmaterial und überprüfte es auf seinen Zustand und die mögliche Veräußerung. »Am hinteren Tor liegt eine Spule mit altem Telefondraht. Ich hatte Filbert schon vor einem Monat gebeten, sie auf Matneys Schrottplatz zu bringen, aber er hat es noch immer nicht geschafft. Sie gehört dir, wenn du sie haben willst. Und was Reverend Little Richard angeht: Ich weiß um seine Nöte. Auch wenn die Kirche nicht mehr der Gesellschaft gehört, werde ich sehen, was ich tun kann, um ihn zu unterstützen.«

»Danke, Dad.« Ich nickte Richtung Schreibmaschine. »Ist das deine Rede?«

»Wenn man das so nennen kann.« Er fasste das Blatt Papier an und drückte eine Taste. Dies tat er mit solcher Endgültigkeit, dass ich hoffte, es war ein Punkt.

»Ich geh gern in den Rhetorikunterricht«, sagte ich. »Miss Bryson, meine Lehrerin, findet, dass ich ziemlich gut bin.«

Er musterte mich. Jedes Mal, wenn Dad mich ansah, hatte ich das Gefühl, er würde mich zum ersten Mal sehen. »Sie steht nicht etwa für Beratungen zur Verfügung?«

Ich nahm an, dass das nicht der Fall war, schließlich war sie die Tochter des Schulinspektors unseres Countys und vermutlich sehr beschäftigt.

Dad scheuchte mich aus dem Büro. Am Abend, als wir zusammen am Tisch aßen, sprachen Mom und er erneut über die bevorstehende Reise nach Ohio. »Gut möglich, dass ich es vermassele, Elsie«, sagte er. Die Besorgnis in seiner Stimme passte so gar nicht zu ihm.

»Na und?«, lautete die wenig einfühlsame Antwort meiner Mom.

»Was ist, wenn ich keine Zusage für das bekomme, was die Zeche braucht?«, entgegnete Dad.

Ihr Seufzer füllte die Küche. »Glaubst du wirklich, dass es darauf ankommt, was du da oben in Ohio sagst, Homer? Mir scheint, die wollen von dir vor allem mehr Kohle und das mit der Arbeitskraft von weniger Leuten. Da kannst du reden, bis du schwarz wirst, daran wird sich nichts ändern.«

Dad krümelte eine Scheibe Maisbrot in sein Glas und füllte es mit Milch auf, sein Standardnachtisch. »Die haben ihre eigenen Probleme«, entgegnete er missmutig und steckte seinen Löffel ins Glas. »Das Stahlgeschäft ist im Niedergang. Dieser verdammte billige Importstahl wird uns noch alle in den Ruin treiben.«

Mom zuckte mit den Schultern. »Fahr nach Ohio, sag, was du zu sagen hast, und komm dann nach Hause. Hier wird sich nichts ändern, selbst wenn du dich auf den Kopf stellst.« Dann fügte sie hinzu: »Und hör auf zu glauben, dass alles, was du tust, so wichtig ist. Wissen bläht einen auf, aber Barmherzigkeit erbaut einen.«

»Was um Himmels willen soll das heißen?«

»Nur etwas, was der Pfarrer vergangenen Sonntag in seiner Predigt gesagt hat. Schade, dass du sie verpasst hast.«

Dad war bekannt dafür, dass er den Gottesdienst verpasste. »Danke für Ihre Unterstützung, Reverend Lavender«, konterte er, indem er Moms Mädchennamen benutzte. Sie lachte in ihre Kaffeetasse, und Dad schien stolz darauf zu sein, dass er sie dazu gebracht hatte. Ich widmete mich wieder meinem Abendessen aus Hühnchen, Maisbrot und Bohnen, Moms Spezialität, während ich mir noch mal Little Richards Geschichte von der Töpferscheibe durch den Kopf gehen ließ. Ich fragte mich, ob Gott seine Hände dabei im Spiel gehabt hatte, meine Eltern zu formen. Denn in diesem Fall hatte er bestimmt alle Hände voll zu tun gehabt.

Am nächsten Tag brach Dad nach Ohio auf. Zwei Tage später kam er zurück und berichtete Mom die Ergebnisse noch mit dem Koffer in der Hand. »Ich war einfach zu aufgeregt«, sagte er mit hängenden Schultern. »Ich kann von Glück sagen, dass sie mich nicht ausgelacht und weggeschickt haben.«

Mom saß am Küchentisch und arbeitete an ihren Plänen für den Festzugswagen. Sie deutete auf den Küchenboden, und Dad stellte den Koffer ab, ließ die Schultern aber weiterhin hängen. »Erst mal hatten sie meinen Namen auf der Agenda falsch geschrieben«, fuhr er niedergeschlagen fort. »Hick*ham* stand da. Dann stellte mich der Präsident der Stahlgesellschaft vor und ging dazu über, mich Homer Hickman zu nennen. Um Himmels willen, *Hickman*! Ich habe jetzt dreißig Jahre lang für die Zeche gearbeitet, die seit zehn Jahren in deren Besitz ist, und man weiß meinen Namen noch immer nicht!«

Dad war zweifellos überdreht. In diesem Zustand hustete er häufig, aber Mom hatte ihre Methoden, ihn wieder zu beruhigen. »Heute Morgen ist die Sonne aufgegangen, Homer«, sagte sie nachsichtig. »Ich schätze, sie wird später auch wieder untergehen.«

Dad ließ Moms Bericht über die Sonnenaktivität sacken und gab nach. »In einem der Koffer ist ein Geschenk für dich«, sagte er. »Parfüm.«

»Was denn für eins?«

»Es ist orange. Du magst doch Orangen.«

»Ich esse gern Orangen, Homer«, sagte Mom und unterdrückte ein Lächeln. »Aber ob es mir gefällt, wie eine zu riechen, weiß ich nicht.«

Dad zuckte mit den Schultern und ging sich für die Zeche umziehen. Dort wusste man wenigstens, wie man seinen Namen schrieb und aussprach, und keiner trug Parfüm. Es überraschte mich, dass er nach einer Stunde bereits wieder zurückkam. Sein trockener Husten drang vom Keller hinauf, danach Stille, gefolgt von einem weiteren entsetzlichen Hustenanfall, diesmal von Auswurf begleitet. Endlich beruhigte er sich, und ich hörte, wie er langsam die Kellertreppe hochkam, als trüge er einen Sack voller Steine auf dem Rücken. Vermutlich war das auch so. Ich ging hinunter in die Küche, um zu erfahren, was los war. Er war ganz bleich im Gesicht, als er hereinkam. »Was ist denn, Homer?«, fragte Mom mit leicht zittriger Stimme. »Soll ich den Arzt rufen?«

Dad ignorierte ihre Frage. »Sie haben nicht mal gewartet, bis ich zurück war. Die Nachricht lag bereits im Büro. Entweder gelingt es mir, die Gesamtproduktion um zehn Prozent zu steigern, oder ich muss dreißig weitere Männer entlassen«, sagte er. »Das ist eine Nachricht, die absolut unter uns bleiben muss«, ergänzte er und warf mir einen finsteren Blick zu.

»Du bist den ganzen Weg nach Hause gerannt, um mir das zu sagen?«, wollte Mom wissen. »Mit deinen Lungen kannst du von Glück sagen, dass dich nicht der Schlag getroffen hat.«

»Verstehst du denn nicht, Elsie? Es ist unmöglich, die Produktion um so viel zu steigern. Dreißig gute Männer … ich muss nach Dienstalter vorgehen. Das bedeutet junge Männer mit Familie. Ich muss was dagegen tun, muss mir was anderes einfallen lassen.«

Mom ließ langsam ihren Bleistift sinken. »Lass uns von hier weggehen, Buddy, solange wir das noch können«, sagte sie. Wenn sie meinen Vater beruhigen wollte, nannte sie ihn oft »Buddy«. Keine Ahnung, warum. »Lass uns nach Myrtle Beach gehen. Peabody Real Estate würde uns beide sofort einstellen. Wir könnten zusammenarbeiten, Grundstücke verkaufen und reich wie Könige werden. Und wir gehen jeden Tag runter zum Ozean und atmen nur noch frische, saubere Luft ein. Coalwood hat ausgedient. Wir hatten hier ein gutes Leben, bei Gott, aber das ist vorbei.«

Dad hastete an mir vorbei zum schwarzen Telefon. Und schon sprach er mit einem Vorarbeiter. »Sorgen Sie dafür, dass in East Main heute Nacht mit allen verfügbaren Kräften abgebaut wird, Cecil. Hören Sie?« Er hielt inne, um in ein Tuch zu husten, und sagte dann mit gepresster Stimme: »Wir müssen zusehen, dass wir die Tonnage hochfahren!«

Ich trottete wieder nach oben. Als ich an diesem Abend hörte, wie die Nachtschicht die Abendschicht ablöste, musste ich wieder an Little Richards Töpferscheibe denken. Wenn Gott uns formte, dann mit kraftvoller und fester Hand.

4. Die Bettelkinder

Die Veränderungen, die über Coalwood hereingebrochen waren, erreichten an Halloween auch unsere Haustür. Ich öffnete den Kindern, die durch die Straßen zogen und um Süßigkeiten bettelten. Dad, der beratend für die Heilsarmee in Welch tätig war, hatte an diesem Abend dort ein Treffen. Mom brütete am Küchentisch über ihren Plänen für den Festzugswagen und war in Gedanken bereits beim Krippenspiel.

Damit der Nachschub an Süßigkeiten gewährleistet war, hatte Mom eine Ladung kandierter Äpfel und Popcorn-Bälle gemacht. Ich brauchte sie nur noch in die Papiertüten zu werfen, die mir von den Untoten und Kobolden hingehalten wurden. Die Kinder, die zu uns kamen, erinnerten mich daran, wie ich selbst vor vier oder fünf Jahren gewesen war. An Halloween war ich meistens mit Roy Lee losgezogen, weil er ein Talent dafür besaß, für Aufregung zu sorgen. Gelegentlich tricksten wir aus Jux auch die Leute aus, die uns etwas schenkten. Es waren harmlose Streiche, wie an Türen zu klopfen und wegzurennen oder Fensterscheiben mit Seife zu beschmieren. Als wir in der vierten Klasse waren, wurden wir dabei erwischt, wie wir die Fenster von Bunky Smiths Haus in der Substation Row einseiften. Nachdem er uns bei der Obrigkeit, sprich: unseren Müttern, angezeigt hatte, mussten Roy Lee und ich am nächsten Tag Bunkys sämtliche Fenster putzen. »Junge, hat das Spaß gemacht«, kicherte Roy Lee, während wir unter der strengen Aufsicht von Mrs. Smith arbeiteten. Ich sagte Roy Lee, er solle die Klappe halten. Mrs. Smith belohnte meine Rotzigkeit, indem sie mir einen kräftigten Klaps auf den Hintern mit der zusammengefalteten Zeitung verpasste. Ich erzählte es Mom. Die aber lachte nur und meinte: »Sie hätte lieber ein Brett nehmen sollen.«

Jahrelang hatte die Grundschule von Coalwood eine von der Zeche gesponserte Halloweenparty ausgerichtet, zu der fast die ganze Stadt kam. Es gab immer Preise für das beste Kostüm, hauptsächlich Kuchen und Süßes. In meiner Familie erzählte man sich noch heute, dass Mom vor meiner Geburt dort als Hillbilly mit roter langer Unterhose erschienen war. Sie war über die Bühne stolziert und hatte Lieder von der Freiheit in den Bergen gesungen (das Motto unseres Bundesstaates lautete: *Montani Semper Liberi*), was ihr anhaltenden Applaus von der Jury einbrachte. Auch die Männer im Saal hatten ihr zugejubelt, bis ihre Ehefrauen sie zum Schweigen brachten, in erster Linie, weil keiner Mom darauf aufmerksam gemacht hatte, dass man den Gesäßschlitz ihrer Männerunterhose zuknöpfen sollte. Doch natürlich gewann sie den Preis. Vor zwei Jahren jedoch verkündeten die Zechen-Eigentümer aus Ohio, dass die Gesellschaft den Rummel nicht mehr länger unterstützen durfte, womit das Ende einer Coalwood-Tradition besiegelt war.

Ein paar wenige Kinder kamen schon zeitig an unsere Haustür, gekleidet in diverse selbst geschneiderte Kostüme. Bei den kleinen Mädchen waren Hexen beliebt – ein schwarzes Kleid, ein zusammengeklebter spitzer Hut aus Pappe, ein alter Besen und eine aufgemalte Nasenwarze und fertig war das Standardkostüm. Die Jungs gingen meist als Cowboys – jede Menge Spielzeugpistolen und Cowboyhüte – oder Geister in Bettlaken oder Teufel mit Hörnern aus Pappmaschee und in rot gefärbten Schlafanzügen. Die kleinen Kinder waren süß, aber sie waren in der Minderzahl. Coalwood wurde älter. Im Rest der Vereinigten Staaten besuchten die sogenannten »Babyboomer« gerade die Grundschule, aber in Coalwood stand diese kurz vor der Schließung. Die Schulklassen unter mir waren allesamt kleiner. Vielleicht waren doch viele der jungen Männer, die aus dem Zweiten Weltkrieg oder dem Koreakrieg heimkehrten, nicht nach West Virginia zurückgekommen, um dort im Bergwerk zu arbeiten. Nachdem sie erst mal weg waren, blieben sie auch weg.

Es war gegen zehn Uhr abends, eine Zeit, zu der normalerweise keiner mehr »Süßes oder Saures!« rief, weil die Kinder Coalwoods schon im Bett lagen, als ich es zaghaft an unsere Sturmtür aus Aluminium klopfen hörte. Als ich öffnete, standen etwa ein halbes Dutzend Kinder auf der Schwelle, alle in Fetzen gekleidet wie Bettelkinder. Ich kannte keins von ihnen. »Süßes oder Saures!«, riefen sie. Ihre Stimmen waren schrill und merkwürdig verängstigt. Als ich sie mir genauer ansah, wurde mir klar, dass sie gar nicht kostümiert waren.

Ich gab ihnen die restlichen Süßigkeiten und Äpfel und ging dann in die Küche. Dort nahm ich eine große Einkaufstüte und füllte sie mit sämtlichen Keksen, die Mom in der Schublade neben der Spüle aufbewahrte. Sie blickte von ihren Zeichnungen und Listen auf. »Was tust du da?«, erkundigte sie sich müde.

»Es kommen mehr Kinder als gedacht«, murmelte ich.

»Um diese Uhrzeit? Also ich denke, die machen einfach nur eine zweite Runde. Ich habe wahrlich genug vorbereitet. Lass mal sehen.« Ich blieb ihr dicht auf den Fersen, als sie zur Tür ging. »Ach du liebe Güte«, sagte sie und legte die Hand aufs Herz. Die Kinder wichen mit weit aufgerissenen Augen zurück. »Rührt euch nicht vom Fleck!«, befahl sie ihnen, und sie blieben wie angewurzelt stehen.

Ich folgte Mom zurück in die Küche und beobachtete, wie sie den Kühlschrank öffnete und Fleischwurst, Schinkenscheiben und Käse in den Beutel warf. Als er gefüllt war, holte sie noch einen und steckte einen Laib Brot hinein. Dann öffnete sie ihre Vorratskammer und legte Dosensuppen und ein Glas mit Erdnussbutter dazu. Sie zeigte auf die Beutel. »Schnell, bevor sie weglaufen!«

Ich tat wie geheißen und überreichte ihnen die Lebensmittel. »Danke!«, sagten die Kinder immer und immer wieder, und als mein Blick durchs Gartentor fiel, sah ich zum ersten Mal, dass sie in Begleitung einer Frau gekommen waren. Ich hatte sie nur nicht gesehen, weil sie sich hinter Moms Rosenbogen versteckt hatte. Die Frau trug einen dünnen Mantel und hatte sich ein Tuch um den Kopf gebunden. Nach allem, was ich von ihr sehen konnte, wirkte sie schmal und zerbrechlich. Sie wartete, bis die Kinder durchs Tor kamen, dann verschwand die Familie aufgeregt flüsternd in die Nacht.

»Ich frage mich, woher die wohl gekommen sein mögen?«, wunderte sich Mom. »Die können unmöglich aus Coalwood sein. Die müssen über den Berg gekommen sein.« Sie ging ans Telefon und rief unsere Nachbarin Mrs. Sharitz an. »Rosemary? Sind zu Ihnen gerade ein paar zerlumpte Kinder gekommen? Tatsächlich? Kannten Sie die? Nein, ich auch nicht.« Mom rief alle Damen entlang der Tipple Row an, aber die Antwort lautete immer gleich. Keiner kannte die Kinder.

Als Dad spät von seinem Heilsarmee-Treffen heimkam, war ich im Keller und dachte darüber nach, wie ich die Ruderflossen der Rakete konstruieren sollte. Ich überlegte, ob es nicht schneller ginge, einfach zwei Rechtecke zuzuschneiden und diese zurechtgebogen um das Gehäuse zu legen und zusammenzuklammern. Auf diese Weise bekämen wir vier rechtwinklige Ruderflossen in der Zeit, die wir jetzt für zwei benötigten. Dad kam die Kellertreppe hinunter, und Lucifer, unser Kater, fauchte. Wenn Lucifer, der es gern warm hatte, in den Heizkeller lief, wählte er immer die letzte Treppenstufe als seinen Ruheplatz. »Ich trete schon nicht auf dich, du verrückter alter Kerl«, sagte Dad. »Sonnyboy – warum bist du so spät noch auf?« Er trug einen blauen Anzug, eine ungewöhnliche Bekleidung für Dad, aber erforderlich, wenn er zu einem Treffen nach Welch fuhr. Trotz seiner siebenundvierzig Jahre war sein Haar noch immer schwarz und voll, wie es wohl schon immer gewesen war. Er und mein Bruder Jim hatten die gleichen hellblauen Augen, aber die Gesichtszüge meines Dads waren schärfer ausgeprägt, die Nase schmal und dreieckig.

Ich zeigte ihm die Zeichnung für meine Konstruktion der Ruderflossen, und er griff in seinen Mantel, um seine Lesebrille aufzusetzen. Gleich darauf gab er mir die Zeichnung zurück. »Du brauchst einen spitzeren Bleistift«, lautete sein einziger Kommentar. Mit Blick auf den Heizofen sagte er: »Wirf noch ein, zwei Schaufeln Kohlen drauf, bevor du hochkommst.«

»Ja, Sir«, antwortete ich. Er wandte sich zum Gehen, blieb aber vor der Treppe stehen und stellte sich breitbeinig über Lucifer, der ihn mit schweren Lidern verärgert ansah. Dad schaute zu mir herüber, und ich dachte schon, er würde noch etwas sagen, aber dann ging er nach oben. Ich hörte ihn durch die Küche und durchs Esszimmer laufen, dann blieb er stehen. Ich wusste, dass er seine Post durchsah, die auf dem Esszimmertisch gestapelt lag. Kurz darauf hörte ich Moms Schritte auf der Treppe und dann ihre gedämpften Stimmen. Ich war ganz still, damit ich hören konnte, was sie sagten.

Sie erzählte ihm von den Kindern auf der Schwelle. »Ich habe mit allen in der Tipple Row gesprochen, Buddy, aber keiner wusste, wer sie sind. Die können doch nicht aus Coalwood sein, oder?«

»Ich weiß nicht«, sagte er. »Ich hoffe nicht, aber ...«

Sie fiel ihm ins Wort: »Lass uns von hier weggehen, Buddy, solange du noch Luft in deinen Lungen hast.«

»Es wird alles gut werden«, sagte Dad nun mit gesenkter Stimme. »Ich habe einen Plan. Wir werden in den ...« Aber dann konnte ich nicht mehr verstehen, was er sagte.

Mom jedoch war nicht zu überhören. »Ich werde nicht zulassen, dass dieser Ort dich umbringt, Homer.«

»In guten wie in schlechten Tagen«, sagte er darauf.

»Deine guten, meine schlechten«, entgegnete Mom, und dann hörte ich sie nach oben gehen.

5. Der Frauenverein

Mr. Devotie Dantzler war der Leiter des Zechenladens. Er stammte aus Mississippi und sprach mit dem weichen schleppenden Akzent eines gebildeten Mannes aus einer südlicheren und gemäßigteren Klimazone. Er trug dreiteilige Anzüge, und in seiner Westentasche steckte eine edle Taschenuhr mit einer Goldkette. Da es noch keine Klimaanlagen gab, zog er im Sommer sein Jackett aus und rollte seine weißen Hemdärmel hoch, wenn er in seinem Büro des Big Store saß, aber ohne Weste sah ich ihn nie.

Das Geschäft, das Mr. Dantzler mit sicherer und mildtätiger Hand führte, bestand aus dem Big Store in Coalwood, dem Little Store an der Substation Row, dem Six Store neben dem Schacht Nummer sechs und zwei Läden in unserer Schwesterstadt Caretta auf der anderen Seite des Coalwood Mountain. In den Zechenläden von Olga Coal konnte man nicht nur Haushaltswaren aller Art kaufen, sondern auch Lebensmittel, Tabak, Kleidung, Arzneimittel, Süßigkeiten und den besten Milchshake von ganz West Virginia. Wenn ein Kumpel eine Pechsträhne oder seinen Kreditrahmen ausgereizt hatte, kümmerte Mr. Dantzler sich persönlich darum und half ihm bei der Regelung seiner finanziellen Angelegenheiten, bis er alles beglichen hatte. Er wurde von allen respektiert, aber beim Stehlen in einem seiner Läden sollte man sich lieber nicht erwischen lassen. Wenn es dann doch einmal passierte, kannte Mr. Dantzler keine Gnade. Er rief Tag an, der wiederum die State Police informierte, und dann kam man ins Gefängnis von Welch, wo man nach Meinung aller Bewohner von Coalwood in so einem Fall auch hingehörte.

Mr. Dantzlers Ehefrau, Mrs. Eleanor Marie Dantzler, stammte aus Kentucky, wo sie in Stummfilmkinos Klavier gespielt hatte, während sie die Universität besuchte. Ihre Liebe zur Musik brachte Mrs. Dantzler zusammen mit einem großen Flügel mit nach Coalwood, wo sie Kindern Klavier- und Gesangsunterricht geben wollte. Da den Eltern in Coalwood immer daran gelegen war, die Talente und Fähigkeiten ihrer Kinder zu fördern, vor allem, wenn es sie nicht viel kostete, nahmen sie ihr Angebot an, und bald schon war sie gut im Geschäft. Mrs. Dantzler unterrichtete in ihrem Haus, ihre Unterrichtsstunden begannen an Schultagen um vier Uhr, an Samstagen um zwölf Uhr. Sie verlangte zwei Dollar in der Stunde und hielt vier Konzerte im Jahr ab. Zufälligerweise befand sich bei uns im Haus ein Klavier. Der Vater meiner Mom hatte es ihr zur Hochzeit geschenkt. Da sie nie spielen gelernt hatte, wurde ich zum Klavierspieler des Hauses ernannt, sobald ich groß genug war, um auf dem Klavierhocker zu sitzen und die Tasten und die Pedale zu erreichen.

Acht Jahre lang, von der zweiten bis zur neunten Klasse, meldete ich mich jeden Mittwochnachmittag nach der Schule mit meinen Klaviernoten im Haus der Dantzlers. Obwohl mir das Klavierspiel nicht viel bedeutete, ging ich gern zu den Dantzlers. Durch ihr Haus schwebte immer ein leichter Parfümduft, und selbst an den heißesten Augusttagen war es kühl, weil man die Vorhänge und Fenster geschlossen hielt. Auf dem glänzenden Eichenparkett lagen edle Perserteppiche, und die geschnitzten Möbel hätten meiner Meinung nach aus einem europäischen Schloss stammen können. Wenn ich auf den Beginn meiner Klavierstunde wartete, kam manchmal Ginger, die jüngste Tochter der Dantzlers, deren richtiger Name Zanice Virginia lautete, herein und setzte sich zu mir, und wir lasen gemeinsam Comichefte. Ich hatte Ginger schon immer gern, aber sie war zwei Jahre jünger als ich, was in der Grundschule ein ganzes Leben bedeutet, weshalb ich sie sonst selten sah. Ich fand auch, dass sie ein hübsches Mädchen war. Sie hatte das Gesicht einer wachen Elfe, ein Grübchen auf der rechten Wange, braune Locken und große bernsteinfarbene Augen, die immer etwas auszuhecken schienen.

Mrs. Dantzler war die glamouröseste Frau, die mir je begegnet war. Ihr Haar erinnerte in Farbe und Glanz an Quecksilber, und ihre Figur ließ sich durchaus mit der von Marilyn Monroe vergleichen. Die dunkelblauen Augen waren groß und ausdrucksvoll, und sie hatte kleine, ebenmäßige, sehr weiße Zähne. Ich kannte sie nicht anders als im Kleid mit hochhackigen Schuhen. Ihre Hände waren wunderschön, die Finger lang und die Nägel immer tiefrot lackiert. So wie sie stellte ich mir eine Königin vor. Und manchmal fragte ich mich, ob sie nicht tatsächlich von Adel war und es sie nur zufällig nach Coalwood verschlagen hatte.

An den Sonntagen spielte Mrs. Dantzler Klavier in der Coalwood Community Church. Dabei bevorzugte sie temporeiche Stücke, schleppende Choräle waren nicht ihr Ding. Mom kommentierte es mit den Worten: »Wenn Eleanor Marie erst einmal loslegt, müssen alle versuchen, mitzuhalten, oder sie bleiben auf der Strecke.« Für gewöhnlich sang Mrs. Dantzler nicht im Chor, aber zu besonderen Anlässen – Weihnachten, Ostern und manchmal auch bei einer Hochzeit – streifte sie sich das kastanienbraune Chorgewand über und trat für ein Solo vor. Es war ein herrlicher Anblick, wenn sie mit zum Himmel erhobenem Gesicht allein neben der Kanzel stand. Ihre Stimme füllte unsere kleine Kirche aus, brachte sogar die Dachsparren zum Beben, wenn ihre großartigen perlenden Töne so sicher und kräftig erklangen, wie ein Hammer, der direkt auf den Nagel trifft. Wenn dann noch die Sonne durch die Fenster schien und ihre Haare wie geschmolzenes Silber glänzten, schien sie sich in meinen Augen in einen Engel zu verwandeln.

Es fehlten nur noch die Flügel. Ihre Soli verschlugen mir jedes Mal den Atem.

Obwohl ich keinerlei Talent fürs Klavierspiel besaß, ließ Mrs. Dantzler nicht locker, bis ich wenigstens eine gewisse Fertigkeit erlangt hatte. Bei ihren Konzerten kam ich als einziger Junge, der bei ihr Unterricht nahm, immer zuletzt dran. Da diese musikalischen Darbietungen in Coalwood als wichtiges gesellschaftliches Ereignis angesehen wurden, achtete sie jedes Mal darauf, dass ich vorzeigbar war, lehrte mich, kerzengerade auf dem Klavierhocker zu sitzen und wie ich mich am Ende zu verbeugen hatte, indem ich einen Arm vor den Bauch legte, den anderen hinter den Rücken.

Ich war durchaus damit einverstanden, Klavierunterricht zu nehmen, aber ich hasste es zu üben. »Ein wenig mehr Zeit an deinem Klavier zu Hause, Sonny, wäre bis zur nächsten Stunde durchaus wünschenswert«, meinte Mrs. Dantzler jedes Mal. »Du weißt ja, zwei Dollar wachsen nicht auf Bäumen.«

Als ich dann auf die Big Creek High kam, hielt ich dies für einen guten Anlass, um mit dem Klavierspielen aufzuhören. Ich hatte eine Menge Hausaufgaben und musste Raketen bauen – das Üben nahm einfach zu viel Zeit in Anspruch. Mom erklärte sich damit einverstanden, bestand aber darauf, dass ich es Mrs. Dantzler selbst sagte. Sie dachte wohl, das würde mich davon abhalten, aber mein Entschluss stand fest.

Ich studierte ein, was ich Mrs. Dantzler sagen wollte, und hatte mir schließlich einiges ausgedacht. Es ginge nicht darum, ganz aufzuhören, wollte ich ihr mitteilen. Ich wollte einfach nur mehr für mich spielen. Schließlich hatte ich so viel gelernt und bräuchte jetzt Zeit dafür, an dem zu arbeiten, was ich bereits konnte. Auf alle Fälle würde ich dranbleiben und weitermachen, jetzt und auch in Zukunft. *Deshalb herzlichen Dank, Mrs. Dantzler, Sie waren großartig.* Während ich mit dem Fahrrad zu ihr fuhr, ging ich meine Lügengeschichte im Geiste immer wieder durch, doch sobald sie die Tür öffnete, flogen meine kleinen Lügen wie verängstigte Fledermäuse aus meinem Kopf. Ich stammelte herum und platzte dann damit heraus: »Ich kann keinen Klavierunterricht mehr nehmen!«

Ihre großen blauen Augen weiteten sich vor Schreck. »Warum denn nicht, Sonny?«

»Weil … weil … ich keine Lust mehr habe!«

Mrs. Dantzler sah mich enttäuscht und verletzt an, und ich schrumpfte unter ihrem Blick. Dann führte sie mich schweigend zu ihrem Klavier und setzte sich neben mich, wie sie das viele Hundert Male zuvor getan hatte. Sie schaltete das Metronom ein, und es tickte, während ich meine Kompositionen durchging. Sie korrigierte mich, als wäre es eine ganz normale Unterrichtsstunde, deren Ergebnisse sie nächste Woche abfragen würde, wie sie das in all den Jahren getan hatte. Endlich war die quälende Stunde zu Ende, und sie stoppte das Metronom, stand auf, trat ans Fenster und blickte hinaus auf die Berge, während ich meine Bücher und Noten zusammenpackte. Ich ließ zwei zerknitterte Dollarnoten auf dem Klavierhocker zurück. »Ich werde weiterhin üben«, teilte ich ihrem Rücken mit.

»Nein, das wirst du nicht«, entgegnete sie leise.

Ich floh, wohl wissend, dass sie recht hatte.

Sherman war der Rocket Boy, auf den ich mich immer verlassen konnte, wenn es um Hilfe beim Mischen des Treibstoffs ging. Aus irgendeinem Grund genoss er es, bis zu den Ellbogen in Chemikalien zu stecken. Und so waren wir beide an einem Tag Anfang November 1959 in meinem Kellerlabor und mischten die klebrige graue Schmiere zusammen, die wir Zinkosprit nannten. Dabei gingen wir Schritt für Schritt vor und wichen niemals von dem ab, was sich als sicher herausgestellt hatte. Zuerst wurde eine kleine Menge Zinkstaubpulver in einem hölzernen Mischbecher abgemessen, dann folgte die entsprechende Menge Schwefel. Anschließend gossen wir ausreichend viel von

John Eyes reinem Alkohol dazu, um eine zähe Konsistenz zu erhalten. Die Zutaten im Becher vermanschten wir mit einem Holzlöffel oder unseren Händen, bis wir eine Masse von einheitlicher grauer Farbe hatten, die wir dann auf ein Backblech strichen. Mit einem Nudelholz pressten wir den überschüssigen Alkohol heraus. Jeder kleine Batzen, den wir auf diese Weise herstellten, reichte aus, um ein paar Zentimeter Treibstoff in ein Behältnis zu füllen. Wir mischten und füllten und warteten zwischen den einzelnen Beladungen mindestens eine Stunde, damit der Zinkosprit in der Röhre »aushärten« konnte. Es war ein langsamer, stupider Prozess, aber Sherman und ich hatten Spaß dabei. Wir hörten dabei Rock 'n' Roll aus meinem kleinen japanischen Radio oder unterhielten uns über Mädchen oder tauschten Klatsch über das Treiben der Leute von Coalwood aus. Langweilig war uns nie.

Ohne uns zusätzlich dafür zur Kasse zu bitten, hatte Mr. Clinton Caton, der Maschinenschlosser, der für gewöhnlich unsere Arbeiten ausführte, uns für die nächste Rakete eine Düse aus einem etwas höherwertigen Karbonstahl angefertigt. Es war unser Glück, dass er gerade jetzt ein paar Stücke des speziellen Stabstahls erübrigen konnte. Quentin war sich sicher, dass wir das Erosionsproblem mit dem neuen Stahl in den Griff bekommen konnten, aber um das herauszufinden, gab es nur eine Möglichkeit: Wir mussten eine Rakete starten. Sherman und ich befüllten also die von mir als *Auk XXII-F* bezeichnete Rakete, mehr oder weniger eine Kopie derjenigen, die wir zuletzt gestartet hatten, nur mit dem neuen Stahl.

Für das Mischen unseres Treibstoffs und das Befüllen unserer Raketen hatte ich mir ein kleines Labor im Keller unseres Hauses eingerichtet. Es war nichts weiter als eine Sperrholzplatte über der Waschmaschine, die sich zwischen zwei Waschbecken befand, über denen sich Regale unter unseren Chemikalien und Mischutensilien bogen. Den größten Teil meiner für das Mischen des Treibstoffs benötigten Gerätschaften hatte ich aus Moms Küche entwendet. Sie hatte sie nie zurückverlangt. Sicherlich hatte sie Angst, vergiftet oder in die Luft gejagt zu werden.

Sicherheitshalber trug Sherman Gummihandschuhe, einen schweren Wollmantel und eine Baseballmütze, an deren Schirm zum Schutz seiner Augen ein Stück Plastik angeklebt war. Ich war mehr oder weniger genauso angezogen, und wir schwitzten, weil sich keine drei Meter von uns entfernt der mit Kohlen befeuerte Heizkessel befand. Solange wir den Ofenrost geschlossen hielten, bestand keine Gefahr. Zur Belüftung ließen wir auch die Kellertür einen Spaltbreit geöffnet.

Ich hörte, wie oben die Tür aufging. »Was machst du da unten, Sonny?«, rief Mom von der Küche herunter.

»Wir befüllen eine Rakete«, sagte ich salopp.

Ihre Antwort war genauso salopp, wenn auch mit einer Spur Resignation darin. »Na gut, spreng dich nicht in die Luft«, sagte sie zum tausendsten Mal, seit ich ein Rocket Boy geworden war. »Und du pass auch auf, Sherman«, ergänzte sie.

»Ja, Ma'am«, sagte er. Sherman schien sich unter dem Gewicht all der Schutzkleidung zu krümmen, aber er hatte einfach nur einen Fuß im spitzen Winkel neben den anderen gestellt, damit die Last auf seinem gesunden Bein ruhte.

»Die Frauen vom Verein kommen in etwa zehn Minuten zu unserem Treffen«, verkündete Mom von oben. »Wäre schön, wenn ihr nicht allzu viel Lärm machen würdet. Ich wüsste es auch zu schätzen, wenn ihr da unten ein wenig lüftet.«

»Ja, Ma'am«, antwortete ich, schraubte den Deckel wieder auf das Einmachglas mit dem Schwarzgebrannten und öffnete dann die Kellertür sperrangelweit. Seit wir zum Zinkosprit übergegangen waren, erklärte Mom jedem naserümpfenden Besucher unseres Hauses: »Ich unterhalte hier keine Kaschemme. Es ist nur Sonnys …«, woraufhin der Besuch dann einstimmte und ergänzte, »… Raketenzeug im Keller«, und verständnisvoll nickte.

Es gab noch immer einige Leute in Coalwood, die in uns Rocket Boys eine besondere Belastung für die Stadt sahen. Wir hatten wohl im Lauf der Jahre für ziemlichen Aufruhr gesorgt. Eine unserer ersten Raketen war in Dads Zechenbüro gerast, woraufhin er mir verbot, jemals wieder eine Rakete in Coalwood zu starten. Unter Druck lockerte er später seine Sanktion, aber wir wurden auf die Abraumhalde verbannt, die anderthalb Kilometer unterhalb von Frog Level lag und von uns Cape Coalwood genannt wurde. Dad rechnete damit, dass wir dort nicht nur aus dem Blickfeld der Bewohner von Coalwood verschwunden wären, sondern auch aus ihren Köpfen. In Windeseile gelang es uns jedoch, eine Rakete in eine Flugbahn zu bringen, die vom Cape bis zu einem Feld keine dreißig Meter von den Häusern der Middletown Row entfernt reichte, eine Strecke von fast fünf Kilometern. Ein Angestellter der Stahlgesellschaft, der zu uns geschickt worden war, um den Verkauf der Häuser von Coalwood und deren Einrichtungen zu überwachen, hatte diesen Beinahe-Unfall beobachtet und den Befehl erteilt, unseren Kontrollbunker abzureißen und die Startrampe platzzumachen. Doch in diesem Fall hatte Dad sich für uns eingesetzt, und wir durften unseren Bereich behalten. Vermutlich vertrat er die Ansicht, das wenn einer die Rocket Boys aus Coalwood vertrieb, dann war es nur er selbst und nicht irgendein feiner Pinkel der Stahlgesellschaft. Wir wurden auch von der West Virginia State Police fälschlicherweise beschuldigt, einen Waldbrand drüben in Davy verursacht zu haben. In diesem Fall war Miss Riley unsere Rettung, die anhand einer Landkarte nachwies, dass unsere Raketen gar nicht so weit fliegen konnten – jedenfalls noch nicht. In den vergangenen paar Monaten hatten wir so gut wie keinen Ärger bekommen, obwohl unsere Raketen fast jedes Wochenende mit einem unserer spektakulären Erfolge oder niederschmetternden, aber immer farbenprächtigen pyrotechnischen Fehlschläge die Erde zum Beben brachten.

Der Keller war eine gute Echokammer. Ich konnte fast alles mithören, was sich über mir abspielte. Jetzt hörte ich, wie Mom durch die Küche zur hinteren Veranda lief. Vermutlich war eine der Frauen vom Frauenverein gekommen. Dann öffnete sich die Kellertür erneut. »Hier ist jemand für dich«, kündigte sie an, und ich hörte Schritte auf der Kellertreppe, die nach unten kamen und vor der letzten Stufe innehielten. Mir war klar, dass der Besucher vorsichtig über Lucifer stieg. »Also wirklich, Lucifer«, beklagte Mom sich, als sie ihm auswich.

Ich drehte mich um, um zu sehen, wer bei ihr war. Zu meiner großen Überraschung waren es Mrs. Dantzler und ihre Tochter Ginger. Sie mussten ihre Köpfe einziehen, um zu uns zu kommen, da die Heizungsrohre entlang der Decke verliefen. Vor allem Mrs. Dantzler war sehr bedacht auf ihre Frisur. »Hallo, Sherman«, sagte sie und schenkte ihm ein knappes Lächeln, bevor ihr Blick auf mich fiel. »Soso, Sonny, das also hat nun den Platz deiner Klavierstunden eingenommen.« Sie ließ den Blick ihrer großen blauen Augen über die vollgestellten Regale wandern. »Wie Sie es schaffen, dass Ihr Haus nicht in die Luft geht, ist mir ein Rätsel. Und dann dieser Gestank!«

»Ich weiß«, sagte Mom und seufzte. »Wir machen eben das Beste draus.«

»Zieh diese Handschuhe aus und heb deine Hände, Sonny«, befahl Mrs. Dantzler. »Da, sehen Sie, Elsie? Lange Finger, breite Handflächen. Das sind Pianistenhände. Wenn Sonny doch nur weiterhin Unterricht genommen hätte … Es ist eine Schande, wirklich eine Schande.«

Ich schielte zu Mom herüber und erhielt ein Augenzwinkern als Antwort. »Und jetzt, Jungs«, sagte sie, »müssen die Damen und ich uns noch rasch um die letzten Probleme mit dem Festzugswagen für den Veteran's Day kümmern. Und ich bitte um nicht mehr, als dass es hier unten ruhig bleibt. Verstanden?«

»Ja, Ma'am«, versicherten Sherman und ich im Chor.

Sherman fügte hinzu: »Wie ich höre, wird unser Festzugswagen der beste sein.«

»Das stimmt, mein Lieber«, bestätigte Mom.

Ginger schaute mit einem strahlenden Lächeln über die Schulter ihrer Mutter. Sie hatte sich zu einem hübschen elfenhaften Geschöpf gemausert, mit einem braunen Lockenkopf und tiefgründigen bernsteinfarbenen Augen. Zu einem karierten Rock trug sie eine bis zum Hals geknöpfte weiße Bluse, aber Sherman und ich waren uns beide bewusst, dass hier ein anmutiger erblühender Teenager vor uns stand. Wir wechselten einen Blick, als sie fragte: »Darf ich hierbleiben und zusehen?«

»Sicher!«, sagte Sherman eifrig.

Ginger sah mich an. »Ist das auch für dich in Ordnung, Sonny?«

»Sei einfach vorsichtig«, sagte ich und kehrte den großen Raketenwissenschaftler heraus. »Und gib acht, was du anfasst.«

»Ich werde nichts anfassen«, sagte sie leise.

Ihre Art zu sprechen, so bescheiden und sanft, ließ mich sie ein zweites Mal ansehen. Und während ich sie betrachtete, stand für mich auf einmal fest, dass Ginger Zanice Virginia Dantzler das hübscheste Mädchen war, das ich je gesehen hatte. Diese Erkenntnis kam aus dem Nichts und traf mich völlig unerwartet. Es war, als würde von allen Dingen in diesem Keller, die mir wichtig waren, plötzlich nur noch sie zählen. Coach Gainer hatte mal in Gesundheitserziehung eine ganze Stunde darauf verwendet, herauszufinden, wie die Gehirne von Jungs im Teenageralter tickten. Und am Ende aufgegeben. Ich fühlte mit ihm. Immerhin hatte ich eins dieser Gehirne und stieg selbst nicht dahinter.

»Sonny?«, sprach Sherman mich freundlich lächelnd an. »Wenn du damit fertig bist, Ginger anzugaffen, können wir dann mit unserer Arbeit weitermachen?«

»Sicher!«, quiekte ich und riss mich von ihr los. Verlegen räusperte ich mich und versuchte, meine Stimme um eine Oktave zu senken. »Sicher«, knurrte ich in einer tieferen Tonlage und rührte dann wie wild im Zinkosprit.

Es dauerte nicht lang, da hörte ich das Poltern von Schritten auf der hinteren Veranda und Geplapper, als die Frauen einander begrüßten. Mom scheuchte sie ins Wohnzimmer. Ich fragte mich, ob auch nur eine von ihnen sich vorstellen konnte, dass Mom den ganzen Morgen auf Händen und Knien damit zugebracht hatte, die schönen Eichendielen zu wienern, die Captain Laird in diesem Haus, das einmal ihm gehört hatte, verlegt hatte. Es war Zecheneigentum, aber Mom behandelte es, als wäre es unseres, vielleicht sogar besser.

Die Veteran's-Day-Parade des McDowell County war eine wichtige patriotische Angelegenheit. Marschkapellen von jeder Highschool im County zogen mit, und es gab einen Wettbewerb für den besten Festzugswagen. Diesen zu gewinnen war der ganze Stolz der Stadt. In den vergangenen Jahren hatte die Gesellschaft keine Kosten gescheut, diese Erfolgsserie zu unterstützen und dafür nicht nur Geld lockergemacht, sondern auch Maschinenschlosser und Zimmerleute freigestellt. In diesem Jahr sollte eine lebende Freiheitsstatue auf einer rotierenden Plattform stehen, umgeben von Soldaten aus fernen Ländern wie Frankreich, die ihr salutierten. Die meisten anderen Gemeinden gaben sich mit einfacheren Wagen zufrieden und präsentierten etwa Cheerleader der Highschool, die auf dem Schoß des alten König Kohle saßen. Coalwood, da waren alle zuversichtlich, würde auch diesmal wieder den Preis nach Hause bringen.

Als Ehrengast der Parade wurde in diesem Jahr kein Geringerer als Harry S. Truman erwartet, der frühere Präsident der Vereinigten Staaten von Amerika. Präsident Truman und Coalwood kannten einander gut, denn während seiner Amtszeit hatte Mr. Truman die Navy der Vereinigten Staaten hergeschickt, um uns zu besetzen, als wären wir ein fremdes Land. Das geschah 1949, als Mr. Carter die Zeche geschlossen hatte, um die Gewerkschaft auszusperren, indem er erklärte, er habe nicht die Absicht, seine Gesellschaft mit Leuten wie John L. Lewis und der Bergarbeitergewerkschaft der Vereinigten Staaten zu teilen. Als dieses Thema damals am Küchentisch diskutiert wurde, meinte Dad, dass Mr. Carter und »ol' John L.« einander eigentlich respektierten, sich aber ihren jeweils eigenen Prinzipien verpflichtet fühlten. Mom bemerkte dazu nur, dass sie, wenn sie tatsächlich irgendwelche Prinzipien hätten, nicht so viel Unruhe stiften würden, nur um sich selbst als große Tiere aufzuspielen.

Präsident Truman stellte sich auf die Seite der UMWA, der Bergarbeitergewerkschaft. Und bald schon sah Mr. Carter einen Konvoi grauer Militärlaster in seine Stadt rollen und salutierende Seeleute, die ins Club House strömten. Als Erstes verlangten die Seeleute von dessen Koch, dass er ihnen ihre Navy-Bohnen kochte und ihr Brot backte. Dann marschierten sie auf der Straße auf und ab und befahlen den Kumpeln, wieder an die Arbeit zu gehen. Der Oberkommandant der Navy ließ Mr. Carter wissen, dass es an der Zeit sei, den Gewerkschaftsvertrag zu unterschreiben. Während der alte Mann noch zauderte, nistete der Kommandant sich im größten Zimmer des Club House ein und richtete üppige Festgelage aus, zu denen er alle hohen Tiere im County einlud. Ich habe gehört, dass er sich aufgeführt haben soll wie der König von Coalwood. Das gravierte Silberbesteck, die Teller und Schüsseln, die bei diesen Gelagen zum Einsatz kamen, waren legendär in der Stadt. Dass dieses Gerücht stimmte, wusste ich, denn im Laufe der Jahre sah ich das Geschirr in vielen Haushalten. Und die meisten hatten 1949 hübsche Töchter.

Obwohl es ein paar Monate dauerte, bis Mr. Carter nachgab, unterschrieb er schließlich »unter Vorhalt einer Waffe«, wie er es sah. Nicht wenigen Matrosen gefielen unsere Berge und die schönen Frauen, und sie verabschiedeten sich vom Meer und kamen zurück nach Coalwood, um hier Bergmänner zu werden. Immer mal wieder bemerkte ich am Arm eines Mannes ein Anker-Tattoo und vermutete dann, dass er einst als Besatzer gekommen war und nun selbst unter Besatzung stand. Mit seinem großartigen Festzugswagen würde Coalwood Präsident Truman zeigen, dass es hier, ihm und seiner Navy zum Trotz, noch immer gut lief.

Während Ginger schweigend zusah, wandten Sherman und ich uns wieder unserer Mixtur zu. Nach einer Weile meinte er mit Blick auf den Zinkosprit in der Schüssel: »Kommt mir arg dunkel vor.«

Ginger kam dazu und schnupperte daran. »Es stinkt«, sagte sie und rümpfte die Stupsnase.

Ich ignorierte sie. »Es ist dieselbe Mixtur, die wir auch bei unseren beiden letzten Raketen eingesetzt haben«, teilte ich Sherman mit.

Stirnrunzelnd blickte er in die Schüssel. »Scheint mir trotzdem zu dunkel zu sein. Ich wünschte, wir könnten es testen.«

»Dein Wunsch ist mir Befehl«, brüstete ich mich vor Ginger. Ich maß einen Teelöffel Zinkosprit-Mischung ab, füllte diese in einen Becher und ging damit zum Heizkessel. Dandy, unser Cockerspaniel, blickte von seinem Teppich auf, den Mom für ihn hingelegt hatte. Poteet, unser anderer Hund, war draußen. Um diese Zeit löste die Abendschicht die Tagesschicht ab, und Poteet hielt es für ihre Pflicht, die Kumpel anzubellen, wenn sie an unserem Zaun vorbeikamen. Dandy warf einen Blick auf mich und den mit Zinkosprit gefüllten Becher in meiner Hand, und wusch war er durch die Tür verschwunden und rannte mit eingeklemmtem Schwanz die Treppe hoch.

»Warum rennt Dandy denn weg?«, wunderte sich Ginger.

Ich zuckte mit den Schultern. »Vielleicht erinnert er sich an damals, als wir den Boiler in die Luft gejagt haben.«

Sherman blickte auf. »Deine Mom sagte doch …«

Ich war voller Zuversicht, wie nur wahre Ignoranz sie hervorbringt. »Ach, die kriegen schon nicht mit, wenn das bisschen hier explodiert«, sagte ich.

»Ist das nicht gefährlich?«, fragte Ginger kleinlaut.

»Natürlich nicht«, beruhigte ich sie herablassend und öffnete das Heizkesselgitter. »Ich weiß genau, was ich tue.«

Und dem war auch so. Ich meine, war es mein Fehler, dass dieser verdammte alte Heizkessel nicht für sich rasant ausdehnende Gase gebaut war? Oder dass die großen Belüftungsleitungen, über die warme Luft im Haus verteilt wurde, sich aufführten wie die Pfeifen einer gewaltigen Orgel? Welcher zutiefst armselige Ingenieur hatte überhaupt ein solches Scheusal entworfen und in unserem Keller installiert? Das waren die Fragen, die mir durch den Kopf jagten, als der Heizkessel unter dem Einfluss des Zinkosprits einen fröhlich nachhallenden Rülpser hervorbrachte, auf den selbst der Teufel stolz gewesen wäre. Die alten Belüftungsleitungen verwandelten verrückterweise den fürchterlichen Rülpser in ein langes Donnergrollen und schickten dann als weiteren Beweis dieser verpfuschten Konstruktion eine Geruchswolke durchs Haus, die ganz nach verfaulten Eiern roch.

Einen Moment lang herrschte Stille, dann rief meine Mom: »*Sonny!*« Es war erstaunlich, wie laut und schnell sie das manchmal über die Lippen brachte.

Als der gute Wissenschaftler, der ich war, reagierte ich darauf mit einer begründeten Feststellung des Sachverhalts. »Ich bin tot«, sagte ich und erschauderte dann vor dem Zorn, der mich mit großer Sicherheit treffen würde. Ich hörte, wie oben Fenster geöffnet wurden.

Ginger kicherte. Die Küchentür ging auf, und gleich darauf hallte das Klappern von Moms Absätzen die Stufen herunter, stoppte vor der letzten über Lucifer (der mit keinem Muskel gezuckt hatte), und ihr hübsches Gesicht erschien, das sich in einen Haufen kaum kontrollierter Wut verwandelt hatte. Sie stemmte die Hände in die Hüften. »Ich glaube, ich bringe euch zwei um«, sagte sie, »damit dieses Problem später Gott und der Obrigkeit erspart bleibt.« Sie sah Ginger an. »Alles in Ordnung mit dir, meine Liebe?«

»Jawohl, Ma'am. Ich amüsiere mich köstlich!« Ihre Locken hüpften, als sie das mit einem wilden Kopfnicken bestätigte.

Ich sah Mom mit meinem reinsten Unschuldslächeln an und erzählte ihr, wie viel Spaß ich hatte, aber sie hielt abwehrend die Hand hoch. »Ich möchte kein Wort von dir hören, kein einziges. Willst du nicht mit hochkommen zu unserer Versammlung, Ginger? Und was euch beide betrifft, raus aus meinem Keller!«

»Mom ...«

»Raus da, *raus*!«

Sherman ging nach Hause, während ich in den Garten schlich, um mit den Hunden zu spielen. Dandy und Poteet konnte man stundenlang mit Stöckchenwerfen beschäftigen und mich ehrlich gesagt auch. Außerdem dachte ich amüsiert an meinen Zinkosprit. Sherman hatte doch glatt gedacht, die Mischung sei verdorben. Aber ich hatte es ihm gezeigt! Das war Treibstoff vom Feinsten. Wenn wir es nur hinkriegten, dass er unsere Düsen nicht anfraß.

Ich war noch ganz in Gedanken beim Zinkosprit und warf Stöckchen für die Hunde, als die Fliegengittertür aufschwang und Ginger nach draußen trat. Sie hatte sich die Big-Creek-Jacke über ihre Bluse gestreift. Es war ein für Coalwood typischer Herbsttag, kühl, aber nicht zu kalt. »Kannst du Gesellschaft gebrauchen?«, fragte sie.

»Kannst du einen Stock werfen?«

»Darin bin ich Meisterin.« Sie hob einen Ast auf, der unter dem Apfelbaum lag, und warf ihn für Dandy. Dandy rannte hinterher. Er trödelte gern herum mit dem Stock, schnüffelte dran und trug ihn ein paarmal durch den Garten, bis er ihn schwanzwedelnd zurückbrachte. Poteet war schneller. Sie brachte den Stock schon zurück, kaum war er zu Boden gegangen, wenn er dort überhaupt landete. Sie war dafür bekannt, dass sie Fledermäuse auf dieselbe Weise am Flügel fing.

»Ich würde gern mal vorbeikommen und euch bei einem eurer Raketenstarts zusehen«, sagte Ginger, ohne Dandy aus den Augen zu lassen, der umherschlenderte und ihren Stock in seinem Maul vollsabberte.

Ich nahm Poteet das Stöckchen ab, das sie mir entgegenstreckte, und warf es, so weit ich konnte. Sie flog davon. »Normalerweise findet der Start samstags statt, wenn wir eine abschussbereite Rakete haben«, meinte ich und zuckte mit den Schultern. »So gegen zehn Uhr. Achte auf unsere Benachrichtigungen. Sherman hängt sie normalerweise im Big Store und in der Post auf.«

»Werde ich«, versprach sie. Dann kam sie auf mich zu. »Sonny, wirst du mir eine Frage beantworten?«

»Sicher doch«, sagte ich und warf den Stock erneut. Poteet hatte ihn flugs zurückgebracht.

»Magst du mich?«

Es war eine überraschende Frage. »Was meinst du damit?«

Sie zuckte mit den Schultern. »Ich glaube nämlich, dass die anderen Kids mich nicht mögen«, sagte sie ganz ernst. »Ich denke, viele halten mich manchmal für größenwahnsinnig, weil ich später mal Sängerin werden möchte.«

»Was willst du denn singen?«, fragte ich.

Sie blickte hoch zum Kipper, wo eine Reihe von Bergleuten den Heimweg antrat. Ganz schwach konnte ich das dumpfe Klappern ihrer leeren Henkelmänner hören. »Ich weiß nicht«, sagte sie seufzend. »Opern vielleicht, aber vielleicht auch Musicals. Was es auch sein wird, ich kann es kaum erwarten. Doch wenn ich davon erzähle, verdrehen viele einfach die Augen.«

Ich erinnerte mich an die Zeit, als wir gemeinsam Comics im Salon gelesen hatten. »Ich finde, dass du das netteste und hübscheste Mädchen von ganz Coalwood bist, Ginger.« Ich hatte ein bisschen dick aufgetragen, aber ich dachte, sie brauchte das.

76

Ginger schien noch nicht ganz zufrieden zu sein. »Ich hoffe, du erreichst dein Ziel«, sagte sie. »Der erste Raketenwissenschaftler von Coalwood, West Virginia!«

Ginger war so umgänglich, dass ich mich wohl in ihrer Gesellschaft fühlte. »Und ich werde stolz sein, den Leuten erzählen zu können, dass ich mit Ginger Dantzler, der berühmten Sängerin, aufgewachsen bin.«

Dandy ließ seinen Stock vor ihren schwarzen Kunstlederschuhen auf den Boden fallen. Sie hatte winzige Füße. Ich fand sie süß. Tatsächlich fand ich, jetzt, wo ich sie mir genauer ansah, dass Ginger Dantzler insgesamt eine süße Person war. Ginger hob den Stock auf und warf ihn. Dandy watschelte hinterher und wedelte begeistert mit dem Schwanz. Sie lächelte mich scheu an. »Ich mag dich, Sonny. Du warst schon immer der netteste Junge.«

Ich hatte noch immer keine Verabredung für den Weihnachtsball der Highschool. Wie ein Batzen Zinkosprit explodierte in meinem Kopf ein Gedanke. Warum ging ich nicht mit Ginger hin? Sie war süß, sie war nett, und man konnte sich gut mit ihr unterhalten. Und wir planten beide, unserem Traum zu folgen und Coalwood zu verlassen.

»Ginger ...«, setzte ich an, aber bevor ich meine Frage aussprechen konnte, wurde ich von den Geräuschen scharrender Füße und plaudernder Frauen auf der Gartenterrasse unterbrochen. Das Treffen des Frauenvereins war zu Ende.

»Zanice Virginia?«, rief ihre Mutter.

Ginger sah mich entschuldigend an. »Ich gehe wohl besser.«

»Wirst du wirklich runter nach Cape Coalwood kommen?«, fragte ich.

Sie hielt den Kopf schief und sah mich mit einem so reizenden Lächeln an, dass mir bis in die Zehenspitzen warm wurde. »Ich werde da sein. Mit mir kannst du rechnen!«

6. Wagennacht

Obwohl der Festzugswagen für den Veteran's Day vom Frauenverein entworfen und gebaut wurde, kamen die Gelder dafür samt und sonders von der Bergbaugesellschaft. Zechenmaterial, Arbeiter und Räumlichkeiten standen zur Verfügung, um den Wagen so großartig zu bauen, wie die Damen es wünschten. Der Festzugswagen von Coalwood hatte jedes Jahr den Preis für den schönsten Wagen in der Parade abgeräumt, und keiner wollte, dass dieser Rekord gebrochen wurde. Diese Angelegenheit betraf die Stadt, die Zeche und auch den Stolz der Gewerkschaft. Als der Veteran's Day 1959 näher rückte, wurde in der Werkstatt, in der der Wagen gebaut wurde, gehämmert, gesägt und geschweißt, dass es nur so hallte. Die anderen Wagenbauer im County hatten keine Chance gegen das vereinte Coalwood.

Der Abend vor der Parade wurde Wagennacht genannt. Es wurde letzte Hand an den Festzugswagen gelegt, und alle Damen des Clubs mitsamt ihren Ehemännern und Kindern waren gefragt. Angesichts des fabelhaften Dessertbüfetts, das die Damen immer aufbauten, war ich entschlossen mitzumachen. Mein Plan sah vor, mich ein klein wenig nützlich zu machen, mir aber hauptsächlich den Magen mit Keksen, Pies und Kuchen vollzustopfen und zeitig wieder zu verschwinden. Mom war dieser Plan bekannt, weil sie das allgemeine Verhaltensmuster der Jungs im Lauf der Jahre studiert und ein Gespür dafür entwickelt hatte. »Ich werde das Büfett im Auge behalten«, drohte sie mir. »Ich möchte dich nicht jedes Mal dort sehen, wenn ich hinschaue. Hast du mich verstanden, Sonnyboy?«

»Oh ja, Ma'am«, sagte ich mit jenem devoten Lächeln, das für solche Anlässe reserviert war. Ihre Drohung kratzte mich nicht. Es würde eine lange Nacht werden, und der Hartnäckige ist immer im Vorteil gegenüber dem Müden.

Roy Lee und O'Dell trafen kurz nach Einbruch der Dunkelheit in der Maschinenwerkstatt ein. Ich trieb mich hier schon über eine Stunde lang herum und hatte bereits ein, zwei Ausflüge zu den Kuchenplatten hinter mir. Wie ich mir gedacht hatte, war Mom abgelenkt, weil sie alles im Auge behalten musste und die Süßigkeiten deshalb mehr oder weniger sich selbst überlassen hatte. O'Dell langte gleich kräftig zu und nahm sich ein Stück Apfelkuchen. Roy Lee war auf Süßes anderer Art aus und zog los, um die Mädels auszubaldowern. Mit den Taschen voller Kekse lungerte ich im Hintergrund herum und hatte Spaß daran, das emsige Treiben zu beobachten. Die Damen, ihre Ehemänner und Kinder, dazu eine Crew aus Zimmerleuten und Maschinenschlossern der Zeche, sie alle waren in ihre Aufgaben um und auf dem Festzugswagen vertieft. Weitere Bewohner von Coalwood schleppten Material herbei: Papierrollen, Farbe, Nägel und Kleber, alles kostenlos bereitgestellt aus dem Zechenladen.

Basis des Festzugswagens war ein Tieflader, der normalerweise von der Zeche zum Ziehen schwerer Maschinen benutzt wurde. Auf dessen Ladefläche sollte ein Podest für die von einem Mädchen dargestellte Freiheitsstatue errichtet werden. Soldaten (in Gestalt von Coalwood-Jungs) aus der freien Welt sollten Miss Liberty durch Salutieren angemessen huldigen. Getrennt von dieser Gruppe sollte ein mit einem Gewehr bewaffneter amerikanischer Soldat eine Abschrift der Verfassung sowie die Heilige Schrift bewachen. Geschmückt wurde der Wagen mit bunten »Blumen« aus Toilettenpapier und Krepppapier, die in die Verkleidung aus Maschendraht gesteckt wurden. Es war ein großartiger Entwurf, über dessen Erfolg niemand im Zweifel war.

Die Verantwortung dafür lag in den Händen von Mom, Mrs. Servant, Mrs. Dent Todd, Mrs. Ada Todd, Mrs. Sharitz, Mrs. McGlothlin und Mrs. Mahoney, alles Frauen von Steigern. Ihr Kommandotisch mit Moms Zeichnungen und dem Masterplan befand sich neben der Tür der Maschinenwerkstatt. Ich wusste, dass es nur eine Frage der Zeit war, bis ich entdeckt und zur Arbeit eingeteilt wurde. Noch eine Plünderung des Kuchenbüfetts, dann wäre ich einsatzbereit, bevor ich mich aus dem Staub machte. Ich hatte eine gute Ausrede, denn ich musste früh aufstehen. Die Big-Creek-Marschkapelle war Teil der Parade, und der Schulbus sollte die Musiker aus Coalwood bereits um fünf Uhr morgens abholen.

Über einen Umweg, damit es nicht so auffiel, wollte ich mich gerade wieder ans Büfett anschleichen, da entdeckte ich Sherman. Bei seinem Anblick blieb mir der Mund offen stehen. Ich konnte nur noch glotzen. Roy Lee, der von seiner Inspektionstour zurückkam, brauchte nur einen Blick, um loszuprusten. Er hielt sich die Hand vor den Mund und gab leise Keckerlaute von sich, wie Eichhörnchen sie machten. Endlich wandte er sich mit bebenden Schultern ab. Es half alles nichts, auch ich kicherte. »Na los doch, ihr Fieslinge«, brummte Sherman. »Lacht, so viel ihr wollt.«

Wir konnten nicht anders. So etwas hatten wir noch nicht gesehen. Sherman trug ein großes labberiges Barett auf dem Kopf, dazu eine hellblaue Tunika, über die gesamte Länge verziert mit einer Goldborte. Auch seine Hose war hellblau, jeweils mit einem seitlichen Goldstreifen. Es sollte die Uniform eines französischen Soldaten darstellen, aber wenn die Franzosen tatsächlich solche Klamotten in der Schlacht trugen, wunderte es mich nicht, dass die Deutschen sie im Zweiten Weltkrieg vermöbelt hatten. Vor allem das Barett war speziell. Ich konnte mir nicht vorstellen, dass ein richtiger Soldat eine derart mädchenhafte Kopfbedeckung tragen würde. Während wir uns vor Lachen nicht mehr einkriegten, nahm Sherman sein Barett ab, sah uns jedoch stoisch an. »Dann sehe ich eben aus wie ein Idiot«, meinte er. »Aber meine Mutter war so nett, mir diese Uniform zu schneidern, also werde ich sie wohl auch tragen.«

Die anderen Jungs, denen ebenfalls eine Rolle als ausländische Soldaten zugedacht war, trafen nach Sherman ein. Roy Lee war von deren Anblick so verblüfft, dass er sich an einer Drehbank aufstützen musste, um wieder Luft zu bekommen. Jackie Likens, Grant Smith, Jimmy Siers, Phil Sharitz und Clem Todd trugen allesamt Uniformen unserer europäischen Alliierten (wie etwa den Belgiern), die mit glänzenden Knöpfen, Borten und Streifen prunkten. Doch damit nicht genug. Sie trugen zudem ähnliche Barette wie das von Sherman, denen man bei aller Fantasie ansah, dass es Frauenhüte waren. Allein Vincent Curto hatte Glück. Er spielte den amerikanischen Soldaten und steckte voller Stolz in der Uniform, die sein Vater im Zweiten Weltkrieg getragen hatte. Später erfuhr ich, dass die Mütter von Coalwood keine Bilder von ausländischen Soldaten hatten auftreiben können und deshalb frustriert eigene Uniformen erfunden hatten. Es war gewissermaßen ein Spiegelbild des Stellenwerts, den sie unserem Land in der Welt zumaßen. Amerikanische Soldaten trugen Uniformen für den Kampf, und wenn es zum Krieg kam, dann lag die Hauptlast auf unseren Schultern. Soldaten aus anderen Ländern, zu deren Verteidigung unsere Jungs direkt von der Highschool weg eingezogen wurden, trugen Uniformen, um gut darin auszusehen, nicht für den blutigen Kampf.

»Wo ist der französische Soldat?«, rief Mrs. Mahoney von der Plattform des Festwagens. Sie hielt ein Blatt Papier in der Hand, zweifellos eine Liste, die sie abarbeiten musste. Sie erspähte Sherman. »Setz dein Barett auf, mein Lieber, und komm her und stell dich auf. Wir werden dir beibringen, wie du salutieren musst.«

»Setz dein Barett auf, mein Lieber«, äffte Roy Lee sie nach und hielt sich den Bauch. »Setz dein Barett auf. Oh Gott!« Er bekam kaum mehr Luft.

Mrs. Mahoney warf erst Roy Lee, dann mir einen finsteren Blick zu. »Roy Lee, Sonny, herkommen!«, befahl sie. Man hatte uns erwischt. Mit gesenkten Köpfen trotteten wir zum Festwagen. Aus dem Augenwinkel hielt ich Ausschau nach O'Dell. Nach allem, was ich sehen konnte, war es ihm gelungen, das Nachtischbüfett zu plündern und einen sauberen Abgang zu machen. Schlauer Junge.

Mrs. Mahoney stieg von der Plattform herunter und verteilte Aufgaben an Roy Lee und mich. Wir sollten Toilettenpapier und Krepppapier in den Hühnerdraht an den Seiten des Festzugswagens stopfen, bis sie fand, dass es genug war. Was wohl bis in alle Ewigkeit dauern würde. »Dass ich ja keine leeren Stellen sehe«, ermahnte sie uns. »Der Wagen soll aussehen, als wäre er von Blumen überzogen. Und jetzt an die Arbeit!«

Mrs. Mahoney war in der achten Klasse unsere Lehrerin für Arithmetik gewesen, und was sie sagte, war uns Gesetz. Wir legten los. Dann fiel mir auf, dass Billy nicht da war, und ich erinnerte mich, dass ich ihn nicht eingeladen hatte. Seine Mutter war kein Mitglied des Frauenvereins, aber ich hatte Mom gefragt, ob die Rocket Boys zur Wagennacht kommen durften, und sie hatte gemeint, alle seien willkommen. Ich hatte es Billy ausrichten wollen, aber vergessen. Einen Moment lang fühlte ich mich schlecht, doch dann schüttelte ich das Schuldgefühl ab. Vermutlich wäre Billy ohnehin nicht gekommen. Seine Familie war vor ein paar Monaten nach Six Hollow gezogen, das lag ein paar Kilometer entfernt vom Zentrum Coalwoods. Wenn ich jetzt darüber nachdachte, fiel mir ein, dass ich Billy in letzter Zeit eigentlich nur noch im Schulbus, im Unterricht und am Cape gesehen hatte. Und selbst dort schien er nicht richtig bei der Sache zu sein. Was war nur mit ihm los? Ich beschloss, das herauszufinden, vergaß es aber prompt wieder.

Nach etwa einer Stunde öden Papierstopfens schlich Roy Lee zum Tisch, um sich eine Handvoll Kekse zu holen. Ich bat ihn, mir welche mitzubringen, und ging dann zur rückwärtigen Seite des Wagens, um weiterzustopfen. Als ich um die Ecke bog, stieß ich zu meiner Überraschung auf Cuke Snoddys Frau, Dreama Jenkins. Es überraschte mich deshalb, weil ich mir absolut sicher sein konnte, dass sie nicht zum Frauenverein gehörte. Die Mitgliedschaft dort wurde einem angetragen, und Frauen, deren Männer weder in leitender Position noch Gewerkschaftsboss waren, wurden gar nicht aufgenommen. Außerdem war sie, soweit ich wusste, nicht verheiratet. Da also weder ihr Ehemann noch ihr Vater aus Coalwood stammte, war sie, egal, wie lange sie hier lebte, nach unserer traditionellen Definition nicht mal eine Bürgerin von Coalwood.

Sollte es Dreama bewusst gewesen sein, dass sie keine Berechtigung hatte, bei der Wagennacht mitzuwirken, so zeigte sie das nicht. Sie war gekommen, um mit anzupacken, so viel stand fest. Unter ihrem alten Overall, der ihr zwei Nummern zu groß war, trug sie eine geblümte Bluse mit Puffärmeln und stopfte eifrig Papier in den Maschendraht. Auf ihrer rechten Wange hatte sie eine dicke Schicht Rouge aufgetragen. Es sah aus, als hätte sie darunter einen Bluterguss, aber ganz sicher war ich mir nicht. Als sie mich erkannte, entblößte sie ihre Zähne in einem breiten Grinsen. Sie hatte wirklich hübsche Zähne. »Hallo, Sonny!«, sagte sie, und es hörte sich sehr stolz an. »Das wird richtig hübsch werden«, ergänzte sie, stopfte sofort wieder Papier zwischen die Drahtmaschen und bauschte es auf.

Ich murmelte eine halbherzige Antwort. Ehrlich gestanden war es mir peinlich, bei ihr zu stehen. Sie sollte überhaupt nicht hier sein. Ich konnte mir nur denken, dass sie sich hereingeschlichen hatte, als Mom und die anderen Frauen nicht hinsahen. Und dann nicht wussten, was sie tun sollten, als sie da war.

In dem Moment schlich Ginger sich an mich heran, stupste mich mit dem Ellbogen an und gab mir einen Rempler mit der

Hüfte. »Hey, Rocket Boy«, sagte sie fröhlich. Dann bemerkte sie Dreama. »Hast du denn gar keine Manieren, Sonny? Nein, natürlich nicht.« Sie streckte ihre Hand aus. »Ich denke, wir sind uns noch nicht begegnet. Ich bin Ginger Dantzler.«

Schüchtern gab die Frau Ginger die Hand. »Ich bin Dreama«, sagte sie kleinlaut. »Dreama Jenkins.«

»Was Sie da machen, gefällt mir«, sagte Ginger und begutachtete das Werk.

»Das sind Blüten«, erwiderte Dreama, zog den Kopf ein und errötete trotz ihres Make-ups.

»Also Ihre Blüten sind sehr kunstvoll, und ich denke, dass kein anderer hier das besser hinbekommen hat als Sie.« Dann sah Ginger sich meine Arbeit an. »Hm, was ich von dir nicht behaupten kann, Sonny.« Sie bauschte mein Papier auf, schüttelte den Kopf und schnalzte abwertend mit der Zunge. »Ist vermutlich keine Arbeit für einen Jungen«, meinte sie. Dann war sie schon wieder auf und davon mit der Erklärung, sie müsse mit »Miss Liberty« arbeiten. Damit meinte sie wohl das kleine Mädchen aus der neunten Klasse, das die Freiheitsstatue verkörpern sollte, der die Jungs mit ihren Baretten während der Parade salutieren mussten.

Dreama blickte ihr hinterher. »Das ist das hübscheste Mädchen, das mir in meinem ganzen Leben begegnet ist«, sagte sie voller Ehrfurcht, »und so nett noch dazu. Ich wette, die wird irgendwann mal ein Filmstar oder so.«

Ich sah keine Filmstars aus Coalwood kommen, auch nicht Ginger, aber das behielt ich für mich. Als ich mich umdrehte, bemerkte ich die vielen Damen, die finstere Blicke in unsere Richtung schossen, wovon einige direkt auf mich zu zielen schienen. Ich fragte mich, ob sie womöglich dachten, ich hätte Dreama hergebracht! Ich war kurz davor, die Hand zu heben und alles abzustreiten, bevor man mich beschuldigte, ließ es aber sein. Ich fühlte mich wie ein Skunk, der sich unter dem Haus eingenistet hatte. Egal, wie unschuldig und rein dieser

Skunk roch, so zog er doch das Unglück an. Ich war erleichtert, als Mr. Bolt, der Vorabeiter der Maschinenwerkstatt, mich zu sich rief. Mr. Skunk ergriff die Flucht.

Ich hatte einen Decknamen für Mr. Bolt. Falls Dad in Hörweite war, wenn ich mit Mr. Bolt sprach, tat ich so, als unterhielte ich mich mit einem Leon Ferro. Diesen Namen hatte ich erfunden, weil ich nicht wollte, dass Dad dahinterkam, wie oft ich seine Maschinenwerkstatt benutzte. Ich glaube zwar nicht, dass Dad sich davon täuschen ließ, aber ich machte trotzdem so weiter. Dabei fühlte ich mich wie ein Spion. »Die Jungs haben eine neue Idee für deine Raketen«, sagte Mr. Bolt/Ferro und meinte damit seine Maschinenschlosser. Nachdem er sich verstohlen umgesehen hatte, trat er dicht an mich heran. »*Flügel!*«, sagte er.

Ich kniff die Augen zusammen. »Warum denn Flügel?«

Mr. Bolt stand an der Bandsäge und fräste das Podest, das Miss Liberty auf dem Festzugswagen tragen würde. »Damit sie weiter fliegen«, erklärte er. »Sie würden gleiten, verstehst du?« Mr. Bolt bewegte schwebend eine Hand.

Ich überdachte seinen Vorschlag höchstens eine Sekunde lang. »Es geht uns nicht um horizontale Weite, Mr. Bolt«, erklärte ich ihm. »Wir möchten unsere Raketen so hoch wie möglich steigen lassen, aber nicht weit. Wenn sie weit fliegen, verlieren wir sie.«

Mr. Bolt lockerte das Podest aus den Klemmen. Er war geknickt. »Ich gebe es an die Jungs weiter«, sagte er traurig. »Wird ein Schock für sie sein.«

Roy Lee kam herüber und zog mich mit sich. »Sieh mal«, sagte er. Dabei zeigte er auf Mrs. Cleo Mallett. Sie war die Ehefrau von Leo Mallett, dem stellvertretenden Gewerkschaftsführer, nur eine Stufe unter Mr. Dubonnet. Ich mochte Mr. Mallett, allerdings fand ich ihn ein wenig unterwürfig. Seine Frau hingegen war stattlich und ordinär und gefiel sich in der Rolle des sozialen Gewissens der Gemeinschaft, gewissermaßen der Coalwood-Variante von Eleanor Roosevelt. Sie jedoch schien darunter einen Freibrief zu verstehen, ihre Nase in die Angelegenheit aller anderen stecken zu können. Nach allem, was ich gehört hatte, herrschte sie über ein winziges Grüppchen von Gewerkschaftsfrauen, die der Meinung waren, unter ihrem Niveau geheiratet zu haben. Und genau diese Gruppe hatte nun Dreama im Visier und tuschelte untereinander. »Da braut sich was zusammen«, meinte Roy Lee schadenfroh. Er war für jeden Ärger zu haben.

Das äußere Erscheinungsbild von Mrs. Mallett in ihrem formlosen Kleid mit den bunten Blumen hatte etwas Großmütterliches, aber ich ließ mich nicht täuschen. Sie sah immer aus, als hätte sie gerade in etwas Saures gebissen. Sie ging auf Dreama zu und klopfte ihr derb auf die Schulter. Wir standen nah genug dran, um zu hören, was sie sagte, als Dreama erschrocken herumwirbelte. »Sie wissen schon, dass Sie eine Einladung benötigen, um hierherkommen zu dürfen, oder?«

Dreama zog den Kopf ein, und ihre großen grünen Augen weiteten sich. »Nein, Ma'am, das wusste ich nicht. Ich dachte, jeder, der hier in Coalwood lebt, kann kommen.«

»Nun, nicht jeder«, konterte Mrs. Mallett giftig. »Sie müssen gehen.«

Roy Lee stupste mich an. »Da kommt deine Mom.«

Und tatsächlich hatte Mom ihren Kommandotisch verlassen und stellte sich neben Mrs. Mallett. »Ist schon okay, Cleo«, sagte sie. »Das Mädchen wusste es nicht.«

Mrs. Mallett riss den Kopf herum und gab sich verwundert über Moms Bemerkung. »Zur Wagennacht kommt man nur mit Einladung, Elsie«, erwiderte sie und verschränkte ihre Nudelholzarme. »Die Regeln des Frauenvereins besagen, dass Leute … die nicht wissen, was sie tun, ausgeschlossen sind.«

Mom inspizierte Dreamas Werk. »Also ich würde sagen, dass sie sehr genau weiß, was sie tut.« Und an Dreama gewandt: »Sie können bleiben, meine Liebe.« Zu Mrs. Mallett meinte sie: »Diese Entscheidung liegt bei mir, Cleo.«

Mrs. Malletts Wangen bebten. Sie sah ganz so aus, als wollte sie etwas erwidern, aber irgendetwas, vielleicht der Ton von Mom, hielt sie davon ab. Sie machte auf dem Absatz kehrt und gesellte sich wieder zu ihrem Grüppchen. Nun richteten sich die erst Dreama zugedachten bösen Blicke auf Mom. Durchbohrten sie wie Dolche. Dreama sagte: »Danke, Ma'am.« Sollte Mom darauf geantwortet haben, bekam ich es nicht mit. Sie kehrte wieder zurück an den Tisch voller Zeichnungen und Pläne.

Am späteren Abend sah ich Dreama zum Büfett gehen und sich einen Becher Punsch einschenken. Als sie sich näherte, staksten die dort zusammenstehenden Frauen davon, und sie blieb allein zurück, trank und drehte sich um, den Blick ins Leere gerichtet. Sie wirkte so klein und verängstigt, und ich hatte Mitleid mit ihr, obwohl sie gar nicht hier sein sollte. Dann sah ich, wie meine Mutter ihren Tisch verließ, den Raum durchquerte und direkt auf die Punschschüssel zusteuerte, um sich etwas davon einzuschenken. Dann nickte sie Dreama zu. Und da wurde mir klar, dass hier ein Gary-Mädchen einem anderen zunickte.

7. Veteran's Day

Es war noch vor Sonnenaufgang am Veteran's Day, als ich einen Lastwagen unter meinem Fenster vorbeipoltern hörte und auf den Wecker schaute, der auf meinem Nachttisch stand. Halb fünf. Coalwoods stolzer Festzugswagen rollte vorbei. Mom in ihrem Buick und ein paar der anderen Damen in ihren Autos folgten dicht dahinter und krochen über die frostglatte Straße. Der Festzugswagen wurde von einem rostigen, verbeulten Laster gezogen. Erst tags zuvor hatte Dad Mom davon in Kenntnis gesetzt, dass er alle Laster der Zeche Olga benötigte, um »Zechenmaschinen zu befördern«. Als Ersatz hatte er einen alten Laster von einer kleinen unabhängigen Zeche oben in Warriormine Hollow ausgeliehen, die nur an den Wochenenden in Betrieb war. Es gab immer mehr solcher kleinen, nicht gewerkschaftlich organisierten Zechen im County, die meisten davon geführt von Gewerkschaftern, die während der Woche für die großen Zechen arbeiteten. Diese kleinen Zechen umgingen die Sicherheitsauflagen und Gewerkschaftsvorschriften gleichermaßen, da sie jedoch Profit abwarfen, meinten einige Leute sogar, dass diese unabhängigen Zechen als einzige übrig bleiben würden, wenn die großen irgendwann dichtmachten. Dad gestand ihnen ihre Daseinsberechtigung zu, machte sich aber Sorgen wegen der Sicherheit. »Ein Mann, der Stundenlohn bekommt, wird den ganzen Tag über Sicherheit und Arbeitsbedingungen meckern«, hörte ich ihn einmal zu meinem Onkel Clarence, seinem Bruder, sagen. »Sagst du ihm aber, dass er den Gewinn für eine Tonne Kohle selbst einstreichen kann, wird er nur noch an das Geld denken und alles andere vergessen. Er wird mit der einen Hand die Decke abstützen und mit der anderen graben.«

Onkel Clarence, der für Dad als stellvertretender Betriebsleiter in der Caretta-Zeche arbeitete, erwiderte darauf: »Über die Hälfte meiner Männer arbeitet jedes Wochenende in so einer Mine. Und am Montag sind sie manchmal so ausgelaugt, dass sie bei der Arbeit fast einschlafen.«

Die beiden Hickam-Brüder hatten für die merkwürdigen Eskapaden und sonderbaren Ansichten der Männer, mit denen sie aufgewachsen waren und die sie seit Jahren geführt hatten, nur Kopfschütteln übrig. Irgendwann hatten sie eine andere Richtung als ihre Gewerkschaftsgenossen eingeschlagen. Als ich Mom nach den Gründen dafür fragte, sagte sie: »Dafür hat Poppy gesorgt. Poppy und all seine Bücher.«

Wir saßen beim Abendessen, als Dad Mom von dem Laster erzählte. Er informierte sie auch darüber, dass er nicht an der Parade teilnehmen würde. »Hab viel zu tun«, erklärte er.

»Das ist nicht dein Ernst«, erwiderte Mom darauf, allem Anschein nach geschockt. »Ich habe so hart daran gearbeitet – wir haben alle so hart an diesem Festzugswagen gearbeitet. Du musst mitkommen, Homer. Du bist schließlich der Zechenleiter. Das wird von dir erwartet!«

»Ich kann aber nicht«, sagte er. »Und ich kann nicht, weil ich der Zechenleiter bin.«

»Homer ...«

»Elsie ...«

Wenn meine Eltern anfingen, sich mit Vornamen anzusprechen, war vorherzusehen, dass es für die Auseinandersetzung zwischen ihnen keine befriedigende Lösung gab, und das hier war keine Ausnahme.

Ich weiß nicht, was es war, aber irgendwelche Vorgänge in der Zeche hatten Dad in fieberhafte Aktivität verfallen lassen. Obwohl er beständig Überstunden machte, hielt er sich in letzter Zeit bis weit in die Nacht hinein in der Zeche auf. Manchmal wachte ich auf und hörte ihn die Treppe hochschleichen, um ins Bett zu gehen. Dort blieb er nur für wenige Stunden. Ich musste vor Sonnenaufgang aufstehen, um den Schulbus zu erwischen, aber da war er längst schon wieder außer Haus.

Um fünf Uhr sammelte der Big-Creek-Schulbus mich und die anderen Mitglieder des Orchesters an der Tankstelle gegenüber von unserem Haus ein. Wir schliefen auf der Fahrt über den Welch Mountain, aber als wir fast oben waren, weckte mich das Rumpeln von Lastwagen. Ich wischte über die beschlagenen Fenster und sah einen Lastwagen nach dem anderen vorbeifahren, alle mit dem Schriftzug der Olga Coal Company. Jeder war mit Kisten und undefinierbaren Gerätschaften unter Abdeckplanen beladen. Ich nahm an, dass es sich dabei um Dads neue Bergbaugeräte handelte, was auch immer diese sein mochten. Ich döste wieder ein und wurde erst wach, als wir uns zwischen den niedrigen Ziegelgebäuden entlang der Straßen unserer Kreisstadt hindurchschlängelten.

Unser erster Halt war der Welch Norfolk und Western-Bahnhof. Der Big-Creek-Marschkapelle war die Ehre zuteilgeworden, Mr. Truman im McDowell County willkommen zu heißen. Mr. Polascik, unser Kapellmeister, war einem Nervenzusammenbruch nahe, obwohl wir alle Aufstellung genommen hatten und nur darauf warteten, mit »Stars and Stripes Forever« loszuschmettern, sobald der Zug des ehemaligen Präsidenten eintraf. Ohnehin ein ewiger Bedenkenträger, ließ Mr. Polascik dieser unseligen Veranlagung heute freien Lauf und rannte zwischen den Reihen und Abteilungen der fast hundertköpfigen Marschkapelle hin und her. Ich fand, dass wir in unseren grün-weißen Uniformen und den großen hohen Tschakos eine gute Figur machten. Mr. Polascik teilte diese Auffassung offenbar nicht. Sein rundes Gesicht war vor angespannter Sorge fast violett, möglicherweise hatte er aber auch seine hellgrüne Krawatte zu fest gebunden. »Nicht zu laut spielen, Sonny, okay?«, erinnerte er mich. »Sonst hört man die Holzbläser nicht mehr.«

»Ja, Sir«, erwiderte ich vielleicht ein wenig zu schelmisch für seine Ohren, denn er sah mich daraufhin geradezu flehend an. Ich weiß nicht, warum er sich Gedanken machte. Ich hatte meine Trommler gut im Griff. Wenn ich wollte, konnte ich sie so leise spielen lassen, dass selbst noch die Flöten zu hören waren. Was eine sehr gute Idee war, denn Ginger war eine der Flötenspielerinnen. Noch hatte ich sie nicht gefragt, ob sie mich zum Weihnachtsball begleiten möchte, aber bei der nächsten Gelegenheit wollte ich es tun. Bei einem Mädchen wie Ginger hätte ich es nicht richtig gefunden, sie einfach so mit einer Einladung zu überrumpeln. Das erforderte sorgfältige Vorbereitung und Überlegung. Wenn mich meine Raketen eins gelehrt hatten, dann, dass Planung die Mutter des Erfolgs war. Ich nahm an, dass sich das auch auf Mädchen anwenden ließ.

Pünktlich nach Fahrplan um sieben Uhr morgens kam schnaufend und Dampf ausstoßend der *Powhatan Arrow* um eine Biegung und fuhr im Bahnhof ein. Es war ein schnittiges schwarzes Geschoss von einer Lokomotive. Dahinter eine stolze Kette roter Pullman-Personenwagen. Der letzte davon war nicht der übliche kleine Dienstwagen, wie er sich am Ende der Kohlengüterzüge befand, sondern ein großer Waggon, aufwendig geschmückt mit roten, weißen und blauen Wimpeln. So etwas kannte ich bisher nur aus Filmen. Am hinteren Ende befand sich eine kleine Plattform, darauf ein großes rundes Schild, das, wie jemand meinte, das präsidiale Siegel sein sollte. Da Harry Truman kein Präsident mehr war, musste man es ehrenhalber angebracht haben, was ich allerdings nicht richtig fand. Hätte mein Dad aufgehört, Zechenleiter zu sein, dürfte er doch auch nicht mehr mit seinem weißen Helm herumlaufen, oder?

Erst nachdem der *Powhatan Arrow* noch mehr Dampf ausgestoßen hatte, öffnete sich die Tür des vornehmen Pullman-

Waggons, und ein paar Männer in braunen Anzügen mit breiten Revers betraten die Plattform. Ihnen folgte eine attraktive, elegant gekleidete junge Frau im weißen Kostüm und hochhackigen Schuhen, und dann kam kein anderer als Harry S. Truman, der ein wenig grimmig dreinblickte. Er war zweifellos ein kleiner Mann, wie ich feststellte. Nachdem er uns in Augenschein genommen hatte, breitete sich auf seinem Gesicht plötzlich ein Grinsen aus, als hätte jemand einen Knopf gedrückt. Er zog seinen Fedora und schwenkte ihn durch die Luft. Mr. Polascik, der vor Aufregung fast platzte, galoppierte um uns herum und wedelte mit seinen Armen, um unsere Aufmerksamkeit zu bekommen. Wir rissen uns von Mr. Truman los, konzentrierten uns auf Mr. Polascik, der in beinahe hysterischem Ton anzählte: »Eins-zwei-drei-vier!«, und setzten zu unserem Marsch an. Ich war so aufgeregt, dass ich, so fest ich konnte, auf meine Snare einschlug, was dann auch die anderen Trommler taten. Alle spielten so laut sie konnten. Mr. Polascik hüpfte auf und ab, fuchtelte herum und versuchte, uns dazu zu bringen, auch mal auf die leiseren Stellen zu achten, aber keiner kümmerte sich um ihn.

Als wir mit unserer ohrenbetäubenden Darbietung von »Stars and Stripes Forever« fertig waren, sicherlich die lauteste Version, die Präsident Truman je zu Ohren gekommen ist, stiegen einige Männer zu ihm auf die Plattform des Wagens. Einen davon kannte ich – Chester Matney, ein Schrotthändler aus Welch und Freund meiner Eltern. Er hatte sogar an einigen unserer Starts in Cape Coalwood teilgenommen.

Mr. Truman, Mr. Matney, die anderen Männer und die einzige Frau stiegen aus dem Zug in die bereitstehenden Automobile und fuhren los, während wir einen spritzigen »Missouri Waltz« hinlegten. Nun rückte Mr. Polascik wieder ins Blickfeld. Er hatte seine Krawatte gelöst, das Jackett saß schief, und sein Haar war zerzaust. Dann entdeckte ich Dreama Jenkins. Sie war nicht zu übersehen mit ihren leuchtenden karottenroten Haaren. Sie winkte der Marschkapelle zu und war so aus dem Häuschen, dass es aussah, als würde sie gleich abheben. Ich hörte sie rufen:»Go Owls!«, als hätte sie gerade den Abschluss an unserer Schule gemacht. Ich fragte mich, was die restlichen Gary Highschool Coaldiggers, ihre Mitschüler, wohl davon halten würden. Von Cuke war nichts zu sehen.

Während der »Missouri Waltz« zu seinem Ende kam, bemerkte ich, dass auch die anderen Marschkapellen eingetroffen waren. Die Excelsior-Band stellte sich neben uns auf. Excelsior war die Highschool für schwarze Schüler im Big-Creek-Distrikt. Sie lag etwa anderthalb Kilometer von der Big Creek High entfernt. Ich war stolz auf die Excelsior-Band, wurde allerdings ein wenig neidisch, wenn deren Trommler loslegten. Wie sie derart komplexe Synkopierungen hinbekamen, war mir ein Rätsel. Als wären ihre Hände mit doppelten Gelenken versehen oder so.

Bobby Gray, unser Tambourmajor, hielt seinen Tambourstock hoch, damit wir stillstanden, bis all die anderen Schulorchester vorbeimarschiert waren. Wir bildeten in diesem Jahr die Nachhut der Parade, weil man uns dazu auserkoren hatte, vor der Rede von Mr. Truman im Pocahontas-Filmtheater die Nationalhymne zu spielen. Ich hatte keine Ahnung, wie wir zu dieser Ehre gekommen waren. Vielleicht waren wir einfach nur an der Reihe.

Die Marschkapelle der Welch Highschool, gekleidet in flotten kastanienbraunen und weißen Uniformen, führte die Parade an. Wir betrachteten sie, ohne im Geringsten neidisch auf sie zu sein. Nach Meinung der Big-Creek-Schüler waren die der Welch Highschool allesamt reiche Schnösel mit Eltern, die Anwälte, Ärzte und Politiker waren. Margie Jones war unsere Tambourmajorin und hatte alle unsere Mädchen dazu angestachelt, mit den Mädchen aus Welch mitzuhalten. Und noch nie hatte ich Margie und die anderen Majoretten ihre Stöcke so hoch werfen sehen wie bei diesem Umzug.

Während wir die Straße entlangmarschierten, schienen Größe und Begeisterung der Menge zu wachsen. Es gab heftigen Jubel und Applaus von allen Big-Creek-Fans, als wir vorbeitrotteten. Wir stolzierten die Elkhorn Street hinunter und bogen dann in das steile Labyrinth aus engen Gassen ein, aus dem das Zentrum von Welch bestand. Wir kamen an Belcher and Mooney vorbei, dem Geschäft für Herrenmode, dessen Existenz mein Bruder Jim fast im Alleingang gesichert hatte, bis er aufs College ging, dem Juwelier Davis, bei dem Mom gern ins Schaufenster schaute, aber nie etwas kaufte, dem Chris-Ann-Laden mit Frauenmode aus der Hauptstadt Charleston, und dem Flat Iron Drug Store, wo man, wie man mir berichtet hatte, eine Cola aus dem Zapfhahn und ein Bananensplit wie in New York bekommen konnte.

Aus fast jedem Fenster hingen amerikanische Flaggen, die Männer zogen ihre Hüte, und die Frauen legten die Hand auf die Brust, als unsere Fahnenschwenker vorbeimarschierten. Das ganze rot-weiß-blaue Spektakel zog mich in seinen Bann und beflügelte meine patriotischen Gefühle. Wäre in diesem Moment die gesamte russische Armee angelandet, hätten sie nur mit mir alle Hände voll zu tun gehabt. Mr. Turner, der Direktor unserer Schule, hatte uns einmal in einer Rede erklärt, wie leid ihm die Russen täten, weil sie sich mit Jungs und Mädchen aus dem Big Creek und McDowell County würden messen müssen. Das war zu einer Zeit, als viele Amerikaner meinten, wir sollten einfach aufgeben, denn der Kommunismus sei nicht mehr zu stoppen. Mr. Turner meinte, die einzige Kraft, die nicht zu stoppen sei, seien wir, und wir glaubten ihm.

An der Kreuzung der Wyoming Street und der McDowell Street standen aufgereiht die Männer der Amerikanischen Legion mit ihren marineblauen Käppis. Wir drückten unsere Rücken durch und legten los mit einer Interpretation von »E Pluribus Unum«. Die Stöcke unserer Majoretten funkelten hoch oben in der Luft, dann bogen wir ab und näherten uns dem

Podest, das man für Mr. Truman, lokale Würdenträger und die Preisrichter errichtet hatte.

Wir blieben stehen. Tambourmajor Bobby drehte sich um und hielt seinen langen grünen Stock mit der dicken weißen Kugel am Ende über den Kopf. Das war das Zeichen, dass wir auf der Stelle marschieren mussten. Da vorne geschah etwas, das ich nicht sehen konnte. Wir marschierten und marschierten unter Trommelwirbel, ohne von der Stelle zu kommen. Ich sah Mr. Polascik vorbeirennen und dann langsamer zurückkommen. Als ich ihn anschaute, weil ich wissen wollte, was los war, schüttelte er nur mürrisch den Kopf.

Wir marschierten so lange auf der Stelle, dass Patty Cordisco, die Flötistin in der Reihe hinter mir, jammerte, ihre Füße täten so weh, dass sie gleich aufhören würde. Ich behielt meine Trommler im Auge. Auf keinen Fall würde ich zulassen, dass einer von ihnen das Handtuch warf. »Oh, Gott sei Dank«, hörte ich Patty sagen, als wir vorwärtsschlurften. Dann gaben wir Gas mit dem Big-Creek-Kampfsong: *Vorwärts, vorwärts, Grün und Weiß! Wir sind für den Kampf heut Nacht bereit! Haltet den Ball und lauft übers Feld, heute ist ganz Big Creek ein Held!* ...

Während wir voranpreschten, sah ich, was uns aufgehalten hatte, und dieser Anblick verschlug mir den Atem. Es war der Coalwood-Festwagen. Er war liegen geblieben, und man hatte ihn auf den Gehweg geschoben, damit er nicht den Weg versperrte. Die Kühlerhaube des alten Lasters stand offen, und der Fahrer, der seinen Bergmannshelm auf den Boden geworfen hatte, zerrte wie ein Verrückter an den Drähten des Motors. Sherman stand, das Barett unter dem Arm, untröstlich auf dem Festzugswagen und schielte auf den Laster. Auch alle anderen Jungs blickten elend drein und hatten ebenfalls ihre Barette versteckt. Devota Bradley, das hübsche kleine Mädchen aus der Unterstufe im Kostüm der Freiheitsstatue, weinte, und die von ihren Tränen gelöste Wimperntusche lief über ihre rosigen

Wangen. Ihre Krone war verrutscht und hing in einer Locke fest, die Pappfackel mit den Flammen aus Krepppapier baumelte matt in ihrer Hand.

Im Vorbeigehen erhaschte ich einen Blick auf die Vereinsfrauen, die als Grüppchen vor dem liegen gebliebenen Laster standen. Meine Mutter war bleich, ihre Lippen nur noch ein schmaler Strich. Sie stand offensichtlich unter Schock. Cleo Mallett hielt sich abseits, die Fäuste in die breiten Hüften gestemmt. Ihre Miene reinste Verachtung. Auch Dreama Jenkins sah aus der Nähe zu, die großen grünen Augen voller Tränen, eine Hand vor dem Mund. Es war wie eine Filmszene im Kino, während der sich der Film aufgehängt hat, kurz bevor die Szene sich dann im weißen Licht auflöst. Der Blick meiner Mutter traf meinen, und ich erkannte etwas in ihren Augen, was ich bisher noch nie bei ihr gesehen hatte: Verzweiflung.

Ich riss mich von diesem Anblick los, und meine Trommelschläge beschleunigten sich eigenmächtig. Es war einfach zu schrecklich. Die anderen Trommler, die ganze Marschkapelle versuchte, mit mir mitzuhalten. Wir rannten fast, bis Mr. Polasciks Rufe, langsamer zu werden, endlich zu mir vordrangen. Da waren wir aber schon an Harry Truman und der Jury vorbei. Wir blieben vor dem Pocahontas-Filmtheater stehen, und meine Trommler und ich begleiteten die Kapelle unter rhythmischem Geklapper, das wir mit unseren Sticks auf dem Trommelrand erzeugten, ins Gebäude. Dort marschierten wir hinauf in den Balkon und hielten uns im Hintergrund. Und da erst wurde mir die ganze Tragweite bewusst. Zum allerersten Mal verlor Coalwood den Wettbewerb um den schönsten Festzugswagen der Veteran's-Day-Parade, und dafür würde man meiner Mom und vermutlich auch meinem Dad die Schuld geben.

Während die Redner die Bühne betraten und ihre diversen Ansagen machten, musste ich ständig an das denken, was ich in Moms Augen gesehen hatte. Ein Prediger der Presbyterianer sprach das Bittgebet. Danach spielten wir die Nationalhymne, zu der sich das Publikum den Fahnenschwenkern der National Guard zuwandte und mitsang. Alle sangen mit solcher Inbrunst, dass es mich nicht gewundert hätte, wenn sich das Dach des alten Filmtheaters gehoben hätte. Anschließend sprachen wir den Fahneneid, und Sonny Pruitt, der erste Trompeter der Big-Creek-Marschkapelle, spielte das Trompetensignal »Taps« ergreifender, als es je gespielt worden war. Danach hielt der Bürgermeister von Welch eine kurze Rede, und der Chor der Welch Highschool sang ein Medley, darunter auch das offizielle Staatslied von West Virginia: »The West Virginia Hills«. Sam Solins, ein Geschäftsmann aus Welch und den Worten meines Vaters nach »eine große Nummer bei den Demokraten«, stellte dann den ehemaligen Präsidenten vor, und der ranghohe Mann stand auf und trat ans Mikrofon. Er wirkte rund anderthalb Köpfe kleiner als alle anderen auf der Bühne, aber er stolzierte ans Mikro wie ein Bantuhahn, den man im Hühnerstall freigelassen hatte. Er sprach nur wenige Minuten, und es war kein Wohlklang in seiner durchdringenden Stimme zu hören. Ich versuchte, auf seine Worte zu achten, aber meine Gedanken schweiften immer wieder ab zu Mom und der düsteren Szene am Coalwood-Festzugswagen.

Der Bus brachte uns zurück zur Big Creek High. Ich kümmerte mich darum, dass alle Trommeln weggeräumt wurden, und half den anderen beim Säubern ihrer Instrumente. Dann fuhr ich per Anhalter nach Hause. Als ich dort ankam, fiel mir auf, dass der Buick nicht in der Garage stand, sondern seltsam schräg geparkt war, als hätte Mom ihn hineinfahren wollen, dann aber das Interesse daran verloren.

Als ich ins Haus kam, stand sie an der Küchenspüle und schälte Kartoffeln. Dabei ging sie recht gewaltsam zu Werk, denn es landeten genauso viele Kartoffeln wie Schale in der Spüle. Ich überlegte kurz, ob ich ihr sagen sollte, wie hübsch der Festzugswagen ausgesehen hatte, besann mich dann aber eines Besseren. Mom war eindeutig nicht in Stimmung, sich irgendwelche Torheiten von mir anzuhören. Ich ging auf mein Zimmer und schloss die Tür. Später rief Mom mich zum Essen, aber sie aß nicht mit, sondern zog sich mit Chipper auf die Veranda zurück. Gegen Mitternacht, als ich schon im Bett lag, hörte ich Dad nach Hause kommen. Es gab kein Geschrei, aber was immer Mom zu sagen hatte, dauerte nicht lang. Ich hörte sie nach oben kommen und in ihr Zimmer gehen. Dad kam später. Seine Schritte waren so langsam, als würde er einen steilen Berg erklimmen.

8. Raketentag

Eine Schwermut hatte sich über Coalwood gelegt wie eine bedrohliche Wolkendecke. Selbst die Luft erschien einem drückend und schwer. Die Leute liefen herum, als trügen sie Bleischuhe. Das war nicht fair! Coalwood hatte den besten Festzugswagen! Die Wagen von Welch und Gary hatten zusammen den ersten Preis gewonnen, aber sie gehörten nicht in dieselbe Liga wie der Wagen aus Coalwood. Auf dem Wagen aus Welch war ein dicker, fetter Kerl, gekleidet wie Heinrich der Achte, zu sehen, auf dessen Schärpe *Old King Coal* stand – was auch sonst – und auf dessen Schoß die *Maroon Wave*-Cheerleader der Welch Highschool saßen. Auf dem Gary-Wagen, gesponsert von der Bergarbeitergewerkschaft, sah man Bergarbeiter faul unter einem Banner mit der Aufschrift DAS GEHEILIGTE RECHT AUF STREIK liegen. (Als Dad ein Foto davon in der *Welch Daily News* sah, fragte er laut, ob sie auch das geheiligte Recht zum Verhungern hatten.) Aber da der Festzugswagen Coalwoods gar nicht an Präsident Truman und den Preisrichtern vorbeigekommen war, wurde er als nicht wählbar ausgemustert, ungeachtet seines überragenden Designs, der vollendeten Handwerkskunst oder der prächtigen Uniformen der Jungs.

Mom übernahm die volle Verantwortung für das Scheitern, verbreitete allerdings die Nachricht, dass sie sozusagen als Wiedergutmachung dafür sorgen würde, 1959 das beste Krippenspiel des Frauenvereins aller Zeiten auf die Beine zu stellen. Aus der Nachbarschaft kam nichts als Wut und Verachtung zurück. Es sei mehr als der Laster kaputtgegangen. Meine Mom habe sich übernommen und die ganze Sache zu kompliziert gemacht. Wäre es nicht der Laster gewesen, dann etwas anderes. Bildete sie sich etwa ein, eine Künstlerin zu sein? Und was sollte das Gerede von diesem großen Krippenspiel? Elsie Hickam sollte sich darauf besinnen, wer sie war – ein Mädchen aus Gary (es wurde sogar giftig angemerkt, dass sie eigentlich in dem trostlosen Kohlenkaff Wilco zur Welt gekommen war) und nicht die Etepetete-Ehefrau eines Betriebsleiters aus Ohio.

Auch Dad bekam sein Fett weg. War Homer Hickam nicht einfach nur ein ganz normaler Bergarbeiter, den Captain Laird aufs Podest gehoben hatte? Der Mann war schließlich nicht mal Ingenieur. Diese Hickams mussten mal zurechtgestutzt und auf ihren Platz verwiesen werden!

Sämtliche Gerüchte erfuhr ich von Roy Lee, der sie von seiner Mutter hatte. »Diese idiotischen Klatschmäuler«, lautete sein Urteil. »Meine Mom hat ihnen Bescheid gegeben und gesagt, sie sollen sich um ihre eigenen Angelegenheiten kümmern.« Ich zuckte mit den Schultern. Meine Familie war schon oft mit Dreck beworfen worden. Es gab kaum eine Familie in der Stadt, die nicht schon mal Opfer der Gerüchteküche geworden wäre.

Ich ging zu Mom und erzählte ihr, was ich gehört hatte. Sie war gerade beim Wäschewaschen. Sie füllte das Waschmittel ein und schloss die Waschmaschinenklappe. »Das meiste Gift verbreitet Cleo Mallett«, erwiderte sie. »Sie ist eine lächerliche Frau, und das weiß auch jeder. Kümmere dich nicht darum.«

»Was hat Dad denn zu dem liegen gebliebenen Laster gesagt?«, fragte ich.

Sie zuckte mit den Schultern und meinte: »Was sollte er dazu sagen? Er hätte uns einen besseren Laster geben sollen. Das ist alles.«

»Aber wir haben verloren!«, platzte es aus mir heraus.

Sie sah mir in die Augen. »Nein, Sonny, *wir* haben nicht verloren. Ich habe verloren. Ich hatte die Verantwortung und wurde ihr nicht gerecht. Es tut mir leid, aber ich kann es nicht ändern. Was passiert ist, ist passiert. Ende der Geschichte.« Sie legte die saubere Wäsche zusammen. »Aber beim Weihnachtsumzug machen wir das besser, nicht wahr?«

Meine Antwort rutschte mir einfach so heraus. »Ich möchte nicht am Krippenspiel mitarbeiten, Mom.«

»Nun überleg doch mal ...«

»Mir bedeutet Weihnachten einfach nichts mehr.« Ich wusste, dass ich damit in ein Wespennest stach. Wusste genau, was passieren würde, konnte mich aber nicht zurückhalten, es dennoch zu tun.

»Halt deine Hände hin«, sagte sie. Ich tat wie geheißen, und sie legte gefaltete Handtücher darauf ab. »Jetzt hör mir mal zu, junger Mann. Weihnachten ist die beste Zeit im Jahr, und du wirst mir beim Krippenspiel helfen. Verstanden?«

Ich verstand sehr gut, weshalb ich auch angemessen mit »Ja, Ma'am« darauf antwortete, wobei sich jedoch ungebeten der Gedanke einschlich: *Hoffentlich wird das verdammte Ding abgesagt.* So etwas zu hoffen war gemein und ungezogen von mir, aber so empfand ich eben. Ich kannte sogar den Grund dafür. Mom hatte mich im letzten Jahr gezwungen, an Weihnachten bei Dad und Poppy zu sein, und darauf war ich immer noch sauer. Ich wollte meine Rache, selbst wenn ich mir dafür ins eigene Fleisch und in das meiner Mutter schneiden müsste. Dann überlegte ich: *Ist es das, was mich manchmal traurig macht – diese Erinnerung an Poppy und Dad am Heiligabend?* Ich befolgte Quentins Rat und unterzog diesen Gedanken einer logischen Analyse, aber am Ende war ich auch nicht klüger. Dann fiel mir die Empfehlung von Little Richard ein, und ich warf einen Seitenblick Richtung Himmel, achtete jedoch darauf, dass mir kein Gebet über die Lippen kam. Man musste ja nicht unnötig Bewegung in die Sache bringen.

Am Abend nach dem Veteran's Day ging ich hinunter zur Maschinenwerkstatt und half beim Auseinanderbauen des

Festzugswagens. Es hatten sich fast genauso viele Leute eingefunden wie in der Wagennacht. Die Frauen bildeten zwei Lager. Mom und ihre Gruppe arbeiteten entschlossen daran, das Krepppapier und den Hühnerdraht vom Wagen zu entfernen. Cleo Mallett beherrschte die andere Gruppe. Soweit ich das beurteilen konnte, arbeiteten sie hauptsächlich mit ihren Mündern. Ich fragte mich, ob sie sich über Mom das Maul zerrissen. Roy Lee trieb sich bei diesem Grüppchen herum und kam dann rüber zu Sherman und mir, um zu berichten, was er belauscht hatte. »Es geht um Cukes Frau«, sagte er. »Mrs. Mallett möchte sie aus der Stadt jagen.«

»Wieso das denn?«, wunderte sich Sherman.

»Weil sie Angst haben, dass sie hinter ihren Ehemännern her ist.«

Ich kratzte mich am Kopf. »Wie kommen sie denn darauf?«

Sowohl Sherman als auch Roy Lee sahen mich ungläubig an. »Unschuldig wie ein Lamm«, sagte Roy Lee und schüttelte den Kopf.

»Wie ein neugeborenes Kätzchen«, ergänzte Sherman.

»Wie ein frisch gelegtes Ei.«

»Wie ein …«

»Ist ja gut«, warf ich ein. »Ich hab's kapiert.«

Als ich eine kurze Pause beim Papierzupfen einlegte, kam Mr. Bolt auf mich zu; in der Hand hielt er etwas, das nach einem Aluminiumzylinder aussah. »Was hältst du davon?«, fragte er. »Meine Jungs haben ihn gebaut, damit ihr ihn auf eine eurer Raketen obendrauf setzen könnt. Ihr könntet damit etwas befördern, weißt du, eine Maus oder so.«

Ich nahm den Zylinder und tat so, als würde ich darüber nachdenken. In Wahrheit waren wir Jungs aber nur auf die reine Höhe aus, und zusätzliches Gewicht, selbst das einer Maus, würde dem im Weg stehen. »Das ist sehr nett«, sagte ich diplomatisch. »Mir gefällt vor allem die Luke.«

»Die Kumpel haben sich einfach in den Kopf gesetzt, ihr

solltet eine Maus oder so mitfliegen lassen«, ergänzte Mr. Bolt und war offenbar erleichtert, dass ich das Werk nicht kurzerhand zurückgewiesen hatte.

Ich sah, dass Ginger oben auf dem Wagen arbeitete. Sie zog die Klebebänder ab, mit denen die Positionen für die Soldaten markiert worden waren. Ich betrachtete sie bewundernd und fasste dann einen Entschluss. Ich würde sie gleich hier und jetzt zum Weihnachtsball einladen. Roy Lee packte mich am Arm. »Was hast du vor?«, fragte er mit besorgter Stimme.

Ich zuckte mit den Schultern. »Nichts.«

»Du hast Ginger Dantzler angestarrt, nicht wahr?«, stellte er fest. Es klang wie eine Anklage.

»Nun ja …«

Roy Lee stellte sich zwischen mich und den Wagen. »Denk nicht mal dran, mit ihr auszugehen.«

»Woher wusstest du, dass ich daran gedacht habe?«

Roy Lee hatte nur ein trauriges Lächeln für mich. »Weil ich aufmerksam bin, deshalb. Und weil ich der Big-Creek-Liebesmeister bin.«

»Der was?«

»Der Big-Creek-Liebes… egal, ich erklär's dir später.« Er wechselte von einem Bein aufs andere und schien sich nicht ganz wohl in seiner Haut zu fühlen. »Weißt du, ich habe genau das richtige Mädchen für dich. Ich habe sie während der letzten Wochen bearbeitet und denke, dass ich sie erweichen konnte. Es war nicht leicht, denn du bist schließlich ein kleiner schräger Fiesling, aber ich denke, ich habe es geschafft.«

»Sag mir den Namen«, forderte ich ihn argwöhnisch auf.

Roy Lee grinste. »Melba June Monroe!«

Melba June Monroe war ein wirklich verdammt gut aussehendes Mädchen aus Bartley. Sie war Elftklässlerin an der Big Creek, und ich muss zugeben, dass ich seit einiger Zeit ein Auge auf sie geworfen hatte. Welcher Junge an unserer Highschool hatte das nicht? »Ich verstehe trotzdem nicht, warum ich nicht mit Ginger ausgehen kann«, wandte ich ein.

Roy Lee runzelte die Stirn. »Vertrau mir einfach.«

Ich lachte. »Geh mir aus dem Weg«, sagte ich. »Ich werde Ginger gleich jetzt fragen. Ich werde sie zum Weihnachtsball einladen. Und ich glaube nicht, dass sie mich für einen kleinen, schrägen Fiesling hält.«

»Lass es«, sagte Roy Lee und blockierte mir den Weg. »Es wird dir leidtun.«

Ich spähte über seine Schulter und sah, dass Ginger vom Wagen heruntergestiegen war und mit meiner Mutter sprach. Auf keinen Fall konnte ich Ginger ansprechen, solange meine Mutter dort stand.

»Guter Junge«, lobte Roy Lee, als ich zurückwich. »Wart's ab, ich werde dich schneller, als du denkst, mit Melba June zusammenbringen.«

»Ich möchte nicht mit Melba June zusammengebracht werden«, sagte ich. Ich glaubte, Ginger zur Loyalität verpflichtet zu sein, auch wenn sie keine Ahnung von meinen Absichten hatte.

Roy Lee rollte mit den Augen und schmatzte. »Oh doch, das tust du. Jawohl!«

Mom kam kurz darauf zu uns und versorgte uns mit Punsch. »Hi Jungs«, sagte sie müde. Ich denke, sie wollte weg von den anderen Frauen und wir waren ihre einzige Alternative.

»Ich finde, dass Sie heute Abend besonders hübsch aussehen, Mrs. Hickam«, meinte Roy Lee.

Mom errötete. »Oh, danke. Das ist ein nettes Kompliment.«

»Die Wahrheit tut dem nicht weh, der sie ausspricht, Ma'am«, erwiderte er so glatt, dass es schon fast schmierig klang.

Nachdem Mom sich entfernt hatte und zur Abwechslung einmal guter Dinge war, wandte ich mich fassungslos an Roy Lee. »Was zum Teufel ist denn in dich gefahren?«

»Findest du nicht, dass deine Mutter eine schöne Frau ist?«

»Ist sie vermutlich. Deine Mom auch. Na und?«

Roy Lee überlegte. »Frauen lieben Komplimente, Sonny. Sogar Mütter. Das wollte ich dir zeigen.«

»Okay, jetzt hast du's mir gezeigt. Und?«

Er seufzte. »Jetzt muss ich es dir wohl doch sagen.«

»Was denn?«

»Ich kann dich, so wie du bist, nicht nach Cape Canaveral fahren lassen.«

»Was soll das heißen?«

Er wollte sich offenbar mit den Fingern durch die Haare streichen, bevor ihm im letzten Moment dann wohl doch einfiel, dass er zu viel Zeit darauf verwandt hatte, die Frisur in Form zu bringen, um sie jetzt wieder zu verderben, sodass er sie nur an den Rändern betätschelte. »Hör zu, du musst wissen, dass die Frauen dort unten in Florida ein wilder Haufen sind. Die vielen Männer und ihre großen Raketen, die in die Luft ragen, versetzen sie alle in Erregung. Wenn du in all deiner Unschuld da runtergehst, werden diese Frauen über dich herfallen. Ich muss dich dafür schulen.«

Ich war fast sprachlos, erholte mich aber rasch wieder. »Ich muss nicht geschult werden«, erwiderte ich. »Ich werde einfach deinem Beispiel folgen.«

Roy Lees Miene verdüsterte sich. »Ich werde nicht nach Cape Canaveral gehen, Sonny. Das ist nicht mein Traum, sondern deiner. Aber ich werde dich darauf vorbereiten, auf meine Weise.«

»Du denkst also, Ginger …«

Roy Lee nickte. »Ginger ist noch unschuldiger als du, wenn das überhaupt menschenmöglich ist. Außerdem würdest du Mrs. Dantzlers Standards nie gerecht werden können. Ich wette, du müsstest wieder mit dem Klavierspielen anfangen. Du hättest nie mehr Zeit, Raketen zu bauen. Wernher von Braun würde dich so schnell feuern, dass dir ganz schwindlig wird.«

Seine Logik machte mich fix und fertig. »Roy Lee«, sagte ich erschöpft, »ich möchte doch Ginger Dantzler nur zum Weihnachtsball einladen. Ich habe nicht vor, sie zu heiraten.«

Roy Lee hob mahnend den Zeigefinger. »Eins führt zum anderen. Fang gar nicht erst damit an, Junge. Hör auf den Rat des Big-Creek-Liebesmeisters.«

»Was soll das mit diesem Liebesmeister?«

Roy Lee errötete, was ich nie für möglich gehalten hätte. »Wir haben alle unsere Fähigkeiten«, erwiderte er völlig ernst.

Als ich in dieser Nacht im Bett lag, heulte draußen der Wind, eine heftige Sturmfront mit eisiger Luft, die von Norden hereindrückte. Ich dachte an all das, was Roy Lee gesagt hatte, als ich draußen ein Geräusch hörte. Ich schaute aus meinem Fenster mit Blick auf den Kipper und entdeckte, dass sich dort im Licht der Tankstelle ganz kurz etwas bewegte. Da im vergangenen Jahr ein paar Jungs aus Bradshaw eine Tankstelle ausgeraubt hatten, versuchte ich zu erkennen, wer oder was es war. Ein winziges Rehkitz trat ins Licht und stakste vorsichtig über den Betonboden. Ihm folgten ein Reh und zwei weitere Kitze, dann noch ein Reh und ein großer Bock, die nach allen Seiten Witterung aufnahmen. Die Scheinwerferkegel eines Wagens, der von der Zeche herunterkam, erschreckten sie, und die Tiere ergriffen die Flucht. Ich sah nur noch die weißen Spiegel ihrer Hinterteile, bis sie im Dunkel der Seitengasse verschwunden waren. Sie waren alle klapperdürr.

Am folgenden Samstag versammelte sich die BCMA am Cape. Trotz des wolkigen Himmels und einer Temperatur um den Gefrierpunkt war es fast windstill. Es war ein Raketentag, wie man ihn sich nicht besser wünschen konnte. Wir hissten unsere BCMA-Fahne auf dem Kontrollbunker und machten uns an der *Auk XXII-F* zu schaffen. Die Idee, alle unsere Raketen *Auk* zu nennen, hatte ich gehabt, als wir anfingen, sie zu bauen. Der Riesenalk – *The Great Auk* – war ein ausgestorbener Vogel, der nicht fliegen konnte, aber ich stellte mir vor, dass er geflogen wäre, wenn er gekonnt hätte. Und das galt auch für uns Rocket Boys in unserer Anfangszeit.

Ich ließ meinen Blick über die Abraumhalde schweifen und sah, dass sich zu unseren Zuschauern natürlich auch Mr. Bolt und unsere Maschinenschlosser gesellt hatten. Ginger war ebenfalls da, in Begleitung ihrer Mutter und ihres Vaters, die gerade aus ihrem großen Buick stiegen.

Ich ging zu ihnen, um Hallo zu sagen. »Guten Morgen, Sonny«, erwiderte Mrs. Dantzler kühl. Sie trug eine Nerzstola über ihrem Kleid. So etwas hatte ich in Cape Coalwood noch keinen tragen sehen. »Wird deine Rakete fliegen?«

»Aber sicher, Ma'am, das wird sie«, versicherte ich ihr. Wie hoch sie allerdings fliegen würde, konnte ich nicht mit Sicherheit sagen. Unter dem strahlenden Blick von Ginger erklärte ich kurz die Testziele für diesen Tag.

»Ich will nur hoffen, dass noch ein paar Finger fürs Klavierspielen übrig sind, wenn du hier fertig bist«, meinte Mrs. Dantzler.

Wenn ich auch nicht vorhatte, in nächster Zeit wieder Klavier zu spielen, so hoffte ich doch inbrünstig dasselbe.

Mr. Dantzler holte seine Taschenuhr aus der Westentasche und warf einen Blick darauf. »Wirst du gleich starten?«, erkundigte er sich in seinem lässigen Mississippi-Tonfall.

»Ja, Sir, in spätestens zehn Minuten.«

»Und wohin wird sie fliegen?«

»Da runter«, sagte ich und nickte Richtung Big Branch River, »wenn alles läuft wie geplant.«

»Bring sie zum Fliegen, Rocket Boy«, meinte Ginger und zwinkerte mir zu. Ich nahm mir vor, sie nach dem Start zu fragen, ob sie mit mir zum Weihnachtsball gehen wollte, Big-Creek-Liebesmeister hin oder her.

»Ich sehe deinen Vater gar nicht«, bemerkte Mr. Dantzler mit Blick auf die Menge.

»Nein, Sir. Er kommt nie hierher.«

Mr. Dantzler zog die Augenbrauen nach oben. »Tatsächlich?«

Ich zuckte mit den Schultern und wandte mich ab, um

zum Kontrollbunker zurückzukehren. Bevor ich dort ankam, musste ich unvermittelt stehen bleiben, weil mich wieder dieses traurige Gefühl überkam. So angestrengt ich auch nachdachte, ich kam einfach nicht hinter die Ursache. Ich schüttelte es ab und ging zu Sherman, der im Kontrollbunker am Zündkasten arbeitete. Sofort ersetzte Ungeduld meine diffuse Schwermut. Sherman war meines Erachtens nach viel zu langsam und pingelig. So schwer konnte es doch nicht sein, ein paar Drähte miteinander zu verbinden. »Mach voran, Sherman, beeil dich!«, trieb ich ihn an.

Erschrocken sah er mich an. »Wer hat dich zum König ernannt?«

»Wir sind schon spät dran«, murmelte ich.

Sherman legte den Schraubenzieher zur Seite. »Ich arbeite so schnell ich kann, Sonny. Und jetzt geh, sofern du dich hier nicht einmischen und das selbst machen möchtest.«

Das saß. Roy Lee und Billy standen bei der Startrampe und prüften die Spurstange. Billy pfiff. Er schien sich am Cape immer sehr wohl zu fühlen. Ich schlenderte rüber und kniete mich wortlos hin, um die Drähte zu inspizieren, die in die Rakete führten. Drinnen befand sich ein Heizelement, ein Stück Nickelchromdraht, das ich mir aus dem neuen Truthahngarer meiner Mutter entliehen hatte. Soweit ich sehen konnte, war er richtig eingesetzt. Ich richtete mich auf und klopfte mir den Kohlengrus von den Knien. Roy Lee und Billy sahen mich an. »Du vertraust uns wohl nicht?«, fragte Billy.

»Ich inspiziere nur«, erwiderte ich. »So macht man das nämlich in Cape Canaveral.«

»Woher willst du das wissen?«, blaffte Billy und war jetzt genauso schlecht gelaunt wie ich.

Das war neu für mich. Dass Billy meckerte, war ich nicht gewohnt. Ich konnte mich eigentlich nicht erinnern, Billy Rose jemals anders als umgänglich erlebt zu haben. »Welche Laus ist dir denn über die Leber gelaufen?«, fragte ich.

Billy sah mich zornig an. »Und welche dir?« Dabei war er rot angelaufen.

Wir starrten einander an. Allerdings war mir nicht klar, wer von uns den Streit vom Zaun brach, er oder ich. Fest stand nur, dass wir beide schlecht drauf waren. Ich blinzelte als Erster. »Tut mir leid«, brummte ich. »Vergiss es.« Ich stakste wutschäumend davon und wartete vor dem Kontrollbunker, bis Sherman verkündete, dass das Zündsystem bereit war. Dann berichtete O'Dell mir, dass die Theodoliten in Position waren. Roy Lee und Billy kamen vom Feld zurückgeschlurft und hockten sich in den Kontrollbunker. Nach einem schnellen Countdown drückte ich auf den Startknopf. Wenigstens dabei konnte ich nichts falsch machen. *Auk XXII-F* hob in einer Salve aus Feuer und Rauch von der Startrampe ab und stieg pfeifend in den Himmel, bis sie bald nur noch ein Punkt war. Ich hatte ganz unten in das Gehäuse ein wenig besonders schwefelhaltigen Treibstoff gefüllt, und wie geplant fing die Rakete heftig zu rauchen an, was es uns leichter machte, sie zu verfolgen. Billy merkte an, dass die *Auk XXII-F* ein wenig wackelte, aber das neue Heckflossensystem, das ich entwickelt hatte, wurde seiner Aufgabe offenbar gerecht. Die Rakete landete in der Schussrichtung, und wir rannten los, um mit den Untersuchungen zu beginnen. O'Dell rief mir die Zeitangabe zu, und nach kurzem Überschlagen kam ich zu dem Ergebnis, dass die Rakete hinter den Erwartungen zurückgeblieben war. Nachdem sie abgekühlt war, warf Quentin einen Blick in die Düse. »Erosion«, stöhnte er.

Er hatte recht. Auch der höherwertige Karbonstahl half nicht. Wir standen alle hilflos darum herum. Ich hatte keine Ahnung, wie wir dieses Problem in den Griff bekommen konnten.

Schließlich meinte Roy Lee: »Warum kleiden wir die Düse nicht einfach mit einer Art Ton oder so aus?«

Quentin starrte ihn an. »Du meinst natürlich eine Art

keramische Schicht. Eine sehr gute Idee, Roy Lee, eine ganz hervorragende Idee, außerordentlich und stringent.«

Roy Lee vergrub seine Hände in den Taschen und kickte gegen den Grus. »Na ja, ich dachte nur …«

Quentin sah ihn misstrauisch an. »Bist du da ganz von allein draufgekommen?«

Roy Lee zuckte mit den Schultern. »Aber sicher doch …«

»Es geschehen noch Zeichen und Wunder, nicht wahr?«, meinte Quentin an die ganze Gruppe gewandt.

Wir nickten alle, und O'Dell rammte Roy Lee als ultimatives Kompliment eine Faust in die Schulter. »Zum Teufel noch mal, Jungs«, sagte Roy Lee.

»Nicht schlecht für den Big-Creek-Liebesmeister«, sagte ich grinsend. Ich musste zugeben, dass es ein wirklich guter Vorschlag war, wusste allerdings nicht, wie wir den umsetzen sollten.

»Ich werde mal meine Denkkappe aufsetzen«, meinte Quentin. »Das erfordert stringentes Nachdenken.«

Als ich wieder zur Abschussstelle zurückkam, saßen Ginger und ihre Eltern bereits im Buick und fuhren davon. Roy Lee sah meinen sehnsuchtsvollen Blick und sagte nur: »Melba June Monroe.«

Ich sah Bill mit Quentins Theodoliten und dem Telefondraht auf der Schulter über die Abraumhalde laufen. Quentin hockte noch neben der Rakete, das Kinn in die Hände gestützt. Vermutlich mit »stringentem Nachdenken« beschäftigt. Entweder das oder es diente ihm als Ausrede, damit Billy ihm seine Sachen schleppte. Ich ging auf Billy zu. »Hey, wenn ich was Falsches gesagt habe, entschuldige ich mich.«

»Du hast nichts Falsches gesagt«, entgegnete er. Dabei legte er die Drahtrolle nicht ab und wich meinem Blick aus.

»Ich meinte doch nur …«

Billy ging an mir vorbei. »Lass es einfach gut sein, Sonny, okay? Lass es gut sein!«

Als wir beim Abendessen saßen, kaute Dad auf seinem Maisbrot und schielte immer wieder zu Mom herüber. Mir war klar, dass er etwas zu sagen hatte, und sie glaubte offenbar auch zu wissen, was es war, aber ich wollte ihm die Sache durch Nachfragen nicht erleichtern. Schließlich räusperte er sich und trank noch einen Schluck Milch. »Nun, Elsie, ich habe heute einen Anruf aus Ohio erhalten«, sagte er.

Sie trank ihren Kaffee. »Sag bloß.«

Er rutschte unruhig auf seinem Stuhl herum und räusperte sich noch einmal. »Ja, also. Es gibt, wie du ja bereits weißt, einen Wirtschaftsabschwung in diesem Jahr, verstehst du, und …« Sein Mund blieb geöffnet, aber seine Lippen bewegten sich, als hätte er Mühe, die Worte zu formulieren. Mom sah ihn mit fragend hochgezogenen Augenbrauen an. »Ich habe die Anweisung bekommen, keine Aktivitäten mehr zu bewilligen, die nicht unmittelbar mit dem Bergbau zu tun haben.«

Mom wartete. Als er nichts mehr sagte, hakte sie nach. »Und das wären …?«

Er holte tief Luft. »Als Erstes das Krippenspiel.«

Langsam stellte Mom ihre Tasse ab. Sie landete mit einem lauten Klappern auf dem Unterteller. »Wie bitte?«

Dads Lippen wurden schmal. »Es tut mir leid …«

Mom sank auf ihrem Stuhl zusammen. Sie sah mich an. »Sonny und ich wollten dieses Jahr gemeinsam am Krippenspiel arbeiten. Wir hatten große Pläne, nicht wahr?«

Ich schwieg dazu. Sie sah mich finster an und wandte sich dann wieder an Dad. »Das ist nicht richtig, Homer. Du weißt, dass sich alle auf das Krippenspiel freuen.«

»Ich habe mich gegen diese Anweisung zur Wehr gesetzt, Elsie, aber man sagte mir, wenn ich Geld für das Krippenspiel haben möchte, bräuchte ich nur ein paar Kumpel zu entlassen. Und sie wussten genau, dass ich das niemals tun würde.«

Daraufhin verfielen meine Eltern in Schweigen, während ich darüber sinnierte, wie sehr ich darauf gehofft hatte, das

Krippenspiel möge ausfallen. Mein Wunsch war in Erfüllung gegangen, und ich schämte mich.

Am späteren Abend, ich saß über meinen Hausaufgaben, kam Mom unangekündigt zur Tür herein und setzte sich auf mein Bett. Chipper hockte auf ihrer Schulter. Mit einem Satz hing der kleine Nager an den Vorhängen und erregte das Interesse von Daisy Mae. Diese legte sich auf die Lauer, bereit zuzuschlagen, sollte Chipper den Halt verlieren. Doch er entdeckte sie und nahm genau dort seinen Platz ein, wo sie ihn nicht mehr erreichen konnte, egal, wie hoch sie sprang. Daisy Mae ließ ein Ohr hängen, ein Zeichen von Enttäuschung. Chipper keckerte. Lebewesen aller Art, abgesehen von meiner Mutter, zu enttäuschen war sein Lieblingsspiel.

Ich riss mich von meinen Büchern los, um zu erfahren, was Mom wollte. Sie schien ihre Worte genau abzuwägen. Was mich ziemlich nervös machte. Im Geiste ging ich all die Dinge durch, bei denen sie mich möglicherweise ertappt hatte. Dass sie den Truthahngarer getestet hatte, den Dad ihr zum Geburtstag geschenkt hatte, schloss ich aus. Still und heimlich hatte ich diesen für unser Raketenzündsystem ausgeweidet. Ich rechnete damit, dass dies um Thanksgiving herum problematisch werden könnte, aber bis dahin war noch Zeit. Dann war da noch der Gartenspaten, den sie im Big Store gekauft hatte und für ihre Rosenbüsche brauchte. Vor einem Monat hatte ich ihn mit zum Cape genommen, damit wir unsere Raketen ausgraben konnten, wenn sie sich in den weichen Boden gebohrt hatten. Bis sie ihn vermisste, blieb mir vermutlich noch Zeit bis zum Frühjahr. Dann war da noch … »Lass uns reden, Sonny«, sagte sie und unterbrach mich bei meiner Bestandsaufnahme krimineller Verfehlungen. »Mir ist bewusst, dass das in diesem Haus nicht oft geschieht, aber ich muss mit jemandem reden, und das bist wohl du.«

Damit hatte ich nun überhaupt nicht gerechnet. »Ma'am?«

»Hör mir einfach zu, okay?«

Ich nickte. Was blieb mir auch anderes übrig?

»Erinnerst du dich noch daran, wie wir gelebt haben, bevor Dad den Job des Captains übernahm?«

Das hatte ich noch lebhaft vor Augen, denn es war gerade mal fünf Jahre her. »War das denn anders als jetzt?«, fragte ich. Eine Frage meiner Mutter mit einer Frage zu beantworten war manchmal das Sicherste für mich. Denn manchmal ließ sie sich dadurch ablenken. Aber nicht dieses Mal.

»Vielleicht nicht für dich«, sagte sie. »Aber erinnerst du dich noch an die Frauen, die zu uns nach Hause kamen? Louise, Virgie, Rodie, Naomi, Charlotte? Ein Haufen Frauen. Die waren alle meine Freundinnen. Und wie viele davon kommen jetzt zu mir?«

Ich überlegte. »Mrs. Keneda kommt manchmal.«

»Naomi ist die Einzige«, stimmte sie mir zu. »Aber nicht die anderen. Und weißt du, warum nicht? Wegen der Position deines Vaters. Entweder sind die anderen Frauen sauer auf ihn wegen einer Zechenangelegenheit, oder sie haben Angst, man könnte ihnen vorwerfen, sich für ihre Männer lieb Kind zu machen. Seit dein Dad den Job des Captains übernommen hat, habe ich fast alle meine alten Freundinnen verloren, Sonny, das ist die traurige Wahrheit.«

Als sie das sagte, lag in ihren Augen derselbe Ausdruck, den ich gesehen hatte, nachdem der Festzugswagen liegen geblieben war. Aber es war mehr als Verzweiflung. Das erkannte ich jetzt. Es war auch Verlust. Ich hatte siebzehn Jahre lang nahezu jeden Tag mit meiner Mutter, Mrs. Elsie Gardener Lavender Hickam, verbracht. Hatte sie in fast allen Situationen erlebt, die es gab. Hatte sie glücklich und traurig gesehen. Auch wütend und kummervoll. Ich kannte jeden Blick und jede Regung. Wenn sie einen Finger krümmte, wusste ich, was gemeint war. »Ich werfe das deinem Dad nicht vor«, ergänzte sie. »Es war richtig von ihm, so hoch aufzusteigen, wie er konnte. Und«, schob sie seufzend nach, »wenn ich mich darum bemühen würde, könnte ich mich auch mit Mrs. Dantzler oder der Frau vom Doc oder vielleicht sogar einigen der Lehrerinnen von Coalwood anfreunden. Aber das sind alles Frauen, die studiert haben. Wie kann ich mich da aufdrängen?« Sie schüttelte den Kopf. »Alles in allem komme ich mir einfach vor wie ein Kätzchen, das man aus dem Wurf gedrängt hat. Ich kann nicht vorwärts, aber auch nicht mehr zurück.«

Sie schwieg, den Blick zu Boden gerichtet. Ich spürte mein Herz klopfen. Nie, niemals hatte meine Mutter etwas so Persönliches von sich preisgegeben, und ich fühlte mich ziemlich unwohl damit. Ich wusste nicht, was ich ihr sagen sollte, also versuchte ich es gar nicht erst. Ich saß einfach da und ließ die Zeit verstreichen. Endlich atmete sie tief durch und setzte eine entschlossene Miene auf. »Ich werde mit dem Frauenverein wegen des Krippenspiels sprechen. Auch wenn wir keine Unterstützung von der Zeche bekommen, können wir uns etwas einfallen lassen. Ich mag in dieser Stadt nicht mehr viele Freundinnen haben, aber ich werde mir nicht nachsagen lassen, dass Elsie Hickam die Veteran's-Day-Parade vermasselt und dann auch noch das städtische Krippenspiel abgeschrieben hat.«

In meinem Charakter war etwas angelegt, das mich immer mal wieder so boshaft werden ließ wie einen Eichelhäher, der eine Katze beobachtet. Und jetzt war es wieder so weit. Vermutlich lag es an dem Groll, den ich noch immer gegen Mom hegte, weil sie mich letztes Weihnachten gezwungen hatte, bei Dad und Poppy zu sein. Doch egal, woran es liegen mochte, bei ihrem Vorschlag sträubte sich sofort alles in mir, und ich wollte unter keinen Umständen miteinbezogen werden. Doch anstatt ihr zu beichten, was ich wirklich empfand, blickte ich nur finster drein und trommelte mit den Fingern auf meine Bücher, als wollte ich zeigen, dass ich eigentlich lernen wollte. Sie sah es und erhob sich zum Gehen. »Ich brauchte nur jemanden zum Zuhören«, sagte sie. »Tut mir leid, dass ich dich belästigt habe.«

Ich wollte sagen, dass sie mich nicht belästigt hatte, aber

nicht einmal das brachte ich über die Lippen. Manchmal war ich selbst überrascht, wie verletzend ich sein konnte. Mom nahm Chipper vom Vorhang und wandte sich zum Gehen. Doch bevor sie die Tür schloss, hielt sie noch einmal inne. »Keine Sorge. Ich erwarte nicht von dir, dass du mir hilfst. Ich weiß, dass du wichtigere Dinge zu tun hast.« Dann zog sie leise die Tür zu. Ich hätte mich besser gefühlt, wenn sie diese zugeknallt hätte. Wie hatte Coach Gainer das noch einmal in einer seiner berühmten Lektionen zur Gesundheitserziehung für Jungen formuliert? »Die Milde einer Frau«, hatte er gesagt, »provoziert das Schuldgefühl eines Mannes weitaus mehr, als dies ihr Zorn jemals vermöchte.« Offenbar ließ sich das auch auf Mütter und Söhne anwenden.

Daisy Mae kam zu mir, sprang auf meinen Schoß und wollte getröstet werden, weil Chipper wieder davongekommen war. Ich strich ihr über den Kopf, was sie allerdings nicht wirklich tröstete. Ich hätte ebenfalls Trost nötig gehabt. Ich fühlte mich gemein und garstig, weil ich genau das war. Dazu noch selbstsüchtig. Was war nur los mit mir? Mom hatte es doch nur gut gemeint, als sie mich mit Dad zu Poppy schickte. Es hatte nicht funktioniert, aber das war nicht ihre Schuld. Weshalb also bestrafte ich sie? Vielleicht, weil ich es konnte? Gehörte das zum Erwachsenwerden, dass man den Leuten wehtat, die man am meisten liebte? Wenn ja, dann wollte ich nicht dazugehören.

Ich starrte auf meine Zimmertür. Wie gern wäre ich Mom hinterhergelaufen, um ihr zu sagen, dass ich ihr selbstverständlich beim Krippenspiel helfen würde, wenn sie das wollte. Aber ich tat es nicht. Das war einfach keine Option. Daisy Mae drückte ihr Näschen erst an meinen Hals und dann zwischen ihre Pfoten, als sie sich in meinem Schoß zusammenrollte. Ich beneidete sie um ihre Fähigkeit, nach einer Enttäuschung zu ihrer Seelenruhe zurückzufinden. Ich jedenfalls zweifelte daran, jemals dazu in der Lage zu sein.

9. Der Himmel über Coalwood

Am folgenden Montag bat Quentin mich vor dem Unterricht um ein Gespräch in der Aula. Er wirkte kampfbereit, und ich war sein Gegner. Als ich neben ihm Platz nahm, ließ er seine Fingerknöchel knacken, wie so oft, wenn er sich darauf einstimmte, mir einen Vortrag zu halten. Er beugte sich vor, und ich tat es ihm gleich. »Ich muss dir sagen, Sonny, dass ich enttäuscht bin von dir«, sagte er.

Mir lag auf der Zunge, »Geht mir genauso« zu erwidern, doch ich ließ es sein. Stattdessen hörte ich einfach zu.

»Hast du auch nur einen Moment über Roy Lees Idee einer mit Keramik ausgekleideten Düse nachgedacht? Nein? Das dachte ich mir. Also wirklich, Junge, mir scheint, dass du in letzter Zeit Entscheidungen in die Länge ziehst. Und wann werden wir die Berechnungen nach Miss Rileys Buch anstellen? Das kann doch nicht allzu schwer sein.«

»Quentin«, erwiderte ich wütend, »ich hatte am Wochenende eine Menge Hausaufgaben zu erledigen. Denk dran, ich versuche, in diesem Semester nur Einsen zu bekommen. Frag mich nicht, warum, aber ich möchte das, weil es mir noch nie gelungen ist. Mir ist klar, dass dir das nicht viel bedeutet. Wenn wir Sport mal außer Acht lassen, hast du immer überall zu den Besten gehört.«

»Lernen ist deine Ausrede?« Er schnaubte. »Eine solche Aussage kann ich nicht akzeptieren.« Er rammte sich die Faust in die Innenfläche der anderen Hand. »Verdammt, Sonny. Du musst härter arbeiten. Jeder Tag zählt.« Als ich ihn daraufhin ansah, schüttelte er den Kopf und seufzte. Nach einer kleinen archäologischen Grabung in seiner Aktenmappe zog er ein herausgerissenes Notizblatt hervor. »Da du meiner Ansicht nach offensichtlich die Begeisterung für unsere ganze Unternehmung verlierst, könnte das hier vielleicht dein Interesse wecken. Ich bin nach unserem Raketenstart am Samstag per Anhalter zur County-Bibliothek gefahren und habe diverse Methodiken recherchiert, wie sich keramische Stoffe auf Metalloberflächen applizieren lassen. Und bin dabei, wie ich glaube, auf genau das Richtige für uns gestoßen. Es heißt Kesselkitt und wird in Pulverform angeboten. Man braucht nur noch Wasser dazuzugeben und – voilà! – man hat eine geschmeidige, formbare Keramik.« Er legte seinen Knöchel über das Knie, um sein Papier darauf abzulegen. Ich bemerkte, dass eine seiner Socken blau war. Die andere war kariert. »Meine Recherche ergab darüber hinaus, dass dieses Material sehr einfach aufzubringen ist, rasch trocknet und sehr gut auf Metalloberflächen haftet. Solltest du dich je damit befassen, wirst du natürlich Berechnungen anstellen müssen, damit die Keramikschicht nicht die Gasströmung beeinträchtigt. Kesselkitt, Sonny. Finde ihn und lass uns loslegen. Hier, ich hab's dir sogar aufgeschrieben. Kesselkitt!«

Ich griff mit den Fingerspitzen nach Quentins schmutzigem Papierfetzen. Ich hatte keinen Kesselkitt und auch nicht die leiseste Ahnung, wie man derartige Berechnungen anstellte, und sagte ihm das auch. »Lass uns bis nach den Prüfungen warten«, schlug ich vor. »Gleich danach kümmere ich mich dann darum. Um den Kesselkitt, die Berechnungen aus dem Buch, um alles.«

Quentin sah mich fassungslos an. »Wir können nicht warten!« Er warf einen Blick auf sein Handgelenk, obwohl er gar keine Uhr trug, und schüttelte dann verzweifelt den Kopf. »Die Wissenschaftswoche des County ist im April, in kosmischen Dimensionen gesprochen praktisch morgen! Eine keramische Auskleidung unserer Düsen könnte der Durchbruch für unsere Arbeit sein. Kesselkitt, Mann! Finde ihn und stelle deine

Berechnungen an. Ich sehe es schon in Basils Zeitung. *Jungs der Big Creek lösen das Erosionsproblem an der Düse! Wernher von Braun bittet sie um Hilfe!* Unser Raketenprogramm wird das stringenteste der ganzen Nation werden!«

»Nein, Quentin«, erwiderte ich seufzend. »Ich werde der stringenteste Junge der Nation sein. Warum konstruierst *du* nicht diese Düse und lässt sie anfertigen?«

»Und wie soll ich das anstellen?«, fragte er, und seine eisblauen Augen wurden schmal. »Sicher, die Berechnungen könnte ich vornehmen, aber du bist derjenige, der mathematische Praxiserfahrung braucht, nicht ich. Und was die erforderliche Werkstattarbeit und den Kauf von Kesselkitt betrifft, ist das doch eindeutig eine Aufgabe, die du als der Sohn des Zechenleiters von Coalwood zu bewerkstelligen hast.« Er breitete seine Hände aus. »Von einem armen Jungen aus Bartley, Sohn eines armen Wanderbergarbeiters, kann man doch wohl kaum mehr erwarten als das, was ich bereits tue.«

Als er seine Armut ansprach, fiel mir der zerschlissene Kragen seines weißen Hemds auf. Bei näherem Hinsehen erkannte ich, dass einer der Ärmel geflickt war. Die ungleichen Socken waren mir aufgefallen, weil die ausgewaschene Kakihose, die er zu seinen schweren braunen Arbeitsschuhen trug, um mehrere Zentimeter zu kurz war. Bis auf Roy Lee, den Big-Creek-Liebesmeister, war Kleidung keinem der Rocket Boys wichtig, aber Quentin hatte die Vernachlässigung zur Wissenschaft erhoben. Doch musste zu Quentins Verteidigung erwähnt werden, dass sein Dad schon vor Monaten aus der Bartley-Zeche entlassen worden war und es bei ihm zu Hause viele Münder zu stopfen galt. Wohingegen ich in der Tat der Sohn des Zechenleiters war, von dem alle Reichtümer kamen. Er hatte ins Schwarze getroffen. »Also gut«, sagte ich. »Ich werde sehen, was ich tun kann.«

Grinsend meinte er: »Wunderbar! Du siehst also, was ein paar aufmunternde Worte erreichen können?« Nachdem er nun bekommen hatte, was er wollte, wurde sein schmales Gesicht gleich freundlich. »Sag mal, was ist eigentlich mit diesem Problem von dir – deinem nervösen Symptom? Dieser übermäßigen Traurigkeit? Hast du die in den Griff bekommen?«

»Teilweise vielleicht«, sagte ich und erzählte ihm dann von der Sache mit Poppy und Dad letztes Weihnachten. Er hörte mir zu, den Kopf leicht geneigt, während er mich fragend musterte.

Dann machte er eine Faust und legte in klassischer Denkerpose sein Kinn darauf. »Fassen wir das mal zusammen«, sagte er schließlich. »Weil du dein Problem logisch durchdacht hast, wie ich dir das empfohlen hatte, hast du vielleicht zum Teil herausgefunden, was dich bewegt. Gut! Wir machen Fortschritte! Jetzt wäre es vielleicht angebracht, in Erwägung zu ziehen, ob dein Symptom nicht womöglich so komplex ist, dass dein Geist damit einfach nicht klarkommt.«

Ich zerlegte seine Worte. »Denkst du, ich werde verrückt?«

Quentin zuckte mit den Schultern. »Das wäre eine Möglichkeit. Aber ich glaube vielmehr, dass es sich um eine komplexe Geistesverfassung handelt. Weshalb es dir auch fast unmöglich ist, sie zu erkennen.« Er sah mir in die Augen. »Mir ist etwas an dir aufgefallen, was ich zwar nur ungern anerkenne, jetzt aber doch tue. Du hast einen scharfen Verstand. Wenn es ein Problem mit unseren Raketen gibt, finde ich zu dessen Lösung meist die komplexeste Antwort. Du hingegen findest fast immer die einfachste Lösung. Deine neue Konstruktion der Heckflossen ist ein Beispiel dafür. Ich wäre in hundert Jahren nicht auf die Idee gekommen, zwei Metallrechtecke zu nehmen und so zu biegen, dass daraus vier Flossen werden. Mein hoch entwickelter Intellekt ist für solche Simplizität nicht geschaffen!« Er schüttelte tragisch den Kopf. »Du hingegen gerätst mit deinen Gedankenprozessen ins Hintertreffen, sobald ein Problem tatsächlich einen komplexen Algorithmus erfordert. Deshalb kommst du mit deiner üblichen Denkweise auch nicht dahinter, was dich plagt. Die Antwort ist komplex! Und deshalb musst du sie meines Erachtens nach auf ihre einfachsten Formen herunterbrechen.«

Ich konnte ihm nicht folgen, und vermutlich verriet ihm das mein Blick. »Ich zeige dir, wie du das angehen musst«, sagte er geduldig. »Zieh einfach in Erwägung, dass es keine einfache Antwort gibt oder auch keine alleinige Ursache. Überdenke deine Vergangenheit und finde heraus, welche Probleme deine Psyche beeinflussen könnten. Schreib sie alle auf. Und jedes Mal, wenn wieder etwas passiert, das dich beunruhigt, schreibst du auch das auf. Auf diese Weise erhältst du eine nette kleine Liste. Nach einer Weile wirst du mit all deinen Beschwerden eine kritische Masse erreichen und in der Lage sein, sie intellektuell und logisch zu ergründen. Ich bin mir sicher, dass du dann auf deine einfache Art das Lösungskonzept für deine gelegentlichen Depressionsschübe finden wirst. Wenn das nicht funktioniert, werde ich mir ein Psychologiebuch vornehmen und dich einer Analyse unterziehen.«

Eine solche Heilmethode schien mir schlimmer als die Krankheit selbst zu sein. »Ich werde die Liste erstellen«, versprach ich. »Ich werde jede Menge Listen erstellen.«

Er schlug sich mit den Händen auf die Schenkel. »Gut! Wie schön, dass wir dieses kleine Gespräch geführt haben. Weißt du, da gibt es noch etwas, worüber ich nachgedacht habe. Du magst doch Orangensaft, nicht wahr? Und was ist, wenn du durch die Wälder streifst und weder Orangensaft noch frische Orangen mit dir herumschleppen möchtest? Da bist du überfragt? Nun, wie wär's, wenn du vor deiner Wanderung ein paar Orangen in die Sonne legst und trocknen lässt? Und dann zu feinem Pulver zermahlst? Und dann nur noch jedes Mal, wenn du Orangensaft haben möchtest, egal, wo du gerade bist, das Pulver mit Wasser anrühren müsstest? Voilà! Orangensaft! Wie findest du das?«

Ich dachte, dass sich das ziemlich ekelhaft anhörte, und wollte ihm das auch sagen, aber da klingelte es zum Unterricht, und ich hatte keine Gelegenheit mehr. Quentin, der nie zu spät kam, hob seine Aktenmappe auf und verließ die Aula. Ich blieb sitzen und ließ die Schüler vorbeiziehen. Quentin hatte mir eine Menge Denkanstöße gegeben, und ich wollte gleich loslegen. Dann sah ich Billy den Gang entlangkommen. Unsere Blicke trafen sich, aber er wandte sich ab und lief weiter. Ich überlegte, ihm nachzulaufen und herauszufinden, was ihm Kummer bereitete, aber dann dachte ich an das, was Quentin mir aufgetragen hatte. Eine Liste. Ich musste eine Liste erstellen. Und wenn diese Liste all das beinhalten sollte, was mich bekümmerte, dann würde ich auch Quentin draufsetzen müssen. Darüber musste ich lachen. Es gefiel mir, wenn ich mich zum Lachen brachte. Dann kam ich mir klug vor. Allerdings pflegte Reverend Lanier immer zu sagen, dass ein Mensch, der sich für klug hält, nur Gottes Sinn für Humor auf den Leim gegangen ist.

Es lag nicht in der Natur der Leute von Coalwood, hoch zum Himmel zu schauen. Während meiner Kindheit hing meist eine Wolke aus Kohlenstaub in der Luft und vernebelte das Stück Himmel, das zwischen unsere Berge gepresst war. Aber als im Frühjahr 1959 die Eisenbahnschienen entfernt und die Verladearbeiten über den Berg nach Caretta verlegt wurden, klärte sich der Staub. Zum ersten Mal war es mir möglich, die samtene Schwärze des Weltraums klar und deutlich zu sehen. Die Sterne leuchteten hell wie Glühwürmchen, der Mond war eine riesige schimmernde Scheibe, und ich war fasziniert. Mir kam es vor, als bräuchte ich nur die Hand auszustrecken und danach zu greifen. Etwa um diese Zeit fing ich an, hinauf aufs Dach vom Club House zu steigen, um durch das Teleskop zu schauen, das Jake Mosby uns Jungs zur Verfügung gestellt hatte. Jake war einer der Nachwuchsingenieure und zu einem besonderen Freund der Rocket Boys geworden. Er kam nicht nur zu beinahe jedem unserer Starts, sondern hatte uns auch ein altes Trigonometriebuch besorgt, damit wir berechnen konnten, wie hoch unsere Raketen flogen. In der ersten Nacht, in der Jake sein Teleskop für uns aufbaute, war Sherman mit dabei. Als Jake einschlief und der letzte Tropfen des besten Whiskeys aus John Eyes Destille aus seinem Glas tropfte, hatten Sherman und ich uns an der Wunderwelt der Sterne und Planeten noch immer nicht sattgesehen. Ich kam nach Mitternacht nach Hause, und Mom stellte mich oben im Flur zur Rede. »Was ist es denn jetzt wieder, Sonnyboy?«, fragte sie mit der müden, resignierten Stimme, die immer dann zum Einsatz kam, wenn es um meine Eskapaden als Rocket Boy ging.

»Mom, das musst du dir ansehen«, berichtete ich ihr und beschrieb Jakes Teleskop und die Sterne, die er mir zusammen mit den Bändern des Jupiter und den Saturnringen gezeigt hatte.

Mein Dad kam aus seinem Schlafzimmer und blinzelte in das helle Flurlicht. »War Jake betrunken?«

»Er schlief, als ich ging«, antwortete ich. Eine geschickte Antwort, wie ich fand.

»Betrunken«, schloss Dad, der mich durchschaut hatte.

»Dorthin fliegen wir«, sagte ich, viel zu laut für diese Uhrzeit. »Wir alle. Ins Weltall!« In diesem Augenblick war ich mir dessen so sicher wie in allen anderen Dingen meines Lebens. Ich stellte mir bereits vor, wie ich in einem Raumfahrtanzug aussehen würde, wenn ich über den Mond lief.

Mom, die ihren Morgenmantel trug, tauschte einen Blick mit Dad, der im Schlafanzug vor ihr stand. »Lass es mich wissen, wenn du bereit zum Aufbruch bist«, sagte sie. »Ich werde als Erste in dieser Rakete sein.« Und wie aufs Stichwort drehten meine Eltern sich die Rücken zu und gingen zurück in ihre Zimmer. Ich stand allein im dunklen Flur und fragte mich, was sich da gerade zugetragen hatte.

Jake hatte uns im vergangenen Sommer verlassen, nachdem er sein Pensum als Nachwuchsingenieur unter Dads harter Anleitung abgearbeitet hatte. Jakes Vater gehörte ein ziemlich großer Anteil an der Stahlgesellschaft, deren Eigentümer wir waren, und ich vermutete, dass er dorthin zurückgekehrt war und nun lernte, wie man Münzen prägte oder so. Wenigstens hatte er uns sein Teleskop dagelassen, sodass wir unsere Augen über den Himmel schweifen lassen konnten. Aber ich vermisste ihn noch immer. Jake war ein Mann von Welt, der einzige, den ich kannte, aber vor allem war er mein Freund. Jedes Mal, wenn ich am Club House vorbeikam, hielt ich Ausschau nach seiner kirschroten Corvette, aber sie stand nicht da. Ich fragte Mom, ob sie was von Jake gehört hatte, ob die Chance bestand, dass er zurückkommen würde. »Jake Mosby?« Sie lachte fröhlich. »Oh ja, dieser Junge wird zurückkommen.«

»Woher weißt du das?«, wunderte ich mich.

»Weil er die Zeche genauso liebt wie dein Dad.«

Das haute mich um. Wenn Jake in Coalwood war, steckte er immer in Schwierigkeiten. War es einmal nicht wegen seiner ständigen Schürzenjägerei, vor allem unter den Sekretärinnen im Betrieb, dann wegen seines ungebührlichen Verhaltens im betrunkenen Zustand auf den Zechenpartys. Und als Bergbauingenieur könnte er ebenfalls noch besser werden, wie Dad hatte verlauten lassen.

Mom beobachtete meine Mimik, als ich sämtliche Missetaten Jakes durchging. »Ich weiß, was du denkst, aber ich weiß auch, wovon ich rede«, sagte sie. »Jake Mosby und Homer Hickam gleichen sich wie ein Ei dem anderen. Wo Homer aufhört, macht Jake weiter. Er wird seinem Helden nicht lange fernbleiben.«

Ich konnte es mir einfach nicht vorstellen. »Dad ist sein Held? Ich dachte immer, Jake hasst Dad.«

»Vertrau mir«, erwiderte Mom. »Es wird nicht lang dauern und unser Jake ist wieder hier.«

Es war an der Zeit, wieder mal zu den Sternen hochzuschauen. Da sich die Wolken zum ersten Mal seit Wochen verzogen hatten, nahm ich mir vor, das gleich auszunutzen. Dad war nach einem Telefonat zur Zeche gegangen, Mom hatte sich in die Tipple Row aufgemacht, um nach Naomi Keneda und ihrer neugeborenen Enkeltochter zu sehen. Ich schwang mich aufs Fahrrad und fuhr zum Club House. Dort parkte ich es neben den großen Doppeltüren und ging hinein, wobei mir zwei Männer begegneten, die gerade auf dem Weg nach draußen waren. Sie trugen lange Ledermäntel, die fast bis zum Boden reichten. So etwas hatte ich noch nie gesehen. Dann hörte ich sie sprechen und verstand kein Wort von dem, was sie sagten. Ich starrte sie an. Sie waren beide jung, und anfangs dachte ich, sie wären Jungingenieure, die ihr College-Latein, oder was auch immer sie studierten, in der Praxis ausprobieren wollten, aber selbst ihre Haarschnitte waren seltsam, sauber um die Ohren rasiert und glatt nach hinten gekämmt. Der Größere von beiden hatte Haare von der Farbe feuchten Strohs, die des anderen waren pechschwarz. Sie nahmen Notiz von mir. *»Guten Tag«*, sagte der mit den strohfarbenen Haaren zu mir.

»Einen guten Tag für dich«, sagte der andere mit einem zackigen Nicken.

Ich starrte sie an. Woher kamen sie nur? Dann überlegte ich. Moment mal, sie hörten sich an wie Wernher von Braun im Fernsehen! Das waren Deutsche! Ich hatte zuvor noch nie einen Deutschen getroffen, und die Frage kam mir einfach so über die Lippen: »Kennen Sie Wernher von Braun?«

Die beiden jungen Männer sahen einander kopfschüttelnd an. *»Nein. Herr Doktor* von Braun arbeitet auf einem anderen Gebiet, oder?« Sie lachten beide und reichten mir dann beide ihre Hände. »Gerhard«, sagte der mit den strohfarbenen Haaren.

»Dieter«, stellte sich der mit den schwarzen Haaren vor.

»Sonny Hickam«, sagte ich.

»Der Sohn von Homer Hickam?«, fragte Dieter. Sein Englisch schien besser zu sein als das von Gerhard.

»Ja, Sir.«

»*Ach*, dein Vater ist ein Mann, der sieht.«

Ich verstand nicht, was er meinte. »Sieht?«

»Sieht«, wiederholte Dieter kryptisch.

Ich ging davon aus, dass Dad sah, aber was er derzeit sah, davon hatte ich keine Ahnung. Gerhard hielt mir zwei Umschläge hin und teilte mir durch Zeichen mit, dass er sie wegschicken wollte.

»Oh, das Postamt.« Ich zeigte nach draußen, direkt auf die andere Straßenseite, die von einer Straßenlaterne beleuchtet wurde. »Aber es hat geschlossen.« Sie nickten, wenn auch ein wenig verunsichert. Ich begleitete die zwei rüber zum Postamt und zeigte ihnen den Schlitz, wo sie ihre Briefe einwerfen konnten, doch da fiel mir auf, dass sie nicht frankiert waren. Ich zeigte darauf, und wir kehrten zum Club House zurück. »Und Sie kennen Wernher von Braun wirklich nicht?«, fragte ich.

»*Nein, nein*«, antwortete Dieter ein wenig pikiert. Er sah sich um. »Was kann man hier tun?« Er zeigte mit der Hand auf die Straße. Im Zentrum von Coalwood war es so still wie auf einem Friedhof.

»Ich gehe hinauf und sehe mir die Sterne an«, sagte ich, und als sie mich daraufhin verständnislos ansahen, trat ich an den Rand der Veranda und zeigte auf den ersten funkelnden stecknadelkopfgroßen Lichtpunkt am schwarzen Himmel. »Sterne«, wiederholte ich. Dieter und Gerhard kamen zu mir und schauten ebenfalls hoch, aber es war offensichtlich, dass sie nicht verstanden, wovon ich sprach. »Kommen Sie«, sagte ich. »Ich zeig es Ihnen.«

Ich führte sie hoch ins zweite Obergeschoss und holte Jakes Teleskop aus dem Besenschrank. Dann bedeutete ich ihnen, mir zu folgen, und wir stiegen die grobe Holzleiter hinauf. Oben herrschte völlige Dunkelheit, aber ich kannte das Dach so gut wie mein eigenes Zimmer und führte sie zum Teleskopsockel, der sich unter einer Abdeckplane befand. Ich zog die Abdeckplane zur Seite und befestigte das Teleskop am Sockel. Stolz tätschelte ich es. »Das hier benutzen wir, um die Sterne und Planeten zu betrachten«, sagte ich.

Ich erklärte ihnen die Handhabung des Teleskops, und sie schauten interessiert auf jeden Planeten, den ich ihnen zeigte, angefangen mit der zuverlässigen Venus, unserem grellen, jedoch wolkenverhangenen unmittelbaren Nachbarplaneten. »Keiner weiß, was sich unter diesen Wolken befindet«, erklärte ich, als sie abwechselnd durchs Okular blickten und Dieter meine Worte für Gerhard übersetzte. »Gut möglich, dass der ganze Planet von einem Ozean oder einem gewaltigen Dschungel bedeckt ist.« Dann zeigte ich ihnen Saturn. »Sehen Sie die Ringe? Nur zu«, sagte ich, als sie das Teleskop von einem Planeten zum nächsten schwenkten, von Stern zu Stern. »Schauen Sie sich nur alles an.«

Während Dieter und Gerhard abwechselnd hindurchschauten und sich dabei auf Deutsch über ihre diversen Entdeckungen am Himmel unterhielten, setzte ich mich an den Rand des Dachs. Wenn meine Augen vom angestrengten Schauen durchs Teleskop müde wurden, richtete ich meinen Blick oft runter auf Coalwood und betrachtete es mit fast derselben Verwunderung und Neugier wie den Himmel. Da ich mein ganzes Leben hier verbracht hatte, sollte ich doch eigentlich alles kennen, was es über diesen Ort zu wissen gab. Doch vermutlich gab es viele Dinge in meiner Stadt, von denen ich keine Ahnung hatte – wozu auch der Streit zählte, den meine Eltern führten, solang ich zurückdenken konnte, in dem es um meine Zukunft, die meines Bruders und ihre eigene ging. Die Sterne waren komplexe Gebilde und zutiefst geheimnisvoll. Und das traf, wie ich oft überlegte, auch auf Coalwood und seine Menschen zu.

Hinter der Kirche sah ich das große weiße Haus der Dantzlers, einen zweigeschossigen Kasten, eingebettet zwischen Kiefern. Was Ginger wohl im Moment machte? Lernen, vermutete ich, oder Klavier spielen oder Tonleitern üben. Eine so kultivierte und vornehme Familie wie die Dantzlers war die

Ausnahme in Coalwood. Vielleicht war ich zu ungehobelt, um deren Niveau anzustreben. »Anmut, Sonny Hickam«, hatte Mrs. Dantzler einmal zu mir gesagt, als ich mich bei einer Übung vertan hatte und neben ihr den Kopf hängen ließ, weil ich so unbeholfen gewesen war. »Kopf hoch«, hatte sie mich fröhlich aufgefordert. »Wölbe deine Finger. Jetzt spiel. Du kannst es. Fang an.« Sie legte ihre Hand unter mein Kinn und richtete es auf, nahm dann meine Hände, richtete die Finger aus und legte sie auf die Tasten. »Jetzt spiel«, befahl sie, und ich tat es. »Gut«, sagte sie, und weil sie es gesagt hatte, wusste ich, dass es stimmte.

Ich fragte mich, wie das Leben wohl weiterginge ohne Mrs. Dantzler und all die anderen Leute aus der Stadt, die ich mein ganzes Leben lang gekannt hatte. Im nächsten Herbst würde ich Coalwood verlassen und vermutlich aufs College gehen. Mom hatte es mir versprochen, sofern ich meinem Dad bewies, dass ich zu mehr fähig war, als nur vor mich hin zu träumen. Das hatte ich ihm bereits mit meinen Raketen gezeigt, und bald schon würde ich ihm das mit meinen Noten bestätigen. Doch obwohl ich unbedingt wegwollte, machte mir die Aussicht, Coalwood zu verlassen, Angst. Und dann überlegte ich … War es das vielleicht, was mich traurig machte? Musste ich »Coalwood verlassen« auf meine Liste schreiben? Dieter und Gerhard kamen zu mir an den Rand des Dachs und rissen mich aus meinen Überlegungen. Dieter zündete sich eine Zigarette an, Gerhard setzte sich neben mich und schob seine Füße über die Dachkante. »Coalwood ist ein sehr schöner Ort«, sagte Dieter.

»Hm«, grunzte ich unverbindlich.

»Lebst du schon immer hier?«

»Ja, Sir.« Ich sah ihn an. »Weswegen, sagten Sie, sind Sie hier?«

Dieter schnippte seine Asche über den Rand, während Gerhard vor sich hin summte. »Ich habe nichts gesagt.«

Ich nickte. Neugier gehörte zu West Virginia, aber auch, dass man nach einer Zurückweisung nicht weiter nachfragte. Ich vertrieb mir hier ohnehin nur meine Zeit. Und da die beiden Deutschen nicht mal Wernher von Braun kannten, konnte es mir auch egal sein, warum sie in Coalwood waren. Mein Blick wanderte über den Rasen des Club House. Die Werkstatt auf der anderen Talseite lag still und dunkel da. Ich konnte sogar das Gurgeln des Bachs hören, der dahinter vorbeifloss.

»Wir helfen deinem Dad«, sagte Dieter und schnippte seine Kippe übers Dach. Ich sah sie fallen, ein winziger Meteor, der funkensprühend auf dem Rasen aufkam.

Ich blickte in seine Richtung. »Wobei helfen Sie ihm?«

Dieter schwieg einen Moment, dann erhob er sich. Gerhard tat es ihm gleich. Sie bewegten sich auf die Dachluke zu. »Wir helfen ihm in 11 East«, sagte Dieter, dann kletterten sie nach unten.

Bei der Erwähnung von 11 East schien die Herbstluft um ein paar Grade kälter zu werden. Sicherlich hatte Dieter mir etwas Falsches gesagt. 11 East? Wie war das möglich? Seit ich alt genug war, um zu wissen, was das bedeutete, hatte 11 East nur Unheil, Tod und Verderben heraufbeschworen – und zwar alles auf einmal.

10. 11 East

Während der nächsten Tage wurde überall über die Deutschen getratscht. Einige ließen sich sogar Ausreden einfallen, um das Club House aufzusuchen und einen Blick auf sie zu werfen. Dieter und Gerhard blieben weitgehend unter sich. Doch es dauerte nicht lang und die Leute erfuhren vom Grund ihres Hierseins, jedenfalls ansatzweise. Die Deutschen hatten einen Sondervertrag für eine nicht näher beschriebene Tätigkeit im Abbaubereich 11 East, der auf Beschluss meines Vaters wieder geöffnet werden sollte. Überall in der Stadt hörte man es murren. Homer Hickam hatte wohl den Verstand verloren. 11 East hatte schon genug Opfer gefordert.

Ich kannte die Geschichte dieses Abbaubereichs so gut wie jeder andere, weil meine Eltern beim Abendessen darüber gesprochen hatten. Der Captain hatte 11 East 1941 eröffnet. Man ging davon aus, dort ein gewaltiges Flöz reinster bituminöser Kohle zu finden, zwei bis drei Meter tief und leicht abzubauen – erstklassige Fettkohle also. Nach sorgfältiger technischer Analyse hatte der Captain dem Abbaugebiet seine Nummer zugeteilt – jedes Abbaugebiet hatte eine – und seine Leute dorthin geschickt. Es dauerte nicht lang und 11 East entpuppte sich als Albtraum des Captains und ganz Coalwoods. Es gab Steinschlag, entgleisende Loren, Schlagwetter, Überflutungen, und es wurden Männer verletzt und einige sogar getötet. Von Anfang an meinten viele der Kumpel, dass der Ort verhext sei, andere hingegen machten die Firste verantwortlich, eine Anhäufung massiver Platten aus scharfkantigem Fels.

»Seht zu, dass ihr durch diese schlimme Firste kommt, Jungs«, soll der Captain gesagt haben, »dann werden wir alle reich wie Krösus sein.«

»Okay, Captain, aber dann werden wir unser Geld wohl im Jenseits ausgeben müssen«, soll einer der Kumpel erwidert haben, obwohl ich mir nicht vorstellen konnte, dass jemand dem Captain Widerworte gab. Ungeachtet seiner hängenden Schultern war er ein Riese mit seinen stattlichen knapp zwei Metern und den großen Füßen und lief oft mit einer Pistole im Gürtel herum. Dad meinte, die Pistole sei nie geladen gewesen, aber Mom behauptete, der Captain habe sie einmal benutzt, um damit eine Zigarre direkt aus dem Mund eines Mannes zu schießen, der sie sich in Gegenwart einer Dame angezündet hatte. Ich hätte es mich was kosten lassen, dabei zuzusehen. Dad war zu der Zeit, als 11 East geöffnet wurde, Steiger der Tagesschicht gewesen, aber der Captain hatte ihm die Position des Obersteigers der Abendschicht in diesem neuen Abbaugebiet übertragen. Tag für Tag griffen die Coalwood-Männer aller drei Schichten in 11 East wie eine Armee im Krieg an und probierten alle Möglichkeiten aus, durch den harten Fels zu kommen. Dann gesellte sich noch ein weiteres Problem dazu: Der Stollen verlief schräg und wurde immer enger. Die Männer mussten auf Händen und Knien kriechen, um zum Abbaustoß zu gelangen, aber der Captain ließ nicht locker und trieb sie an, überzeugt, dass sie nur wenige Meter von der Fettkohle trennten. Erst der japanische Angriff auf Pearl Harbor stoppte den Kampf in 11 East. Weil das Kriegsministerium einen höheren Bedarf an Kohle anmeldete, musste der Captain die Arbeit dort einstellen und leichter zugängliche Kohle fördern. Doch vom Hörensagen wusste ich, dass sich, noch bevor der Captain das Abbaugebiet stilllegte, bereits einige der Kumpel von 11 East freiwillig zur Armee gemeldet hatten, weil sie es für weniger gefährlich hielten, Strände zu stürmen, als unter dieser todbringenden Firste zu arbeiten.

In späteren Jahren wurde »11 East« in Coalwood zu einer Redewendung für etwas, das gerade noch mal gut gegangen war. Einige Mütter drohten ihren widerspenstigen Kindern sogar, dass man sie »runter nach 11 East« schicken würde, wenn sie sich nicht benahmen. In den frühen Fünfzigerjahren behaupteten ein paar Kumpel, die beim Alten Mann nahe dem alten Abbaugebiet ihre Essenspause machten, sie hätten dort Bergleute in gestreiften Overalls und verrosteten Helmen gesehen, Kleidung, wie man sie vor dem Krieg getragen hatte. Die Alten hätten nichts gesagt, seien nur in den verlassenen Schacht verschwunden, der einst der Zugang zu 11 East war. Nach diesem Bericht stand für die meisten Leute fest, dass das alte Abbaugebiet ein verwunschener Ort war. Jede Zeche hatte solche Geschichten, aber bei dieser schwang ein Funke Wahrheit mit. Deshalb konnte ich mir einfach nicht vorstellen, warum Dad dorthin zurückwollte.

Es gab noch ein weiteres schreckliches Unglück, das sich in 11 East ereignet hatte, wie mir jetzt wieder einfiel. Genau dort waren Poppys Beine abgetrennt worden.

Eines Nachmittags fuhr ich nach dem Unterricht mit dem Fahrrad zum Big Store, um mir eine Brause zu kaufen. Mr. Dubonnet unterhielt sich mit einem seiner Gewerkschaftsfunktionäre an der Tabaktheke, als ich die Drogerieabteilung betrat. Er gesellte sich zu mir an die Erfrischungstheke. »Darf ich dich auf eine Brause einladen?«, fragte er und schob die Hand auf der Suche nach Kleingeld in die Hosentasche.

»Nein danke, Sir«, erwiderte ich und zeigte ihm, dass ich selbst die nötigen fünfzehn Cent hatte.

Mr. Dubonnet ignorierte mein Geld, rief Junior herbei und bestellte eine Royal Crown Cola für mich. Er nahm seinen Hut ab, legte ihn auf die Theke und bestellte sich selbst eine Flasche Dr. Pepper und eine Tüte Erdnüsse, die er nach und nach in die Flasche kippte. Mit aufgestützten Ellbogen verfolgte er durch die Schaufenster, was sich draußen abspielte. Ein paar seiner Männer kamen auf ihn zu, doch er schickte sie mit einem kaum wahrnehmbaren Kopfschütteln weg. »Wie geht es deiner Mutter?«, fragte er nach einer Weile. »Die Sache mit dem Festzugswagen dürfte ihr ein wenig den Wind aus den Segeln genommen haben.«

»Wenn Sie das glauben, kennen Sie meine Mutter nicht«, erwiderte ich. Natürlich kannte er sie. Er war mit ihr auf der Gary Highschool gewesen – und mit Dad.

Mr. Dubonnet trank seine Brause mit den Erdnüssen und rieb sich dann das Kinn. Zweifellos beschäftigte ihn etwas. »Sonny, sollte je …« Er zögerte. »… es jemals was geben, was ich für dich und … deine Mutter tun kann …« Er sah sich um. Vermutlich wollte er sichergehen, dass keiner mithörte. »… dann wirst du mich das doch wissen lassen?«

Ich wusste nicht, was ich darauf antworten sollte, also sagte ich nichts.

»Dann …« Mr. Dubonnet schürzte seine Lippen. »Dann öffnet dein Dad also wieder 11 East.«

Jetzt glaubte ich zu wissen, warum er mich sprechen wollte. »Ich weiß gar nichts über 11 East, Sir!«, schleuderte ich ihm geradezu entgegen.

Auf Mr. Dubonnets Gesicht legte sich ein Schatten, und er sah sich wieder um. Kunden kamen vorbei, Mütter mit Kindern im Schlepptau, die Lebensmittel kaufen wollten. »Nein, das hatte ich mir schon gedacht«, nahm er nach einer Weile den Faden wieder auf. »Ich habe deinen Vater immer für einen guten Menschen gehalten, Sonny. Er ist kein gerechter Mensch, dafür hängt er viel zu verbissen an seinen Überzeugungen, aber er ist dennoch ein guter Mensch. Du sollst wissen, dass ich das weiß. Verstehst du?«

»Ja, Sir, vermutlich schon.«

»Es wird Ärger geben, wenn er 11 East öffnet. Darauf solltest du dich am besten schon mal einstellen.«

Ich war erstaunt, dass ein Erwachsener derart offen mit einem Heranwachsenden redete, der nicht zur Familie gehörte. »Sir?«

Er zuckte mit den Schultern. »Was mich betrifft, Ärger von der Gewerkschaft. Die Männer, die diesem Abbaugebiet zugeteilt wurden, sind bereits an mich herangetreten. Sie haben Angst davor, und ich werde mich für sie einsetzen. Diese Deutschen, die hergekommen sind, um hier zu arbeiten, brechen die Gewerkschaftsregeln, auch wenn sie einen Vertrag haben. Man muss Mitglied in der UMWA sein, um in dieser Zeche arbeiten zu dürfen, und ich werde deinen Dad in Kürze daran erinnern. Ich bin nicht der Einzige, Sonny. Die Leute von Coalwood werden sich in diesem Fall gegen deinen Vater stellen. Vermutlich auch gegen eure Familie.«

Jetzt war ich mir ziemlich sicher, worauf er hinauswollte. Es hatte Jungs gegeben, Söhne von Gewerkschaftern, die mich über Jahre in der Schule abgefangen und versucht hatten, mich zu vermöbeln, weil ich der Sohn des Zechenleiters war. Sie hatten ihre Zeit vergeudet. Egal, welcher Junge aus Coalwood mich zu Brei schlug, von mir erfuhr mein Dad niemals auch nur ein Sterbenswörtchen.

»Nur damit du's weißt«, ergänzte Mr. Dubonnet finster. »Dein Dad will etwas beweisen, so sehe ich das. Vielleicht will er nach all den Jahren zeigen, dass der Captain doch recht hatte. Ich weiß es nicht, aber sei einfach vorsichtig.« Dann setzte er seinen Fedora auf, der fast genauso aussah wie der von Dad, tippte an die Krempe und verließ den Laden. Und ich musste meine Brause austrinken und ein weiteres Geheimnis enträtseln.

Je näher Thanksgiving rückte, umso öfter blieb Dad bis tief in die Nacht hinein in der Zeche und war schon wieder dort, bevor ich aufstand. Als ich eines Morgens auf dem Weg in mein Raketenlabor war, traf ich ihn schlafend auf der Kellertreppe an. Lucifer war zu ihm hochgeklettert und hatte seinen dicken

Katerkopf auf Dads Bein abgelegt. Ich weckte Dad, und er warf einen Blick auf seine Uhr, erhob sich, griff nach seinem weißen Helm und ging wieder zur Zeche. Lucifer und ich schauten ihm hinterher.

Obwohl ich von Grund auf neugierig bin und unbedingt mehr erfahren wollte, fragte ich Dad nie nach 11 East. Die Zeche war überhaupt ein Thema, das ich ihm gegenüber in keiner Form ansprechen konnte. An einem Frühlingssonntag 1958, meine Mutter war zum Gottesdienst in der Kirche, hatte er mich mit ins Bergwerk genommen. Während der Seilfahrt zum Abbaustoß hatte er mir erklärt, was ihm die Zeche bedeutete und wie stolz er war, Bergmann und Zechenleiter zu sein. Am Stoß angekommen, hatte er mir die schematische Choreografie der Arbeit geschildert, von den Fräsmaschinen, die sich wie große fleischfressende Dinosaurier ins Flöz gruben, bis zu den krabbenartigen Schaufelladern, die daraufhin die Kohle herausholten und dann zu den wartenden Loren zurückfuhren. Auf dem Rückweg stellte Dad mir dann die Frage, ob ich Bergbauingenieur werden wollte. Denn wenn ja, sagte er, würde er dafür sorgen, dass ich aufs College kam. Jim würde aufs College gehen, um Football zu spielen und vielleicht Coach zu werden. Er würde nicht nach Coalwood zurückkommen. Aber Coalwood brauchte seine Söhne, wie er mir erklärte, und von den Seinen sollte wenigstens einer jenes »Stück Papier« bekommen, das man ihm verweigert hatte, um dann vielleicht seinen Platz einzunehmen und die gute Zechenarbeit am Leben zu erhalten, sodass es auch mit dem Stahl und dem Land weitergehen konnte. Noch nie hatte ich meinen Dad derart ernst und hoffnungsvoll und voller Bereitschaft erlebt, sich anzuhören, was ich zu sagen hatte. Wie ein Gelübde hatte er mir alles, was er an dem, wofür er lebte, für richtig und heilig hielt, sowie seine Hoffnungen für Coalwood anvertraut.

Auf der Seilfahrt zurück an die Oberfläche erklärte ich meinem Vater, dass ich meine Zukunft nicht in Coalwood sah, sondern für Dr. von Braun arbeiten wollte. Es war so ziemlich das Schwerste, was ich je getan hatte. Aus diesem Grund und weil ich ein Feigling gewesen war, als Poppy starb, war es mir ein Rätsel, was Dad derzeit von mir hielt. Doch ahnen konnte ich es. Ich war jetzt und vermutlich für allezeit Sonny, der Sohn, dem er nicht verzieh.

11. Die Eichhörnchenkatastrophe

Ich wandte mich an Junior im Big Store, weil ich mich um Quentins Kesselkitt kümmern wollte. »Kesselkitt«, überlegte er und wiederholte das Wort ein paarmal.

»Kesselkitt«, sagte ich. »Wenn ihr keinen habt ...« Fast hoffte ich es. Dann könnte ich es Quentin ausrichten und mich wieder an meine Bücher setzen.

Junior strahlte. »Bin gleich wieder da«, sagte er.

Fünf Minuten später kam er mit einer kleinen Papiertüte in der Hand zurück. Die knallte er auf die Theke. »Kesselkitt«, bestätigte er. »Es ist ein Pulver. Du brauchst es nur mit Wasser anzurühren, wird bombenhart.«

Ich war erstaunt. Gab es denn tatsächlich nichts, was dieser gesellschaftseigene Laden nicht vorrätig hatte?

»Dann sind wir wohl im Geschäft, äh?« Junior grinste, und seine Augen funkelten hinter der Nickelbrille.

Das waren wir wohl. Als ich zur Tür hinausging, rief Junior mir hinterher: »Hey, Rocket Boy. Spreng dich nicht selbst in die Luft!«

Ich atmete tief durch und schlug Miss Rileys Buch auf, um mit den Berechnungen für die Konstruktion einer raffinierteren Düse zu beginnen. Quentin kam nach Coalwood getrampt, um meine Arbeit zu überwachen. Es dauerte den ganzen Abend, aber nach mehreren falschen Ansätzen gelang es mir, die Gleichungen im Buch anzuwenden. Quentin kontrollierte sie und nickte. »Das wird funktionieren«, sagte er. »Das ist es.«

Am nächsten Abend setzte ich mich an die technische Zeichnung für die neue Düse, die der Werkstatt als Vorlage für den Bau dienen sollte. Der neue Entwurf erforderte komplizierte Winkel, die präzise gezeichnet werden mussten, und mir hing vor lauter Anspannung die Zunge aus dem Mundwinkel. Ich hörte Dad die Treppe hochkommen. Seit Tagen hatte ich ihn nicht mehr zu Hause gesehen. Er warf einen Blick in mein Zimmer und fand mich über meinen Schreibtisch gebeugt. »Raketen, was?«, fragte er. Ich wusste nicht, warum er sich plötzlich dafür interessierte.

»Neue Düse«, sagte ich, als die Mine meines Bleistifts abbrach.

Während ich den Stift anspitzte, nahm er meine Zeichnung zur Hand, blickte mit gerunzelter Stirn darauf und legte sie mir dann wieder hin. »Dein Bleistift ist zu weich«, meinte er. »Deine Linien sollten von gleichmäßiger Stärke sein.« Er zeigte auf die Kante der Düse. »Siehst du, wie die Linie beim Zeichnen breiter wird? Das ist nicht professionell.«

»Ja, Sir«, sagte ich, zog meinen Bleistift aus dem Spitzer und blies den Kohlenstoffstaub von der Spitze.

»Gib her«, sagte er und nahm den Stift. Er drückte die Spitze auf ein anderes Blatt Papier, drehte sie ein paarmal hin und her und zeigte sie mir dann. »Siehst du, wie sich die Spitze dadurch rundet? Auf diese Weise bleibt die Linie gleichmäßig.«

Er gab mir den Stift zurück und ging zu Bett. Ich inspizierte die Spitze und setzte sie aufs Papier. Er hatte recht. Die Linie war gleichmäßig und kräftig. Nicht zum ersten Mal fragte ich mich, was Dad mir beibringen könnte, wenn er sich nur die Zeit dafür nähme. Ich holte die Liste hervor, auf der ich notierte, was mich quälte. *Bleistifte*, schrieb ich direkt unter *Poppy*, *Coalwood verlassen*, *11 East* und *Quentin*. Dann fiel mir noch *Mädchen* ein, überlegte dann aber … Nein, das war eine zu allgemeine Kategorie. Ich strich es wieder, konnte es aber immer noch lesen.

Auf Quentins Drängen hin berief ich ein offizielles Big-Creek-Missile-Agency-Treffen für den Samstag vor Thanksgiving ein. Quentin, Roy Lee, Sherman, O'Dell und ich versammelten uns in meinem Zimmer. O'Dell berichtete, dass Billy es nicht schaffte. Er musste irgendwas bei sich zu Hause erledigen.

Chipper hing kopfüber am Vorhang und beobachtete uns, wobei er alle paar Sekunden gereizt mit seinem halben Schwanz schlug. Die andere Hälfte hatte er verloren, weil er sich in dem Laufrädchen verfangen hatte, das Mr. McDuff, der Zechenzimmermann, als Geschenk an meine Mom für ihn angefertigt hatte. Das Rad hatte Chippers Schweif so sauber wie eine Rasierklinge durchtrennt, aber es schien Chipper nichts auszumachen. Er liebte sein kleines Laufrad. Wenn ich nachts manchmal wach wurde, hörte ich es unten herumwirbeln. Mom meinte, Chipper käme so zwar nirgendwohin, aber das wenigstens schnell.

Ich sah Chipper an, dass er überlegte, einen Satz auf Roy Lee zu machen, ein Lieblingsziel von ihm, und dort für Chaos zu sorgen, das Einzige, wofür er gut war, mal abgesehen vom Verzehr der Hickam'schen Familienbibel. Da hatte er ganze Arbeit geleistet und Generationen der Hickam-Genealogie unwiederbringlich geschreddert. Als ich ihn mahnend ansah, warf Roy Lee einen finsteren Blick über seine Schulter auf das kleine graue Eichhörnchen. »Ich bringe ihn um, wenn er wieder in meine Haare springt«, kündigte er an und strich die glatten Seiten seiner Schmachttolle mit beiden Händen zurück. Ich nahm die Drohung nicht ernst. Denn wenn er Chipper auch nur ein Haar krümmte, bekäme Roy Lee es mit meiner Mom zu tun, und das wusste er.

Es hatte über Nacht geschneit, und die Temperatur war stark gefallen. In Coalwood hatte der Winter Einzug gehalten, der hier immer lang und beharrlich war. Doch in meinem Zimmer war es stickig und heiß. Mom war in den Keller gegangen und hatte den Heizkessel gut beschickt. Er bullerte, und uns lief der Schweiß übers Gesicht. »Lass uns ein Fenster aufmachen«, meinte Roy Lee und deutete auf die beschlagene Scheibe mit Aussicht in Richtung des Kippers.

»Nicht, solange Chipper im Raum ist«, sagte ich. »Der will dann vielleicht raus und haut ab. Und wenn das passiert, bringt Mom uns alle um.«

»Ich hasse dieses Eichhörnchen«, sagte Roy Lee. Es wurde kein Widerspruch laut, aber wenigstens ich hätte ihn ein wenig verteidigen können. Ich hatte Chipper nämlich schon immer vor allem deshalb bewundert, weil er aus irgendeinem Grund meinen Bruder auf dem Kieker hatte. Solange Jim noch zu Hause wohnte, hatte Chipper ihm regelmäßig aufgelauert. Zu der dabei von ihm angewandten Technik gehörte es, sich an einen Vorhang zu hängen und dann fallen zu lassen, wenn Jim vorbeikam. Rasch ein Biss in den Hals meines Bruders und dann wie der Blitz zu meiner Mom – das war sein *Modus Operandi*. Jim schäumte und fluchte zwar, hätte Chipper aber niemals auch nur ein Härchen gekrümmt. Einmal war Jim auf der Couch vor dem Fernseher eingeschlafen, und Chipper hatte sich angeschlichen und ihn ins Ohrläppchen gebissen. Das musste wehgetan haben. Als hätte ihm der Teufel eine Mistgabel in den Hintern gerammt, schoss Jim von der Couch hoch. Ich konnte die ganze Sache von Anfang bis Ende verfolgen, aber als Jim mich ansah, war ich die Unschuld in Person. Wenn ich daran zurückdachte, was oft der Fall war, schämte ich mich.

Quentin hielt zu Beginn unseres Treffens eine Ansprache über die neue Düse. »Jetzt ist der Zeitpunkt gekommen, schneller voranzuschreiten«, erklärte er. Er saß auf dem Bett. Die anderen Jungs hatten sich im Raum verteilt auf Stühlen oder dem Fußboden niedergelassen. »Ich fände es gut, wenn wir diese hitzereduzierende Auskleidung, die Roy Lee vorgeschlagen hat, sofort testen würden. Ich habe Sonny zum wiederholten Male vorgeschlagen, das in Angriff zu nehmen.« Dabei sah Quentin mich durchtrieben an und fuhr dann fort: »Sollte der

Test erfolgreich sein, und dessen bin ich mir ganz sicher, sollten wir eine Rakete bauen lassen, deren Dimension die der im Moment verwendeten Konstruktionen um einiges übersteigt, somit höhere Reichweiten erzielt und damit unsere Stringenz auf nationaler Ebene ultimativ bestätigt.«

Die anderen Jungs sahen einander perplex an. Ich übersetzte sein Quentinesisch. »Er möchte, dass wir eine neue Düse auf der Grundlage der Berechnungen aus Miss Rileys Buch testen«, ich zeigte auf die *Principles of Guided Missile Design* auf meiner Kommode, »die zudem mit Kesselkitt ausgekleidet ist.« Mürrisch ergänzte ich: »Zwei ziemlich große Aufgaben, und außerdem sollten wir das am besten schon gestern erledigt haben. Dann möchte er, dass wir eine große spitzenmäßige Rakete bauen, mit dieser zum Mond fliegen und den National Science Fair gewinnen.«

»Genau so«, bestätigte Quentin, »ungeachtet deines satirischen Kommentars.«

Ich verteidigte mich. »Ich habe den Kesselkitt besorgt. Du weißt, dass ich die Berechnungen angestellt habe. Und ich mache die Zeichnungen, so gut ich kann.«

Quentin biss die Zähne zusammen und blickte zu Boden, wie er das immer tat, wenn er enttäuscht von mir war. »Und warum ist deine Arbeit unvollständig?«

»Ich muss manchmal auch schlafen«, sagte ich. »Und lernen.«

»Schlafen«, schnaubte Quentin. »Mein lieber Sonny, wenn wir erst mal für die NASA arbeiten, ist Zeit zum Schlafen. Aber um dorthin zu kommen, müssen wir auf den Wissenschaftswochen punkten, bei der lokalen Ebene angefangen. Miss Riley besteht darauf, dass wir uns das gesamte Wissen angeeignet haben, bevor wir es in diesem Frühjahr versuchen. Und bis jetzt sind wir noch nicht so weit.«

»Ich arbeite ja, so schnell ich kann, Quentin«, erwiderte ich hitzig.

Quentin legte seinen Arm über die Augen. Es war eine dramatische Geste à la Hollywood. Er ging zwar nicht allzu oft ins Kino, aber die Filme, die er sah, verinnerlichte er. »Wirst du jemals unsere Unternehmung ernst nehmen, Sonny?«, sagte er unter seinem Arm. »Vielleicht bedeutet es dir nicht allzu viel, ob wir auf diesen Wissenschaftswochen gut ankommen, weil du der Sohn des Zechenleiters bist, dem die Türen zum College zweifellos offen stehen werden, aber mir bedeutet es sehr wohl etwas. Meine Hoffnungen aufs College hängen von diesen Wettbewerben ab!«

Ich wollte Quentin gerade daran erinnern, dass meines Wissens nach auf keiner Wissenschaftswoche Stipendien vergeben wurden, auch nicht auf den nationalen, aber O'Dell, Sherman und Roy Lee unterstützten Quentin. »Du kannst das doch am Montag in die Werkstatt bringen«, meinte O'Dell. »Und ich wette, wir können dann am nächsten Wochenende die Düse testen, wenn du daran weiterarbeitest.«

»Warum machst *du* das eigentlich nicht, O'Dell?«, forderte ich ihn heraus.

O'Dell sah mich verblüfft an. »Seit wann ist es mir denn erlaubt, runter zur Werkstatt zu gehen und denen Anweisungen zu erteilen?«

Ich setzte mich aufs hohe Ross. »Ich erteile keine Anweisungen. Ich bitte sie.«

Roy Lee durchschaute mein Getue. »Dann bitte sie eben. Ist das denn eine so große Sache?«

»Die große Sache ist die, dass ich auch noch was anderes zu tun habe.«

»Das hast du in der Tat«, sagte er mit dem Lächeln des Big-Creek-Liebesmeisters.

»Denk dran, mir deine Zeichnungen vorzulegen, bevor du sie an die Maschinenbauer weitergibst«, erinnerte Quentin mich. »Ich muss sie auf Genauigkeit überprüfen.«

»Du alter Eierkopf«, erwiderte ich. Es machte keinen Sinn,

mit ihm oder den anderen zu streiten, also gab ich es auf. Was allerdings nicht hieß, dass ich allen Wünschen nachkommen würde, sondern nur, dass ich es leid war, darüber zu reden.

»So ist's recht«, sagte Quentin.

Mom rief nach mir. Ich hob die Hand, damit Quentin seinen Gedanken zurückhielt – er hatte immer noch einen auf Lager –, und ging dann runter, um zu erfahren, was Mom wollte. Sie bot an, uns Kekse und Milch auf einem Tablett hochzubringen. »Nein danke«, lehnte ich ab. »Sie werden nicht lang bleiben.« Jedenfalls hoffte ich das.

»Ich dachte, ich frag sie mal, ob sie beim Krippenspiel mithelfen möchten«, meinte sie noch.

»Ich schicke sie dann runter zu dir«, versprach ich. Offenbar hatte sie darauf gehofft, von mir zu hören, dass ich meine Einstellung geändert hatte und ihr dabei helfen würde, aber das zuzugeben brachte ich noch nicht über mich. Was wohl meinem typischen West-Virginia-Dickschädel zuzuschreiben war.

Ich ging zurück in mein Zimmer, wo mir ein eisiger Windstoß aus dem weit geöffneten Fenster entgegenschlug. Die Jungs, jedenfalls die, die im Zimmer waren, sahen mich verlegen an. Ich steckte meinen Kopf nach draußen und sah Roy Lee auf dem Dach über die Kante spähen. »Was ist passiert, Roy Lee?«

Er drehte sich um, und ich sah, dass seine Frisur völlig durcheinander war. O'Dell kam ebenfalls nach draußen geklettert. »Er hat Chipper rausgelassen«, berichtete er und fasste die Katastrophe zusammen, indem er auf Roy Lee zeigte.

Mehr Worte waren nicht nötig. Ich wusste, was passiert war. Roy Lee hatte das Fenster geöffnet, um die erhitzten Gemüter zu beruhigen, Chipper hatte sich angeschlichen und Roy Lees Frisur attackiert. Dann hatte Roy Lee ihn gejagt, und Chipper war zum verlorenen Eichhörnchen von Coalwood geworden, indem er durchs Fenster hinaus in die große böse Welt zog, um dort ein nettes kleines Abenteuer zu erleben, das ihn – und mich – wahrscheinlich das Leben kosten würde. »Habt ihr denn gesehen, wohin er gelaufen ist?«, fragte ich, und meine Verzweiflung war mir anzuhören.

»Ich schon«, sagte Sherman und kletterte ebenfalls aus dem Fenster. Er zeigte auf den Berg hinter dem Haus. »Er ist in den Walnussbaum gesprungen und über euren Hof gerannt, durch den Rosengarten deiner Mom, über den Zaun und dann durch die Seitengasse.«

Quentin lehnte sich aus dem Fenster. »Es war interessant zu beobachten, wie Chipper seinen Entschluss fasste«, berichtete er. »Er schaute lange Zeit auf das offene Fenster, bevor er sich zu seiner Eskapade aufraffte.«

»Warum hast du ihn nicht aufgehalten?«, wollte ich wissen.

»Ich verspürte ein gewisses artverwandtes Verständnis für seinen Freiheitsdrang«, erwiderte Quentin schelmisch.

In dem Moment verspürte ich einen gewissen artverwandten Drang, Quentin einen Tritt in den Hintern zu verpassen, aber was geschehen war, ließ sich nicht mehr ändern. Zwischen der Seitengasse und dem Berg lag ein Fluss. Ich schöpfte Hoffnung. Vielleicht würde das Wasser Chipper aufhalten! Ich kletterte durchs Fenster zurück ins Zimmer, und alle Jungs folgten mir, als ich die Treppe runter und dann durch die Haustür hinausrannte, um Mom nicht in der Küche über den Weg zu laufen. Ich trug keine Schuhe, und meine Socken waren bald durchweicht, als ich über den verschneiten Hof lief, aber das war mir egal. Nachdem wir uns die Schuhe von der Hintertreppe geholt hatten, rannten wir durch die Seitengasse. Ich entdeckte Chipper in einem Baum, der über den Fluss hing. Auf der gegenüberliegenden Seite stand ebenfalls ein Baum, der sich in der anderen Richtung neigte und so eine Art natürliche Astbrücke bildete. »Geh rüber auf die andere Seite, Roy Lee«, befahl ich. »Wir müssen ihn davon abhalten, dass er hinüberspringt.«

»Genau!« Roy Lee überquerte den Fluss, indem er von einem Stein zum nächsten hüpfte. Er war gerade am anderen Ufer angekommen, als Chipper mit einem gewaltigen Satz vom einen Baum auf den anderen wechselte. Danach sprang er immer weiter von Baum zu Baum den Berg hinauf, bis ich ihn nicht mehr sehen konnte.

»Er wird sich dort oben zu seinen Artgenossen gesellen«, meinte Quentin bewundernd und nutzte den Moment wie immer zu einer intellektuellen Überlegung. »Ich frage mich, was man sagt, wenn es mehr als ein Eichhörnchen ist? Mehr als eine Katze ist ein Rudel. Dann gibt es die Krähenschar und den Lerchenschwarm.«

»Dank dir und Roy Lee ist das eine Eichhörnchenkatastrophe«, knurrte ich, bevor ich Quentin aufforderte, den Mund zu halten. Mein Magen verkrampfte sich. Obwohl Chippers Gehirn nicht größer als eine Erbse war, gehörte er doch zur Familie, und Mom liebte ihn mit Sicherheit so sehr wie alles andere auf der Welt. Ich hatte keine andere Wahl, als ihr die traurige Nachricht zu überbringen.

»Möchtest du, dass wir mitkommen?«, fragte Roy Lee in einem Ton, der seine Hoffnung auf eine abschlägige Antwort verriet.

Ich sah keinen Grund dafür, dass sie mich begleiteten. Roy Lee hatte Chipper zwar rausgelassen, aber die Schuld daran würde mich treffen. Am besten, ich brachte es gleich hinter mich. Das BCMA-Treffen wurde katastrophenbedingt beendet, die Jungs zerstreuten sich. Ich trottete allein die Stufen zur Gartenveranda hinauf, betrat die Küche, wo Mom an ihrem Wandgemälde arbeitete, und beichtete alles.

»Wohin ist er denn?«, schluchzte Mom.

Ich sagte es ihr, und sie warf daraufhin den Pinsel beiseite, rannte ohne Mantel hinaus und durch die Seitengasse zum Fluss. Ich schleppte mich hinterher. »Chipper!«, rief sie in den Wald. Der Wald schwieg. »Warum kann ich nicht wenigstens etwas in meinem Haus haben, das ich liebe?« Sie machte keinerlei Anstalten, die Träne wegzuwischen, die ihr über die Wange lief. Vermutlich wollte sie, dass ich ihr Elend sah. »Er hat kein

Nest. Er wird da oben sterben, so kalt, wie es ist.« Und an mich gewandt sagte sie: »Du hast mein Eichhörnchen umgebracht!«

Ich stammelte eine Entschuldigung, aber sofort hob sie ihre Hand. »Die Mühe kannst du dir sparen. Das hab ich alles schon gehört.« Sie schlang ihre Arme um ihren Leib und stakste zurück zum Haus.

Ich hatte keinen Mantel an, und meine Schuhe waren nass, aber ich watete durch den Fluss und kletterte hoch in den verschneiten Wald. Um Chipper zu finden und nach Hause zu bringen, würde ich, wenn nötig, auf jeden Baum in diesem Wald klettern. Es war ein idiotisches Unterfangen, aber ich war nun mal ein Idiot und kam damit auch klar. Ich glaubte, oben auf dem Bergkamm ein spöttisches Keckern gehört zu haben.

Als ich niedergeschlagen vom Berg herunterkam, war es längst dunkel, und ich war bis auf die Knochen durchgefroren. Mom hatte sich in ihr Zimmer zurückgezogen. Dad war noch in der Zeche. Katzen und Hunde lagen im Keller vor dem Heizkessel. Ich saß allein im leeren leblosen Wohnzimmer. Ohne Chipper empfand ich das Haus plötzlich als größer und kälter. Ich stand auf, ging raus auf die Veranda und starrte lange Zeit auf Chippers Laufrädchen. Dabei fiel mir Little Richards Geschichte vom Töpfer und seiner Scheibe wieder ein, aber sie tröstete mich nicht. Trost fand ich offenbar in letzter Zeit kaum mehr. Ich badete ein klein wenig in Selbstmitleid, und es fühlte sich gut an. Ich sagte mir: *Vermutlich werden einige Leute deshalb süchtig danach.* Aber ich könnte das nicht lang durchhalten. Selbstmitleid brachte Chipper nicht zurück. Dafür brauchte es schon ein Wunder.

12. Jake ist zurück

Das Wunder, von dem ich mir erhoffte, es werde Chipper nach Hause bringen, trat nicht ein. Stattdessen fegte kurz vor Thanksgiving ein bitterkalter Wind aus dem Norden über uns hinweg und brachte Unmengen an Eis und Schnee ins Gebirge, was die Wahrscheinlichkeit seines Überlebens noch weiter verringerte. O'Dell meinte, ein Eichhörnchen, das keine Nüsse vergraben hatte, werde im Winter recht schnell verhungern, vor allem, wenn viel Schnee lag. Doch ich suchte dennoch nach ihm. Abend für Abend, sobald ich aus der Schule kam, stieg ich auf den Berg und suchte, rief Chippers Namen und spähte hoch in die Bäume. Dabei entdeckte ich das ein oder andere dünne Eichhörnchen, aber immer mit vollständigem Schweif. Auch einem Reh begegnete ich und fragte mich, ob es zu dem Sprung gehörte, den ich an der Tankstelle gesehen hatte. Es sah mich an und verschwand. So mager, wie es war, tat es mir leid, dass es meinetwegen wegrennen musste.

Eine Zeit lang informierte ich Mom über meine fehlgeschlagenen Versuche, Chipper zu finden, ihre Antwort darauf war jedes Mal dieselbe. »Chipper ist im Haus groß geworden, Sonny. Ohne ein Nest zum Schlafen hat er vermutlich nicht mal die erste Nacht überlebt. Ich vermisse ihn, das steht fest, aber er kommt nicht mehr zurück. Du brauchst nicht weiter nach ihm zu suchen.« Seine Sachen hatte sie weggeräumt. Sein Laufrad stand im Keller. Jedes Mal, wenn ich runterging, um an meinen Raketen zu arbeiten, sah ich es – eine ständige Erinnerung daran, was ich vermasselt hatte.

»Wie wär's, wenn wir für sie ein neues Eichhörnchen fangen?«, schlug O'Dell vor, als ich ihn um Rat fragte.

»Sie will kein anderes Eichhörnchen«, entgegnete ich. »Sie will Chipper.«

Er zuckte mit den Schultern. »Weißt du, ich habe nie verstanden, wie er in einem Haus voller Katzen überleben konnte.«

Ich eigentlich auch nicht, aber offenbar hatte er einfach verdammt viel Glück gehabt. Lange Zeit jedenfalls. Jetzt sah es danach aus, als hätte es ihn verlassen.

Von allen Problemen, die aufgetaucht waren, überraschte mich keins mehr als das, was an einem Montagabend beim Abendessen auf den Tisch kam. Denn diesen Anlass wählte Mom, um uns zu verkünden: »Ich werde dieses Weihnachten nach Myrtle Beach fahren.«

Dad brachte den Löffel mit den Bohnen nicht bis zum Mund. »Wovon sprichst du, Elsie?«

»Mr. Peabody meint, ich könne bei ihm und seiner Frau ins Maklergeschäft einsteigen. Sie hätten im Moment mehr zu tun als je zuvor und könnten alle Hilfe gebrauchen, die sie kriegen können. Wohnen werde ich bei ihnen im Hinterzimmer. Ich werde nur für eine Woche weg sein. Ihr werdet mich kaum vermissen.«

Dad legte den Löffel ab und schien seine Antwort zu ordnen. »Das verbiete ich dir.«

Mom zog die Augenbrauen hoch. »Verbieten?«

»Du weißt, wie ich das meine«, ruderte Dad rasch zurück. »Du kannst doch an Weihnachten nicht fehlen. Da muss die Familie doch zusammen sein.« Dad sah mich scharf an. »Stimmt doch, Sonny, oder?«

Ich erwiderte seinen Blick überrascht. Warum mussten sie mich in ihren Streit miteinbeziehen? Ich wollte doch nur zu Abend essen.

Er wandte sich wieder an Mom. »Moment mal. Ist es wegen dieses verdammten Eichhörnchens?« Ich hielt den Mund.

Schweigen ist die beste Verteidigung des Schuldigen, sagte ich mir.

»Es hat nichts mit Chipper zu tun«, entgegnete Mom mit hängenden Mundwinkeln. »Na gut, vielleicht schon. Aber das hat nur das Fass endgültig zum Überlaufen gebracht.« Unter ihrem Blick machte ich mich ganz klein auf meinem Stuhl. Sehnsüchtig schielte ich auf die Kellertür. Wenn ich aufsprang und losrannte, könnte ich es schaffen, bevor sie mich aufhalten konnte. Es war eine müßige Überlegung, aber ich denke, Mom durchschaute mich dabei. Sie schüttelte nur den Kopf und knöpfte sich dann wieder Dad vor.

»Dass ich fahre, steht fest, Homer, und ich habe gute Gründe dafür. Es sind dieselben, auf denen ich herumreite, seit man bei dir diese Schatten auf der Lunge entdeckt hat. Wenn Coalwood dich erst mal so fertiggemacht hat, dass du nicht mehr aufstehen kannst, werde ich mich im Immobiliengeschäft auskennen und einen Ort zum Leben für uns gefunden haben.«

Dad stierte auf seinen Teller und nahm den Löffel wieder in die Hand. Er schaufelte sich die Bohnen in den Mund und kaute nachdenklich. »In guten wie in schlechten Zeiten«, sagte er schließlich.

Gegen ihren Willen musste Mom weinen, und sie wischte die Tränen mit dem Handrücken weg. »Deine guten, meine schlechten«, erwiderte Mom, und das Gespräch war beendet. Sie stand vom Tisch auf.

Dad musterte mich, und ich schrumpfte unter seinem Blick. »Ich bekomme in diesem Semester nur Einsen«, sagte ich. Es war ein Präventivschlag, um ihn davon abzuhalten, über meine Schuld am Verschwinden von Chipper zu sprechen.

»Hast wohl nur leichte Fächer belegt?«, fragte er.

»Ja, Sir. Die sind alle kinderleicht«, erwiderte ich.

Er nickte und aß weiter. Ich fühlte mich, als hätte ich einen Schlag in den Magen bekommen. Das musste ich sofort meiner Liste hinzufügen. Aber als ich dazu kam, war ich ratlos.

Was sollte ich schreiben? Schließlich entschied ich mich für: *Bekomme lauter Einsen.* Dann fiel mir noch ein: *Mom geht nach Myrtle Beach.* Wenn das so weiterging, würde ich bald ein neues Blatt Papier brauchen.

Obwohl keiner mich direkt darauf ansprach, fing ich während der Fahrt im Schulbus doch Gesprächsfetzen von Schülern auf, deren Väter in 11 East arbeiteten. Die Deutschen machten dort irgendwas mit ihren Maschinen, aber was es war, wusste keiner. Eine Coalwood-Crew versuchte, durch eine große Felswand zu kommen, während zwei andere Einheiten beidseits davon Abbaustrecken in die Kohle trieben. Jeden Tag wurden am Gartenzaun die Berichte darüber ausgetauscht, was wieder Schlimmes in 11 East passiert war – Felsstürze, Loren, die aus den Gleisen sprangen, austretendes Methangas, sogar Flutungen. Einmal versagten die Pumpen, wie O'Dell von seinem Cousin Jackie Carroll erfahren hatte, und die Männer standen binnen weniger Minuten bis zu ihren Knien im kalten schwarzen Wasser. Sie konnten von Glück sagen, nicht ertrunken zu sein. Roy Lee bestätigte diese Geschichten allesamt. Sein Bruder, der in der Grube arbeitete, hielt ihn auf dem Laufenden.

Ich hätte ganz leicht einen der Männer aus 11 East ansprechen können, wenn ich sie nach ihrer Schicht die Straße entlanggehen sah. Statt schwarz vom Kohlenstaub waren sie braun vom Staub des Gesteins, das sie zu durchstoßen versuchten. Wenn wir am Morgen auf dem Weg zum Schulbus am Kipper vorbeikamen, warf fast jeder einen besorgten Blick in seine Richtung. Unser Fahrer Jack Martin hupte, aber nur wenige Kumpel hoben ihre Hände zum Gruß. Sie sahen aus, als würden sie in den Krieg ziehen, was vermutlich in gewisser Weise auch zutraf. Vor ihnen tat sich der Schacht wie ein gähnendes Maul auf, und eine schmutzige Rauchsäule stieg daraus hervor. Als wäre 11 East ein bösartiger Drache, bereit, sie zu verschlingen. Nicht einmal in Dr. Hales Praxis, in der ich einen Termin zur Zahnreinigung hatte, entkam ich 11 East. Coalwoods dandyhafter Zahnarzt war gerade erst eine Woche Golf spielen in Florida gewesen und trug, um das gebührend zu feiern, noch immer seine Golfklamotten in der Praxis. Er war ein toller Anblick in seinen knielangen Knickerbockers, den knalligen karierten Kniestrümpfen, weißem Hemd, schwarzer Fliege und Schlapphut. Offenbar hielt er sich für den Größten. »Nun, Sonny«, sagte er, als er mit seinen kalten Stahlinstrumenten meine Zähne untersuchte, »was gibt's Neues in 11 East?«

Mit weit geöffnetem Mund, drin seine Hände und Instrumente, konnte ich beim besten Willen nicht mehr als einen Laut von mir geben, der nach »Ich weiß nicht« klang. Da musste er lachen.

Als ich eines Abends im Wohnzimmer saß und las, hörte ich Dad am schwarzen Telefon sagen, dass die Abend- und Nachtschichten in 11 East »die Sache verschleppten«. Ich spitzte die Ohren und hoffte auf Einzelheiten, aber es kamen keine. Dann wurde Ted Keneda, der Ehemann von Moms noch verbliebener guter Freundin, von der Tagesschicht abgezogen und in die Abendschicht versetzt, damit er in diesem Abschnitt arbeiten konnte. »Naomi möchte, dass Ted wieder in die Tagesschicht wechselt«, berichtete Mom Dad beim Abendessen. »Sie ist sauer auf dich, und sie ist sauer auf mich, was ich ihr nicht verübeln kann. Ted hat hart für diese Position in der Tagesschicht gearbeitet.«

Einen Moment lang schwieg Dad. Vermutlich wollte er sich gar nicht dazu äußern, überlegte es sich dann aber anders. »Ted ist einer meiner besten Steiger«, sagte er leise. »Ich brauche ihn dort, wo ich ihn eingesetzt habe. Er hat sich nicht beschwert.«

»Naomi ist meine Freundin, Homer«, entgegnete Mom. »Und davon habe ich nicht mehr viele.«

Eine Weile kaute Dad an einem Hühnerbein und sagte dann: »Nächste Woche wird Ted wieder in seinem alten Abschnitt sein.«

Mom nickte ihm kaum wahrnehmbar zu und blickte dann über den Rand ihrer Kaffeetasse auf die Vögel, die sie vor dem Fenster hinter mir fütterte. »Die Vögel sind völlig ausgehungert«, wechselte sie rasch das Thema, nachdem sie erreicht hatte, was sie wollte. »Ich kann gar nicht genug Körner in den Napf füllen.«

»Die Rehe hungern auch«, erwiderte Dad, offensichtlich ebenfalls froh, über etwas anderes sprechen zu können. »Im Gelände vor dem Kipper hat man gestern einen Bock und ein paar Rehe und Kitze gesehen. Wie ich hörte, sollen sie recht mager gewesen sein.«

Ich erinnerte mich an die Rehe, die ich von meinem Fenster aus an der Tankstelle beobachtet hatte. Ich fragte mich, ob es derselbe Sprung gewesen war. »Was wurde aus ihnen?«, fragte ich Dad.

Er zuckte mit den Schultern und meinte: »Ich habe sie verjagen lassen. Vermutlich sind sie zurück in die Berge.«

»Könnten wir sie nicht füttern?«, fragte ich.

»Ich hätte sie erschießen lassen sollen«, erwiderte Dad, ohne zu zögern. »Die haben oben in den Bergen dieses Jahr nicht genug zu fressen. Vermutlich war es zu kalt. Die Jäger sagen, die Jagdsaison sei zu kurz gewesen und es gebe zu viele von ihnen. Es wäre nicht richtig, sie zu füttern, Sonny. Die Kräftigen kommen durch. Der Rest nicht. So funktioniert das in der Natur.«

Dads Antwort behagte mir nicht. Ich fand, wir sollten eine Möglichkeit finden, sie zu füttern. Es war nicht das erste Mal, dass meine Vorstellung mit der natürlichen Ordnung der Dinge in Widerstreit geriet, und vermutlich auch nicht das letzte Mal. Es lag auch nicht in der Natur der Dinge, Raketen in den Himmel zu schießen.

Und dann passierte genau das, was alle befürchtet hatten: In 11 East wurde jemand verletzt. Als ich von der Schule nach Hause kam, sah ich den Krankenwagen am Seilfahrtschacht.

Mr. Sheets, der zu der für den Stollenbau zuständigen Gruppe gehörte, war am Arm von einem Stein getroffen worden, der sich von einem der Firste gelöst hatte. Am nächsten Tag brach Mr. Crow sich den Knöchel, als er einem weiteren fallenden Felsbrocken aus dem Weg gehen wollte. Das schwarze Telefon klingelte unentwegt, und Dad brüllte hinein, griff dann nach Hut und Mantel und stürmte zur Zeche. Sherman erzählte mir im Schulbus, er habe gehört, dass die Gewerkschaft alle Paragrafen notierte, die für einen Generalstreik wegen »unsicherer Arbeitsbedingungen« in 11 East nötig waren.

Mom gab keine Kommentare zu 11 East ab, sagte jedoch: »Ein Teil dieser alten Zeche ist schlimmer als der andere.«

Über die Jahre hinweg hatte ich immer wieder Ärger mit den Mallett-Jungs gehabt, den Söhnen von Leo und Cleo Mallett, vor allem, wenn gestreikt wurde. Es waren drei Brüder, Rodney und Siebert, beide zu groß geratene brutale Kerle, und der kleine Germy. Germy hieß eigentlich Jeremy, doch man rief ihn immer Germy. Der Spitzname passte zu ihm. Germy war zu klein, um es zu wagen, mich wegen 11 East zu vermöbeln, aber als fieser Steinewerfer war er sehr erfolgreich. Er lief mir an einem Samstag über den Weg, nachdem ich mir in dem kleinen Laden hinter der Post die Haare hatte schneiden lassen. »Hey du, Bossjunge«, schrie er. »Du hältst dich wohl für ganz was Besonderes! Dein Alter ist ein Idiot, weil er in 11 East einfährt!«

Als ich nicht darauf reagierte und mich auf mein Fahrrad schwingen wollte, warf er seinen Stein. Er war ein guter Werfer und traf mich direkt am Rücken. Es tat weh, und ein Bluterguss war mir sicher. Da beschloss ich, der kleinen Ratte eine Lektion zu erteilen. Germy rannte davon, und ich ließ mein Fahrrad fallen und jagte ihm hinterher. Er lief in die Gasse entlang des Flusses, durchquerte Buford Shupes Garten und geriet dann in eine Gruppe von Jungs, die auf der Straße zwischen Community Church und Club House Touch Football spielten. Darunter auch Rodney und Siebert. Germy schrie ihnen zu und zeigte nach hinten auf mich. »Er hat mich geschlagen, Bossjunge hat mich geschlagen!«

Schlitternd kam ich zum Stehen. »Germy hat mich mit einem Stein getroffen«, sagte ich.

Rodney und Siebert sahen einander an und stapften dann auf mich zu, die Hände zu Fäusten geballt. Sie besuchten die Berufsschule und hatten Arme wie Telefonmasten. Ich wich nicht vom Fleck. Wenn sie anfingen, mich zu verhauen, würde auch ich ein paar Treffer landen können, denn vor den Malletts oder auch einem ganzen Trio von ihnen wegzulaufen kam für mich nicht infrage.

»Brauchst du Hilfe?«, fragte eine vertraute Stimme hinter mir.

Ich traute meinen Ohren nicht. »Jake!«

Jake Mosby trug Anzug und Krawatte, und deshalb nahm ich an, dass er gerade erst hier angekommen war. Mein Blick wanderte an ihm vorbei, und da stand auch seine kirschrote Corvette. Es war das schönste Auto, das ich je im Leben gesehen hatte, weil es Jake zurück nach Coalwood gebracht hatte.

Die zwei Mallett-Kolosse blieben stehen. Siebert brachte einen Gedanken zuwege. »Sein Daddy wird unseren Daddy da unten in 11 East umbringen.« Seine kleinen Augen überkreuzten sich fast, so sehr konzentrierte er sich.

»Was machst du hier?«, fragte ich Jake. »Bist du hier, um zu bleiben?«

Jake zog sein Anzugjackett aus und warf es auf den Boden. »Fürs Erste jedenfalls. Du weißt doch, dein Dad ist hier aufgeschmissen ohne mich. Was ist, sollen wir es mit den beiden hier aufnehmen?«

»Nein. Die machen mich fertig, aber das ist ja nichts Neues.« Ich zeigte auf Siebert. »Einer nach dem anderen«, sagte ich. »Ihr seid Feiglinge, wenn ihr euch beide gleichzeitig über mich hermacht.«

»Wir kämpfen nicht«, sagte Siebert, plötzlich kleinlaut. Die Tatsache, dass Jake neben mir stand, auch wenn ich seine Hilfe ablehnte, hatte ihm den Wind aus den Segeln genommen. Ich war im Lauf der Jahre oft genug von Gewerkschaftersöhnen angegriffen worden und hatte einen Blick für das Flackern in den Augen entwickelt, das mir verriet, ob sie tatsächlich hinter mir her waren. Jake hatte Rodney und Siebert die Entschuldigung geliefert, die sie haben wollten. Sie kehrten zu ihrem Footballspiel zurück, aber ich sah, wie Rodney Germy eine Kopfnuss gab, woraufhin dieser heulend nach Hause abzog.

Ich half Jake, das Gepäck in sein altes Zimmer im Club House zu tragen, und fütterte ihn dann mit allen Neuigkeiten, die mir einfielen. Er saß auf der Bettkante, nahm einen Schluck aus seinem Flachmann und hörte zu. Dann sagte er: »Wenn du die Wahrheit hören willst, ich bin wieder in Coalwood, um deinem Dad auf die Finger zu schauen.«

»Wegen 11 East?«, fragte ich.

Jake lächelte. »Wie geht's denn Miss Riley?«, fragte er.

Miss Riley ging es gut, oder fast. Sie wirkte in letzter Zeit müde oder so, als würde sie gegen etwas ankämpfen.

Ich berichtete ihm, was mir an Miss Riley aufgefallen war, und Jake sah mich stirnrunzelnd an. »Gab es je eine Frau, die besser aussah und klüger und netter war als Freida Riley?«, lautete seine rhetorische Frage.

Vermutlich nicht. Ich zögerte mit meiner Antwort, um ein bisschen Bewegung in die Sache zu bringen. »Sie freut sich bestimmt, dich zu sehen, Jake.« Sie hatten sich ein paarmal verabredet, bevor Jake wieder zurück nach Ohio gegangen war. Aber er war bekannt für sein ausschweifendes Leben, Miss Riley hingegen war eine stille und respektable Person. Sie schienen zu verschieden zu sein, um die Gesellschaft des anderen genießen zu können, aber offensichtlich hatte es funktioniert, wenigstens eine Zeit lang.

154

»Ich würde sie auch gern wiedersehen«, sagte Jake. »Richte ihr doch aus, dass ich wieder da bin, machst du das?«

Ich versprach es ihm.

Jake öffnete seinen Koffer und holte ein kleines Päckchen heraus. »Ich habe da ein Geschenk für dich.«

Ich nahm es entgegen. Es war in braunes Papier eingewickelt, aber nicht mit einer Schleife oder einem Band versehen, worauf es jedoch nicht ankam. Ich war es nicht gewohnt, Geschenke zu bekommen. »Danke, Jake!«

»Na los, mach's auf.«

Ich zog das Papier ab. Es war ein Buch mit dem Titel *Der Kosmos – von A bis Z*. Auf dem Cover sah man die Zeichnung einer Spiralgalaxie und auch eine von Saturn mit seinen großen Ringen. »Wow« war alles, was ich herausbrachte.

»Hast du mein Teleskop benutzt?«

»Bei jeder sich bietenden Gelegenheit.«

Er nahm einen großen Schluck aus seiner Flasche und atmete pfeifend aus. »Das wird dir helfen, herauszufinden, was du siehst.«

»Das ist fantastisch, Jake. Ich werde es ausführlich lesen.« Und dann konnte ich es mir nicht verkneifen, hinzuzufügen: »Nach dem jetzigen Stand werde ich in diesem Semester nur Einsen bekommen.«

»Tatsächlich?«, meinte er und streckte mir munter die Hand entgegen. »Schlag ein, du Teufelskerl. Gut gemacht!«

Ich schüttelte ihm die Hand und sonnte mich in seinem Glanz.

Wenn ich mit Jake zusammen war, sah ich alles gleich viel positiver. Am Abend nahm ich mir die Liste mit meinen Problemen vor. Da Jake für eine unbeschwertere Gefühlslage gesorgt hatte, ließe sich der letzte Punkt *Mom geht nach Myrtle Beach* sicherlich ganz einfach aus der Welt schaffen. Entschlossen bereitete ich ein paar Argumente vor und machte mich dann auf die Suche nach ihr. Ich traf sie am Küchentisch über einem Lehrbuch für den Selbstunterricht im Immobilienwesen an. »Folgendes, Mom«, begann ich fröhlich. »Du hast recht, und ich hatte unrecht – in jeder Hinsicht. Deshalb habe ich beschlossen, dir beim Krippenspiel zu helfen.« Ich sah sie mit einem breiten, zufriedenen Grinsen an, als käme Dr. Sonny mit dem Heilmittel.

Sie blickte von ihrem Buch auf und betrachtete mich mit zusammengekniffenen Augen. »Hast du nicht gehört, wie ich gesagt habe, dass ich über Weihnachten nach Myrtle Beach gehe?«

Das war genau die Antwort, mit der ich gerechnet hatte. Nun kam mein Argument zum Einsatz. »Ja, Ma'am, das habe ich, aber die Sache ist doch die: Du sagtest, du möchtest nicht an die Niederlage mit dem Festzugswagen erinnert werden und deshalb das Krippenspiel auf die Beine stellen. Du kannst einfach nicht nach Myrtle Beach gehen, sieh das doch ein. Du musst das Krippenspiel organisieren. Sage mir einfach, was ich als Erstes tun soll.«

Sie schüttelte den Kopf. »Als ich das sagte, meinte ich das auch so. Aber inzwischen habe ich meine Meinung geändert. Es ist zu spät.«

»Nein, ist es nicht!«, rief ich aus. Mein Grinsen verpuffte. »Nun komm schon. Überleg dir, was ich tun kann. Ich fang auch sofort damit an!«

Sie klopfte auf ihr Buch, wie ich das getan hatte, als sie zu mir ins Zimmer gekommen war und mich um Hilfe gebeten hatte. »Ich werde in Myrtle Beach sein. Sollte es ein Krippenspiel geben, dann wird das von Cleo Mallett und ihrer Mischpoke auf die Beine gestellt werden.«

Sie bezog sich damit auf den neuen Frauenverein in der Stadt. Seit einiger Zeit schon hatte Mrs. Mallett versucht, einen rivalisierenden Verein zum Coalwood-Frauenverein zu organisieren, doch nur wenige Interessentinnen gefunden. Nach dem Debakel mit dem Festzugswagen witterte sie ihre Chance und verkündete die Gründung der Coalwood Organization of

Women. Roy Lee war der Erste, dem auffiel, dass die Initialen sehr treffend ihre Mitglieder beschrieben: COW.

Mein logischer Angriff auf die schwermütige Stimmung meiner Mutter war zurückgewiesen worden, also griff ich zum Einzigen, was ich tun konnte. Ich startete einen der Logik widersprechenden Gegenangriff. »Also wirklich, Mom«, sagte ich. »Du kannst unmöglich über Weihnachten nach Myrtle Beach fahren. Das geht nicht!«

»Und ob das geht«, erklärte sie entschlossen. »Warum kümmert es dich eigentlich, ob ich hier bin oder nicht? Du magst Weihnachten nicht besonders. Das hast du selbst gesagt. Weißt du das nicht mehr?«

Sie hatte mich ertappt. Ich hatte mir selbst mein Grab geschaufelt und kroch nun hinein. Meiner Mom war es durchaus zuzutrauen, mir auch noch eine Schaufel Erde hinterherzuwerfen. Ich trottete davon. Ich war so zuversichtlich gewesen, dass ich *Mom geht nach Myrtle Beach* bereits von meiner Liste gestrichen hatte. Nun musste ich es noch mal dazuschreiben.

Miss Riley ließ mich ein paar Tage nach Jakes Rückkehr am Ende des Physikunterrichts an ihr Pult kommen. Sie hielt mir den letzten Test unter die Nase. Darauf stand in einem roten Kringel sechsundachtzig. »Du stehst in diesem Fach auf einer Eins, aber die wirst du nicht halten können, wenn du so weitermachst, Sonny. Warum hast du das nicht besser hinbekommen?«

»Weil Ihr Test zu schwer war?«, vermutete ich.

Miss Riley stützte ihren Kopf mit der Hand ab, ob aus Ermüdung oder Verzweiflung, hätte ich nicht sagen können. »Falsche Antwort. Weil du nicht genügend oder das Falsche gelernt hast. Schau mal.« Sie hielt mir einen Test mit einer sechsundneunzig im Kreis hin. O'Dells Test. »Was O'Dell kann, kannst du wohl auch, da bin ich mir ganz sicher.«

Quentins Test oder den von Billy Rose hatte sie mir nicht gezeigt. Vermutlich hatten beide hundert Punkte geschafft.

Vielleicht wollte sie das Ziel für mich nicht allzu hoch stecken.
»Wie viele Punkte hat Sherman?«, fragte ich.

»Achtundneunzig.«

»Und was ist mit Roy Lee?«

Miss Riley seufzte. »Du und Roy Lee, ihr neigt dazu, eure Gedanken während des Unterrichts abschweifen zu lassen. Du wirst wohl von deinen Raketen träumen. Roy Lees Geist schweift nicht weiter als zum ersten Mädchen. Ich habe auch vor, mit ihm ein kleines Gespräch zu führen.«

»Ich werde mich verbessern.«

»Sieh zu, dass du das tust. Wirst du zur Wissenschaftswoche in diesem Frühjahr etwas einreichen?«

»Vielleicht.«

»Quentin meint, du hättest gebummelt.« Sie sah mich forschend an. »Genau das war sein Wort. Gebummelt.«

»Ich werde mich stärker reinknien.«

»Das solltest du auch, wenn du nach Cape Canaveral möchtest.«

»Da gehe ich auch hin, Miss Riley.«

Sie lächelte. »Hoffentlich erlaubst du deiner alten, schlappen Physiklehrerin, dich dort von Zeit zu Zeit zu besuchen.« Sie war damals gerade mal einundzwanzig. Ihr Blick ging an mir vorbei durchs Fenster, hinter dem nichts als grauer Himmel zu sehen war. »Ich würde gern am Strand spazieren gehen und ein bisschen in der Sonne sein.«

»Ja, Ma'am. Sie sind jederzeit willkommen.«

»Ich baue auf dich, Sonny.« Sie hielt meinen Test wieder hoch. »Mach es besser. Streng dich mehr an.«

»Ja, Ma'am. Darf ich Ihnen ein Geschenk zeigen, das ich bekommen habe?«

»Sicher.«

Ich zeigte ihr mein Buch über die Sterne und Planeten. »Das hat mir Jake geschenkt. Er ist wieder da. Er hat gesagt, ich soll Sie von ihm grüßen.«

Sie hob den Kopf, und ihre Augen funkelten. »Hat er das? Nun, dann grüß Mr. Mosby bitte zurück und erinnere ihn, dass ich annehme, er weiß noch, wo ich wohne.«

Ich versprach es ihr. Sie sah so glücklich aus wie seit Wochen nicht mehr.

13. Jims Entscheidung

Der Direktor der Big Creek Highschool Mr. R. L. Turner fing mich am Tag vor Thanksgiving ab, als ich gerade unterwegs zum Unterricht war.

»Warten Sie, Mr. Hickam«, sagte er von der Tür seines Büros aus. Während er auf mich zukam, teilte sich der Strom der Studenten wie das Rote Meer für Moses. »Habe ich richtig gehört, dass ihr Jungs neulich eine Rakete gestartet habt, die über tausendsechshundert Meter hochflog?«, fragte er.

Nervös überschlug ich die möglichen Antworten darauf, blieb aber bei der Wahrheit. »Das ist richtig, Sir«, sagte ich und setzte schon mal einen Fuß in den Gang, für den Fall, dass ich flüchten musste. »Aber das war im letzten Sommer.«

»Und wie habt ihr die Höhe gemessen?«, fragte Mr. Turner zweifelnd und kniff die Augen zusammen.

»Wir wandten die Trigonometrie an, Sir. Wir bauten zwei Theodoliten, wie Quentin sie nennt, um die Winkel zu bestimmen.«

Seine Augenbrauen verschoben sich zu einem »V«. »Aber Trigonometrie haben Sie doch erst seit diesem Herbst«, meinte er.

»Wir haben es uns selbst beigebracht«, sagte ich und hatte Mühe, mich dabei nicht allzu sehr aufzublasen.

Mr. Turner musterte mich eine gefühlte Ewigkeit. »Ich bin beeindruckt von Ihrer Beharrlichkeit«, räumte er schließlich ein, »obwohl ihr Jungs mich noch immer an Bombenbauer erinnert.« Er schürzte die Lippen. »Kommen Sie doch kurz zu mir ins Büro, hm?«

Ich folgte ihm in der Gewissheit, dass ich dem Untergang geweiht war. Er nahm an seinem Schreibtisch Platz, forderte mich aber nicht auf, mich auf einen der Stühle zu setzen. »Was ich von Ihnen erfahren möchte, Mr. Hickam, ist, warum Billy Rose die Schule verlässt, um zur Marine zu gehen.« Ich denke, mein Gesicht verriet ihm mein Erstaunen. »Mr. Rose ist doch ein Mitglied Ihrer, äh, Gruppe, oder nicht?«

»J-ja, Sir«, stammelte ich, »aber ich weiß davon nichts!«

Die Stirn in tiefe Falten gelegt, trommelte er mit den Fingern auf den Schreibtisch. »Wissen Sie, Mr. Hickam, man sollte seine Freunde immer gut im Auge behalten für den Fall, dass sie Hilfe benötigen.«

Ich stand da und hatte Mühe, meinen Mund geschlossen zu halten.

»Das bleibt unter uns«, sagte er und drückte seinen Zeigefinger auf den Schreibtisch, um anzudeuten, dass seine Worte diesen Raum nicht verlassen sollten.

»Ja, Sir«, sagte ich und ging, als er mich entließ. An diesem Abend warf ich immer wieder einen Blick auf Billy, der vorne im Schulbus saß. Ich wollte unbedingt in Erfahrung bringen, was er vorhatte, aber das Mr. Turner gegebene Versprechen schränkte meine Möglichkeiten ein. Ich sollte mit keinem darüber sprechen, dass Billy von der Schule ging, und nahm an, dass das Billy mit einschloss. Ich suchte nach einem anderen Weg, meine Neugier zu befriedigen. Dann kam mir die zündende Idee! Ich würde mich an O'Dell wenden. Keiner stand Billy so nah wie O'Dell. Er würde alles über Billys Pläne wissen. Und O'Dell war eine Plaudertasche. Ich würde schon einen Weg finden, das Gespräch auf Billy zu lenken, um etwas aus ihm herauszukitzeln. Ich klopfte mir im Geiste auf die Schulter. Wenn es sein musste, konnte ich ziemlich schlau sein. Ich überlegte, noch am selben Abend *Billy* auf meine Liste zu setzen. Doch daraus wurde dann doch nichts.

Zur Thanksgiving-Feier kamen die Grundschüler aus War zu uns und spielten Pilgerväter und Indianer für die versammelte Schülerschaft der Big Creek Highschool. Meine frühere Angebetete Dorothy Plunk saß zwei Reihen vor und drei Plätze rechts von mir. Sie trug einen Tellerrock mit Pudelmotiv und einen eng anliegenden blauen Pulli mit weißem Kragen. Statt in dem üblichen Pferdeschwanz fielen ihre Haare nun offen und gewellt über ihre Schultern wie bei der Hollywoodschönheit Veronica Lake. Auch ihr Lippenstift hatte einen neuen Rosaton. Nicht, dass mir das aufgefallen wäre. Sie warf einen Blick über die Schulter, als sie sich setzte, und lächelte mir freundlich zu. Ich konzentrierte mich auf einen Punkt in der Luft über ihr. Als wir uns alle erhoben, um »My Country, 'Tis of Thee« zu singen, versuchte sie erneut, Blickkontakt zu mir aufzunehmen, aber ich gab vor, viel zu beschäftigt zu sein, um es zu bemerken. Ich fand es nämlich interessant, dass wir für unsere eigene patriotische Hymne die Melodie von Englands »God Save the Queen« geklaut hatten, und schmetterte sie extra laut. Sollte Dorothy mich gehört haben, war mir das einerlei. »Oh Mann«, beschwerte sich O'Dell, der neben mir saß. »Du triffst ja keinen einzigen Ton.« Dann schlug er vor: »Möchtest du am Wochenende zum Ponyreiten kommen?« O'Dell sprach von den Ponys, die sein Vater in der Scheune hinter dem Haus hielt. Ich sagte zu. Das gäbe mir auch Gelegenheit, ihn über Billy auszufragen.

Als das Programm zu Ende war, beobachtete ich Dorothy, die von ein paar Jungs über den Gang eskortiert wurde, aus dem Augenwinkel. Sie plauderte fröhlich mit ihnen und kicherte, als einer von ihnen ihr etwas ins Ohr flüsterte. Vermutlich hätte sie lauter gelacht, wenn mein Desinteresse sie nicht gewurmt hätte. Roy Lee ertappte mich. »Sehnsucht nach Dorothy«, warf er mir vor und schnalzte mit der Zunge. Dann raunte er: »Melba June Monroe.«

Roy Lee zeigte auf sie, als sie durch den Gang lief und mit dem Hinterteil in ihrem engen marineblauen Rock wackelte.

Sie hatte jede Menge Kurven, alle an den richtigen Stellen, und war ein echter Hingucker. Er sah mich mit hochgezogener Augenbraue an. »Es gibt solche Mädchen und solche, Sonny. Aber das da ist eine Frau! Die kann dir Dinge beibringen, von denen du noch nicht mal geträumt hast.«

Ich bewunderte sie noch ein wenig länger, und er nickte zustimmend. »Sie begleitet dich zum Weihnachtsball, wenn du sie darum bittest.«

»Woher willst du das wissen?«

Roy Lee trat dicht an mich heran. »Weil ich der Big-Creek-Liebesmeister bin, Mann. Muss ich dir das wirklich erklären?«

Ginger kam mir auf dem Flur entgegen. Sie schickte mir ein scheues Lächeln und formte »Hi« mit den Lippen, dann ging sie weiter. Ich fasste einen Entschluss. »Na gut, Mr. Big-Creek-Liebesmeister, ich danke dir für deine Hilfe, aber ich werde Ginger zum Weihnachtsball einladen, und dabei bleibt es.«

Roy stieß einen langen Seufzer aus. »Warum ich mich überhaupt mit dir abgebe, ist mir ein Rätsel.«

»Nun, das geht mir genauso, Roy Lee«, sagte ich.

Er schüttelte den Kopf. »Wie oft soll ich dir noch sagen, dass diese Mädels in Cape Canaveral dich durch den Fleischwolf drehen werden. Melba June ist deine einzige Chance, praktische Erfahrungen zu sammeln.«

Ich ließ ihn stehen und bahnte mir dann meinen Weg durch die anderen Schüler, um Ginger einzuholen. Ich konnte sie nicht finden, sagte mir aber, dass sie sicherlich mit im Schulbus sitzen würde. Zu meiner Enttäuschung fuhr sie nicht mit. Ich drängelte mich an den anderen Schülern vorbei, um den Platz neben Betty Jane Laphew zu ergattern, einer Freundin von Ginger. Als wir es schon fast über den War Mountain geschafft hatten, brachte ich endlich den Mut auf, sie zu fragen, warum Ginger nicht mit im Bus saß. »Sie reist mit ihrer Mutter nach New York«, berichtete Betty Jane. »Sie besucht die Juilliard.«

Auf meinen verständnislosen Blick hin ergänzte sie: »Die Musikschule. Sie überlegt, dorthin zu gehen.«

»Oh«, sagte ich enttäuscht, weil ich sie verpasst hatte und sie längere Zeit fort sein würde.

Betty Jane musterte mich und durchschaute offenbar meine Enttäuschung, denn sie sagte: »Ginger hat drüben in Welch einen Freund, weißt du.«

Mir lief es eiskalt über den Rücken. »Aha?«

»Sein Vater ist Autohändler oder so.«

Nun wusste ich Bescheid und konnte genauso gut auch noch den Rest erfragen. »Weißt du, ob sie mit ihm zum Weihnachtsball geht?«

»Vermutlich schon«, sagte sie. »Aber mit Sicherheit weiß ich es nicht. Warum? Wolltest du mit ihr hingehen?«

Ich ging über Betty Janes Frage hinweg und ließ mir die neuen Erkenntnisse durch den Kopf gehen. Wenn der Vater dieses Jungen einen Autohandel hatte, schwamm er sicherlich in Geld.

Betty Jane stupste mich an. »Ginger mag dich«, sagte sie.

Ich hob den Kopf. »Wirklich?«

»Nun, ich erinnere mich auf jeden Fall, dass sie neulich meinte, sie findet dich richtig süß. Magst du sie denn?«

Betty Jane hatte mir eine ganz einfache Frage gestellt. Was auch immer ich darauf antwortete, würde Ginger beim nächsten Treffen der beiden Mädchen zu Ohren kommen. Ich saß in der Falle. Die Antwort, die ich geben wollte, blieb mir im Hals stecken, und ich verlor die Nerven, weil ich an ihren reichen Freund denken musste. In meiner Vorstellung besaß er ein eigenes Auto und vermutlich auch einen Smoking und so. Warum sollte Ginger dann mit jemandem wie mir zum Weihnachtsball gehen wollen? »Sie ist okay«, sagte ich und täuschte mit einem Schulterzucken mein Desinteresse vor.

»Sie wird begeistert sein, wenn sie erfährt, was du für eine hohe Meinung von ihr hast«, erwiderte Betty Jane sarkastisch und beließ es dabei. Ich fühlte mich vollkommen leer.

Als ich nach Hause kam, stellte ich fest, dass mein Bruder Jim vom College nach Hause gekommen war. Sobald ich durchs Tor kam, erspähte ich seinen breiten Rücken, denn er stand vor der Glastür und musste zur Seite treten, um mich durchzulassen. Wir sprachen kein Wort miteinander, schauten einander nur an. Ich fand, dass er müde aussah. Als ich die letzte Treppenstufe erreicht hatte, drehte ich mich um, weil ich mir überlegt hatte, ihm eine geistreiche Bemerkung zuzuwerfen. In die Finger bekam er mich hier nicht, ich war weit genug weg. »Und, wie fühlt man sich so als Hokie?«, wollte ich fragen, denn das war der Spitzname für Studenten an der Polytechnischen Hochschule von Virginia, an die Jim gegangen war, um Football zu spielen. Es war ein komischer Name, und ich nahm an, ihn damit provozieren zu können. Aber ich stellte diese Frage nie, weil ich mir plötzlich Sorgen um ihn machte. Ich konnte mir das selbst nicht erklären. Irgendetwas stimmte nicht mit ihm. Er stand einfach da und starrte durch die Glastür. Es gab nichts zu sehen außer der Straße und dem dahinter aufragenden Berg. Er schien Coalwood in sich aufzunehmen. Diese Idee verwarf ich aber schnell, denn schließlich ging er aufs College und kannte die große Welt. Warum sollte ihm unser Ort am Herzen liegen?

An diesem Abend lieh Jim sich den Buick aus, um mit unbekannter Absicht zu einem unbekannten Ziel aufzubrechen. Jedenfalls war mir beides unbekannt, Mom hatte er sicher in seine Pläne eingeweiht. Wie immer war er großartig gekleidet. Seine Hose saß wie angegossen, sein rosafarbenes Hemd war frisch gebügelt, sein Pullover weiß und flauschig und aus Kaschmirwolle. Seine Pennyloafers glänzten. Als er nach einem längeren Aufenthalt im Badezimmer an meiner Tür vorbeikam, folgte ihm eine Duftwolke aus Eau de Cologne. Offenbar hatte er eine neue Freundin. Weil ich neugierig war, wohin er unterwegs war, schaute ich durch mein Zimmerfenster und beobachtete, wie er im Buick am Kipper vorbei den Weg Richtung Coalwood

Mountain einschlug. Auf der anderen Seite dieses Berges lagen jede Menge Ortschaften, und in jeder davon könnte Jims neue Freundin wohnen. Ich gab mir Mühe, nicht neidisch zu sein, war es aber. Mir war einfach unverständlich, warum mein Bruder so einen Schlag bei den Mädels hatte. Sicher, er war ein Schwätzer und hatte meist auch ein bisschen Geld in der Tasche. Außerdem stand ihm ein Auto zur Verfügung, und er kleidete sich besser als Elvis Presley. Darüber hinaus galt er mit seinem kantigen Kinn, den blonden Haaren und blauen Augen als gut aussehend, und man konnte wohl sagen, dass ihm mit seinem Collegestipendium eine glänzende Zukunft bevorstand. Ansonsten konnte ich mir nicht erklären, was ihn so anziehend machte.

Während ich noch über Jim nachsann, sah ich Dad draußen von der Zeche nach Hause kommen. So wie er die Schultern hängen ließ, war mir klar, dass er nicht gerade froh gestimmt war. Sobald er das Haus betrat, suchte er Mom und fand sie auf der Veranda mit ihrem Immobilienfachbuch. Ich schlich mich die Treppe hinunter, um zu hören, was er zu sagen hatte. Er sei von der Stahlgesellschaft angewiesen worden, weitere zwölf Männer zu entlassen, berichtete er ihr, woraufhin er wie immer verfahren sei und die ausgewählten Männer beiseitegenommen hatte, als diese nach ihrer Schicht aus der Seilfahrt stiegen. Was dann passierte, hatte Dad offenbar ziemlich erschüttert. Einer der Männer, so erzählte er, habe geweint. »Ich habe noch nie einen Mann vor meinen Augen weinen sehen, Elsie«, klagte er. »Er erzählte mir von seinem Baby. Was soll ich denn für sein Baby tun?«

Mom hörte zu, aber was sollte sie dazu sagen, geschweige denn tun? Ein weiteres Dutzend Coalwood-Männer und ihre Familien waren an Thanksgiving ohne Arbeit.

Jim stopfte das Thanksgiving-Abendessen in sich hinein, als hätte er einen Monat lang gehungert. Mom war nicht gerade für ihre hervorragende Küche bekannt. Wenn ich eine Liste der besten Köchinnen der Stadt hätte erstellen müssen, hätte Mom es nicht mal unter die besten zehn geschafft. Nummer eins wäre Shermans Mom. Womit ich nicht sagen will, dass Mom die Standardgerichte – Brathähnchen, Kartoffelpüree, Kartoffelkuchen, Schweinekoteletts, braune Bohnen, Brötchen und Maisbrot – nicht gut hinbekam. Und auch der Truthahn, den sie an Thanksgiving zubereitete, schmeckte ganz passabel. Jim verschlang alles, was in seiner Reichweite stand. Und Mom schob ihm ständig Schalen und Schüsseln hin.

Wir saßen an Moms kostbarem Kirschholztisch im Esszimmer. Vor ein paar Jahren war es zwischen Jim und mir zu einer handfesten Auseinandersetzung gekommen, und wir hatten einen der Stühle benutzt, um aufeinander einzuschlagen, was am Ende einen Stuhl ein Bein gekostet hatte. Wir hatten es wieder angeklebt, und Mom hatte es, soweit ich wusste, nie entdeckt. Wie immer, wenn wir an Thanksgiving oder Weihnachten im Esszimmer aßen, hatte ich mich auf diesen Stuhl gesetzt. Um seine Standfestigkeit zu testen, belastete ich ihn unterschiedlich, indem ich darauf herumrutschte. Mom sah mich an und meinte: »Man könnte denken, du wärst auf diesem Stuhl *festgeklebt*, Sonny.« In dem Moment fragte ich mich, ob sie nicht doch von seiner Vergangenheit wusste, erwiderte aber nichts darauf. Red Carroll riet immer, schlafende Hund nur dann zu wecken, wenn man gebissen werden wollte.

Mom hatte den Tisch hübsch gedeckt mit einem spitzenverzierten Tischtuch und Stoffservietten. Auch das echte Silberbesteck – ein Tranchiermesser hatte ein Marineemblem, wie mir auffiel – und das edle Porzellangeschirr, das normalerweise im Geschirrschrank verwahrt wurde, hatte sie herausgeholt und dabei entdeckt, dass Chipper von unten ein Loch in den Schrank genagt und ihre kostbaren Serviettenringe aus Mahagoni als Beißringe missbraucht hatte. Als sie die zerbissenen Ringe in der Hand hielt, sagte sie traurig: »Armer kleiner

Schatz. Musste so hart arbeiten, um seine Zähnchen zu wetzen.«

»Aber diese Serviettenringe waren doch dein ganzer Stolz«, warf ich ein.

»Ich spreche hier von Chipper«, erwiderte sie wehmütig. »Du weißt schon, von meinem Eichhörnchen, das du getötet hast.«

»Roy Lee hat ihn rausgelassen.«

»Aber du warst dafür verantwortlich.«

Das saß.

Der Truthahn war ihr gut gelungen, obwohl sie ihn in ihren alten Herd hatte schieben müssen, nachdem der neue Truthahngarer sie im Stich gelassen hatte und nicht mal angegangen war, als sie ihn in die Steckdose steckte. Natürlich kannte ich den Grund dafür, denn mit seinen elektrischen Eingeweiden zündeten wir unten in Cape Coalwood unsere Raketen. Da sie mich nicht direkt darauf ansprach, stellte ich mich dumm. Zählte es als Lüge, wenn man eine Information zurückhielt? Ich denke nicht, aber einem Prediger hätte ich diese Frage lieber nicht stellen wollen. Meiner Erfahrung nach neigten Prediger dazu, sich in den Details zu verlieren und dabei nicht das große Ganze zu sehen.

Ich beobachtete Jim aus dem Augenwinkel und konnte nur staunen, welche Unmengen an Essen er verputzte. Irgendetwas Seltsames ging in ihm vor, aber ich hatte keinen blassen Schimmer, was es war. In all den Jahren, in denen Jim auf die Highschool ging, waren die Tischgespräche normalerweise von Dad und ihm bestimmt worden und drehten sich um Football. Dad sah immer mal wieder in Jims Richtung, schwieg aber. Weil ich das Schweigen schließlich nicht mehr ertrug, warf ich eine Frage ein, in der Absicht, meinen Bruder zu ärgern. »Dann wirst du nächstes Jahr also unter den Topspielern sein?«, fragte ich Jim so unschuldig wie möglich.

Er ignorierte meine Frage einfach – schließlich war ja nur ich es, der sie gestellt hatte – und aß einfach schweigend weiter, bis nur noch das Tischtuch übrig blieb. Aber meine Worte hingen in der Luft und erfüllten ihren Zweck. »Denkst du, du wirst spielen, Jim?«, hakte Dad nach. Ich empfand die Zufriedenheit des geborenen Unruhestifters.

Jim trank einen großen Schluck Eistee. Er stierte auf seinen Teller. »Vielleicht«, räumte er ein und schaufelte sich dann Erbsen auf seine Gabel. Ich schob ihm die Schüssel mit den Erbsen hin, weil ich dachte, er könnte Zeit sparen, wenn er direkt daraus aß.

Dad runzelte die Stirn. »Und was sagt Coach Claiborne?«

Jim zog die Schultern hoch. »Er sagt nicht viel.«

»Wirst du im Angriff oder in der Verteidigung spielen?«

Jim spießte ein Stück Truthahn auf. »Im Freshman-Team habe ich hauptsächlich in der Verteidigung gespielt«, sagte er.

»Dann wirst du also Spieler der Defense Line«, folgerte Dad. »Bestimmt der beste, den die Uni je hatte.«

Mom rutschte nervös auf ihrem Stuhl herum und warf mir einen Blick zu, den ich nicht zu deuten wusste. Dann klingelte das schwarze Telefon, und Dad sprang auf. Noch bevor seine Serviette auf dem Stuhl gelandet war, hielt er den Hörer in der Hand, obwohl der Apparat sieben Meter entfernt stand. »Weitermachen!«, sagte er, nachdem er eine Weile zugehört hatte.

»Musst du denn immer Unruhe stiften?«, zischte Mom mir zu. Während ich noch über ihre Anschuldigung rätselte, klingelte es an der Tür. Mom erhob sich, um aufzumachen, und Jim warf seine Serviette zur Seite, stand auf und folgte ihr. Ich blieb verdutzt sitzen. Ich? Unruhe stiften?

Es waren Woodrow und Mildred Duncan. Woodrow war der Klempner der Stadt, und er und Mildred waren schon immer gute Freunde meiner Eltern gewesen. Aus unerfindlichen Gründen waren sie die einzigen Erwachsenen, die ich mit Vornamen ansprechen durfte. Mildred war eine energische Frau, die immer etwas zu erzählen hatte. »Mein Gott, Woodrow, sieh nur!«, rief sie, als sie Jim sah. Sie packte Jim um die Taille.

»Jimmie Hickam, was bist du nur für ein gut aussehender Mann geworden! Das Collegeessen ist an den richtigen Stellen gelandet!«

Jim wechselte ein paar Worte mit ihnen und entschuldigte sich dann, um auf sein Zimmer zu gehen. Was keine Überraschung war. Jim war nicht gerade für seinen geselligen Umgang mit Leuten bekannt, die uns besuchten. Diese Haltung hatte Dad immer enttäuscht. Vermutlich hätte er Jim gern stolz vorgezeigt. Ich ging zu den Duncans und bot mich als Trostpreis an. Mildred tätschelte mir die Wange, und Woodrow grinste mich freundlich an, aber darüber hinaus schien kein Interesse an mir zu bestehen. Vermutlich wussten sie bereits alles, was es über mich zu wissen gab.

Nachdem die Duncans wieder gegangen waren und ich Mom schweigsam geholfen hatte, den Tisch abzuräumen, war meine Neugier dann doch stärker als ich. Ich klopfte an Jims Tür und drückte sie auf. »Was ist los mit dir?«, fragte ich ganz unverblümt.

Jim saß auf dem Bett. Er trug seinen Pullover mit den grünen Buchstaben der Big Creek. »Hau ab«, knurrte er.

Ich trat mutig ein und schloss die Tür hinter mir. »Mit dir stimmt doch irgendwas nicht. Was ist es denn?«

Jim schaute in den Spiegel an der Wand. Er reichte vom Boden bis zur Decke, aber nachdem er weggegangen war, hatte Mom einen Vorratsschrank davorgestellt, der die untere Hälfte verdeckte. Nun erinnerte ihn dies daran, dass das Zimmer ihm nicht mehr ganz allein gehörte. Plötzlich überkam mich eine Intuition. »Hast du Heimweh?«

»Ich verlasse das College«, sagte er.

Jims Ankündigung traf mich so unvermittelt, dass ich einen Moment brauchte, bis mein Gehirn in der Lage war, sie zu erfassen. Wieso wollte Jim die VPI verlassen? Er hatte ein Football-Stipendium, mit dem Dad überall herumprahlte. Dann sagte ich mir: *Dad weiß es nicht.* »Warum verlässt du das

College?«, hakte ich nach, um einen lockeren Ton bemüht. Wenn ich zu hartnäckig nachbohrte, würde Jim dichtmachen, das spürte ich.

Doch zu meiner Überraschung schien er gern darüber reden zu wollen. »Weil sie zu groß ist«, erklärte er.

»Aber sagtest du nicht, dass du auf eine große Schule gehen möchtest?«, wandte ich ein, als mir einfiel, wie viele Colleges ihn hatten für sich gewinnen wollen.

Er zuckte mit den Schultern und meinte: »Da habe ich mich eben getäuscht. An einer großen Schule nehmen die Coachs dich kaum wahr. Sie benutzen dich nur. Ich muss irgendwohin, wo die Coachs sich um ihre Spieler kümmern und ihnen was beibringen.«

»Und welches College wäre das?«, fragte ich.

So gesprächig hatte ich ihn noch nie erlebt, jedenfalls nicht mir gegenüber. »Als wir gegen Wake Forest spielten, habe ich einen ihrer Spieler kennengelernt, einen Runningback. Er heißt Brian Piccolo. Er ist so ziemlich der beste Spieler, den ich je gesehen habe, und er erzählte mir von den großartigen Coachs, die es dort gibt. Ich werde mich dorthin versetzen lassen und versuchen, ins Team zu kommen, indem ich Brians Ersatzspieler werde.«

Ich wusste nicht, wer Brian Piccolo war, und das war mir auch egal. »Du wirst dein Stipendium verlieren«, sagte ich und war selbst überrascht, dass es mich beschäftigte. Vermutlich war ich in einem verborgenen Winkel meiner Seele doch ein wenig stolz auf Jims Stipendium.

Mein Bruder sah mich nur an, und zum ersten Mal in meinem ganzen Leben tat er mir fast leid. Es war ein neues Gefühl und auch nicht ganz unangenehm, aber ich glaubte nicht, dass es anhalten würde. »Wann wirst du es Dad erzählen?«, fragte ich.

Ich hatte eine gewichtige Frage gestellt. Er wandte sich ab. »Bald.«

Wie ich mir vor wenigen Sekunden vorhergesagt hatte, verpuffte mein Mitgefühl für meinen Bruder und machte der Genugtuung Platz. Dads ganze Prahlerei in all den Jahren, die nur Jim galt und mich außen vor ließ, fiel nun auf sie beide zurück. »Dad wird einen Anfall kriegen«, prophezeite ich. Und obwohl ich es gern vermieden hätte, musste ich grinsen. »Jetzt wirst du endlich mal wissen, wie sich das anfühlt.«

Ein Witz wie dieser reichte normalerweise und Jim wäre aufgesprungen und hätte versucht, mir den Hals umzudrehen. Ich spannte die Muskeln an und war bereit zu reagieren, aber er saß einfach nur da und sah verletzlich aus. Das war unerträglich. Und schon tat er mir wieder leid. Ich wollte meinen großen Bruder zurückhaben, egal, wie unausstehlich er war!

»Geh einfach, Sonny«, sagte er elend.

Ich bewegte meine Hände, als wollte ich ihn boxen, aber es brachte nichts. Jim war nicht daran interessiert, mit mir in den Ring zu steigen. Auch mit dem Reden war er fertig. Ich gab es auf und ging in mein Zimmer. Bald darauf kam Mom zu mir und öffnete die Tür. »Lass deinen Bruder in Ruhe«, sagte sie und schloss die Tür wieder. Gleich darauf schaute sie noch mal rein. »Und in einer Woche möchte ich einen funktionstüchtigen Truthahngarer haben.« Sie schloss die Tür wieder.

Nachdem sie gegangen war, holte ich meine Liste hervor. *Jim verlässt das College*, schrieb ich. Dann: *Moms Truthahngarer reparieren*. Ich überlegte kurz, strich das aber aus. Bis der nächste Truthahn anstand, hatte Mom den Garer bestimmt vergessen. Und bis dahin war noch Zeit.

14. Snakeroot Hollow

In der Woche nach Thanksgiving brachten wir *Auk XXIII* an den Start und benutzten diesmal eine Lavaldüse, die nach den von Quentin und mir angestellten Berechnungen konstruiert worden war. Ohne keramische Schutzschicht. Mr. Caton und mir war es nicht möglich gewesen, herauszufinden, wie wir den Kesselkitt in der Düse verteilen sollten. Das Problem mit diesem Zeug war, dass es verklumpte und glatt gestrichen werden musste. Mr. Caton hatte es mit einem Buttermesser versucht, aber der Kitt blieb am Messer kleben und machte eine Schweinerei. Keiner seiner Versuche erbrachte das gewünschte Ergebnis. Bis wir dieses Problem gelöst hatten, mussten wir weiterhin mit Düsen aus purem Stahl arbeiten.

Da wir jedoch sehen wollten, wie gut die neue »wissenschaftliche« Lavaldüse funktionierte, beschlossen wir, unsere Testreihe fortzusetzen, Kitt hin oder her. *Auk XXIII* düste von der Abschussrampe los, und eine Schockwelle erschütterte den Kontrollbunker. Sie schoss davon und war gleich darauf nicht mehr zu sehen, während wir am Boden wie wild herumsprangen. So freudig erregt ich vom Erfolg der neuen Düse war, so niederschmetternd war die erreichte Höhe, die weit unter dem lag, was meine Berechnungen vorhergesagt hatten. Unsere Inspektion ergab, dass die Erosion bei dieser Neukonstruktion der Düse noch schlimmer ausfiel. Wir mussten es unbedingt schaffen, den Kitt aufzutragen.

»Du musst dich dahinterklemmen, Sonny!«, stöhnte Quentin. »Versprich es mir!« Ich tat es, war aber entmutigt. Vielleicht verfügten wir einfach nicht über das Wissen, wie man die Erosion vermeiden konnte. Und das bedeutete, dass wir niemals eine »spitzenmäßige« Rakete bauen würden. Da es sich dabei schon per Definition um eine wissenschaftliche und logische Angelegenheit handelte, hatte ich das Raketenproblem bisher nicht auf meine Liste gesetzt. Doch jetzt tat ich es. *Erosion!* Vielleicht, überlegte ich, muss ich erst eine geistige Blockade überwinden, bevor eine Lösung für die Erosion gefunden werden kann.

Erst am 7. Dezember 1959, dem Pearl Harbor Day, schaffte ich es wieder, durch Jakes Teleskop zu schauen. Ich hatte eigentlich gehofft, Jake im Club House zu treffen, aber als ich vom Dach nach unten kam, informierte mich Mrs. Davenport, die Haushälterin, Köchin und Managerin, dass er sich selten in seinem Zimmer aufhielt. »Der Junge verbringt seine ganze Zeit in der Zeche«, sagte sie. »Ich schwör's dir, Sonny, er wird deinem Dad von Tag zu Tag ähnlicher. Und das sage ich natürlich nicht ohne Respekt vor Homer, aber … Was hältst du davon, heute Abend bei uns mitzuessen? Ich werde übers schwarze Telefon anrufen und deiner Mom sagen, wo du bist.«

Ich dankte ihr und willigte freudig ein, nachdem ich gehört hatte, was auf der Speisekarte stand. Mrs. Davenport machte die besten gefüllten Schweinekoteletts mit Kartoffelpüree und Soße in der ganzen Stadt. Am Küchentisch der Hickams zu sitzen war derzeit ohnehin eher unerfreulich. Dad war zum Abendessen nur äußerst selten zu Hause, und Mom machte sich nicht mal die Mühe, für sich aufzudecken. Ich aß meistens allein. Manchmal wagte ich es, gegen die strikten Elsie-Hickam-Regeln zu verstoßen, indem ich Daisy Mae erlaubte, auf den Tisch zu springen und dort ihr Fressen einzunehmen, während ich aß. Sie fand es großartig. Wenn sie ihre Schale leer geleckt hatte, hockte sie sich hin und beobachtete die Vögel an Moms Futterröhre vor dem Küchenfenster. In ständiger Alarmbereitschaft lauschte ich auf Moms Schritte. In ihrem Universum hatten Katzen nichts auf dem Küchentisch verloren. Auf den Tisch im Esszimmer durften sie und konnten sich dort den ganzen Tag herumfläzen, aber der Küchentisch war für sie permanent tabu. So war sie eben.

Im großen Speisesaal des Club House mit seiner hohen Decke saß ich zusammen mit zwei Bergassessoren am Tisch. Ich erhoffte mir eine angeregte Unterhaltung. Coalwoods junge Ingenieure, die von der Stahlgesellschaft zu uns geschickt wurden, um ein bisschen Erfahrung zu sammeln, waren normalerweise ein interessanter Haufen. Mom meinte, die Pflichtrunde in unserer Stadt sei so ziemlich die letzte Gelegenheit, sich die Hörner abzustoßen. Nach ihrem Abstecher bei uns, sagte sie, müssten sie zurück zur Stahlgesellschaft, und dann bliebe ihnen nichts anderes mehr übrig, als zu heiraten, Kinder zu bekommen und zu lernen, wie man uns das Geld aus West Virginia abzog, und von nun an keinen Spaß mehr zu haben.

Nach allem, was mir zu Ohren kam, setzte Dad schon hier in Coalwood alles daran, dass Spaß ein Fremdwort für sie wurde. Während ihrer Einführungswoche forderte er sie so sehr, dass ihnen Hören und Sehen verging. An ihrem ersten Tag in der Zeche mussten die armen Kerle kilometerweit unter der niedrigen Firste hinter Dad hertrotten. Das war selbst für junge Rücken mörderisch. Die Informationen zur Arbeitsweise in der Grube musste Dad ihnen zubrüllen, um den Maschinenlärm zu übertönen. Sie ließen keine Winkel aus. Der erste Tag dauerte üblicherweise sechzehn Stunden.

Am nächsten Tag rüttelte er ihre bereits geschundenen Rücken in seinem Laster durch, indem er in halsbrecherischer Geschwindigkeit auf den Feuerschneisen durch die Täler raste und ihnen jede Abraumhalde, jeden Wetterschacht und Grubenlüfter zeigte, die zur Zeche gehörten, während er sie mit Fakten und Zahlen bombardierte, die sie parat haben mussten, wenn er sie danach fragte. Ein weiterer Sechzehnstundentag.

Für den dritten Tag war der Besuch der Aufbereitungsanlage in Caretta eingeplant, wo die Männer, die dort die Leitung innehatten, den Bergassessoren eine gründliche Beschreibung ihrer Arbeit lieferten. Man zeigte ihnen, wie die Chemikalien gemischt wurden und die Kohlenwäsche funktionierte. Wenn die Kohle in der Lösung oben schwamm, war sie rein. Sank sie, war der Gesteinsanteil zu hoch und sie wurde ausgesondert und landete auf einer der Abraumhalden. Wieder ein Tag mit zwei Schichten.

Die folgenden beiden Tage verbrachten sie im Büro bei den Bergbauingenieuren und erfuhren, wie die Zeche angelegt war, wie man die Karten erstellte und der Abbau mit Fräsladern geplant wurde. Wenn sie am Ende der Tagesschicht, in der die meisten Ingenieure arbeiteten, aus dem Büro kamen, holte mein Dad sie ab und schickte sie runter in die Grube, wo sie einen Steiger während der zwei Nachtschichten begleiteten. Das waren dann Tage mit vierundzwanzig Stunden.

Hatten sie dann das Wochenende erreicht, waren die Bergassessoren entweder bereit, dabeizubleiben, oder nicht. Diejenigen, die blieben, hatten jedenfalls die Chance, anständige Bergbauingenieure zu werden, und Dad vertraute sie seinen Steigern an, die sie dann nach Gutdünken einsetzen konnten. Diejenigen, die dem nicht gewachsen waren, kehrten zurechtgestutzt nach Ohio zurück. Was mit ihnen passierte, wusste ich nicht. Was macht ein gescheiterter Ingenieur? Vielleicht wurden sie Anwälte.

Ich wurde aus meinen allgemeinen Überlegungen zum Schicksal von Bergassessoren herausgerissen, als ich bemerkte, dass die beiden am Tisch Anwesenden mich anstarrten. Einer von ihnen hieß Rollie, der andere Frank. Über Gerüchte hatte ich erfahren, dass Frank ein Ohio-Junge war. Er sah nicht älter aus als ich, aber er musste älter sein, denn er hatte einen Collegeabschluss. Rollie war ein großer, stämmiger junger Mann, ursprünglich aus Kentucky. Er hatte runde, rosige Wangen und wirkte sehr ernst. Ich konnte mir gut vorstellen, dass er zu den Typen gehörte, die nachts im Pfadfinderlager einen fahren ließen und das dann lustig fanden. Ich hatte die beiden schon öfter in der Stadt gesehen, aber ihnen war mein herausragendes Gesicht offensichtlich nicht aufgefallen.

»Welcher der beiden Hickam-Jungs bist du?«, wollte Frank wissen. Offenbar hatte Mrs. Davenport die beiden davon in Kenntnis gesetzt, dass der Junge vom Boss mitessen würde.

»Ich bin der Footballer«, sagte ich verschmitzt. »Bin gerade vom College nach Hause gekommen, um mich auszuruhen.« Ich veräppelte den Bergassessor nicht nur, sondern ließ auch das »Sir« weg. Aber eine derart förmliche Anrede konnten die jungen Ingenieure von niemandem in Coalwood erwarten, nicht mal von mir.

Frank sah mich an und meinte: »Dein Vater ... dein Vater ...«

»Ich weiß«, erwiderte ich. »Der ist ein ganz zäher Hund.«

»Das ist er gewiss«, stimmte Rollie zu und stieß einen Pfiff aus. »Ich habe noch keinen Mann derart schnell in geduckter Haltung laufen sehen. An dem Tag, als ich mit ihm unterwegs war, stieß ich mir den Kopf so oft an der Firste, dass mir noch nach einer Woche die Ohren klingelten.«

»Du bist nicht wirklich der Footballer, oder?«, hakte Frank misstrauisch nach.

In Anbetracht der Tatsache, dass ich gerade mal einen Meter fünfundsiebzig groß war, weniger als sechzig Kilo wog und zudem eine dicke Brille trug, konnte selbst ein junger Ingenieur zwei und zwei zusammenzählen, wenn man ihm Zeit ließ. »Nein«, gab ich zu. »Ich bin der Rocket Boy.«

»Davon habe ich gehört!«, begeisterte sich Frank. »Rollie und ich würden auch gern Raketen bauen! Kannst du uns zeigen, wie's geht?«

»Hängt davon ab, wie viel Geld ihr habt.«

»Wir sind ziemlich klamm«, meinte Rollie geknickt. »Wir waren letztes Wochenende in Cinder Bottom.«

»Cinder Bottom« nannte man die berüchtigten Freudenhäuser in Keystone, das vier Gebirgszüge von Coalwood entfernt hinter Welch lag. Die jungen Ingenieure von Coalwood unternahmen oft Pilgerfahrten zu den Mädchen dort, wie ich gehört hatte. Ich hatte auch gehört, dass die Frauen von Coalwood derartige Aufenthalte als Segen und Schutz für ihre Töchter erachteten.

»Die Süßen dort wissen, wie sie einem das Geld abknöpfen«, ergänzte Frank und klang dabei so reuevoll wie ein Betrunkener bei der Wiederbelebung.

»Dann habt ihr wohl kein Glück«, sagte ich und war erleichtert. Diese beiden Knalltüten konnte ich mir nun wirklich nicht als Raketenbauer vorstellen.

Bevor wir unser Gespräch über meinen Dad, Raketen oder gefallene Frauen weiter vertiefen konnten, gesellten sich Gerhard und Dieter zu uns, die man offenbar für den Abend von ihren Verpflichtungen in 11 East entbunden hatte. Mir fiel auf, dass sie dieselbe Arbeitskleidung trugen wie die Bergassessoren, kakifarbene Hemden und Hosen, die in geschnürten hohen braunen Bergmannsstiefeln mit harter Lederkappe steckten. Ich fragte mich, ob Dad auch ihnen den Bergbau mit seinem zermürbenden Drill nahegebracht hatte. Sie sahen jedoch ganz danach aus, als kämen sie damit zurecht.

Mrs. Davenport, eine mollige Witwe mit freundlichem Gesicht, kam mit Platten voll dampfendem Essen herein und wuselte dann zurück in die Küche, um noch mehr zu holen. Sie kümmerte sich allein um alles. Und es dauerte nicht lang, da hatten die vier jungen Männer sich Schweinekoteletts, Kartoffeln und grüne Bohnen zu Miniatur-Mount-Everests auf ihren Tellern aufgetürmt. Auch ich hatte einen kleinen Berg angehäuft. Mir war nicht entgangen, dass Frank, während wir mit dem Aufschichten unserer Teller beschäftigt waren, Gerhard und Dieter unverhohlen angestarrt hatte. »Nun, Jungs«, sagte er schließlich. »Heute habe ich zum ersten Mal das Vergnügen, mit euch zu Abend zu essen. Also sagt schon, was bringt euch denn in diese schöne Stadt?«

»Ein Vertrag«, erwiderte Dieter, das Messer in der rechten, die Gabel aufrecht in der linken Hand. So etwas hatte ich noch nie gesehen, aber es schien ganz gut zu funktionieren. Ich beobachtete, wie er sich ein Stück vom Kotelett abschnitt und es dann mundgerecht auf seine Gabel spießte. Seine Methode schien effizient zu sein. Ich musste sie unbedingt ausprobieren und war gespannt, ob Quentin sie kannte.

»Ein Vertrag wofür?«, hakte Frank misstrauisch nach und knabberte dabei am Knochen des Koteletts. Seine fettigen Finger wischte er sich an der Hose ab.

»Ich denke, das zu beantworten, steht nur der Gesellschaft zu«, erwiderte Dieter diplomatisch.

»Ach, Frank«, warf Rollie ein. »Diese beiden alten Jungs arbeiten doch unten in 11 East. Du weißt schon, dort, wo wir nicht hindürfen.« Er nahm Gerhard ins Visier. »Und warum sagst *du* nichts?«

Dieter sah Gerhard an und zuckte mit den Schultern. »Sein Englisch ist nicht so gut«, antwortete er.

»Bekommt ihr auch mal Gelegenheit, die Gegend hier zu erkunden und zu sehen, was es sonst noch Interessantes gibt?«, fragte Frank.

Dieter beantwortete das mit einem knappen »*Nein*«.

Rollie zog die Augenbrauen hoch und rempelte Frank an. »Dann wart ihr vermutlich auch noch nie in Cinder Bottom, oder?«

Dieter biss an. »Was ist Cinder Bottom?«, fragte er.

Frank und Rollie grinsten. Auch ich erlaubte mir ein Lächeln. Nachdem er sich vergewissert hatte, dass Mrs. Davenport nicht im Raum war, beschrieb Rollie schwärmerisch die Häuser von Keystone und welchem Zweck sie dienten, während er weitere Koteletts und Kartoffelpüree auf seinen Teller häufte. Dann griff er nach der großen Schüssel mit der dickflüssigen braunen Bratensoße, zog kurz in Erwägung, den Löffel zu benutzen, der darin steckte, entschloss sich aber, die ganze

Schüssel über seinem Teller auszukippen, bis dieser randvoll war und alles in einem See aus Bratensoße schwamm. »Frank und ich würden euch beide gern mal rüber nach Bottom begleiten«, schlug er vor, was Frank nach kurzem Blickkontakt heftig nickend bestätigte. »Ich glaube nicht, dass die Mädels dort was dagegen haben, dass ihr Ausländer seid und so. Schon möglich, dass sie euch ein bisschen mehr abknöpfen. Aber ihr könntet uns euer Geld anvertrauen, und wir sorgen dann dafür, dass ihr nicht über den Tisch gezogen werdet.«

Dieter runzelte die Stirn. »Wir sollen euch unser Geld geben?«

Frank beugte sich vor. Er hatte was gierig Lauerndes im Blick. »Nur um sicherzustellen, dass ihr nicht ausgenommen werdet«, meinte er anzüglich.

Dieters Stirnfalten vertieften sich. »Wir sollen euch unser Geld geben?« Offenbar musste er es zweimal sagen, weil ihm das Konzept völlig fremd war. Es lag auf der Hand, dass er nicht von gestern war. Bei Frank und Rollie war ich mir da nicht so sicher.

Rollie legte eine Hand auf die Wange, als wäre ihm plötzlich was eingefallen. »Mein Gott, Jungs. Wisst ihr was? Fast hätte ich's vergessen. Wir müssen heute feiern, wir haben doch Pearl Harbor Day!«

»Was ist das?«, erkundigte Dieter sich höflich.

Rollie riss theatralisch die Augen auf. »Was das ist? Wir feiern, dass die verdammten Japse rübergekommen sind und einen Bombenhagel auf uns Amerikaner abgeworfen haben, das ist es!«

»Ihr feiert, dass man euch bombardiert hat?«, fragte Dieter.

Frank gab seinen bescheidenen Senf dazu. »Verdammt, ja, wir tun es, und wir müssen das angemessen feiern! Es wäre doch wohl 'n Verbrechen, das einfach verstreichen zu lassen, ohne richtig auf den Putz zu hauen. Wir sind hier am Tisch doch wohl alle Veteranen, oder? Ich beispielsweise bin Oberstabsgefreiter der Ohio National Guard.«

Rollie warf sich in die Brust. »Zwei Jahre an der University of Kentucky R.O.T. und C.«

»Das habe ich gar nicht gewusst, Rollie!«, rief Frank. »Da bist du ja fast Offizier!«

Rollie blickte verlegen drein. »In Menschenführung habe ich überdurchschnittlich gut abgeschnitten«, sagte er bescheiden.

Frank wandte sich an die Deutschen. »Was ist mit euch, Jungs? Seid ihr Veteranen?«

Dieter tauschte sich mit Gerhard aus, und beide Männer nickten. »Ja. Wir haben unserem Land gedient!«

»Verdammt!«, entfuhr es Frank. »Ihr wart doch hoffentlich keine Nazis, oder?«

Dieter erwiderte ungehalten: »Wir haben in der westdeutschen Armee gedient! Gerhard und ich waren *Maschinengewehrschützen.*« Und als er unsere leeren Blicke sah, ballte er seine Hände zu Fäusten und schwenkte ein imaginäres Maschinengewehr über den Tisch. Dazu rief er: »Rata-tata!«

»Mein Daddy saß euren Daddys im Krieg im Nacken«, warf Rollie ein, der sich durch Dieters vorgetäuschten Angriff offenbar herausgefordert fühlte.

Dieter meinte darauf traurig: »Unsere Papas sind tot. Gefallen in Russland.«

»Ja, diese verdammten Kommunisten!« Rollie schrie fast und trommelte dazu noch mit seinen Fäusten auf den Tisch. Ich probierte gerade die neue Methode, Messer und Gabel zu halten, aus und wurde von seinem Ausbruch derart überrascht, dass ich meine Gabel fallen ließ. Klappernd landete sie auf dem Teller. Nach einem belustigten Blick in meine Richtung sprach Rollie weiter: »Also, ich sage, ihr seid Veteranen und verflucht noch mal würdig, den Pearl Harbor Day zu feiern.« Er blickte in die Runde. Es war niemand dazugekommen, aber das hielt Rollie nicht davon ab, für alle Fälle eine düstere Drohung auszustoßen. »Jeder, der etwas anderes behauptet, soll vortreten und es mit mir ausfechten!« Die Deutschen waren dankbar, derart verteidigt zu werden, auch ohne bedroht zu sein.

Die jungen Ingenieure wandten sich wieder mir zu. Ich nahm meine Gabel und lächelte matt. »Ich erkläre auch unseren Sonny hier zum Veteranen«, sagte Frank, als wollte jemand das bestreiten. »Nach allem, was ich über seine Raketen dort unten in Cape Coalwood weiß, hat er mehr Kampfhandlungen gesehen als Audie Murphy.«

Rollie nahm einen großen Schluck Eistee. »Dann sind wir uns also einig. Wir sind alle Veteranen, und das heißt, dass wir feiern werden.« Er warf Frank einen verschlagenen Blick zu. »Und jetzt frage ich mich, wie wir das am besten tun sollten.«

Frank schien gründlich zu überlegen. Schließlich sagte er: »Ich werde euch sagen, was wir tun müssen, jeder einzelne lebenslustige Richard Nixon an diesem Tisch. Nach dem Essen müssen wir rauf zu John Eye Blevins' Schnapspalast, um uns schon mal richtig einzustimmen, bevor wir rüber nach Cinder Bottom fahren. Wir zeigen es den verdammten Japsen, ein Angriff im Jahrhundert ist genug!«

Rollie sah Frank mit unterwürfiger Bewunderung an und sagte: »Himmel noch mal, wenn das kein Feiertag ist!«

Als die Deutschen sich interessiert zeigten, sah Frank mich an. »Du bist doch dabei, oder?«

»Ich könnte etwas Alkohol brauchen«, sagte ich. Es war eine unschuldige Bemerkung. Ich meinte damit, dass ich Alkohol für unseren Zinkosprit brauchte, aber mein Kommentar wurde natürlich missverstanden und brachte mir eine Runde Johlen und Gebrüll von Frank und Rollie ein.

»Wir könnten auch etwas Alkohol brauchen, Junge!«, brüllte Rollie. »Vor allem, nachdem dein alter Herr uns ständig durch seine Grube schleift! Was ist mit Cinder Bottom? Bist du mit dabei?«

»Nicht, wenn mir mein Leben lieb ist«, erwiderte ich. »Meine Mom würde mich umbringen.«

»Wie sollte sie das erfahren?«, fragte Frank.

Fast hätte ich gelacht. »Meine Mom weiß vermutlich, dass wir uns jetzt hier unterhalten«, erwiderte ich.

Die jungen Ingenieure sahen mich verdutzt an. »Wie geht das denn?«, staunte Rollie.

»Wir sind in Coalwood«, sagte ich und beließ es dabei. Wenn man nicht hier lebte, ließ es sich schwer erklären.

Sobald das Abendessen beendet war, gingen Frank und Rollie nach draußen und auf Franks alten DeSoto zu. Die hintere Stoßstange fehlte, und der rechte Kotflügel hatte arge Beulen. Die Lackierung war so stumpf und ausgeblichen, dass die ursprüngliche Farbe nicht mehr zu erkennen war, im Licht der Straßenlampe vor dem Club House wirkte der Wagen mehr oder weniger grau. Ich kletterte zusammen mit Dieter und Gerhard auf den Rücksitz. Frank bog an der Community Church rechts ab und raste die Straße entlang, musste dann aber das Tempo auf der unbefestigten Schotterstraße drosseln, die den Anfang von Snakeroot Hollow markierte. Der DeSoto tuckerte brav dahin, doch die Gänge schienen zu haken. Das allerdings lag wohl eher an Franks Unfähigkeit, mit der manuellen Schaltung umzugehen, als am Getriebe des DeSotos.

Mit ihren hell erleuchteten Fenstern wirkten die kleinen weißen Häuser in der Senke gemütlich und warm. Keiner hielt sich draußen auf. Es war zu kalt. Snakeroot war eins der beiden Viertel für Schwarze in Coalwood – Mudhole das andere –, aber ich kannte fast jeden, der hier wohnte, jedenfalls entlang der ersten achthundert Meter. Dann kam ein langes Waldstück, dahinter eine weitere Ansiedlung aus älteren, heruntergekommeneren Häusern, zu denen auch das von John Eye Blevins gehörte. John Eye hatte vor langer Zeit in der Grube einen Fuß verloren, doch aus irgendeinem Grund hatte die Gesellschaft ihm erlaubt, weiter im Ort zu bleiben. Er verkaufte seinen hausgebrannten Alkohol, in seinem Haus fanden Pokerrunden statt, und er nahm für so gut wie alles Wetten an, darunter auch für die Big-Creek-Footballspiele. Nie hatte ich jemanden ein schlechtes Wort über John Eye sagen hören. Vermutlich war das, was er machte, ganz im Sinne der Gesellschaft und der Stadt. Das war auch wieder so eine Eigenart von Coalwood.

Frank und Rollie, gefolgt von Dieter, Gerhard und mir, stürmten polternd auf John Eyes Veranda und hämmerten gegen die Tür. Sie führten sich auf, als wären sie bereits betrunken, aber vermutlich war das die typische Ausgelassenheit junger Ingenieure. Mrs. Blevins, ein Koloss von einer Frau, öffnete und sah uns finster an. »John Eye!«, rief sie mit einer überraschend lieblichen Stimme über die Schulter. »Frank und Rollie sind hier, Schatz. Und Sonny Hickam. Und noch ein paar Krauts, so wie sie aussehen.«

Mrs. Blevins trug ein gelbes Kleid mit grünen Fransen. Bei jedem ihrer Schritte sah es aus, als würde sich hohes Gras im Wind wiegen. Sie zog die Tür weiter auf und ließ uns herein. Ich wusste bereits, dass das Haus winzig war. Neben der Eingangstür stand eine alte kaputte Couch. Ein paar durchgesessene Sessel lehnten an der gegenüberliegenden Wand. In einem dunklen Winkel lief auf einem alten Plattenspieler Musik, die hauptsächlich aus Blechblasinstrumenten und Schlagzeug ohne erkennbare Melodie zu bestehen schien und von der ich annahm, dass es Jazz war. John Eyes massiger Leib schob sich durch den Perlenvorhang, der in seine Küche führte. Ich erhaschte einen kurzen Blick auf die Pokerrunde, die nie ein Ende zu finden schien. Es waren vier Männer, einer von ihnen war weiß. Wer er war, konnte ich nicht erkennen, weil seine Karten sein Gesicht verdeckten.

»Sonnyboy!«, begrüßte John Eye mich mit seinem wummernden Bass. »So spät am Abend willst du noch Raketentreibstoff?«

»Er feiert den Pearl Harbor Day«, erläuterte Frank taktvoll. »Wir sind alle Veteranen, wissen Sie.«

John Eye beachtete ihn gar nicht. Der Stammkunde war wohl ich. »Ich habe drei Einmachgläser von deinem Spezialgebräu fertig«, sagte er. »Ich hol sie dir, wenn du sie haben möchtest.«

»Ja, Sir!« Natürlich wollte ich das. Dann fiel mir ein, dass ich kein Geld dabeihatte. »Kann ich das auch nächste Woche zahlen?«

»Wir übernehmen das!«, prahlte Rollie und klopfte auf seine Gesäßtasche. »Wenn wir ein Glas davon zum Trinken abbekommen.«

John Eye sah mich zweifelnd an. »Das Zeug von Sonny ist reinster Alkohol, da ist kein Tropfen Verschnitt drin«, sagte er. »Das löst eure Eingeweide auf.«

»Genau nach unserm Geschmack!«, meinte Rollie tapfer. Wer den Schmerz nicht kennt, ist oft tapfer.

John Eye rollte mit den Augen, stapfte aber mit seinem Holzfuß nach hinten und kam mit einem Papiersack zurück. Darin drei große Einmachgläser mit meinem Zinkosprit-Alkohol. Rollie und Frank zogen beim Nesteln in ihren Brieftaschen eine ziemliche Show ab, ohne fündig zu werden. Sie schauten die Deutschen an. Dieter verstand die Botschaft, kramte in seiner Tasche und holte ein paar von der Gesellschaft ausgegebene Münzen heraus. John Eye nahm sie, zog die Kosten ab – insgesamt sechs Zechendollar – und gab ihm dann das Restgeld zurück. Mrs. Blevins trug ein Tablett mit winzigen Kristallgläsern herein. Frank gab den Gastgeber und schenkte jedem von uns ein. Ich gestand, dass ich nichts davon trinken durfte. »Bringt dem Jungen ein Wasser«, sagte Frank, und damit war ich aus dem Schneider. Vermutlich hatte er Angst vor meiner Mutter.

Ich hatte schon mal was davon probiert, als Roy Lee mich beim ersten Mal zu John Eye mitgeschleppt hatte, um unseren Zinkosprit zu kaufen, und ich wusste, dass er tödlich war. Es war hundertprozentiger Alkohol und stieg einem vom Magen direkt in den Kopf und tötete dort ganze Zellenareale. Ich war ein wenig in Sorge um Frank und Rollie. Allzu viele Gehirnzellen schienen sie nicht zu verlieren zu haben.

Frank hob sein Glas. »Auf all die toten Männer von Pearl Harbor und jeden Mann, der je in Amerikas Kriegen gekämpft hat«, verkündete er feierlich. Dann ergänzte er: »Und auch auf die Deutschen, bis auf die verdammten Nazis, abgesehen von Dieter und Gerhards Daddys.«

»*Prost!*«, brüllten die Deutschen. Sie kippten das Gesöff hinunter. Sofort husteten und röchelten sie und bekamen wässrige Augen – die Standardreaktion auf Zinkosprit-Alkohol. Frank und Rollie sahen zu und machten es ihnen dann mit demselben Ergebnis nach. Ich wusste, wie sie sich fühlten. Es war, als würde man flüssiges Feuer trinken.

Rollie keuchte und beugte sich dann vornüber, um würgend auszuatmen. Frank klopfte ihm auf den Rücken.

»Gut gemacht, Rollie!«, schrie er. »Mach den Japsen die Hölle heiß!«

Drei Runden später waren die vier jungen Männer alle beduselt. Und da fing Frank zu weinen an. »Was'n los, Frank?«, erkundigte Rollie sich besorgt. »Dem alten Rollie kannst du's doch sagen.«

»Ist wegen 'ner Frau, was denn sonst?«, jammerte er. Der Zinkosprit-Alkohol hatte ihn offensichtlich rührselig werden lassen.

»Soso«, meinte Rollie.

Die beiden Deutschen, deren Gesichter gerötet waren und die nicht mehr geradeaus schauen konnten, verfolgten das tiefgründige Gespräch der beiden Amerikaner voller Bewunderung. »Soso«, sagte Dieter, und Gerhard wiederholte es.

Frank erhob sich schwankend und stöhnte: »Eine Frau ist was Kostbares.« Er ließ sein Glas fallen. Es rollte über den Fußboden. Frank verfolgte es mit glasigem Blick. »Aber verdammt sollen sie sein!«, rief er. »Sollen alle in der Hölle schmoren!«

»Ganz genau!«, sagte Rollie, erhob sich taumelnd von der Couch und legte den Arm um Frank.

Die Deutschen glotzten nur mit hängender Kinnlade.

Tränen liefen über Franks rosige Wangen. »Ich mussie haben, Rollie«, lallte er.

»Wer ist sie denn?«, rief Rollie. »Sag's mir und ich hol sie dir, damit du sie gleich hier haben kannst!«

Die Deutschen standen im Bann der jungen Ingenieure. »Hör dir das an«, sagte Dieter mit Blick in sein leeres Glas, dessen Rand er dann ableckte.

Frank stöhnte. »Sie ist in Cinder Bottom. Du kennst sie, Rollie. Wieheißtsienochmal?«

Rollie runzelte die Stirn. Offensichtlich dachte er angestrengt nach. »Das Mädchen mit dem Glasauge?«

»Genau die!« Frank weinte. »Wieheißtdiedenn?«

»Velma«, sagte Rollie.

»Velma! Mein Gott, wie ich dieses Mädchen liebe!«

»Aber hat sie dich nicht aus ihrem Zimmer geworfen, als du versuchst hast, sie reinzulegen?«

»Ja! Das ist sie!«, rief Frank laut. »Und ich hab's getan. Wollte sie mit 'nem Zweidollarschein bezahlen. Dachte mir, sie hält ihn für'n Zwanni. Jetzt muss ich Velma sagen, wie leid es mir tut, ihr zeigen, wie sehr ich sie liebe. Wenn ich bloß 'nen Zwanni hätte.«

Dieter wischte sich eine Träne ab und zückte seine Geldbörse. Er dachte nach. Rollie sah sie und schnappte sie ihm weg. »Du willst sicher was spenden, Dieter, stimmt's?«

»Ich weiß gar nicht, ob ich einen Zwanni habe«, meinte Dieter. »Was ist ein Zwanni?«

Rollie filzte den Geldbeutel. »Ne, hast du nicht. Aber drei Zehner.« Er zog sie aus Dieters Geldbeutel und hielt sie Frank hin. »Tut's das auch?«

Frank glotzte die Scheine an. »Das ist aber kein Zwanni«, sagte er und griff danach, »aber wenn ich ein bisschen bettle, reicht's vielleicht.« Er stopfte sich das Geld in die Tasche. »Gleich werd ich's wissen!« Er schlurfte zur Tür.

Rollie torkelte Frank hinterher, fiel aber aufs Gesicht. »Ich komme mit«, erklärte er dem Fußboden.

Frank stakste nach draußen und verschwand in der Dunkelheit. Dieter und Gerhard sackten auf der Couch zusammen und musterten die Zimmerdecke. Da hingen ein paar Spinnweben, aber sonst konnte ich nichts Interessantes entdecken. Ein kalter Luftzug wehte herein, weil Frank die Tür offen gelassen hatte.

Hinter dem Perlenvorhang murmelten die Pokerspieler. Ich trat hinaus auf die Veranda, um zu sehen, wie weit Frank gekommen war. Er saß auf der Kühlerhaube seines Autos. Es sah aus, als würde er ein Nickerchen machen. Ich ging wieder hinein, schloss die Tür und stellte mich darauf ein, so lange zu warten, bis einer wieder nüchtern genug war, um mich aus dem Tal nach Hause zu fahren. Bei dieser Kälte zu Fuß zu gehen war nicht verlockend. Vermutlich hätte ich die ganze Nacht lang warten können, aber die Perlenschnüre teilten sich, und kein anderer als Tag Farmer kam heraus. Er trug keine Uniform, nur ein kariertes Hemd und Kakihosen. Mir dämmerte, dass er der weiße Mann war, den ich hinten beim Pokerspiel gesehen hatte. Er nahm die Szene in sich auf. »Komm mit, Sonny«, meinte er. »Wir bringen dich und diese Jungs nach Hause.«

Ich begleitete Tag zu seinem Wagen, den er diskret in einem Wäldchen hinter einer Biegung geparkt hatte. John Eye und einer seiner Kumpel luden Frank, Rollie, Gerhard und Dieter auf der Rückbank ab. Arme und Beine der Männer lagen kreuz und quer durcheinander. Ich stieg vorne ein, und Tag fuhr uns durchs Tal. In Anbetracht der gesättigten Alkoholausdünstung der bewusstlosen Mitfahrer auf dem Rücksitz hätte es gefährlich werden können, ein Streichholz anzuzünden. Ich hielt meine Papiertüte mit den beiden kostbaren Einmachgläsern Zinkosprit fest umklammert. Tag meinte nur: »Mir ist noch kein einziger Bergassessor begegnet, der auch nur einen Funken Verstand hatte.«

»Zwei von ihnen sind Deutsche«, erwiderte ich.

»Eine Gans bleibt eine Gans, egal, woher sie angeflogen kommt«, meinte Tag.

15. Ein hübsches Paar

Tag half Frank und ich half Rollie, ins Club House zu kommen. Dieter und Gerhard halfen sich gegenseitig. Mrs. Davenport war für Frank und Rollie aufgeblieben, als wäre das ihre nächtliche Pflicht, was es vermutlich auch war. »Diese Jungs«, sagte sie mit beinahe mütterlichem Stolz. »Fast jeden Abend nehmen sie sich vor, nach Cinder Bottom zu gehen, aber ich denke, geschafft haben sie es bisher nur einmal.«

Sie ging voraus in den ersten Stock und öffnete die Zimmer der beiden mit dem Generalschlüssel, den sie an einem Bindfaden um ihr Handgelenk trug. In jedem Raum standen ein Bett, ein Tisch und zwei Stühle. Die Toilette befand sich auf dem Gang. Für mich waren das die trostlosesten Zimmer, die ich je gesehen hatte, und ich war froh, kein Bergassessor zu sein. Die Unterkünfte der Deutschen waren auch nicht besser.

Ich suchte die Toilette auf. Als ich zurückkam, war Tag bereits gegangen. Ich ging nach draußen, um mich mit meinem Fahrrad auf den Weg zu machen, aber bevor ich aufbrechen konnte, kam eine Frau die Verandastufen hoch. Ich erkannte sie, obwohl sie ihren Mantel hochgeknöpft hatte und ein Kopftuch trug. Es war Dreama Jenkins. Sie hielt sich ein rotes Halstuch vor den Mund.

Als der Schein der Verandalampe auf ihr Gesicht fiel, sah ich, dass es gar kein rotes Halstuch war, sondern ein blutgetränktes weißes Taschentuch. Außerdem war ihr linkes Auge von einem Bluterguss zugeschwollen. Mrs. Davenport lief ihr entgegen. »Oh Gott, Mädchen, was ist denn mit Ihnen passiert?« Sie zog das Taschentuch beiseite und untersuchte Dreamas Gesicht.

Dann entdeckte sie mich. »Ruf Doc Lassiter, Sonny. Und zwar schnell.«

»Ich brauche nur ein Zimmer. Brauch keinen Arzt«, brachte Dreama über ihre geschwollenen Lippen.

»Doch, Sie brauchen einen und Tag Farmer dazu. Was ist das denn?« Sie untersuchte auch Dreamas Mund. »Ach du lieber Gott, Sie haben einen Schneidezahn verloren.«

Dreama presste sich das blutige Tuch an den Mund. Sie fing wieder an zu weinen. »Ja, Ma'am«, murmelte sie.

»Dann brauchen Sie auch Doc Hale«, sagte sie. »Er müsste bald wieder zu Hause sein.« Doktor Hale, der Zahnarzt der Gesellschaft, wohnte im Club House in einem der vornehmen Apartments im Erdgeschoss.

Ich folgte den beiden Frauen. Mrs. Davenport führte Dreama in den Salon und ließ sie auf einem der vornehmen Ohrensessel Platz nehmen. In einer Nische unter der Treppe stand ein Telefon. Ich wählte 226, die Nummer von Doc Lassiter. Belegt. Dann wählte ich die 555. Tags Mutter versprach mir, ihm auszurichten, dass er zum Club House zurückfahren solle, sobald er nach Hause kam.

Als ich Mrs. Davenport Bericht erstattete, dass Tag kommen würde, beim Doc aber belegt sei, meinte sie: »Lauf doch zu Doc Lassiters Haus. Sag ihm, er soll auflegen und zusehen, dass er seinen Hintern hierherbewegt.«

Das Haus des Doktors lag achthundert Meter vom Club House entfernt. Ich rannte die Straße hinunter, bog beim Haus der Dantzlers ab und lief an den Apartments entlang. Der Doc meinte, er habe telefoniert, nahm seine schwarze Tasche, und wir brachen zusammen auf. Es lohnte nicht, für die kurze Strecke den Wagen zu nehmen. Als wir am Haus der Dantzlers vorbeiliefen, kam Ginger in ihrer Big-Creek-Jacke heraus. »Mrs. Davenport hat angerufen, weil sie wissen wollte, ob Doktor Hale bei uns zu Besuch ist«, sagte sie. »Und jetzt sehe ich dich mit dem Doc vorbeilaufen. Was ist denn los?«

190

Ich blieb stehen, während der Doc weiterlief. Schnell erklärte ich Ginger, was passiert war. »Ich komme mit dir«, sagte sie.

»Das solltest du besser nicht«, sagte ich. »Sie ist ziemlich übel zugerichtet.«

»Sei doch nicht albern, Sonny. Natürlich komme ich mit. Ich kenne Dreama. Lass uns gehen!«

Mit schnellen Schritten liefen wir zum Club House. »Wie war New York?«, fragte ich sie.

»Einfach wunderbar. Warst du schon mal dort?«

»Ich war mal in Myrtle Beach«, sagte ich.

Sie lachte und nahm meinen Arm, als wir die Stufen zum Club House erklommen. Ihre Berührung ließ mich erröten. »Ich fühlte mich dort so lebendig, Sonny! Die vielen Menschen, die irgendwohin unterwegs waren, alles so emsig, so schick. Ich war sogar Schlittschuh fahren am Rockefeller Center. Du hättest mich sehen sollen! Ich bin nur ein einziges Mal hingefallen!«

»Du warst bestimmt das hübscheste Mädchen dort«, sagte ich und musste wegen meiner eigenen Dreistigkeit schlucken.

Aber Ginger sagte nur: »Besten Dank, Sir.«

Ich sah, dass meine Nachricht Tag erreicht hatte. Sein Wagen stand vor dem Club House. Mrs. Davenport hatte dafür gesorgt, dass Dreama sich auf die Couch im Club House legte. Ginger und ich warteten in der Diele, bis der Doc fertig war. »Ich habe die Wunden gesäubert«, sagte er zu Tag und Mrs. Davenport. »Mehr kann ich nicht für sie tun. Ich könnte ihr anraten, Eis auf ihre Lippen und ihr Auge zu legen, aber das wird sie nicht tun. Genäht werden muss nichts. Die Zeit wird auch diese Wunden heilen.«

»Was ist mit dem Zahn?«, wollte Mrs. Davenport wissen.

»Das fällt in Eddie Hales Bereich«, meinte der Doktor, »und dürfte ziemlich teuer werden. Eddie arbeitet nur für die Leute aus Coalwood, und sie ist nicht von hier.« Als er Mrs. Davenports missbilligenden Blick sah, ergänzte er: »Mir gefällt das genauso wenig wie Ihnen, Helen, aber so sind nun mal die Regeln. Wenn sie nicht verheiratet ist, ist sie keine Coalwood-Frau. Da zählt es nicht, in wessen Bett sie schläft.«

Tag sah Dreama an, während Doc Lassiter seine Tasche packte. »War das Cuke, Ma'am?« Sie wandte sich ab, und Tag schaute zu Ginger und mir. »Ich muss ihr noch einige Fragen stellen, die nicht für Gingers Ohren gedacht sind, Sonny.«

Ich nickte verständnisvoll und führte Ginger in den Speisesaal. Der gebohnerte Holzboden knackte unter unseren Füßen. Es war ein riesiger Raum mit einem Kamin am Ende. In der Ecke stand ein Klavier. Hier fanden sämtliche von der Gesellschaft ausgerichteten Feste statt. Einmal hatten Jake und eine Sekretärin auf einer Weihnachtsfeier einen anzüglichen Tanz hingelegt und waren dann in den Tisch gestürzt, auf dem das Nachtischbüfett aufgebaut war. Mein Dad hatte ihn daraufhin nach draußen befördert und in den Schnee geschmissen. Vermutlich wäre er dort erfroren, wenn er nicht bis oben hin voll mit John Eyes Gefrierschutz gewesen wäre und Jim und ich ihn nicht hoch auf sein Zimmer geschleift hätten. Diese Geschichte erzählte ich Ginger. Lachend klatschte sie in die Hände. »Da wäre ich gern dabei gewesen!«

Ich wollte sie gerade fragen, warum sie nicht dabei gewesen war, aber dann fiel mir ein, dass dies Gingers erstes Jahr auf der Highschool war. Um zu einer solchen Party eingeladen zu werden, musste man alt genug sein. »Wie alt bist du, Ginger?« In dem großen Raum hallte meine Stimme.

»Im Januar werde ich fünfzehn«, sagte sie. »Warum?« Dann frotzelte sie: »Hast du Angst, ich könnte zu jung für dich sein?«

»Ach, nur so«, sagte ich, obwohl das nicht ganz stimmte. In Wahrheit interessierte mich plötzlich alles brennend, was mit Ginger Dantzler zu tun hatte. Doch dann fiel mir wieder ein, dass sie bereits einen Freund hatte, und meine Begeisterung flaute ab.

Offenbar war mir das anzusehen. »Was ist denn?«, fragte sie.

»Erzähl mir mehr von New York«, bat ich.

Sie grinste und drehte sich mit ausgestreckten Armen im Kreis. »Sie haben mir gesagt, dass ich Talent habe. Ich bräuchte nur ein wenig Korrepetition. Mom meint, ich kann mir jedes College aussuchen und Gesang studieren! Ich werde alles lernen!«

Eine plötzliche Einsicht traf mich wie ein Ziegelstein. »Du bist ein Rocket Girl«, sagte ich.

Sie hörte auf herumzuwirbeln und schlang sich die Arme um den Körper. »Ich bin ein was?«

»Du bist ein Rocket Girl. Genauso, wie ich ein Rocket Boy bin, mit einem Plan, aufs College zu gehen und alles zu lernen, was man über Raketen wissen muss, damit ich dann nach Cape Canaveral gehen kann. Du bist wie ich, nur dass du alles über deine Musik lernen wirst und dann nach New York oder Atlanta oder vielleicht sogar nach Hollywood gehst. Du bist ein singendes Rocket Girl.«

Die Freude auf ihrem Gesicht war nicht zu übersehen. »Das bin ich wohl!« Sie schaute sich in dem Saal um, und dabei fiel ihr Blick auf das alte Klavier, das in der Ecke stand. »Kannst du noch spielen?«

»Das bezweifle ich.«

»Oh doch, das kannst du, ich weiß es. Meine Mom ist eine viel zu gute Lehrerin, als dass du es hättest vergessen können.« Sie zerrte mich am Arm zum Klavierhocker, schubste mich darauf und setzte sich neben mich. »Dein Spiel hat mir immer gefallen. Es war immer sehr schwungvoll.«

»Ich habe schnell gespielt. Weil ich es hinter mich bringen wollte.«

»Lass uns gemeinsam spielen«, forderte sie mich auf.

Ich legte meine Hände auf die Tasten. Meine Rechte legte sich ganz automatisch so, dass mein Daumen auf dem mittleren C und mein kleiner Finger auf dem A darüber zu liegen kamen. Der Mittelfinger meiner Linken lag auf dem F eine Oktave darunter. »Ich denke, ›All I Do Is Dream‹ kann ich noch«, sagte ich. Das war der Cape-Song.

»Dann spiel es für mich, Sonny«, sagte Ginger leise. Ich drehte mich zur Seite und sah ihr in die Augen. »Bitte«, bat sie mich.

Ich spielte, verhaspelte mich aber bei den ersten Takten. »Komm her«, sagte sie und rückte ganz nah. »Leg deine Hände auf meine.« Das tat ich und spürte ihre samtige Kraft. Sie spielte das Stück bis zum Ende mit präzisem Anschlag. Ich konnte sie riechen, eine berauschende Mischung von jungem Mädchen und Rosenblüten. Mein Herz schlug schneller. Sie beendete das Stück und löste ihre Hände von meinen. »Und jetzt spiel du es.«

Wie in Trance befolgte ich ihre Anweisung. Ich traf jede Note. Und dann sang sie. Ihre Stimme ließ mich an eine Halskette denken, jede Note war eine runde, glatte zierliche Perle.

Dream, dream, dream …
Only trouble is, gee whiz, I'm dreaming my life away …

Ich kam zum Ende, und Ginger hielt den letzten Ton. Dann erstarb ihre Stimme in einem Echo. Ich wandte mich ihr zu. Ich würde es tun. Es war mir egal, ob sie eine Million Verehrer in Welch hatte, die alle Besitzer eines Autohandels waren. Nicht einmal der Big-Creek-Liebesmeister kümmerte mich. Ich würde Ginger Dantzler zum Weihnachtsball einladen. Ich öffnete den Mund, aber bevor ich etwas sagen konnte, meinte sie: »Weißt du was? Du und ich gäben ein hübsches Paar ab.«

Mein Herz jubelte. »Das finde ich auch«, sagte ich begeistert. »Ginger, würdest du denn …?«

»Stuart kann so launisch sein«, fuhr sie fort.

»Ginger, würdest du mit mir …« Ich hielt inne. »Wer ist Stuart?«

Sie blinzelte mit ihren großen braunen Augen. »Er ist der Junge drüben in Welch, mit dem ich gehe.«

Mir fiel auf, wie vorsichtig sie es formulierte. Sie hatte nicht gesagt, Stuart sei ihr Freund. Er war »der Junge, mit dem ich gehe«. Ein subtiler, aber bedeutender Unterschied. Diesen Unterschied wollte ich gerade näher erforschen, als es in der Diele draußen laut wurde. Ginger stand auf. »Was ist?«, rief sie.

Ich folgte ihr und traf dort auf Cuke Snoddy im Flur. Mrs. Davenport versperrte ihm den Weg. »Sie sind hier nicht willkommen, Cuke«, sagte sie.

Er schaute an ihr vorbei in den Salon. »Dreama, ich möchte, dass du jetzt sofort nach Hause kommst«, sagte er.

Dreama, die auf der Couch lag, schüttelte den Kopf und wandte sich ab.

Tag trat in die Diele. »Gehen Sie nach Hause, Cuke. Um Sie kümmere ich mich später.«

»Ich hab doch nix getan«, wehrte er ab. »Sag's ihnen, Dreama! Du bist doch die Treppe runtergefallen, oder?«

Dreama nickte. »Ja, Cuke. Ich bin gestürzt.« Sie hörte sich benommen an.

»Altes tollpatschiges Mädchen«, sagte Cuke.

Mrs. Davenport verpasste Cuke einen Stoß gegen die Brust. »Verschwinden Sie aus meinem Club House, Cuke, oder ich hole meine Pistole und schieße sie gleich hier vor Tag und Gott und allen anderen über den Haufen, ich schwör's. Sie ist nicht gestürzt. Sie haben sie niedergeschlagen.«

Höhnisch erwiderte Cuke: »Wenn Sie mich erschießen, gehen Sie für den Rest Ihres Lebens nach Moundsville.«

Tag lachte. »Wenn sie Sie erschießen würde, bekäme sie einen Orden, Cuke. Sie gehen jetzt. Tun Sie, was ich sage. Bringen Sie mich nicht dazu, handgreiflich werden zu müssen. Und das würde ich, wenn es nicht anders geht.«

Tag Farmer sprach keine leeren Drohungen aus. Es waren Versprechungen. Cuke machte auf dem Absatz kehrt und flüchtete. Tag schaute ihm hinterher, schüttelte den Kopf und kehrte in den Salon zurück. Mrs. Davenport folgte ihm.

Nachdem er sich noch mal mit Tag besprochen hatte, kam der Doktor raus in die Diele. Seine Augen wanderten von Ginger zu mir. »Wie geht's deinen Eltern?«, fragte er mich.

»Denen geht's gut, Sir.«

Er sah mich ungläubig an. »Homer und Elsie bekomme ich wohl nur zu Gesicht, wenn sie schon so gut wie tot sind. Behalt sie im Auge, Sonny Hickam. Hörst du, Junge? Und was tun wir hier noch so spät an einem Schulabend, Miss Ginger?« Er hatte eine Augenbraue so weit hochgezogen, dass sie aus seiner Stirn zu springen schien. »Komm, meine Liebe. Ich begleite dich nach Hause.«

Ginger berührte meinen Arm. »Ich fand den Abend wunderbar.«

»Ich auch«, erwiderte ich, und dann führte der Doc sie weg. *Er ist der Junge, mit dem ich gehe.* Über diesen Satz musste ich nachdenken. Ich hätte gern Roy Lees Rat dazu eingeholt, aber der Big-Creek-Liebesmeister hatte seine eigenen Vorstellungen von meinem Liebesleben, und darin kam Ginger nicht vor. Vielleicht könnte ich eine Tarnung erfinden. *Weißt du, Roy Lee, ich kenne da diesen Jungen …* Ich schüttelte den Kopf. Es war hoffnungslos.

Tag kam zusammen mit Dreama und Mrs. Davenport in die Diele. Dreama hielt den Kopf gesenkt, sodass ich ihr Gesicht nicht sehen konnte. Dann gingen die beiden Frauen an mir vorbei und hinaus ins Freie. »Wohin gehen sie?«, fragte ich Tag.

Er gähnte und streckte sich. »Sie gehen raus zu meinem Wagen und führen dort hoffentlich ein Gespräch von Frau zu Frau. Und danach werde ich sie mitnehmen.«

»Wohin will sie denn?«, fragte ich.

Der Polizist zuckte mit den Schultern und meinte: »Sie will nach Hause.«

Ich war fassungslos. »Zu Cuke Snoddy?«

»Ja.«

»Nachdem er sie verprügelt hat?«

»Lass dir eins gesagt sein, Sonny. Das Herz einer Frau ist unergründlich. Wenn sie sich erst mal einen Mann in den Kopf gesetzt hat, braucht es mehr als nur einen ausgeschlagenen Zahn, um ihre Meinung zu ändern. Cuke ist außerdem ihre Verbindung zu Coalwood, und sie hat recht hochtrabende Vorstellungen von diesem Ort hier, als wäre er was Besonderes. Kurz gesagt, sie möchte zu unserer Stadt gehören, und Cuke ist der Einzige, der ihr das ermöglicht.«

Ich begriff es noch immer nicht. »Sie meinen also, sie lässt sich bereitwillig vermöbeln, nur um in Coalwood bleiben zu können?«

Tag ließ die Schultern hängen. »Vielleicht muss man von hier weggehen oder gar nicht erst von hier sein, um das zu verstehen. Übrigens ist Cleo Mallett bereits an mich herangetreten und hat mich gebeten, das Mädchen aus der Stadt zu jagen. Das werde ich nicht tun, aber auf die ein oder andere Weise werden Cleo und ihre Meute das schon schaffen.«

»Warum hassen die sie so sehr?«

Er gähnte. »Vielleicht tun sie's jetzt nicht mehr, nachdem ihr ein Zahn ausgeschlagen wurde. Sie wird genauso gewöhnlich aussehen wie sie.« Er warf einen Blick auf seine Armbanduhr. »Soll ich dich nach Hause fahren?«

»Ich habe mein Fahrrad da.«

Er nickte. »Eine Sache noch, Sonny.«

»Sir?«

»Ich halte es für keine gute Idee, dass du dich mit den jungen Ingenieuren herumtreibst.«

»Ja, Sir.«

Er betrachtete mich. »Ihr seid ein hübsches Paar, du und Ginger«, meinte er.

»Wir sind nur Freunde.« Ich rammte meine Hände in die Taschen meiner Jeans.

Tag lächelte. »Ja, das sehe ich.«

16. Roy Lees Klage

Am nächsten Morgen wurde ich wach, weil ich unten Stimmen hörte. Ich zog mich an und schlich die Treppe hinunter, um zu sehen, wer es war. Ich bin von Natur aus neugierig. Einmal ertappte Mom mich beim Lesen eines Liebesbriefs von Jims damaliger Freundin und meinte: »Neugier ist der Katze Tod.«

»Das stimmt«, sagte ich und überflog den Brief, so schnell ich konnte, »aber die Befriedigung erweckt sie wieder zum Leben.«

Sie meinte darauf: »Sollte ein gewisser Kater nicht damit aufhören, seiner Mutter mit dummen Sprüchen zu antworten, und den Brief nicht wieder dorthin zurücklegen, wo er ihn entwendet hat, wird sehr viel mehr als Befriedigung nötig sein, um ihn wieder lebendig zu machen.«

Ich sagte: »Ja, Ma'am«, obwohl es gerade erst interessant wurde.

Nun lugte ich ins Wohnzimmer und sah Dad mit Woody Blankenship, einem seiner Steiger. Beide hatten müde Gesichter. Ich fragte mich, wann sie wohl das letzte Mal geschlafen hatten. Mr. Blankenship saß über ein Klemmbrett gebeugt, das auf seinen Knien lag, und hatte einen Bleistift gezückt, während Dad aus einem kleinen braunen Buch vorlas, das ich als sein Zechentagebuch erkannte. Mir fiel auf, dass sowohl Dad als auch Mr. Blankenship nur Socken an den Füßen trugen. Ihren Damen erlaubte Mom, mit hochhackigen Schuhen ins Haus zu kommen, aber vor Rocket Boys und Steigern schützte sie ihre Hartholzböden.

»Gestern ist das Getriebe des Fräsladers am nördlichen Abbaustoß heiß gelaufen und ausgebrannt«, las Dad vor und rieb sich die Augen.

Mr. Blankenship nickte und meinte: »Treadwell hat Angst. Jedes Mal, wenn er einen tiefen Schnitt macht, springen seine Leute ab, so schnell sie können. Und auf diese Weise läuft das Getriebe heiß.«

Dad starrte auf sein Notizbuch, als würde Mr. Treadwell herausspringen und ihm eine Erklärung liefern. »Hm«, brummte er und gähnte dann. Ich wurde vom bloßen Hinsehen müde.

»Dubonnet kam zu mir, während ich das Brandschutzkommando in seinem Abschnitt führte«, ergänzte Mr. Blankenship, »meinte, er habe mit den Kumpeln in 11 East gesprochen und wir sollten abziehen.«

Dad sagte finster: »Erinnern Sie John Dubonnet beim nächsten Mal daran, dass ich die Zeche leite und nicht er. Und halten Sie ihn von diesem Abschnitt fern. Er braucht nicht zu erfahren, was wir dort machen.«

Mr. Blankenship machte sich eine Notiz. Dad schien meine Anwesenheit gespürt zu haben. Er warf einen kurzen Blick in meine Richtung, wandte sich dann aber genauso schnell wieder seinem Tagebuch zu. Mr. Blankenship lächelte schüchtern zu mir herüber. Ich nickte ihm zu. Daraufhin klappte Dad sein Tagebuch zu und sicherte sich so wieder die Aufmerksamkeit. »Ich werde Treadwell austauschen. Der Nordstoß in 11 East gehört Ihnen, Woody. Suchen Sie sich die besten Leute aus und lassen Sie diese gleich morgen einfahren. Ich weiß, dass Sie kein Untersteiger mehr sind. Das ist nur vorübergehend, bis wir diese Pechsträhne überwunden haben. Sie informieren Treadwell, dass er raus ist, nehmen ihn aber noch eine Weile unter Ihre Fittiche und bringen ihm bei, wie man führt. Soweit ich das beurteilen kann, hat er auch keine Ahnung von Bewetterung. Bringen Sie ihm auch das bei.«

Mr. Blankenship notierte sich mit ausdrucksloser Miene Dads Anweisungen. Dann kam Dad darauf zu sprechen, wie viele Tonnen er aus anderen Abschnitten der Grube verladen sehen wollte, und ich verlor das Interesse. Aber ich hatte etwas gelernt. 11 East fraß Dads Steiger einen nach dem anderen.

In der Küche saß Mom am Küchentisch und starrte aus dem Fenster. Auf dem Herd blubberte der Perkolator. Ich machte mir einen heißen Kakao und einen Toast und nahm ihr gegenüber Platz. An einer von Moms Futterröhren pickte eine Spechtmeise. Eisige Schlieren überzogen die Fensterscheibe. Da hatte Väterchen Frost wohl über Nacht den Pinsel geschwungen. Ich warf einen Blick in den *Bluefield Telegraph*. Auf der Titelseite standen schlechte Nachrichten. »Oh nein!«, rief ich aus.

»Was ist passiert?«, fragte Mom erschrocken.

Die NASA hatte eine Rakete zum Mond gestartet, aber sie war kaum höher als tausend Meter über der Abschussrampe explodiert. Mom schien das nicht sonderlich zu beeindrucken. »Ihr Jungs fliegt doch auch so hoch, oder?«

»Höher«, sagte ich, ohne von dem Bericht aufzuschauen. »Siehst du, hier steht, die NASA habe eine *Atlas*-Rakete der Air Force verwendet und keine von Wernher von Braun. Daran wird's gelegen haben.«

Es schien ihr egal zu sein. »Werdet ihr an diesem Samstag das Weihnachtsgrün holen?«

Weihnachtsgrün nannte man in Coalwood die Kiefernzweige, die man zur Dekoration rund um Fenster und Türen verwendete und manchmal mit farbigen Lichterketten umwand. Wer in Coalwood nicht weihnachtlich schmückte, wurde als Rüpel gebrandmarkt. Auch wenn Mom nach Myrtle Beach ging, konnte sie das nicht riskieren. »Ja, Ma'am«, versprach ich. »Sherman begleitet mich.«

Mom nickte, seufzte und trank einen Schluck Kaffee. Sie wirkte niedergeschlagen. Ihre Augen wanderten zu ihrem

Wandgemälde. Ich konnte den übermalten Fleck am Himmel sehen. »Was weißt du über Möwen?«, fragte sie.

Ich dachte scharf nach. »Sie fliegen und leben am Meer.«

»Besten Dank, Professor Audubon«, schnaubte sie. »Ich dachte dabei eigentlich eher an die Form ihrer Flügel.«

»Ich könnte Quentin fragen«, schlug ich vor. Quentin hatte fast alle Bücher der McDowell County Library gelesen. Mit Sicherheit war er auch auf eins über Seevögel gestoßen.

»Wäre schön, wenn du das tätest«, sagte sie und sah mich dann wissend an. »Wie ich höre, warst du gestern Abend oben bei John Eye. Und dann ist mir auch noch zu Ohren gekommen, dass du und Ginger bei irgendeiner aufregenden Sache im Club House dabei wart, bei der es um Cukes Frau ging.«

»Alles, was ich tat, geschah auf Anweisung von Erwachsenen.« Sie hatte mich am Haken.

Sie grinste. »Zweifellos. Aber in diesem Haus stinkt es nach Schwarzgebranntem. Es wäre nett, wenn du dir was Besseres einfallen ließest, um das Zeug zu verwahren.«

»Ich kümmere mich darum«, versprach ich, obwohl mir als Behältnis für den Zinkosprit keine bessere Wahl als John Eyes Einmachgläser einfiel.

»Ich habe auch erfahren, dass du bis jetzt in allen Fächern nur Einsen hast.«

»Ja, Ma'am. Ich muss doch die Prüfungen schaffen.«

»Guter Junge.«

»Hat Dad dir von meinen Noten erzählt?«

»Nein, aber ich hab schon davon gehört. Dein Dad ist derzeit anderweitig beschäftigt, wie du ja weißt.«

»Ja, Ma'am.« Ich verkniff es mir, ihr zu erzählen, dass ich Dad von meinen Noten berichtet hatte und er sich darüber lustig gemacht hatte.

»Du kommst noch zu spät zum Schulbus«, meinte sie lakonisch.

Ich gab ein »Ja, Ma'am« zurück, doch dann fiel mir Dreama

ein. »Was denkst du, Mom, ob Doktor Hale sich vielleicht um Dreamas Zahn kümmern könnte? Sie hatte so ein hübsches Lächeln. Ich denke, da war sie stolz drauf.«

»Was kümmert dich das?«, fragte sie.

»Tut es nicht. Ich hab es mich nur gefragt«, erwiderte ich. Das entsprach nicht ganz der Wahrheit. Es war mir wichtig. Warum, wusste ich nicht. Es war einfach so.

»Ich frag mich auch gerade was«, sagte Mom. »Sie wird wohl nicht mehr lang hier sein. Dafür werden Cleo Mallett und ihre Mädels schon sorgen.«

»Tag meinte, Mrs. Mallett habe ihn gebeten, sie aus der Stadt zu jagen.«

»Das überrascht mich nicht«, sagte Mom. »Dieses Mädchen kam hierher und ist bei einem Mann eingezogen, ohne sich den anderen Leuten vorzustellen. Ich mag Cleo nicht besonders, aber in diesem Fall hat sie recht.«

»Aber es wäre gemein, ihren Zahn nicht zu reparieren«, erwiderte ich bedrückt.

Mom nickte. »Es ist gemein, das versichere ich dir.« Ich sah sie flehend an. Sie verstand, worauf ich hinauswollte. »Nein«, sagte sie. »Und jetzt los mit dir zur Schule.«

Ich erwischte den Bus gerade noch. Jack sah mich mit verschleiertem Blick an, zwischen den Zähnen ein kalter Zigarrenstumpen. »Wenn du so weitermachst, Sonny«, sagte er, »wirst du auch zu spät zu deinem Raketenstart zum Mond kommen, das schwör ich dir.«

Als ich in der Aula saß, bevor der Unterricht losging, und an meinen Hausaufgaben für Gemeinschaftskunde arbeitete, einem Vergleich zwischen unserer konstitutionellen Regierungsform und dem alten Athener Modell, rempelte Roy Lee mich an. »Sieh nur«, sagte er jedes Mal, wenn Melba June Monroe über den Flur kam. Sie schien an diesem Morgen sehr oft hin und her zu laufen. »Sieh doch.« »Sieh hin.« »Schau.«

»Wenn du mich noch einmal anrempelst, scheuere ich dir

202

eine, Roy Lee«, warnte ich ihn. »Glaubst du, es ist ein bloßer Zufall, dass viele Regierungsgebäude in Washington wie griechische Tempel gebaut sind?«

»Nein. Ja. Wen kümmert's? Schau!«

Ich schaute. Melba June sah richtig gut aus, so viel stand fest. Sie warf mir einen raschen Blick zu und flatterte mit ihren langen Wimpern. Dann blieb sie stehen, um sich mit einem Footballer zu unterhalten, Holder Wells. Holder schielte. Wenn man sich mit ihm unterhielt, wusste man nie, wie man sich hinstellen sollte, damit er einen auch ansah.

Roy Lee rempelte mich schon wieder an. Mir taten bereits die Rippen weh. »Da ist sie, Sonny! Ich habe sie schon instruiert. Du brauchst ihr nur noch die Frage zu stellen. Würde mich nicht überraschen, wenn sie dir gleich hier in der Aula einen Kuss gibt.«

Melba June hatte uns ihr Profil zugewandt. Ihr Pullover sah aus, als hätte man ihn ihr aufgemalt, und sie besaß ganz außergewöhnliche Kurven. »Sieh sie dir doch mal an«, forderte Roy Lee mich auf. »Sie ist bereit, und sie will *dich*!« Dann fing er zu singen an, zur Melodie des bekannten Songs »Brazil«. *»BH, du hältst, was ich so gernhab, BH, BH, BH ...«*

»Ich frage Ginger«, ließ ich ihn wissen.

Roy Lee ließ den Kopf hängen. »Wenn Dummheit Geld einbrächte, könntest du die ganze Schule kaufen«, klagte er.

Ich schubste Roy Lee weg und stand auf, um nach Ginger Ausschau zu halten, die ich dann in einer Gruppe anderer Zehntklässler erspähte. Es sah ganz danach aus, als würden sie Hausaufgaben machen, weshalb ich beschloss, sie später anzusprechen, vielleicht auf der Busfahrt zurück nach Coalwood. Stattdessen wollte ich mich auf die Suche nach Quentin machen, um in Erfahrung zu bringen, was er über die alten Athener wusste. Ich nahm mir auch vor, ihn wegen Moms Möwenflügeln zu fragen. »Schau doch!«, sabberte Roy Lee mir ins Ohr, als ich den Gang entlanglief.

An diesem Nachmittag saß Ginger nicht im Bus. Betty Jane meinte, Mrs. Dantzler habe sie von der Schule abgeholt, um mit ihr shoppen zu gehen. Sie wollte sich ein Kleid für den Weihnachtsball kaufen, erzählte Betty Jane und musterte dabei mein Gesicht. Gegen meinen Willen fiel es ein wenig zusammen. »Mit wem geht sie?«, fragte ich sauer. »Mit diesem Typen aus Welch?«

Betty Jane nickte. »Du hättest sie fragen sollen. Ich denke, sie wäre mit dir hingegangen.« Sie sah mich an. Auch Betty Jane war ein hübsches Mädchen. Welches Coalwood-Mädchen war das nicht? Ihr Vater war einer unserer Maschinenschlosser. Ihre Mutter arbeitete als Krankenschwester für Dr. Hale. »Wie geht's deinem Bruder?«, fragte sie.

»Ich denke, ganz gut«, sagte ich. »Warum?«

Sie lächelte versonnen. »Ich wünschte, er hätte mich zum Ball eingeladen.«

Und ich dachte: *Da geht es dir wie eine Million anderer Mädchen*, sprach es aber nicht aus. Ich fühlte mich so elend, dass ich anderen das gleiche Schicksal ersparen wollte. Stattdessen sagte ich: »Er hätte kein netteres Mädchen finden können«, und meinte das auch so.

17. Weihnachtsgrün sammeln

Am Samstagmorgen stand ich bei Sonnenaufgang auf, bereit, das Weihnachtsgrün zu holen. »Ich habe die Axt und die Säcke für dich auf die Gartenveranda gelegt«, sagte Mom, die wieder an ihrem Küchentischbüro saß. Sie war umgeben von dem Stapel mit den Immobilienbüchern sowie ihren üblichen Farbdosen und Pinseln. Ich aß rasch meinen Toast, trank den heißen Kakao und wollte dann los. »Hast du Quentin wegen der Flügelform der Möwen gefragt?«, wollte sie wissen.

»Er sagte, sie hätten freitragende Tragflächen«, berichtete ich.

»Oh, das ist gut«, sagte sie. »Damit sind alle meine künstlerischen Probleme gelöst.«

Ich wusch mein Geschirr ab, dann ging ich nach oben an meinen Schrank und kramte meine Bergarbeiterstiefel heraus. Die zog ich immer an, wenn ich in die Berge ging. Ich steckte meine Hosenbeine in die Stiefel. Dann schlüpfte ich in Onkel Joes alte marineblaue Cabanjacke, schlang mir einen Schal um den Hals und zog alte Bergarbeiterhandschuhe aus Leder an. Ich war abmarschbereit.

Wie versprochen lag eine Axt zusammen mit zwei großen Baumwollsäcken auf der Gartenveranda. In Coalwood hatte jeder eine Axt, um Kienspäne für die Warm-Morning-Kohleheizung zu hacken. Für uns Jungs war die Axt zudem ein Werkzeug, das man hervorragend mit in den Wald nehmen konnte. Das taten wir vor allem damals in unserer Phase als Indianer auf dem Kriegspfad, in der meine Freunde und ich uns als Coalhikaner oder andere erfundene Stämme ausgaben und Jim und seine älteren und größeren Kameraden uns als Kavallerie der Vereinigten Staaten oder ein anderer Stamm indianischer Krieger jagten. Dabei trugen wir unsere Äxte nur zur Schau. Wir gingen damit nie aufeinander los, jedenfalls nicht mit Absicht.

Sherman kam gerade und parkte sein Fahrrad neben der Garage. Er hatte sich in seine Bergsteigerklamotten geworfen – Jeans und eine schwere karierte Wolljacke, in der er wie ein Holzfäller aussah. Er trug keine Mütze, das entsprach nicht seinem Stil, der scharfe Wind fuhr durch sein dünnes braunes Haar. Dandy stand neben ihm und wedelte mit seinem Stummelschwanz. Auch Poteet ging auf ihn zu. »Willst du die Hunde mitnehmen?«, fragte er.

Sicher wollte ich das. Dandy und Poteet freuten sich jedes Mal, wenn sie im Gebirge herumtoben konnten.

Doch bevor wir loskamen, hielt ein weißer Cadillac hinter dem Haus. Es war Dr. Hale. Als er ausstieg, sah ich, dass er einen Pelzmantel trug. Mir fiel ein, dass er eine eigene Chinchilla-Farm irgendwo in Virginia hatte, und überlegte, ob sein Mantel aus diesen Fellen gefertigt war. »Hallo, Sonny, Sherman«, begrüßte er uns. Ich öffnete die Torverriegelung für ihn. »Sind deine Eltern zu Hause?«, fragte er.

»Meine Mom, ja.«

Sie war auf die Gartenveranda herausgetreten. »Hallo, Eddie«, begrüßte sie Dr. Hale.

Er tippte sich an den Hut. »Elsie. Haben Sie kurz Zeit? Ich würde gern was mit Ihnen besprechen.«

»Sicher«, sagte sie und stieß die Fliegengittertür auf. »Kommen Sie rein.«

Wir verfolgten, wie Dr. Hale eintrat. »Was da wohl los ist?«, wunderte sich Sherman.

»Keine Ahnung«, sagte ich, überlegte mir aber bereits eine Taktik, wie ich das aus Mom herauskriegen konnte. »Lass uns losgehen und das Weihnachtsgrün holen.«

Ich ließ die Hunde aus dem Garten, und wir liefen alle die Straße hoch zur Substation Row. Auf dem Berg dort stand ein kleines Kiefernwäldchen, von dem ich annahm, dass wir da leicht an unsere Zweige kommen konnten. Ich war in einem Haus an der Substation Row aufgewachsen, einem der alten Männerwohnheime, die man in Zweifamilienhäuser umgewandelt hatte. Hinaufsteigen würden wir von der Stelle aus, wo Mom eine Brücke über den Bach gebaut hatte.

Auf unserem Weg sah ich aus fast jedem Kamin Kohlenrauch aufsteigen. Da wir in etwa auf einer Milliarde Tonnen reinster Fettkohle saßen, war sie ein billiger Brennstoff. Als wir an Roy Lees Haus vorbeikamen, stand er am Kohlenkasten und schaufelte eine Schütte voll. Sobald er mich entdeckte, verzog er den Mund. »Manchmal hasse ich dich einfach«, sagte er.

»Wieso?«, wollte ich wissen.

Er warf die Schaufel zurück in den Kohlenkasten, hob die Schütte auf und trug sie zur Eingangsveranda. Dort stellte er sie ab und kam dann zum Zaun. »Melba June geht mit Holder zum Weihnachtsball. Sie wollte mit dir gehen, du Blödmann, aber der alte Schieler hat sie schließlich rumgekriegt. Ich kann nur hoffen, dass du und die kleine Miss Unschuld Ginger sehr glücklich werden. Hast du sie jetzt übrigens mal gefragt?«

»Sie hat bereits eine Verabredung«, beichtete ich.

»Du bist wirklich ein Volltrottel!« Roy Lee verdrehte die Augen und stapfte dann mit der Schütte ins Haus. »Hoffnungslos« war sein letztes Wort, bevor er die Tür schloss.

Es brachte nichts, Ginger nachzutrauern. Jake hatte mal zu mir gesagt: »Bevor du nicht zu Boden gehst, weißt du nicht, wie gut es sich anfühlt, zu stehen.« Doch trotz meines Versuchs, mir das einzureden, überkam mich der Blues. Während wir weiterliefen, ging ich in mich. Es war nicht wegen Ginger. Es war etwas anderes. Ich war so dicht dran, dass ich es fast mit Händen greifen konnte. Um dieses Gefühl wieder loszuwerden, verlagerte ich meine Gedanken auf meine guten Noten.

Durchweg Einsen. Ich hätte vor Stolz platzen können. Die merkwürdige Melancholie ließ mich los, ihr Rätsel aber blieb.

Dandy und Poteet rannten voraus, bis Dandy vor dem Haus, in dem wir früher gewohnt hatten, plötzlich schlitternd zum Stehen kam. Vermutlich erinnerte er sich. Wir durchquerten den Garten, um zum Bachlauf zu gelangen. Moms Brücke bestand aus nichts weiter als ein paar dicken Planken über einer Engstelle. Roy Lee und ich hatten während unserer Faulenzersommer oft in der Gumpe geangelt, die unter Moms Brücke lag. Es war auch eine gute Stelle, um Flusskrabben zu fangen, vor allem die großen roten, mit denen wir gern die Mädchen erschreckten. Einmal hatte ich Teresa Anello eine davon hinten ins Kleid gesteckt, woraufhin sie mich aus Rache ins Wasser geschubst hatte. Alle meinten, Teresa und ich seien füreinander bestimmt und würden später heiraten. Doch die Dinge hatten sich anders entwickelt, und sie hatte jetzt einen Footballer zum Freund.

Da ich den Berg gut kannte – Mom nannte ihn Sis' Mountain nach einer alten Kätzin, die sich dort oben gern auf einem Felsen sonnte –, ging ich voran. Dandy und Poteet bogen zum Bach ab. Ich machte mir ihretwegen keine Gedanken. Die würden schon wieder zurückkommen. Dandy hielt es nie lange ohne die Nähe eines Hickam aus, und er würde Poteet mitbringen.

Obwohl Sherman ein schwaches Bein hatte, hielt er gut mit. Ich hörte ihn stöhnen, als er sein Bein nur mit Mühe über einen Felsblock hievte, aber er jammerte nie.

Oberhalb der Lichtung lag das erste größere Hindernis, eine Felswand, die wir Big Cliff nannten. Es gab einen Pfad, der seitlich darum herum und über einen leichten Abhang zum Gipfel führte, aber der war nur was für Mädchen und Weicheier. Wenn ein Junge ihn benutzte, brandmarkte ihn das sofort und für alle Zeit zum Waschlappen. Sherman und ich wählten natürlich den schweren Aufstieg, obwohl kein anderer dabei war. Wegen seines Beins musste Sherman sich hauptsächlich an seinen Armen hochziehen, was erstaunlich anzusehen war. Von allen Jungs, die ich kannte, hatte er die kräftigsten Arme. Oben am Big Cliff angekommen, machten wir eine Verschnaufpause und schauten runter auf Coalwood. Ganz still lag die Stadt da, kein einziges Auto fuhr auf der Straße. Sherman schaute hoch. »Sieh dir das an!«

Ich folgte seinem Blick und sah kilometerweit über uns etwas, das eine weiße Linie über den zartblauen Himmel zog. »Es ist ein Jet!«, staunte ich.

»Ich wette, das ist ein Bomber«, meinte Sherman. »Strategisches Luftkommando!«

Ich studierte den Kondensstreifen. Er war dick, das bedeutete, dass es mehr als einen Motor geben musste. Und somit hatte Sherman wohl recht. Sehr wahrscheinlich war es ein mehrstrahliger Langstreckenbomber wie die B-52 oder die B-47. »Wo der wohl hinwill?«, sagte ich mehr zu mir als zu Sherman und wagte es kaum, zu atmen, angesichts dieses prächtigen Wunderwerks.

»Oder wo der gewesen ist?«, erwiderte Sherman.

»Eines Tages werde ich in einem Jet fliegen«, sagte ich mit felsenfester Überzeugung.

»Ich auch«, meinte Sherman, »vielleicht gehört mir sogar einer.«

Das ließ sich nicht mehr toppen, also verfolgte ich die Maschine schweigend, bis der weiße Streifen hinter dem Rand einer flauschigen Wolke verschwand, die im Osten über den Berg ragte. Glücklicherweise blieb es bei diesem einen Jet. Wären es mehr gewesen, hätten Sherman und ich uns wahrscheinlich hingesetzt und jedem einzelnen hinterhergeschaut.

Oberhalb des Big Cliff lag Picnic Rock, eine natürliche Gesteinsformation, die an einen großen, flachen Tisch erinnerte. Darum herum waren in perfekten Abständen Felsstühle verteilt. Die Felsspalten dahinter erinnerten an Regale. Wenn wir als Kinder am Sis' Mountain spielten, servierten die Mädchen unserer Gruppe dort immer gern einen Imbiss. Sie brachten richtiges Essen mit – Sandwiches in Wachspapier, dazu Äpfel und Limo. Wir Jungs hingegen kamen im Gebirge den ganzen Tag auch ohne Essen aus, kauten nur Birkenrinde und Scheinbeerengras, doch wenn die Mädchen hier oben waren, machten wir jedes Mal Pause und aßen am Picnic Rock.

Der Bergkamm hieß Fort Hill. Dort erinnerten die Überbleibsel von einem Dutzend Forts aus Baumstämmen an die zahllosen Kämpfe, die dort unter Generationen von Coalwood-Jungs ausgetragen worden waren. Poteet entdeckte ein Kaninchen und jagte es. Es entkam, indem es Haken schlug und weil Poteet in einem großen Laubhaufen den Halt verlor. Sie kletterte heraus und musste niesen, weil ein Blatt an ihrer Schnauze klebte. Dandy trottete zu ihr und schnüffelte an ihr. Poteet wirkte erfreut, obwohl sie ihr Kaninchen verloren hatte. Schnaubend senkte sie ihre Nase zu Boden und machte sich auf die Suche nach einem anderen Jagdobjekt.

Wir gingen auf die Senke zu, die ich für unser Weihnachtsgrün im Auge hatte, und stiegen hinab. Ich kannte den Ort gut. Im Lauf der Jahre hatte ich viel Zeit dort verbracht, mich einfach auf einen Baumstamm gesetzt und nichts weiter getan als meinem Herzschlag gelauscht. Die vertrauten krumm gewachsenen Kiefern begrüßten mich mit ihrem scharfen, frischen Duft. Ich schaute zu ihnen hoch und stolperte dabei über etwas, das im Laub lag. Es war ein Rehkitz, das mit abgespreizten dünnen Beinen auf der Seite lag.

Ich starrte es an, und es erwiderte meinen Blick mit einem großen braunen Auge, weil sein Kopf seitlich auf dem Boden lag. Ein Zucken ging durch seine Beine, dann beruhigten sie sich. Es schloss langsam das Auge und öffnete es wieder. In seinem Blick erkannte ich Furcht.

Die Hunde kamen angerannt, Poteet mit hängender Zunge, Dandy zockelte hinterher. Kurz vor dem Kitz blieben sie stehen, setzten sich und starrten es an. Sherman holte mich ein. »Armes Ding«, meinte er.

»Was hat es denn?«, fragte ich und traute mich kaum zu atmen.

Sherman zuckte mit den Schultern. »Es ist ausgehungert. Schau dir seine Rippen an.«

Das kleine Kitz zitterte. Eine winzige rosafarbene Zunge hing ihm aus dem Maul. Ein Speicheltropfen fiel auf die Blätter. »Wir können es doch nicht leiden lassen«, meinte Sherman.

»Aber was können wir denn tun?«, erwiderte ich fast flüsternd. Meine Stimme gehorchte mir nicht mehr. Ich kniete mich neben das Kitz und tastete seinen Hals ab. Es zitterte unter meiner Berührung. »Ich glaube nicht, dass ihm noch viel Zeit bleibt«, sagte ich.

»Wir können es doch nicht einfach allein lassen«, wandte Sherman ein. »Das wäre nicht recht.«

»Warum nicht?«

»Man sollte nie jemanden im Sterben allein lassen. So viel weiß ich.«

Ich musste an Poppy und den Abend denken, an dem ich vor seinem Tod davongelaufen war. »Okay«, willigte ich ein. »Wir werden bei ihm bleiben.«

Wir setzten uns auf einen Baumstamm in der Nähe, betrachteten das Kitz und warteten. Es lag da, und sein großes Auge starrte gelegentlich blinzelnd hoch zum Himmel. Es schluckte auch ein paarmal. Nach einer Weile stand Sherman auf, humpelte zu ihm und deckte es mit seiner Jacke zu. »Was machst du da?«

»Ihm ist sicher kalt.«

»Mir auch.« Ich fröstelte. »Und du wirst ohne deine Jacke erfrieren.«

»Ich komm schon klar«, sagte er leise und setzte sich dann wieder neben mich auf den Baumstamm. »Wenn wir es doch nur füttern könnten.«

Ich sah mich um. Da war nichts, kein einziger Grashalm, nur ein Meer toter brauner Blätter und etwas Moos auf den Felsen. »O'Dell meinte, dass die Trockenheit in diesem Sommer alles zunichtegemacht hat, was die Rehe normalerweise fressen. Und ich denke, dass das Kleine hier schon zu erschöpft ist, um überhaupt noch zu fressen.«

Wir blieben sitzen und beobachteten das Kitz. Dann sagte Sherman: »Ich hab gehört, dass dich was belastet, du aber nicht dahinterkommst, was es ist.«

Es überraschte mich nicht, dass er es wusste. Zwischen den Rocket Boys gab es kaum Geheimnisse. Vermutlich war ich derjenige, der dazu neigte, Geheimnisse für sich zu behalten. »Ja. Zum Teil habe ich es inzwischen herausgefunden.« Ich ging nicht weiter ins Detail, sondern stand auf, zog meine Jacke aus und legte sie über den gesprenkelten Kopf des Kitzes. »Vielleicht denkt es dann, dass Nacht ist, und hat nicht mehr so viel Angst«, sagte ich.

»Das ist eine gute Idee«, meinte Sherman und ergänzte: »Ich habe auch manchmal Angst. Es macht mir Angst, dass mir im Leben vielleicht nicht genug Zeit bleibt, all die Dinge zu tun, die ich tun möchte, oder an all die Orte zu fahren, die ich sehen möchte. Ich meine, ich war mein ganzes Leben so gut wie nie weg aus Coalwood, habe aber so viele Bücher gelesen und so viele Filme über andere Orte und Dinge gesehen, dass ich sie unbedingt kennenlernen möchte, bevor ich sterbe. Manchmal wache ich auf und denke darüber nach. Geht dir das auch so?«

»Ich denke schon«, sagte ich. »Wenn ich aufwache, liegt das meist daran, dass ich Dad nach Mitternacht die Treppe hochkommen höre. Und dann ist mein erster Gedanke: ›Hoffentlich fängt er nicht zu husten an!‹ Doch er hustet fast immer.« Verlegen wandte ich mich von Sherman ab. Ich hatte ein Familiengeheimnis preisgegeben.

Schweigend hingen wir unseren Gedanken nach. Sherman war in nachdenklicher Stimmung. »Ich liebe Weihnachten«, sagte er. »Ich spüre einfach, dass um diese Jahreszeit was in der Luft liegt und sich eine Ruhe ausbreitet. Weihnachten ist wirklich eine heilige Zeit.«

Das aus Shermans Mund zu hören überraschte mich keineswegs. Wenn man nicht aufpasste, wurde er sehr schnell schwermütig. Doch ich konnte das nicht unkommentiert lassen. »Mr. Jones meinte im Geschichtsunterricht, Weihnachten sei eigentlich ein heidnisches Fest. Jesus ist wahrscheinlich im Frühling zur Welt gekommen.«

»Ich weiß«, erwiderte Sherman. »Aber ich denke nicht, dass es Gott interessieren muss, was wirklich passiert ist. Er ist größer als die Geschichte.«

Shermans Gedanken wanderten weiter. »Erinnerst du dich noch an damals, als wir in der dritten Klasse die Tafelschwämme ausstauben mussten?«

Ich erinnerte mich. Damals hatte ich gerade erst ein Buch über George Washington und Thomas Jefferson und all die anderen Männer gelesen, die den Vereinigten Staaten auf die Beine geholfen hatten, und war zu dem Schluss gekommen, dass ihre Klugheit etwas mit ihren gepuderten Perücken zu tun gehabt haben musste. Sherman und ich waren draußen und schlugen die Tafelschwämme gegeneinander, um den Kreidestaub herauszuschütteln, und als ich all den weißen Puder herumfliegen sah, hatte ich eine Idee. Ich überredete ihn dazu, mich einen Schwamm über seinem Kopf ausklopfen zu lassen. Nachdem ich mit ihm fertig war, machte er dasselbe bei mir. Es war ein so großer Spaß, dass wir es schafften, uns von Kopf bis Fuß zu bestäuben. Dann führte eins zum anderen, wir bekämpften uns mit den Tafelschwämmen, von denen einige dann ziemlich zerfleddert waren. Mr. Likens, der Schuldirektor, ließ uns spüren, dass wir unsere Aufgabe, die Tafelschwämme auszuschlagen, nicht auf die angemessene Weise erledigt hatten. Er hatte einen Knüppel, der einem jeden Spaß austreiben konnte. Und den Kreidestaub dazu. Ein paar Schläge damit und über sein Büro ging ein Kreideschneesturm nieder. Womöglich schlüge er uns noch immer, wenn er keinen Niesanfall bekommen hätte.

»Weißt du noch damals, als wir als die einzigen Jungs noch im Rechtschreibwettbewerb übrig waren?«, fragte Sherman.

»Zweite Klasse – Mrs. Brown!«

»Jap. Um uns aus der Fassung zu bringen, musste sie schließlich zum Wortschatz der fünften Klasse greifen.«

»Um *dich* aus der Fassung zu bringen«, sagte ich. »Ich hab gewonnen.«

»Nein, gewonnen hat Linda Bukovich. Wir haben uns den zweiten Platz geteilt.«

Wir mussten lachen. »Ich hoffe, du bekommst alle Zeit, die du brauchst, Sherman«, sagte ich.

Er zuckte mit den Schultern, und ich musste an Little Richards Töpferscheibe denken. Die drehte sich für uns alle. Dann stieß Dandy einen tiefen Seufzer aus, und Poteet erhob sich, drehte sich dreimal im Kreis und legte sich, den Kopf auf den Pfoten, wieder hin. »Ich glaube, gerade ist das Kitz gestorben«, sagte Sherman.

Wir schlichen darauf zu und hoben unsere Jacken auf. Das Auge des Kitzes stand weit offen, überzogen vom trüben Schleier des Todes. »Sollen wir es begraben oder so?«, flüsterte ich.

Sherman dachte nach. »Nein. Gut möglich, dass es hier oben ein Tier gibt, das etwas zu fressen braucht, einen Luchs oder so.«

Während der nächsten Stunde schlugen Sherman und ich die niedrigen Zweige der Kiefern ab, bis unsere Säcke gut gefüllt waren. Als wir uns an den Abstieg machten, freuten die Hunde sich und sprangen um uns herum. Sherman nahm seinen Sack und fuhr dann über die Main Street nach Hause, ich ging sofort in den Keller, um den Draht und die Zange zu holen, die ich brauchte, um das Grün anzubringen. Während ich alles zusammensuchte, was ich brauchte, musste ich an das Kitz denken. Ohne Sherman an meiner Seite, der mich tapfer bleiben ließ, lehnte ich mich gegen die Waschmaschine und vergrub mein Gesicht in den Händen. Das kleine Kitz tat mir so leid.

Ich hörte einen weichen Plumps auf der Waschmaschine. Der alte Lucifer, der normalerweise mich und alle anderen zu ignorieren pflegte, sofern er nicht hungrig war, saß vor mir und hielt den Kopf schief, als dächte er über meinen Kummer nach. Er war ein Wrack von einem Kater. Über seine breite Nase zogen sich Narben, und beide Ohren waren eingerissen. Eins davon konnte er nicht mal mehr aufrichten, es hing einfach herunter. Lucifer kannte die Berge. Immer wieder zog es ihn dorthin. Was hatte er dort unter den Tieren wohl für Erfahrungen gesammelt, während wir Menschen im Tal vor uns hin lebten? Die Kaninchen, die Lucifer nach Hause brachte, bestanden aus nicht viel mehr als Fell, Zerkautem und Mark. Er war ein Jäger und ein Killer, eine Kriegerkatze. »Guter alter Lucifer«, sagte ich und tätschelte ihn. Er schnurrte, was bei ihm wie stotterndes Grollen klang, als wüsste er nicht recht, ob er es konnte. Ich streichelte ihn weiter, spürte die Narben und den Schorf an seinem Kopf. Und dann, als wäre er zufrieden mit dem, was er mir zu vermitteln versucht hatte, sprang er auf den Boden und kehrte zurück zu seinem Platz am Fuß der Treppe. Wie rätselhaft war das doch alles.

Ich holte die Leiter und stellte sie unter das Küchenfenster. Um das Weihnachtsgrün anzubringen, mussten als Erstes Drähte um die Fensterrahmen gespannt werden, damit die Form gegeben war, unter die man dann die Zweige steckte. Anschließend wurden diese mit den Lichterketten umwickelt. Es dauerte nicht lang und meine Hände klebten vom Kiefernharz. Man konnte schrubben, so viel man wollte, es ging erst nach Tagen wieder ab. Aber mir gefiel der Geruch. Ich ging weiter zum Wohnzimmerfenster und stellte dort meine Leiter auf.

Als ich hörte, wie der Riegel des Gartentors aufgeschoben wurde, sah ich Dad von der Zeche nach Hause kommen. Er trug seinen alten Mantel aus Rindsleder und hatte seinen Hut tief ins Gesicht gezogen. Sein Gang war der eines Hundertjährigen. »Woher hast du das Weihnachtsgrün?«, fragte er.

»Sis' Mountain«, erwiderte ich und zog den nächsten Zweig aus meinem Sack.

Er gähnte. »Wo ist das denn?«

Da wurde mir klar, dass ich Dad nie oben am Sis' Mountain gesehen hatte. Mom war mehrmals dort gewesen, aber Dad war nie hochgestiegen. Die einzigen Spuren, die er hinterlassen hatte, führten zur Zeche und wieder zurück. »Da oben«, sagte ich und zeigte hinter den Bach.

Er zog einen Zweig aus meinem Baumwollsack und hielt ihn sich unter die Nase. »Für unser Haus in Gary habe ich mich immer ums Weihnachtsgrün gekümmert. Emmett hat in der Zeche gearbeitet, und ich bin mit Clarence zusammen in den Wald gezogen.«

Er sprach von meinen Onkeln Clarence und Emmett. Clarence arbeitete für Dad in der Caretta-Zeche. Von Emmett hatte ich zuletzt gehört, dass er in der Anawalt-Zeche arbeitete. Alle drei Hickam-Jungs waren nicht weiter als in die Gruben gekommen, aber Dad hatte es geschafft, es in seinem Beruf bis ganz nach oben zu bringen, jedenfalls so weit man ihn ohne einen Collegeabschluss aufsteigen ließ. Die Vorstellung von Dad, der als Junge oben in den Bergen herumlief und Zweige für seine Familie holte, passte so gar nicht zu dem Bild, das ich von ihm hatte.

Er gab mir den Zweig zurück und trottete weiter zum Keller. Ohne zu wissen, warum, beschlich mich wieder ein Gefühl von Unbehagen.

»Hey, kleine Schwester!« Roy Lee stand am Gartentor. Er trug seine Ausgehklamotten – hauteng schwarze Hose, ein hellrosafarbenes Hemd, eine Jacke in sonnigem Gelb und einen schwarzen Hut mit einem rosafarbenen Hutband und einer Feder darin. Mit einem überlegenen Lächeln sah er mich von oben herab an.

»Was ist denn?«, fragte ich.

»Mach dich fertig«, sagte er. »Du willst Ginger Dantzler haben. Also gut. Du wirst Ginger Dantzler bekommen. Ich habe sie unter die Lupe genommen.«

»Was soll das heißen?«

Er grinste verschlagen. »Sie wird heute Abend im Dugout sein. Betty Jane Laphew, Sue Burnett, Cheryl Ridenour und keine andere als deine süße kleine Ginger werden heute ganz allein und ohne männliche Begleitung dorthin gehen. Das habe ich von meiner Mom erfahren, und die hat es von Betty Janes Mom. Dir stehen alle Türen offen, Sonny. Wenn es dir nicht gelingt, einen Jungen aus Welch auszustechen, dann bist du nicht der, für den ich dich halte. Ich bin zwar immer noch der Meinung, dass du für diese Frauen in Cape Canaveral praktische Erfahrungen sammeln solltest, aber was soll's, du hast dir die kleine Miss Unschuld in den Kopf gesetzt, und wozu gibt es den Big-Creek-Liebesmeister?«

18. Das Dugout

Mensch, Sonny, hast du denn wirklich nichts außer Overalls und Flanellhemden? Soll Ginger dich für einen Hinterwäldler halten? Und was ist das für ein Geruch? Du riechst wie ein Weihnachtsbaum!« Nachdem Roy Lee meinen Schrank und die Schubladen meiner Kommode durchwühlt hatte, fanden schließlich ein grauer Pullover mit Rundhalsausschnitt, den ich letztes Jahr zum Geburtstag bekommen hatte, und dazu eine Kakihose seine Zustimmung. Letztere hatte zwar ein Loch in einer der Gesäßtaschen, aber er meinte, wenn ich den Pullover weit genug runterzöge, fiele das keinem auf. Er kramte auch meine Slipper heraus. »Schon mal was von Schuhpolitur gehört?«, fragte er, spuckte darauf und rieb sie mit seinem Taschentuch blank. Dann griff er nach der Flasche Aqua-Velva-Aftershave, die Dad im Arzneischrank aufbewahrte, und sprühte mich damit ein. In Kombination mit meinem Kiefernaroma dürfte ich wie ein Friedhof am 4. Juli gerochen haben.

Wahrscheinlich hätte ich mir den Buick ausleihen können, aber Roy Lee bestand darauf, mein Chauffeur zu sein. »Wenn es gut läuft, brauchst du vielleicht meinen Rücksitz für wildes Gefummel«, meinte er, korrigierte sich aber schnell. »Ach ja. Ich vergaß. Die süße Unschuld. Nun, dann kannst du mit ihr da hinten wenigstens Händchen halten.« Der Big-Creek-Liebesmeister konnte über so viel Unschuld nur den Kopf schütteln.

Wir stiegen die Betonstufen hinab ins Dugout. Wenn man auf die Big Creek High ging, war das Dugout der angesagte Tanzclub für den Samstagabend. Ed Johnson, Hausmeister der Big Creek, hatte aus den Kellerräumen des Owl's Nest-Restaurants, das gleich gegenüber der Schule auf der anderen Flussseite lag, einen schummrigen Rock-'n'-Roll-Schuppen gemacht, wo er über sein selbst gebasteltes Soundsystem die heißesten Scheiben Amerikas abspielte. Die Bänke an den mit Krepppapier verzierten Wänden waren eigentlich Kirchenbänke, die er irgendwo aufgetrieben hatte, und vor dem Ofen in der Ecke lag ein Kohlehaufen. Wenn man nach Hause kam, ließ sich anhand des Kohlenstaubs an den Socken bemessen, wie viel man getanzt hatte.

Ed hatte alles weihnachtlich geschmückt. An der Eingangstür hing ein Kranz mit einer Big-Creek-Eulenpuppe daran. Drinnen hatte er die Stützpfeiler mit grünem und weißem Krepppapier – den Schulfarben – umwickelt, dazu noch mit rotem wegen Weihnachten. Ed mischte schnelle und langsame Songs nach einem ausgeklügelten Konzept, um seine Tänzer in romantische Stimmung zu versetzen. Wenn man sich mit seiner Freundin gestritten hatte, war ein Tanzabend bei Ed Johnson der perfekte Ort, sie dazu zu bringen, freiwillig mit dir auf den Rücksitz zu klettern, bevor der Abend zu Ende war. Das wusste ich jedenfalls vom Hörensagen. Für mich hatte es nur einmal funktioniert, im letzten Jahr bei Valentine Carmina. Valentine war ein älteres Mädchen, das sich meiner erbarmt hatte, nachdem Dorothy Plunk mich für meinen Bruder abserviert hatte. Das kam mir jetzt wie eine Ewigkeit vor. Valentine hatte gleich nach ihrem Highschoolabschluss geheiratet und war weggezogen, um in den Autofabriken von Detroit zu arbeiten.

Schatten wirbelten um mich herum, als ich meinen Vierteldollar hinlegte und den Raum betrat. Alle hatten sich auf der Tanzfläche versammelt. Nach und nach gewöhnten sich meine Augen an das Halbdunkel, und ich erkannte einzelne Gestalten. Emily Sue Buckberry bewegte sich in zuckenden Verrenkungen um Bobby Gray. Die beiden sah man gemeinhin nicht zusammen, aber im Dugout war es fast, als würden wir zu anderen Menschen. Emily Sue entdeckte mich und kam zu mir herüber. »Wer hat dich denn angezogen?«, wollte sie wissen. Roy Lee gab bereitwillig preis, dass er das gewesen war. »Dachte ich mir«, meinte sie. »Hast du schon eine Verabredung für den Ball?«

»Deshalb sind wir doch hier«, erwiderte Roy Lee und reckte den Hals. »Er wird Ginger Dantzler einladen.«

Emily Sue runzelte die Stirn. »Ginger? Ich dachte, sie hat einen Freund drüben in Welch.«

»Siehst du!« Roy Lee rempelte mich an. »Da ist sie. Geh zu ihr, Junge.«

Ich hatte Schmetterlinge im Bauch. Das war er. Der große Augenblick. Ich musste nur die Tanzfläche überqueren und auf Ginger zugehen, ihr auf die Schulter tippen, sie um einen Tanz bitten und sie derart mit meinem Charme einwickeln, dass sie ihren reichen Autohändlerfreund aus Welch mir zuliebe sitzen ließ, obwohl sie sich in Gedanken an diesen anderen Jungen bereits ein Kleid gekauft hatte. Doch bevor ich auch nur einen Schritt machen konnte, stellte sich jemand vor mich. »Hi, Sonny.« Es war Dorothy Plunk.

Meine Schmetterlinge wuchsen und wurden zu kleinen Vögeln. »Lass uns tanzen«, sagte sie, gerade als Ed »All in the Game« auflegte. Alle Pracht ist vergänglich, heißt es, und gegen das Schicksal ist man machtlos. Es war reiner Zufall, dass Ed ausgerechnet den Song spielte, den ich für *unseren*, den von Dorothy und mir, hielt und sie leibhaftig vor mir stand und mich zum Tanzen aufforderte. Sie nahm meine Hand und führte mich auf die Tanzfläche. Fast konnte ich hören, wie Roy Lee hinter mir mit den Zähnen knirschte.

»Es gibt so viel, was ich dir schon lange sagen wollte«, begann Dorothy und schmiegte sich in meine Arme. Sie sah mich mit ihren großen, umwerfenden, ausdrucksvollen, intelligenten, verführerischen, herzzerreißenden sommerhimmelblauen Augen an. Und ich ertrank langsam darin. »Du warst das Beste in meinem Leben an der Big Creek«, flüsterte sie mir ins Ohr. »Ich weiß, dass du mich jetzt hasst, aber ich werde mich immer an die Zeit erinnern, als wir Freunde waren. Ich werde dich nie vergessen – du bist so ein süßer, wunderbarer Mensch. Ich finde dich wundervoll. Nein, ich werde dir die Wahrheit sagen, Sonny, obwohl es mir Angst macht, sie auszusprechen. Ich liebe dich.«

Ich liebe dich. Ich versuchte, darauf zu antworten, etwas Sinnvolles über die Lippen zu bringen. Hätte ich nur einmal tief Luft holen können, wäre es mir vielleicht geglückt. Als der Tanz zu Ende war, schluckte ich mehrmals und versuchte, den Staub aus meiner Kehle zu bekommen. »Dorothy, möchtest du mit mir zum Weihnachtsball gehen?«, krächzte ich. Gleich darauf dachte ich: *Meine Güte, was hast du getan?* Ich war ins Dugout gegangen, weil ich um Ginger Dantzler kämpfen wollte, und jetzt hatte ich Dorothy Plunk gebeten, mich zum Ball zu begleiten! Ich musste den Verstand verloren haben! Die nächsten Worte aus Dorothys Mund machten das zur Gewissheit.

Sie lächelte süß. »Oh, Sonny«, sagte sie und senkte den Blick. »Ich habe bereits eine Verabredung.«

Mein Herz blieb für einen Moment stehen. »Ab… aber, du sagtest doch …« Ich fing Gingers Blick ein. Sie sah mich direkt an, und ich spürte, dass sie genau wusste, was gerade passiert war. Sie wandte sich ab.

»Ich sagte, dass ich dich liebe«, erwiderte Dorothy geduldig. »Und das tue ich. Wie einen Bruder.«

Und schon tanzte Dorothy mit einem anderen Jungen, den ich allerdings nicht sah, weil ich meine Augen in der Hoffnung geschlossen hatte, mich, wenn ich sie öffnete, in einem anderen Universum wiederzufinden.

Ich spürte Roy Lees drängende Hand auf meinem Arm. Ich öffnete die Augen. Zu meiner großen Enttäuschung befand ich mich noch immer auf Planet Erde am 12. Dezember 1959. »Geh da rüber, du Blödmann!« Er schubste mich

Richtung Ginger. Ed spielte jetzt was Schnelles. Nachdem es mir gelungen war, meinen Herzschlag wieder zu normalisieren, versuchte ich, einen vernünftigen Auftritt hinzulegen, trotz meines schiefen Lächelns. Das Erste, was Ginger sagte, als ich zu ihr kam, war: »Dorothy Plunk ist bestimmt ein nettes Mädchen.«

»Ja. Äh, Ginger ... äh.« Mir wollten nicht die richtigen Worte einfallen. Dorothy hatte mich völlig aus dem Konzept gebracht. Ich versuchte es dennoch. »Ich weiß, du hast bereits ... äh ... der Weihnachtsball ... äh ... Siehst du, ich weiß, dass du äh ...« Es ergab alles keinen Sinn.

Ginger lächelte, aber ich sah den Schmerz in ihren Augen. »Lass uns tanzen, Sonny. Du scheinst ein wenig Abwechslung nötig zu haben. Und ich auch. Nur du und ich. Komm.«

Wir begannen zu tanzen und tanzten dann immer weiter, schnelle Stücke, langsame, irgendwas dazwischen. Und nach und nach fand ich auch Spaß daran. Ginger war eine gute Tänzerin, sehr rhythmisch und geschmeidig, ganz die Tochter ihrer Mutter. Während der langsamen Nummern kam sie mir nah, aber nicht zu nah. Wir plauderten. Highschool- und Coalwood-Klatsch. Dreama, 11 East, meine Mom, ihre Mom, unsere Dads, ihre Schwester Eleanor Marie an der Duke University mit ihren Einsen in Chemie, mein Bruder Jim an der Virginia Tech im Freshman-Footballteam, wie sehr Betty Jane Jim liebte und ihn eines Tages sicher festnageln würde. Schließlich schlug Ginger vor: »Lass uns mal frische Luft schnappen.« Ich willigte ein. Wir zogen unsere Mäntel an und liefen über die stählerne Trestle-Brücke über den Dry Fork River.

Die Luft tat gut, und während wir uns ein wenig abkühlten, schmiegte Ginger sich enger an mich. Wir standen mitten auf der Brücke und starrten in den dunklen, gurgelnden Fluss. Fröhlich spiegelte sich die Weihnachtsbeleuchtung vom Owl's Nest-Restaurant in den rauschenden Wassermassen. Direkt gegenüber lag unsere alte Highschool hinter dem gepflegten

Footballfeld, die einzige Beleuchtung war eine einzelne Lampe über dem Haupteingang. Unter dem rhythmischen Geklapper der über die Gleise rollenden Waggons schnaufte ein Kohlenzug vorbei. Die Lokomotive schickte einen warnenden Pfiff wie einen langen tiefen Seufzer in die Dunkelheit. Die Trestle-Brücke erbebte unter den von den Gleisen weitergeleiteten Vibrationen. »Unterwegs zu den Stahlwerken«, sagte ich.

»Eigentlich müsste der Boden doch wegbrechen«, sagte Ginger, »bei der vielen Kohle, die da rausgeholt wird.«

Ich kicherte in mich hinein. »So funktioniert das nicht. Die Firste in der Zeche werden von Pfosten oder Stempeln gehalten, wenn sie Kohle rausholen.«

»Jetzt lebe ich schon so lange hier, weiß aber noch immer nicht das Geringste über Bergwerke. Warst du schon mal da unten?«

»Ein einziges Mal«, sagte ich. »Du hast nichts verpasst.«

»Ich würde mir das gern mal ansehen. Ich finde es nicht richtig, hier zu leben und nicht zu wissen, wie es dort unten aussieht. Machst du dir Sorgen, wenn dein Dad da unten ist?«

»Nein«, sagte ich entschlossen. »Dad weiß, was er tut.«

Der letzte Kohlenwaggon rollte vorbei, gefolgt vom roten Dienstwagen. Der Mann auf der hinteren Plattform grüßte uns. »Bist du sauer auf mich, Sonny?«, fragte Ginger. »Ich weiß, du wolltest mich zum Weihnachtsball einladen, und ganz ehrlich, ich würde gern mit dir hingehen, wenn ich könnte. Aber ich kann nicht. Ich habe Stuart versprochen, ihn zu seinem Weihnachtsball an der Welch High zu begleiten. Der findet am selben Abend statt wie der an der Big Creek.«

»Ist schon okay«, sagte ich. »Das verstehe ich. Und ich mache dir keinen Vorwurf.«

»Aber wir wären ein hübsches Paar gewesen«, meinte sie neckisch und tastete nach meiner Hand.

Ihre Hand fühlte sich klein an in meiner. »Das wären wir mit Sicherheit gewesen.«

»Wir können aber dennoch Freunde sein, oder, Sonny? Ich weiß, Jungs hören das nicht gern von einem Mädchen und finden es schrecklich, nur befreundet zu sein. Aber ich hatte noch nie einen Jungen als Freund. Möchtest du meiner sein? Vielleicht auf mich aufpassen?«

Ich war in fatalistischer Stimmung. »Wenn du irgendwas brauchst«, versprach ich, »kannst du mit mir rechnen. Ich werde so schnell da sein wie eine Rakete.«

»Ich habe so viele Träume. Könnten wir nicht einfach wieder so miteinander reden, wie wir das früher getan haben, und ich kann dir meine Träume anvertrauen?«

»Wann immer du willst. Zweifle nie daran.«

Ginger stellte sich auf die Zehenspitzen und küsste mich auf die Wange. »Bist du bereit, wieder hineinzugehen?«

»Geh schon mal vor«, sagte ich. »Ich komm nach.«

»Aber du kommst wirklich? Ich möchte nämlich zu ›Goodnight my Love‹ mit dir tanzen.« Das war die Platte, die Ed immer am Ende eines Tanzabends auflegte.

»Das möchte ich um nichts auf der Welt verpassen«, versprach ich.

Ginger lief zurück zum Owl's Nest und dem Dugout. Ich schaute ihr hinterher und wandte mich dann wieder dem Dry Fork River zu. Über das Brückengeländer gebeugt, lauschte ich dem tiefen Grollen des Kohlenzugs, der bereits Kilometer weiter unten durchs Tal fuhr. Womöglich passierte er inzwischen schon Miss Rileys Haus. Hoffentlich war Jake auf Besuch bei ihr.

Roy Lee fand mich auf der Brücke. »Wie ist's gelaufen? Hast du eine Verabredung?«

»Viel besser«, sagte ich und schloss mich ihm an, um zum letzten Tanz ins Dugout zurückzukehren. Ich klopfte ihm auf die Schulter. »Ich habe eine Freundin.«

19. Trigger und Champion

Am nächsten Morgen fuhr ich Mom zur Kirche. Von den Dächern der Häuser entlang der Main Street Row hingen Eiszapfen, und als wir die Brücke überquerten, die zur Coalwood Main führte, erkannte ich, dass auf dem Bach eine dünne Eisschicht lag. Und es sah ganz danach aus, als würde es den ganzen Tag lang um die null Grad bleiben. Schneewolken zogen über uns hinweg und rissen hin und wieder auf, um ein halbherziges Schneegestöber auszuspucken.

Sobald wir die Kirche betraten, wusste ich, dass Ärger bevorstand. Jemand, der fremd in Coalwood war, hätte es allerdings nicht bemerkt. Wer zeitig die Coalwood Community Church betrat, füllte zuerst die hinteren Bankreihen. Diejenigen, die später kamen, nahmen die mittleren Reihen ein. Die Nachzügler mussten ganz vorn Platz nehmen. Gab es jedoch Ärger, sorgte das für Umschichtungen in der Gemeinde. Mom erfasste dies alles ebenso schnell wie ich und sagte: »Oh, was haben wir heute für eine schöne Christenschar!« Ganz vorn hatten sich die Familien der Gewerkschafter um Mr. Dubonnet und die Malletts versammelt. Die Steiger und ihre Familien saßen alle hinten. Und jeder, der hereinkam, ordnete sich gemäß seiner Zugehörigkeit einem der beiden Blöcke zu. In der Mitte entstand auf diese Weise ein Niemandsland, wo Dr. Lassiter, seine Frau und die drei kleinen Töchter Platz nahmen. »11 East«, zischte Mom. »Es war ja nur eine Frage der Zeit, bis John Dubonnet sich der Sache annimmt.«

Sie ging an den Steigern vorbei nach vorne durch und pflanzte sich neben Mrs. Mallett. »Entschuldigen Sie, Cleo«, sagte Mom und rutschte so lange, bis sie neben der Frau mit dem ausladenden Hinterteil Platz fand. Cleo schnaufte, rückte aber zur Seite. Mr. Dubonnet drehte sich um und nickte Mom zu. Er schien sich zu amüsieren. Mom warf ihm einen finsteren Blick zu.

Ich saß neben Sherman in der Mitte, wo es noch jede Menge Platz gab. In der Kirche wechselte sich eine Reihe von Predigern auf Probe ab. Heute stand Reverend Schrieber vor uns, ein junger Mann aus dem Norden. Seinen Akzent fanden die wenigsten von uns angenehm. Als der Chor seinen Eingangschoral beendet hatte, erhob er sich zu seiner Predigt. Sie baute auf dem neunundvierzigsten Psalm auf, der etwas undurchsichtig, aber ganz akzeptabel war. Er hätte Anstoß für einen netten kleinen Vortrag über die Bedeutung von Nächstenliebe sein können, gehalten im irrigen Glauben, dass das, was da gepredigt wurde, auch nur irgendwen interessierte, aber dieser junge Mensch schaffte es, daraus eine Hetzrede zu machen. »Was ist mit den Hungernden in Afrika?«, wetterte er. »Was mit den Hungernden in Asien? Wie kann es sein, dass jeder von uns einen Dollar hat, wenn unser Nächster keinen hat?«

Ich blickte mich um und sah, dass etwa die Hälfte der Leute die Decke anstarrte, die andere Hälfte den Fußboden musterte. In Wahrheit interessierte die Leute von Coalwood nämlich kein bisschen, was mit den Menschen in Afrika oder Asien war. Was die Gemeinde von Reverend Schrieber interessierte, war 11 East. Das Schweigen der Gemeinde schrie es ihm entgegen: *11 East. 11 East.* Aber Menschen, die Zehntausende von Kilometern weit weg waren und die er nie gesehen hatte, sprachen so laut zu Reverend Schrieber, dass er seine eigenen Leute nicht hören konnte, die nur wenige Schritte von ihm entfernt saßen. Der junge Reverend versetzte die Luft in Schwingungen. Als er am Ende angelangt war, konnte er beim Blick auf seine Gemeinde ein Meer weiblicher Ellbogen sehen, die männliche

Rippen anstießen, dazwischen sich hebende Köpfe und sich schläfrig öffnende Augen.

Vielleicht spürte Reverend Schrieber endlich die Fruchtlosigkeit seiner Predigt, denn er ließ sich schwer auf seinen Stuhl hinter der Kanzel fallen und gab dem Chor das Zeichen zum Singen. Das tat dieser auch frohgemut, während der junge Mann sich den Kopf hielt. Mir fiel auf, dass er Tennisschuhe trug, eine seltsame Fußbekleidung für einen Mann Gottes.

Ginger sang im Chor und zwinkerte mir zu, als sie nach dem Gottesdienst durch den Gang schritt. Ich fand sie süß in ihrer kastanienbraunen Kutte.

Sherman und ich warteten draußen auf den Stufen auf Mom. Sie tauschte ein paar Worte mit Mrs. Dantzler und den Großen Sechs, wie die Lehrerinnen der Grundschule genannt wurden. Die Damen hatten sich sofort auf sie gestürzt. »Gestern wurde schon wieder ein Mann in 11 East verletzt«, berichtete Sherman.

Das war mir neu. »Wer?«

»Mr. Franklin. Hat sich einen Finger gebrochen.«

Die Mallett-Jungs drängelten sich an uns vorbei. In spöttischem, auf mich gemünztem Ton sang Germy: »Wir werden streiken. Wir werden streiken.« Ich hasste diesen Jungen nicht, aber viel fehlte dazu nicht mehr.

Mom war recht schweigsam auf dem Heimweg. Irgendetwas bedrückte sie, und das hätte alles Mögliche sein können. Als wir in der Garage parkten, sagte sie: »Ich mag Ginger auch gern.« Ich ahnte, dass sie mir hätte sagen können, wie oft Ginger und ich im Dugout miteinander getanzt hatten, wenn ich sie danach gefragt hätte.

Als wir in die Küche kamen, fiel mir wieder ein, dass ich sie hatte fragen wollen, warum Dr. Hale sie aufgesucht hatte. »War das ein Chinchilla-Mantel, den Dr. Hale gestern anhatte?«, fragte ich in aller Unschuld. Ich wollte sie nur ein wenig auf das Thema einstimmen.

Sie sah mich an und sagte dann: »Er wollte wissen, ob dein Dad ihm wohl die Erlaubnis erteilt, den Zahn des Mädchens wiederherzustellen.« Auf meinen erschrockenen Blick hin ergänzte sie: »Ich dachte, ich spare uns beiden Zeit. Denn das war es doch, was du eigentlich wissen wolltest, oder?«

»Ja, Ma'am, so ziemlich«, gab ich zu. »Hat Dad es erlaubt?«

»Ich habe ihn nicht gefragt«, sagte sie. »Wann sehe ich ihn auch schon, um eine Frage loswerden zu können?«

Diese Thematik wollte ich lieber nicht weiter vertiefen. »Kann Dr. Hale Dreamas Zahn denn tatsächlich wiederherstellen?«, fragte ich staunend.

»Er kann ihn überkronen, aber das ist teuer. Er meinte, er werde für seinen Anteil daran nichts berechnen, aber da er gesellschaftseigenes Material benutze, benötige er auch die Zustimmung der Gesellschaft.«

»Bin gespannt, was Dad sagen wird.«

Mit einem Lächeln auf den Lippen hängte Mom ihren Mantel auf. Sie öffnete ihren Vorratsschrank und schien zu überlegen, was darin stand. Hoffentlich hatte sie vor, ein Mittagessen zu kochen. Ich war am Verhungern. Eine Predigt, selbst eine armselige, konnte einen ganz schön auszehren. »Weißt du, Sonny«, antwortete sie, »ich weiß nicht, was dein Vater dazu sagen würde, aber ich weiß, was er sagen sollte, und das habe ich für ihn getan.«

»Dann wird Dr. Hale also Dreamas Zahn richten?«

»Ich schätze schon«, sagte sie und wählte eine Dose Tomatensuppe aus. »Und ich würde einen Dollar dafür geben, Cleo Malletts Gesicht zu sehen, wenn sie dahinterkommt. Die Frau des Zechenleiters zu sein ist wirklich nichts Besonderes, aber es hat auch seine guten Seiten.« Sie lachte in sich hinein. »Die hat es in der Tat.«

Es war der Tag, für den O'Dell mich zu sich eingeladen hatte, um mit den Ponys auszureiten. Nach einem Mittagessen aus Tomatensuppe und einem gebratenen Fleischwurstsandwich radelte ich runter nach Frog Level. Unterwegs legte ich mir eine Strategie zurecht, wie ich aus ihm herausbekam, was er über Billy wusste. Dabei durfte ich nicht so offensichtlich vorgehen wie bei Mom und meiner Frage nach Dr. Hale. Ich nahm mir vor, O'Dell nur ein wenig auf Billy anzuspitzen. Auf diese Weise brach ich auch nicht mein Versprechen gegenüber Mr. Turner, Billys Geheimnis für mich zu behalten. Billy kam inzwischen nicht mehr zu unseren morgendlichen BCMA-Treffen in der Aula und beteiligte sich auch nicht mehr am Unterricht. Auf mich machte er einen besorgten und verängstigen Eindruck, als stünde er vor einem Erschießungskommando. Ein Vergleich, der vermutlich gar nicht weit hergeholt war, wenn man die Schule verließ, um zur Marine zu gehen.

O'Dell und ich sattelten Trigger und Champion und ritten los. Die Ponys warfen die Köpfe in den Nacken und stampften mit den Hufen, bis sie sich an den Schnee gewöhnt hatten. Dampf stieg aus ihren Nüstern auf, als wir den Hang hinter O'Dells Haus hinter uns gelassen hatten. O'Dell saß auf Trigger, der seinen Namen von dem Palominohengst hatte, der in den Filmen von Roy Rogers mitspielte und viele Tricks beherrschte. Der Namensgeber für meinen Champion war Gene Autrys Pferd. Wie dieses war er dunkelbraun und hatte eine weiße sternförmige Blesse auf der Stirn. Es war ein sanftes Pferd und ließ sich gut reiten.

O'Dell blickte hoch zum Himmel. Die Wolken hatten sich aufgelöst. »Ich hatte gehofft, wir bekämen mehr Schnee«, meinte er. »Irgendwann mal werde ich in den Rocky Mountains leben. Dort gibt es immer Schnee. Ich werde sogar Skifahren lernen!«

»Das würde ich gern sehen«, lachte ich. »Ein Coalwood-Junge auf Skiern. Wie willst du das lernen?«

»Da ist doch nichts dabei«, erklärte er. »Du schnallst dir einfach Fassdauben an und fährst runter. Das ist wie Schlitten fahren, nur im Stehen.«

Begleitet vom Hufgetrappel unserer Ponys durchquerten wir Middletown, doch als Margie Jones' Hund uns anbellte, tänzelten sie unruhig. Jenseits des Baseballplatzes sah ich ein paar Männer vor Little Richards Kirche. Einer von ihnen war der Reverend selbst, in seinem schwarzen Sonntagsgewand. Ich lenkte Champion über die Wiese, um mit ihm zu reden. Trigger und O'Dell folgten.

Ein kleiner Stapel Holz lag zusammen mit ein paar glitzernden Glasscheiben vor der Kirche. Zwei Männer in blauen Latzhosen standen neben Little. Sie schienen sich uneins zu sein. »Hi, Reverend Richard«, begrüßte ich ihn, als ich auf die Gruppe zuritt.

Little hob die Hand. »Hallo, Sonny, O'Dell. Ihr habt aber schöne Fohlen.«

»Es sind Wallache«, korrigierte O'Dell.

Der Reverend schnalzte mit der Zunge. »Sind sie das jetzt?«

»Arbeiten Sie am Sonntag, Reverend?«, fragte O'Dell.

»Es geht um eine ziemlich dringende Angelegenheit, junger Mann.«

Ich kannte die Männer in den Latzhosen. Einer davon war Mr. Willy Franklin. Einer seiner Finger war geschient infolge seines Unfalls in 11 East, wie ich von Sherman wusste. Der andere Mann war Billy Joe Blevins, der die Loren fuhr und außerdem John Eyes Bruder war. »Hey, Junge«, grüßte Mr. Franklin, und Mr. Blevins nickte. Obwohl sie mich nicht mit meinem Namen ansprachen, wussten sie, wer ich war, und ich spürte ihr Unbehagen. Ich war der Sohn vom Boss.

»Die Jungs hier und ich hatten gerade eine kleine Diskussion über unsere neuen Kirchenfenster«, sagte Little.

Die beiden Männer betrachteten eine Zeichnung auf einem Blatt Notizpapier. Sie drehten es erst in die eine, dann in die andere Richtung. »Wir können das machen, Reverend«, sagte Mr. Franklin. »Aber rechtens ist es trotzdem nicht.«

»Es ist aber das, was ich haben möchte«, erwiderte Little lächelnd. »Und es ist so rechtens wie der Himmel.«

Die Männer zuckten mit den Schultern und gingen in die Kirche. »Was sind das für Fenster, die Sie einsetzen wollen?«, fragte ich, die neugierige Katze auf einem Pony.

Little winkte ab. »Nun sieh mal einer an, du und O'Dell als Cowboys. He-he. Oh Mann. Ich weiß noch, wie ihr auf euren Fahrrädern saßt!«

Das wusste ich auch, denn bis vor Kurzem saß ich noch auf einem und würde morgen vermutlich wieder draufsitzen. »Es freut mich, dass Dad Ihnen das Material für die Fenster geschickt hat«, sagte ich.

»Nach einigem Zögern kommt der alte Homer dann doch zum Vorschein, will nur zeigen, dass er es nicht tun muss. Du weißt ja vermutlich, wie das läuft.« Er schien sich an etwas zu erinnern. »Sag mal, hast du je herausgefunden, was das war, das dich so bedrückt hat?«

»Noch nicht.«

Little setzte sich auf die Stufen seiner Kirche. »Hast du dafür gebetet?«

»Nicht wirklich.«

»Gottes Scheibe wird dich formen, ob du nun betest oder nicht, Sonny Hickam.«

»Yessir.«

»Ist schon alles bereit für Weihnachten, Reverend?«, wollte O'Dell wissen.

»Ich lebe dafür, O'Dell. Ist die beste Zeit im Jahr.« Little wandte sich wieder mir zu. »Letztes Weihnachten ist dein Großpapa gestorben, nicht wahr?«

»Am Heiligabend«, bestätigte ich.

»Mr. Benjamin Hickam«, sagte Little. »Ich bin immer wieder mal rüber nach Warriormine und hab mich zu ihm auf die Veranda gesetzt und mit ihm geredet. Ihn kümmerte es nicht, ob man ein Schwarzer oder sonst was war – kommen Sie ruhig rüber, Reverend, jederzeit, hatte er zu mir gesagt. Wenn er nicht unter Schmerzmitteln stand, war er ein interessanter

Gesprächspartner. Wusste in fast allen Dingen Bescheid. Las eine Menge Bücher. Ich werde heute Abend für ihn beten.« Er sah mich forschend an. »Habt ihr Scherereien wegen 11 East?«

»Ein paar.«

»Die Leute hier reden alle darüber«, sagte er und beobachtete mich dabei genau. »Außer vielleicht diese Frau, die bei Cuke lebt.«

Es überraschte mich, dass das Treiben einer jungen Weißen Klatsch im schwarzen Teil des Lagers war. »Sie heißt Dreama«, sagte ich. Mit Sicherheit hatte er davon erfahren, dass sie verprügelt worden war. »Warum, glauben Sie, bleibt sie bei Cuke, Reverend?«

Little warf einen prüfenden Blick zum Himmel und meinte dann: »Na ja, Sonny, so sind die Leute nun mal. Der Mann will eine Frau, die Frau will einen Mann. So hat der liebe Gott uns geschaffen.« Als man das Geräusch von splitterndem Holz hörte, rief er über die Schulter: »Vorsicht, Jungs!« Dann ergänzte er: »Kein Mann kann eine Frau schlagen und dabei ein Mann bleiben. Er wird zu einem verabscheuenswürdigen Ding, sogar für sich selbst. Aber die Frau, die so einen Mann nicht verlässt, kommt diesem dunklen Zug in ihm entgegen. Sie riskieren beide ihr Seelenheil.«

Mr. Franklin trat vor die Kirche. Sägespäne sprenkelten sein schwarzes lockiges Haar. Er trug ein Nageleisen in der Hand. »Der alte Bau hier ist recht gut zusammengenagelt, Reverend.«

Little lachte. »Als wir ihn bauten, hatten wir an Nägeln keinen Mangel, nur an Brettern.«

»Welche Art von Fenstern setzen Sie ein?«, wiederholte ich meine Frage.

Little schüttelte den Kopf. »Manchmal kann man über Dinge nicht sprechen, bevor sie geschehen«, erwiderte er geheimnisvoll.

Mr. Franklin verzog das Gesicht. »Eine verdammte Verrücktheit ist das.« Er blickte auf seinen bandagierten Finger. Dann sah er mich an. »Genauso wie 11 East.«

Little sah Mr. Franklin strafend an. »Willy. Hab ich dir nicht gesagt, warum wir tun, was wir tun? Hör jetzt auf, dem einen Namen zu geben. Und lass Sonny aus dem Spiel. Er hat 11 East nicht angefangen, und er kann es auch nicht beenden. Egal, wer sein Daddy ist.«

Nach einem betretenen Blick auf mich ging Mr. Franklin wieder zu Mr. Blevins. Sie fingen an, die Kirchenfassade mit Segeltuchplanen abzuhängen. »Wofür soll das gut sein?«, fragte O'Dell.

»Das ist gegen deine neugierigen Blicke, O'Dell«, erwiderte Little und lächelte.

Trigger und Champion wurden unruhig, und so verabschiedeten wir uns und lenkten sie zurück zur Straße. »Seid ja vorsichtig«, rief Little uns hinterher, und wir winkten und zogen weiter.

Wir trafen Mr. Bolt und Mr. Caton bei der Arbeit an einer der Werkbänke im hinteren Teil der Werkstatt an. »Seht euch das mal an«, forderte Mr. Bolt uns stolz auf und hielt ein glänzendes Objekt hoch. »Das hat Clinton gestern Abend für euch gemacht. Es ist ziemlich sensationell.«

Das glänzende Objekt in Mr. Bolts Hand war tatsächlich sensationell. Es war eine hervorragend gearbeitete Laval-Raketendüse mit einer Auskleidung aus gehärtetem Kesselkitt. »Endlich bin ich dahintergekommen, wie ich den glatt bekomme«, erläuterte Mr. Caton. »Ich habe das Hölzchen von einem Stieleis genommen und in Fett getaucht.«

Der Kitt war so glatt wie ein Blatt Papier. »Genau, wie's sein soll!«, freute ich mich. »Am nächsten Wochenende probieren wir's aus.«

»Wir werden da sein«, sagten Mr. Bolt und Mr. Caton gleichzeitig.

Nachdem O'Dell und ich die Düse gebührend bewundert hatten, steckte ich sie zur Sicherheit in meine Jackentasche. Wir verabschiedeten uns von den Mechanikern und schwangen uns wieder in die Sättel. Als wir am Club House vorbeikamen, stand davor Jakes Corvette geparkt. Dann sah ich, dass im Obergeschoss des Postamts, der Praxis von Dr. Hale, Licht brannte. An Sonntagen hatte er, soweit ich wusste, keine Sprechstunde. Ich fragte mich, ob er Dreama behandelte. Cukes Auto sah ich nicht, aber womöglich war sie zu Fuß hergekommen.

Als wir am Big Store vorbeiritten, kam Ginger gerade heraus und schloss ab. An Sonntagen hatte der Big Store nicht geöffnet, aber sie durfte vermutlich hinein, weil sie die Tochter des Geschäftsführers war. Sie trug einen Milchkarton. »Nimm mich mit«, sagte sie grinsend und hielt dabei den Kopf schief.

»Sitz auf«, sagte ich und klopfte auf Champions Rumpf.

Ginger trug einen Rock, daher entgegnete sie: »Wenn ich meine Hosen anhätte, täte ich's, da kannst du Gift drauf nehmen!«

Wir verabschiedeten uns und galoppierten weiter. O'Dell lachte. »Dieses Mädchen hat mehr Mumm als jedes andere in Coalwood.« Er drehte sich im Sattel um und sah ihr hinterher, als sie die Straße runter zu ihrem Haus lief. »Du hättest dich mit ihr verabreden sollen.«

»Kann ich nicht«, sagte ich traurig.

»Wieso denn nicht?«, wollte O'Dell wissen.

»Weil ich ihr Freund bin.«

O'Dell tätschelte Triggers Hals. »Muss ich das verstehen?«

»Nein«, sagte ich. »Das verstehen nur Ginger und ich.«

Wir befanden uns vor Linda DeHavens Haus, als Jake in seiner Corvette an uns vorbeibrauste. Er trat in die Bremsen und setzte zurück. Er trug seine Bergbauassessor-Uniform. »Hey, Jungs.«

»Hey«, grüßten wir zurück.

Jake tippte aufs Lenkrad und sah mich fragend an. »Pass auf, Sonny, hast du nächsten Samstag Zeit?«

234

»Wir testen eine neue Raketendüse.«

»Startet eure Rakete doch am Vormittag, dann treffen wir uns gegen eins im Club House. Und zieh deine Stiefel an.«

Ich sagte zu und wollte ihn gerade nach dem Anlass fragen, aber da fuhr Jake schon wieder los und trat ordentlich aufs Gaspedal. Vermutlich brauchte er mich wieder mal für eine Wanderung. Ich hatte ihn oft begleitet, wenn er übers Wochenende Frauen mit ins Club House gebracht hatte und zur Abwechslung mal was anderes mit ihnen machen wollte. Ich überlegte, ob er sich vielleicht auch ein paar Zweige für sein Zimmer im Club House holen wollte. Dann kämen Rollie und Frank womöglich ebenfalls mit. Wenn ja, konnte ich nur hoffen, dass sie alle halbwegs nüchtern blieben. Ich hatte nämlich keine Lust, gleich drei von der Sorte aus dem Gebirge zurück nach Coalwood zu schleppen.

Linda DeHaven trat auf ihre Veranda, rümpfte die Nase wegen des Gestanks nach verbranntem Gummi von Jakes Reifen und winkte O'Dell und mir zu. »Habt ihr schon eine Verabredung für den Weihnachtsball?«, fragte sie. Der große Ball schien alle zu beschäftigen.

O'Dell überlegte kurz, ob er von der Schönheit seiner Balldame schwärmen sollte, einer Zehntklässlerin, die in Squire wohnte. Linda D., die eine Klassenkameradin von uns war, sah mich verwundert an, als ich gestand, keine zu haben. »Du bist einfach zu wählerisch, Sonny Hickam«, sagte sie. »Warst du schon immer.« Linda D. und ich kannten uns praktisch von Geburt an.

Ich lachte. »Dann geh doch du mit mir!«

Sie erwiderte lachend: »Ich habe schon eine Verabredung, Junge.« Dann sagte sie: »Am Abend vor dem Ball findet bei mir eine Pyjamaparty statt. Ein paar Mädels kommen wegen Slugs und Carols Hochzeit.«

»Slug« war Lindas älterer Bruder, der eigentlich Jimmy hieß. Carol war Carol Todd, Ada und Ray Todds Tochter. Ihre

Hochzeit galt schon jetzt als eins der größten Gesellschaftsereignisse in der Geschichte von Coalwood.

»Wer kommt denn?«, hakte O'Dell nach.

»Emily Sue, Tish, Tootsie, Patty, Linda B., Becky und Cathie.« Sie machte eine kurze Pause. »Und Dorothy Plunk.«

Mein Herz schlug seinen üblichen Purzelbaum beim Klang von Dorothys Namen. Dagegen war ich einfach machtlos.

Linda D. wurde kalt, und sie ging wieder ins Haus. Wir ritten in gemächlichem Tempo weiter, vorbei an den Häusern der Main Street. Die Vorstellung, dass die derart meine Fantasie anregende Dorothy in einem Haus schlafen würde, das meinem so nah war, ging mir nicht mehr aus dem Kopf. Natürlich würde ich sie ignorieren, aber ich musste planen, wie ich das am besten umsetzte. Alles, was in meinem Privatuniversum mit Dorothy zu tun hatte, erforderte umsichtige Planung, selbst wenn der Plan vorsah, dass ich nichts tat.

Ich schüttelte die Gedanken an Dorothy ab und konzentrierte mich auf die Häuser, an denen wir vorbeikamen. Es hatte sich so unglaublich viel verändert, seit sie verkauft worden waren. Anstatt im einheitlichen Weiß der Gesellschaft, leuchteten nun viele von ihnen in verschiedenen Farben – hauptsächlich in Grün- und Gelbtönen, eins jedoch war sogar rosafarben. Als wir Cukes Haus passierten, fiel mir auf, dass es so grau und hässlich wie eh und je aussah. Über ein Jahr war es nun her, dass die Gesellschaft die Eisenbahnschienen herausgerissen hatte, die an seinem Haus vorbeiführten, aber noch immer lag Kohlenstaub darauf. Es sah nicht danach aus, als wäre jemand zu Hause, aber bei Cuke konnte man das nie wissen. Ich fragte mich, ob Dreama drinnen war und uns vorbeireiten sah.

Als wir die Grundschule von Coalwood erreichten, beschloss ich, dass nun der Zeitpunkt gekommen war, etwas über Billy in Erfahrung zu bringen. »Billy macht in letzter Zeit einen unglücklichen Eindruck«, sagte ich.

Normalerweise brauchte man bei O'Dell nur kurz was anzuschneiden und er erzählte einem alles, was er darüber wusste. Doch nicht in diesem Fall. Er sah mich nur seltsam an und meinte: »Nun, das wird er wohl auch sein. Deshalb geht er zur Navy. Hat er dir das nicht erzählt?«

Ich überlegte, was ich darauf antworten sollte. Billy gehörte nun seit fast einem Jahr zur BMCA. Er war zu den Starts gekommen und hatte seinen Beitrag geleistet, und ich hatte mir seine Vorschläge angehört, die für gewöhnlich gut waren, aber darüber hinaus konnte ich mich nicht erinnern, wann ich mich jemals länger als ein paar Minuten mit ihm unterhalten hätte. Was seltsam war, wie ich am Ende meiner Überlegungen feststellte. Billy Rose gehörte zu meinen besten Freunden, das hätte ich jedenfalls gesagt, wenn mich jemand danach gefragt hätte, aber mir fiel kein einziger Moment in meiner Lebensgeschichte ein, in dem ich mich tatsächlich hingesetzt und mit ihm unterhalten hätte. Und das war ziemlich traurig, wie ich fand.

»Wann hat er es dir erzählt?«, fragte ich.

»Als ich vor ein paar Wochenenden bei ihm zu Hause war.«

»Ich war noch nie bei ihm zu Hause«, gab ich zu. Ehrlich gestanden war ich mir nicht mal sicher, wo er wohnte. Irgendwo in Six Hollow, mehr wusste ich nicht.

Wir ritten schweigsam weiter, O'Dell gab keine weiteren Informationen über Billy preis. Vermutlich gab es dazu auch nicht viel zu sagen, oder er wollte es nicht. »Kaum zu glauben, dass wir so kurz vor dem Highschool-Abschluss stehen«, meinte er nach einer Weile. »Dann waren wir zwölf Jahre lang auf der Schule. Kaum zu glauben.«

Ich lächelte. »Erinnerst du dich an unseren ersten Schultag?«

»Aber sicher. Ich war in Mrs. Williams' Klasse. Sie tadelte mich, weil ich zu viel quatschte.«

»Da muss sie dich mit jemand anderem verwechselt haben«, erwiderte ich lachend. »Schade, dass ich das verpasst habe. Unsere Klasse war damals so groß, dass sie geteilt wurde. Ich war in Miss Stapletons Klasse, weißt du noch?«

»Aber die Pausen haben wir immer zusammen verbracht«, warf er ein. »Ich kannte keine anderen Kinder außer denen aus Frog Level. Und ich hatte richtig Angst davor, euch Kindern aus dem Stadtzentrum zu begegnen. Doch an dich erinnere ich mich. Ständig bist du gegen was gelaufen. Du bist auch von der Rutschbahn gefallen und hattest eine blutige Nase.«

»Weil ich so gut wie blind war. Ich bekam meine Brille erst, als ich in der dritten Klasse war.«

Wir ritten weiter. »Ich frage mich, wo wir wohl in zwölf Jahren sein werden«, meinte O'Dell.

»Cape Canaveral«, erwiderte ich zuversichtlich.

O'Dell schüttelte den Kopf. »Du vielleicht, aber ich nicht. Daddy sagt, er kann es sich nicht leisten, mich aufs College zu schicken. Ich überlege, zur Air Force zu gehen.«

Ich nahm O'Dells wenig erfreuliche Nachricht in mich auf. Sie stimmte mich traurig und brachte mich gleichzeitig in eine knifflige Lage. Von allen Rocket Boys schien ich mir als Einziger ziemlich sicher zu sein, aufs College zu gehen. Ich konnte es O'Dell und auch keinem der anderen Jungs vorwerfen, wenn sie mir das verübelten. »Du kannst an deren Raketen bauen«, sagte ich, um die Stimmung ein wenig aufzuhellen. »Und anschließend kommst du dann ans Cape.«

»Das Einzige, was mich an der Air Force interessiert, ist die G.I. Bill of Rights, die mir den Zugang zur Universität ermöglicht«, erwiderte O'Dell verdrossen. »Aber ich würde natürlich viel lieber gleich aufs College gehen.«

»Das wäre schön«, sagte ich.

»Du kannst ja nichts dafür, Sonny«, erwiderte er und nahm die Zügel auf, um Trigger zur Umkehr zu bewegen.

»Danke«, sagte ich und meinte es ernst. Ich wendete Champion, und wir ritten durchs Tal zurück.

Die Sonne stand schon tief hinter den Bergen, als wir zum Stall hinter dem Haus der Carrolls zurückkamen. Red hatte ihn erst im letzten Jahr für die Ponys gebaut, und überall roch es nach frischem Holz, Heu und Pferden. Die Carrolls waren eine fleißige Familie, die im Landleben aufging. Sie mästeten Schweine und hielten für eine Weile sogar eine Kuh. Es gab eine Zeit, da hatte fast jede Familie in Coalwood irgendwelche Nutztiere für die eigene Versorgung gehalten, aber diese Praxis war zurückgegangen, nachdem sich der Lohn in der Zeche verbessert hatte und man wegen der dichteren Bebauung die Häuser umzäunt hatte. Wir sattelten die Ponys ab und striegelten sie. O'Dell verkündete, sein Dad wolle, dass ihre Boxen ausgemistet wurden, und so gingen wir nach hinten in den Raum mit den Heuballen. Wir schaufelten das schmutzige Stroh in eine Schubkarre, die wir nach draußen brachten und ausleerten, dann ersetzten wir es durch frisches von den Ballen. Wie es aussah, hatten die Carrolls zudem genug Heu für ein ganzes Leben. »Es war wirklich billig, deshalb hat Daddy gleich richtig zugeschlagen«, erklärte O'Dell. »Als er die Kuh verkaufte, wollte er das Heu eigentlich auch loswerden. Jetzt wird das Zeug vermutlich schlecht, bevor die Pferde alles auffressen können.«

Bei den Carrolls gab es Abendessen, und ich wurde dazu eingeladen. Es duftete nach Speck und Butterbohnen in der Küche. O'Dell hatte zwei jüngere Brüder und eine Schwester. Als alle am Tisch saßen, segnete Red die Mahlzeit und sagte dann: »Hau rein, Sonny.«

Neben mir saß Mrs. Carroll. Sie hatte unsere ursprüngliche BCMA-Fahne genäht und sich als Design eine Eule auf einer Rakete einfallen lassen. Jetzt sagte sie: »Jimmie O'Dell meint, eure Fahne verblasst langsam«, und reichte mir ein gefaltetes Stück Stoff.

Ich entfaltete es. Es war wieder eine Fahne, komplett handbestickt. »Vielen Dank!«, freute ich mich und hätte gern noch mehr gesagt, um auszudrücken, was ich empfand. Ich war unendlich dankbar. Bei so vielen Kindern und dem Haus hatte Mrs. Carroll jeden Tag eine Menge Arbeit zu erledigen. Und doch hatte sie sich Zeit genommen, uns eine weitere Fahne zu nähen. Ich verfiel in Quentins Vokabular. »Die ist sensationell!«

»Ist sie eine Umarmung wert?«, fragte O'Dells Mom.

Das war sie. Und ich drückte ihr auch noch einen Kuss auf die Wange.

Es war schon lange dunkel, als ich nach Hause kam. Dad schleifte gerade einen riesigen Christbaum durch das Gartentor. Er hatte seine Grubenlampe auf dem Zaun abgestellt, damit er etwas sehen konnte. Einer der Zweige hatte ihm den Hut vom Kopf gefegt, und Poteet hatte ihn aufgehoben. Sie saß mit Dads Hut im Maul da und wedelte wie verrückt mit dem Schwanz. »Deine Mutter mag am liebsten große Bäume«, meinte Dad und grunzte vor Anstrengung. Hoffentlich musste er nicht wieder husten.

Gemeinsam lehnten wir die gewaltige Kiefer an die Gartenveranda neben Moms Futterhäuschen für die Vögel. »Normalerweise sucht sie sich ihre Christbäume aus«, keuchte Dad. »Ich dachte, dieses Jahr tue ich das für sie.« Er hustete ein paarmal, als wollte er seine Lungen testen, und schluckte dann heftig. Ich unterließ es, ihn auf das Naheliegende hinzuweisen. Da Mom nach Myrtle Beach aufbrach, brauchte und wollte sie keinen Baum.

Dad kehrte zum Tor zurück und streckte seine Hand aus. Poteet trottete mit dem Hut im Maul auf ihn zu. Dad nahm ihn ihr ab, griff nach seiner Grubenlampe, stieg in seinen Laster und fuhr los, zur Zeche, wie ich annahm.

Ich betrachtete den Baum. Wenn der ins Wohnzimmer passen sollte, müssten wir ihn um ein gutes Stück kürzen. Mom hatte offensichtlich den Tumult gehört und kam heraus, um sich den Baum im Schein der Verandabeleuchtung anzusehen. »Und da bleibt er auch«, erklärte sie, machte auf dem Absatz kehrt und ging wieder hinein.

Es tat mir in der Seele weh, sie diese Worte sagen zu hören. Seit ich auf der Welt war, hatte es für Mom nichts Schöneres als einen Christbaum gegeben. Zu meinem Leidwesen fühlte ich mich für ihre geänderte Haltung verantwortlich. Hätte ich doch nur von Anfang an zugesagt, ihr bei der Vorbereitung dieses verdammten Krippenspiels zu helfen. Hätte ich ihr doch nicht solchen Kummer bereitet, weil sie mich letztes Weihnachten gezwungen hatte, bei Dad und Poppy zu sein. Dann überlegte ich noch, dass sie vielleicht, hätte ich nur Chipper nicht rausgelassen …

Immer wieder dieses verdammte »Hätte ich doch«. Wie gern würde ich das aus unserem Wortschatz verbannen.

Ich ging nach oben und holte meine Liste heraus. Ich schrieb *Mom und Weihnachtsbaum* dazu. Es war zweifellos eine merkwürdige kleine Liste, und doch schien etwas sehr Wichtiges zu fehlen, etwas so Offensichtliches, dass es mir ins Auge hätte springen müssen. Doch ich glaubte fest daran, dass irgendwo in dieser Liste, vielleicht sogar tatsächlich zwischen den Buchstaben, die Antwort auf das lag, was mich so oft bedrückte. Schließlich fiel mir ein, dass ich noch etwas hinzufügen wollte. Es war höchste Zeit, und ich war stolz, als ich es tat: *Billy*.

20. Six Hollow

Ich traf Mom in ihrem Schlafzimmer an. Sie stand über einen Koffer gebeugt, der auf einem Stuhl lag. Er war offen, aber leer. »Kann ich mir den Wagen ausleihen?«, fragte ich. »Ich möchte zu Billy Roses Haus fahren.«

Sie riss sich vom Koffer los. »Warum?«

»Weil ich dort noch nie war«, sagte ich. Dann erzählte ich ihr, dass Billy im Begriff war, die Schule zu verlassen und zur Navy zu gehen.

Es schien sie nicht zu überraschen. »Ich habe einige schlimme Dinge über Arnee Bee gehört«, erwiderte sie düster. Arnee Bee war Billys Dad. Sie sah mich an. »Was hältst du davon, wenn ich mitkomme? Ich könnte Henrietta Johnson besuchen. Hab mich schon eine Ewigkeit nicht mehr mit ihr über Rosen unterhalten.«

Ich wusste nicht, wer Henrietta Johnson war, aber ich war einverstanden. Ich fuhr im Buick an der Zeche vorbei und bog dann beim Six-Gesellschaftsladen ab, der früher mal zum Big Store gehört hatte. Mr. Dantzler hatte ihn im vergangenen Jahr geschlossen, nachdem viele Männer oben in Six Hollow ihre Arbeit verloren hatten und das Geschäft eingebrochen war. Die leeren, schmutzverschmierten Schaufenster des Ladens starrten uns an. Jemand hatte mit den Fingern *LOS OWLS* auf eine davon geschrieben. Eine weitere Botschaft lautete: *FAHR ZUR HÖLLE, HICKAM.* »Wenigstens haben sie es richtig geschrieben«, sagte Mom bitter.

Die Straße durchs Tal bestand aus Kohlengrus und Asche und war voller Furchen und Schlaglöcher. Wir kamen zu einer

Reihe abgesackter schmutziger Häuser mit abblätternder Farbe und ausgeschlagenen Fensterscheiben. »So habe ich das nicht in Erinnerung«, sagte Mom. »War schon ein paar Jahre nicht mehr hier oben …« Sie sprach nicht weiter, als sie den Kopf drehte und das niedergebrannte Haus ansah. Verkohlte Bretter ragten dort, wo das Dach zusammengefallen war, in aberwitzigen Winkeln in die Luft. Im Vorgarten lag eine Plastikpuppe ohne Kopf.

Dürre Hühner pickten im Kies entlang der Straße. Kinder mit Rotznasen spielten in Gärten ohne Gras, hielten inne und sahen uns aus großen Augen an. Ihre Mäntel waren schmutzig und zerlumpt. »Hier also kamen die Kinder her, die an Thanksgiving bei uns waren«, sagte Mom. Sie schien Selbstgespräche zu führen. »Ich dachte, jemand hat sie aus einer anderen Stadt hergebracht …«

Je weiter wir ins Tal hineinfuhren, umso müder und armseliger wirkten die Häuser. Fensterscheiben waren eingeschlagen, Zäune hingen durch, Müll lag in den Gräben. Ein Rosenbogen, der ein Tor überspannte, weckte eine Erinnerung in mir. Jetzt wusste ich wieder, wer Henrietta Johnson war. Eine schwarze Lady, die Mom geholfen hatte, als wir noch an der Substation Row wohnten. Das war, als Dad an Darmkrebs erkrankt war und Mom viel Zeit bei ihm im Krankenhaus verbracht hatte. Sie wollte nicht, dass Jim und ich von der Schule in ein leeres Zuhause kamen, und so war Mrs. Johnson jeden Tag bei uns gewesen. Sie kochte für uns Jungs ein Abendessen und erledigte leichte Hausarbeiten. Etwa zu dieser Zeit hatte Mom hinter dem Haus einen ihrer ersten Rosengärten angelegt, und Mrs. Johnson bewunderte ihn so sehr, dass sie sich vor ihrem Haus auch einen angelegt hatte. Immer mal wieder machte Mom sich auf den Weg, um Mrs. Johnsons Rosen zu bewundern und mit der Frau Tee zu trinken, die ihre Freundin geworden war. Ich erinnerte mich noch gut daran, wie tipptopp in Schuss das Johnson-Haus war mit seiner strahlend weißen

Fassade und den leuchtend roten Rosen, die sich am Spalier hochrankten. Aber als wir jetzt vorbeifuhren, sah ich, dass das Spalier zusammengefallen war. Nur noch ein wildes braunes Geflecht abgestorbener Ranken verriet, dass dort jemals etwas geblüht hatte. Mom betrachtete das abgesackte Spalier und das geisterhafte Haus dahinter. »Arme Henrietta«, sagte sie und hielt sich die Hand vor den Mund. »Warum hat sie es mich nicht wissen lassen, dass sie weggeht?«

Ich parkte vor der winzigen Schuhschachtel von einem Haus, das O'Dell mir als das von Billy beschrieben hatte. Der Vorgarten war ein Streifen schwarzer Schlacke. Die Veranda auf den Schlackenbetonsteinen hing durch, und an einem der Fenster hatte man die fehlende Scheibe durch ein Stück Pappe ersetzt. Als ich anhielt, blieb Mom im Wagen sitzen. »Kommst du mit rein?«, fragte ich sie.

»Bleibst du lang?«

»Ich denke nicht. Ich wollte mich nur verabschieden. Ich weiß zwar nicht, wann er aufbricht, aber ich wollte ihn erwischen, solange er noch hier ist.«

»Ich warte hier auf dich«, sagte Mom. »Wenn Jungs miteinander reden müssen, bin ich nur im Weg.«

»Das mit Mrs. Johnson tut mir leid, Mom«, sagte ich.

Sie schüttelte den Kopf. »Ich kann mir noch immer nicht erklären, warum sie es mich nicht hat wissen lassen. Wir waren Freundinnen.«

»Wenn Mr. Johnson gekündigt wurde, wird wohl Dad derjenige gewesen sein, der es tun musste«, sagte ich. »Vielleicht war sie sauer auf dich.«

»Es gab in Coalwood keine bessere Frau als Henrietta Johnson«, sagte Mom. »Ich hatte immer vor, sie zu besuchen. Warum nur habe ich es nicht getan?«

»Ja, Ma'am«, sagte ich. Ich glaubte zu wissen, wie sie sich fühlte. Einen Freund zu vernachlässigen war der sicherste Weg, diesen zu verlieren.

Als ich aus dem Wagen stieg, schlug mir der faulige Geruch aus dem Graben vor Billys Haus entgegen. Die Bergwerksgesellschaft hatte die Häuser Coalwoods allesamt mit Wasseranschlüssen ausgestattet, doch als die Häuser verkauft wurden, hatte man die Versorgungswirtschaft gleich mit verkauft. Jetzt fragte ich mich, ob Six Hollow noch am Abwassersystem angeschlossen war. Dem Geruch nach zu urteilen war das nicht der Fall.

Über dem Graben lag ein dünnes Brett. Ich lief darüber, stieg zur Veranda hoch und klopfte an die Fliegentür. Die Tür war unten eingerissen, als hätte jemand sie eingetreten. Ich musste mehrmals klopfen, bevor Billy mir öffnete. Seine Miene erhellte sich, als er mich sah. »Sonny?«

»Ich muss mit dir reden«, sagte ich.

Billy richtete seinen Blick über mich hinweg, sah Mom im Buick sitzen und öffnete dann die Tür. Der Gestank von Zigarettenqualm hing im Raum. Die Tür führte direkt ins Wohnzimmer. An der gegenüberliegenden Wand stand ein verblichenes grünes Sofa, daneben ein Holztisch mit einem gläsernen Aschenbecher darauf, der von Kippen überquoll. Ein kleiner missmutig dreinblickender Mann betrachtete mich vom Sofa aus. Er trug eine alte Leinenhose und ein Unterhemd. Es war Arnee Bee Rose, Billys Dad. Als er mich durch die Tür kommen sah, zog er nervös die Zigarette aus seinem Mund, als hätte ich ihn beim unerlaubten Rauchen ertappt. Er blies eine violette Rauchfahne an die Decke und sah mich dann aus zusammengekniffenen Augen an. Langsam und qualvoll kam er auf die Füße, eine Schulter hing höher als die andere, als wäre es zu schmerzhaft, aufrecht zu stehen. »Der Junge von Homer Hickam«, sagte er zur Begrüßung und sah seinen Sohn dann finster an. »Kommst offenbar 'rum in der Welt, Billy?« Mein Blick streifte die Couch, in deren Polster ein großes Loch gähnte. Er sah, wohin ich blickte, und sagte: »Bin mit 'ner Kippe in der Hand eingeschlafen. Nächste Woche krieg'n wir 'ne neue Couch, direkt aus Bluefield. Nicht wahr, Billy?«

Billy verlagerte sein Gewicht von einem Bein aufs andere. »Komm mit«, sagte er bedrückt und führte mich in den hinteren Teil des Hauses. Eine offene Tür führte in eine winzige Küche, wo zwei kleine Mädchen an einem Klapptisch saßen und mit Lumpenpuppen spielten. Sie sahen uns, sagten aber nichts. Es gab drei weitere Türen. Die in der Mitte führte in ein kleines Badezimmer. Im Vorbeigehen bemerkte ich, dass kein Wasser in der Toilettenschüssel war. Billy öffnete die linke Tür. »Das ist mein Zimmer«, sagte er.

Es war winzig mit einem Linoleumboden in einem ekelhaften Gelbton. Decken und Kissen lagen verstreut herum. Auf einem rohen Holztisch mit einem Durcheinander aus Schulbüchern stand eine Kerosinlampe. »Ich teile es mir mit meinen Brüdern und Schwestern«, erklärte Billy. Er deutete auf die Lampe. »Im letzten Monat wurde der Strom gekappt.«

Ich versuchte, mir den Raum in der Nacht vorzustellen, wenn Billy hier zusammen mit seinen sechs Geschwistern schlief. Das war der Ort, an dem er lernte und auch seine Hausaufgaben machte. Dabei schrieb Billy fast in jedem Semester nur Einsen. Ich musste an mein Zimmer denken und schämte mich. Sein Vater schrie irgendjemanden an, stieß eine Reihe von Flüchen aus. Billy ignorierte es. »Ich weiß noch immer nicht, warum du hier bist«, sagte er.

»Ich habe gehört, dass du zur Navy gehen möchtest.«

»Das stimmt.« Er blieb zurückhaltend.

»Ich weiß, dass du sauer auf mich bist, Billy …«

»Ich bin nicht sauer auf dich«, sagte Billy. »Ich bin deiner nur überdrüssig.«

Ich wusste nicht, was er damit meinte. »Meiner überdrüssig?«

Billy heftete seinen Blick auf das schmutzige Fenster. Das einfallende Licht war kalt und grau. »Ich bin es leid, dich ständig davon reden zu hören, dass du nach Cape Canaveral gehen und für Wernher von Braun arbeiten wirst, bin deine Raketen leid und die Leute, die zu den Starts kommen und dir applaudieren, bin es leid, dass du der bist, der du bist, und ich der, der ich bin.«

»Sie applaudieren nicht nur mir«, entgegnete ich. »Der Applaus gilt allen in der BCMA. Auch dir.«

»Mir? Was ist denn mein Job in der BCMA? Hast du mich je gebeten, dir bei den Berechnungen für eine Düse zu helfen? Oder mich zu dir nach Hause eingeladen, um beim Befüllen einer Rakete zu helfen? Nicht ein Mal. Ich jage hinter deinen Raketen her und suche sie für dich. Verdammt, dafür könntest du auch einen Hund abrichten.«

»Ich hatte keine Ahnung, dass du mehr tun willst«, erwiderte ich kleinlaut.

Er steckte seine Daumen in die Taschen seiner ausgewaschenen Jeans. »Weil es dich nie wirklich interessiert hat«, sagte er. »Warum bist du wirklich hier?«

Offen gestanden wusste ich das selbst nicht. »Ich wollte wohl sehen, wo du wohnst«, sagte ich. Das war noch das Beste, was mir einfiel.

Er beschrieb mit einer Handbewegung das ganze Zimmer. »Hier siehst du's«, sagte er verbittert.

Mr. Rose brüllte jemanden oder etwas an, vielleicht brüllte er auch nur, um zu brüllen. Irgendwo im Haus weinte ein Baby. Billy schnitt eine Grimasse, als aus dem Wohnzimmer ein Knall zu hören war. Klang nach dem Aschenbecher. »Ja, mein Daddy ist ein Trinker«, sagte er. »Und vermutlich hat er das Recht dazu nach seinem Beckenbruch, der nicht richtig verheilt ist. Aber hat sich immer weniger unter Kontrolle ... Manchmal schlägt er bei meinen kleinen Schwestern so heftig zu und dann ... Ich weiß nicht, was noch passiert. Ich weiß nur, dass die Navy einen Platz für mich hat und ich dorthin gehe.«

»Kann ich denn irgendwas für dich tun?«, fragte ich.

Er schüttelte den Kopf. »Du kommst ein wenig zu spät. Ich habe bereits die Papiere unterschrieben. Und uns kann keiner helfen. Es ist, wie es ist.«

Als ich aus Billys Haus trat, war der Buick leer. Ich traf Mom ein Stück weiter die Straße runter am alten Rosenspalier an. Sie strich über die abgestorbenen Ranken. Ein Haufen schmutziger Kinder stand um sie herum und beobachtete sie. Eins von ihnen schniefte ständig und wischte sich dann mit dem Handrücken die Nase ab.

»Ich habe sie gefragt«, sie nickte in Richtung der Kinder, »und sie sagten, das Haus stehe seit über einem Jahr leer.«

»Das konntest du nicht wissen.«

»Dein Dad hätte es wissen müssen«, sagte sie mehr zu sich als zu mir. »Er weiß alles, was in dieser Stadt passiert. Aber er erzählt es mir nicht. Vielleicht denkt er, es kümmere mich nicht. Vermutlich hat er ja auch recht, so, wie ich mich immer wieder über Coalwood auslasse.«

Es wurde dunkel. »Wir fahren besser nach Hause«, sagte ich.

»Weißt du denn, warum dein Dad in 11 East ist, Sonny?«

»Nein, Ma'am.«

»Ich habe gehört, du hattest deswegen Krach mit den Mallett-Jungs.«

»Damit komme ich schon klar«, erwiderte ich und zuckte mit den Schultern.

Sie nickte. Vermutlich war ihr bereits eine vollständige Schilderung des Vorfalls zu Ohren gekommen. »Was haben du und Jake Mosby für nächsten Samstag ausgeheckt?«

»Ich nehme an, er möchte, dass ich mit ihm wandern oder ein bisschen Weihnachtsgrün holen gehe oder so«, sagte ich. »Warum ist Dad in 11 East, Mom?«

»Weil er wie üblich die Welt retten möchte.« Sie befingerte noch immer die alten Ranken. »Wie geht es Billy?«

»Er hat die Papiere für die Navy unterschrieben.«

»Ich habe Arnee Bee schreien hören.«

»Es ist mir unvorstellbar, wie Billy es schafft, so gute Noten zu bekommen, trotz dieser Umgebung.«

»Was hat Billy sonst noch gesagt?«

»Er meinte, er sei meiner überdrüssig.«

Sie zog die Stirn kraus. »Was meint er damit?«

»Er denkt, dass mir die Welt zu Füßen liegt. Er schreibt nur Einsen, aber keinen kümmert's. Wenn ich in irgendwas gut bin, feiern das alle. So sieht er es.«

»Vielleicht liegt es daran, weil du es so siehst«, meinte sie lächelnd. »Du bist durchaus dafür bekannt, dich immer mal wieder sehr wichtig zu nehmen.«

Ich war versucht, darauf zu antworten, dass ich, wenn dem so war, es mir auf ehrliche Weise verdient hatte. Doch klugerweise hielt ich den Mund.

Moms Lächeln verschwand schnell wieder, als sie hoch zu Billys Haus schaute. Sie richtete sich auf. In ihrem Kopf arbeitete es. Das las ich in ihren Augen. Aber sie sagte nur: »Oh Mann, was stinkt das hier.« Und dann: »Bring mich nach Hause, Sonny.«

21. Ein Coalwood-Mädchen

Es war höchste Zeit für meine letzten Weihnachtseinkäufe. Für Jim und Dad hatte ich bereits etwas. Ein Abonnement für das Magazin *Argosy* war mein Geschenk an Jim. Die einzige Komplikation dabei war die, ob ich als Lieferanschrift die Adresse an der Virginia Tech angeben oder warten sollte, bis feststand, wohin er ging. Ich war mir unsicher, überlegte dann aber, dass Jim sicherlich seine neue Anschrift zurücklassen und man ihm das Magazin nachschicken würde. Für Dads Geschenk hatte ich nach Charleston geschrieben und um ein Autogramm von Cecil Underwood, dem Gouverneur, gebeten. Inspiriert hatte mich dazu der Brief, den Mom im letzten Jahr meinetwegen an Wernher von Braun geschickt hatte. Gouverneur Underwood war seit ewigen Zeiten der erste republikanische Gouverneur in West Virginia, und Dad hielt ihn für das Beste, was dem Bundesstaat hatte passieren können. Ich hatte unseren Postmeister Mr. Varney gebeten, darauf zu achten, wenn für mich etwas aus dem Büro des Gouverneurs kam, und das hatte er auch und mir eines Tages im Big Store einen braunen Umschlag mit dem Gouverneurssiegel zugesteckt. Gouverneur Underwood hatte geschrieben: *An Homer Hickam, den besten (und vielleicht einzigen) Republikaner in McDowell County*. Ich wusste, dass Dad das gefallen würde.

Für Mom hatte ich mir etwas wirklich Besonderes einfallen lassen. Ich wollte es ihr geben, kurz bevor sie nach Myrtle Beach aufbrach. Ich war im Big Store in die Damenabteilung gegangen und hatte dort eine Puderdose entdeckt, die beim Öffnen

»Love Me Tender« spielte. Da Mom die langsamen Songs von Elvis gern hörte, traf ich damit sicherlich ins Schwarze. Einziges Problem war der Preis von sieben Dollar. Es dauerte eine Weile, bis ich mutig genug war, so viel Geld für ein Geschenk auszugeben. Nicht, dass ich es nicht gehabt hätte. Ich war flüssig, aber nur wenn ich an mein Erspartes für Raketentreibstoff ging, das ich mir mit Autowaschen und dem Verkauf von Ginseng verdient hatte. Nachdem ich mir die Wichtigkeit des Gebens gebührend vor Augen gehalten hatte, zumal wenn es sich bei der Beschenkten um die eigene Mutter handelte, und mir wieder eingefallen war, dass ich dank der Deutschen gratis an Schwarzgebrannten gekommen war, beschloss ich, es zu tun. Um Moms Geschenk im Big Store zu kaufen, suchte ich mir einen besonderen Tag aus, den Tag, an dem Santa Claus in die Stadt kam.

Im Big Store hatte man gleich vorne neben der Erfrischungstheke Santas Schlitten aufgebaut. Trotz der weißen Barthaare und des roten Anzugs wusste ich, wer den Santa spielte. Es war Mr. Clowers, ein Witwer, der an der Substation Row wohnte. Mr. Clowers, der für die Waschkaue neben dem Seilfahrtschacht zuständig war, war mit seiner Leibesfülle wie geschaffen für die Rolle. Er hatte außerdem ein kaputtes Bein, und so traf der fröhliche Alte humpelnd ein. »Daddy, warum humpelt Santa denn?«, staunte ein kleiner Junge besorgt. Sein Vater, der die Loren bediente, meinte schlagfertig: »Er hat in 11 East gearbeitet.« Damit hatte er die Lacher auf seiner Seite und erinnerte alle daran, wie hartnäckig dieser Abschnitt in den Gedanken vieler in Coalwood herumgeisterte, sogar kurz vor Weihnachten.

Santa nahm in seinem Schlitten Platz, den die Tischlerei der Gesellschaft gebaut hatte, und setzte zum traditionellen Ho-Ho-Ho an, wobei sein Bauch wie Wackelpudding zitterte. Die Kinder von Coalwood stellten sich in Reih und Glied auf, um Santa ihre Wunschlisten zu übergeben und ihre Körbe mit Obst und Früchten entgegenzunehmen, die von der Gesellschaft gespendet wurden.

Roy Lee war mitgekommen, um mich bei meinem Kauf zu unterstützen. Es war mir einfach peinlich, ganz allein die Damenabteilung aufzusuchen. Auch er war auf der Suche nach einem Geschenk für seine Mom. Wir blieben stehen und beobachteten die vor Santa aufgereihten Kinder. Einige von ihnen schrien wie am Spieß, so sehr erschreckte sie der Anblick Santas. Andere glucksten verwundert und krochen bereitwillig zu ihm hoch, um ihre Wunschliste zu überreichen. Dabei traf mein Blick auf Dreama, die sich das Spektakel ebenfalls ansah. Sie trug noch immer denselben braunen Stoffmantel, in dem sie mir zum ersten Mal am Cape begegnet war. Ihre roten Haare hingen strähnig herunter, ein paar davon auch in die Augen. In ihren knochigen Händen hielt sie eine kleine braune Lederhandtasche umklammert. Mit ihren dünnen Beinen sah sie nicht nur einsam und verloren, sondern auch zerbrechlich aus. Bestimmt zerbricht sie, wenn jemand sie umarmt, überlegte ich. Doch die Gefahr bestand nicht. Alle hielten Abstand zu ihr. Ich beschloss, sie anzusprechen. »Wozu?«, fragte Roy Lee, als ich ihm sagte, was ich vorhatte.

»Sie tut mir leid«, antwortete ich. »Dir nicht?«

Roy Lee zuckte mit den Schultern. »Irgendwie schon«, gab er zögernd zu. »Aber sie gehört nicht hierher. Siehst du das nicht? Schau dich um. Sei einmal im Leben achtsam.«

Ich nahm die Herausforderung an und sah mich aufmerksam um. Fast alle Mütter, die mit ihren Kindern vorbeizogen, vermieden es, sie anzusehen. Ich sah ein kleines Mädchen auf Dreama zulaufen, als diese die Hand ausstreckte, und sofort zog die Mutter ihre Tochter zurück. Das kleine Mädchen jammerte, und Dreama wurde rot unter ihrem dick aufgetragenen Make-up. »Ich glaube, ich weiß, was du meinst«, sagte ich.

»Lass sie in Ruhe, Sonny.«

Roy Lee hatte recht, und das wusste ich. Die meisten Leute in Coalwood wünschten sich, dass Dreama Jenkins wieder ging. Sie tat mir leid, aber das war auch schon alles.

Auf sein Drängen hin folgte ich Roy Lee an Dreama und den Müttern und Kindern und Mr. Clowers vorbei in die Damenabteilung. Ich lotste ihn zu dem Stand mit den Puderdosen. Mrs. Anastopoulos beriet uns. Ihr Ehemann bediente einen Fräslader. »Das ist wirklich etwas sehr Hübsches«, sagte sie und stellte die Dose auf die Glastheke. Ich konnte ihr nur zustimmen. Sie war wie ein Bienenkorb geformt, und obendrauf war eine Biene gemalt. Ein fast unsichtbarer Riegel öffnete den Deckel, und man sah die Vertiefung für den Puder und die Quaste. Mrs. Anastopoulos drückte auf den Riegel, der Deckel hob sich, und zart erklang die Melodie von »Love Me Tender«.

»Hübsch«, sagte Roy Lee. »Haben Sie zwei davon?«

Seine Dreistigkeit war wirklich unglaublich. »Wir können unseren Müttern doch nicht das Gleiche schenken!«

»Wieso nicht? Wann pudern die denn gemeinsam ihre Nasen?«

»Wir haben nur diese eine«, sagte Mrs. Anastopoulos und kam einem Streit zuvor. »Aber, Roy Lee, deine Mutter hat sich öfter als einmal diese Haarkämme angesehen.«

Roy Lee betrachtete die Kämme. Sie gefielen ihm und entsprachen seinem Budget. Wir hatten unsere Geschenke gefunden. Mrs. Anastopoulos packte sie für uns sogar in Geschenkpapier ein. Als ich ihr dabei zusah, hätte ich jubeln können. Mom würde ihr Geschenk lieben, das wusste ich. In Gedanken malte ich mir den Moment aus, wenn sie zum ersten Mal den Deckel ihrer neuen Puderdose öffnete und die kleine Melodie hörte. Beim bloßen Gedanken daran wurde mir warm ums Herz. In der Bibel steht, Geben sei seliger denn Nehmen, und in diesem Moment verstand ich, was damit gemeint war. Ich war so glücklich, dass ich die Welt und alle Menschen darin hätte umarmen können. Ich schwebte im Geist des Augenblicks. Als ich von meinem inneren Höhenflug zurückkam, sah Roy Lee mich besorgt an. »Was ist?«, fragte ich.

»Wo warst du gerade?«, wunderte er sich.

Ich sagte ihm, er solle nicht so idiotische Fragen stellen. Ich sei nirgendwo anders gewesen, sondern genau hier. Das entsprach nicht der Wahrheit, aber etwas anderes hätte ich niemals zugegeben. Ich wollte nicht, dass die Leute anfingen, mich für einen Träumer zu halten. Das war ich nämlich nicht, ganz und gar nicht. Ich tat Dinge, startete Raketen, spielte in der Band, stieg auf Berge, bewegte etwas. Träumer bekamen nichts auf die Reihe, sinnierten nur in den Tag hinein. Ein Träumer? Ich doch nicht.

Als wir mit unseren Geschenken nach draußen kamen, stand Dreama noch immer da und beobachtete die Reihe vor Mr. Clowers. Es waren nur noch wenige Mütter und Töchter übrig. Ich weiß selbst nicht, was mich bewog, das zu tun, was ich als Nächstes tat. Vermutlich war ich noch so erfüllt von der Wärme allgemeiner Menschengüte, dass ich es nicht ertrug, sie dort derart trostlos stehen zu sehen. Wortlos löste ich mich von Roy Lee und ging auf sie zu. »Hallo, Miss Jenkins«, begrüßte ich sie.

Sie sah mich aus großen Augen, aber freudig überrascht an. Sogar ein kleines Grinsen lag auf ihrem Gesicht. Ich sah den kaputten Zahn, nur dass er nicht mehr kaputt war. Er war gerichtet, fast jedenfalls. Irgendetwas wirkte daran noch unnatürlich. Sie sah, dass ich es bemerkte. »Das ist eine provisorische Krone«, verkündete sie stolz. »Dr. Hale hat mir eine besondere bestellt. Und ich bin Dreama, erinnerst du dich?«

»Ja, Ma'am.«

»Ist das nicht lustig?«, fragte sie und zeigte auf Santa Claus Clowers und den kleinen Jungen auf seinem Knie.

»Ja, Ma'am, das ist es.«

»Ich habe noch nie auf dem Schoß von Santa Claus gesessen«, sagte sie wehmütig. »Der kam auch in den Laden von

Gary, aber Mama wollte nicht mit uns hingehen. Ich habe geweint und sie angefleht, aber sie ließ sich nie erweichen. Es dauerte eine Zeit lang, bis ich herausfand, warum. Sie wollte uns keine Hoffnungen machen, dass es an Weihnachten große Geschenke gab.«

Es war höchst traurig, wie sie das sagte, und ich hätte gern ein paar tröstliche Worte gefunden, aber es fielen mir keine ein. Also platzte ich mit dem Erstbesten heraus, was mir in den Sinn kam, und das war: »Ich hatte jedes Mal Angst, wenn Mom mich zu Santa Claus mitnahm.« Das hörte sich sehr negativ an, und deshalb versuchte ich, den Gedanken richtigzustellen. »Damals vermischten sich natürlich Santa Claus und Gott in meiner Vorstellung. Und ich hätte vermutlich auch heute noch Angst, wenn dort Gott säße und nicht Mr. Clowers.«

»Pst«, machte sie. »Die Kinder hören dich. Sie müssen so lang wie möglich daran glauben können.«

Da kam mir eine Idee. »Warum stellst du dich nicht an, Dreama? Du könntest dich auch auf Mr. Clowers Schoß setzen.« Aus dem Augenwinkel sah ich, wie Roy Lee bestürzt den Mund öffnete.

»Das kann ich nicht!«, sagte sie, aber die Art, wie sie es sagte, verriet mir, dass sie es wollte.

»Wieso denn nicht? Ich werde mich mit dir anstellen.«

Und das tat ich. Roy Lee kam zu mir und flüsterte mir ins Ohr: »Bist du verrückt?«

Ich entschuldigte mich kurz bei Dreama. »Ich versuche doch nur, was Gutes zu tun«, erklärte ich ihm drüben an der Erfrischungstheke. »Wir haben Weihnachten. Da soll man freundlich und wohltätig sein.«

»Du Idiot. Du bringst sie damit nur in Schwierigkeiten.«

»Nun sei nicht albern«, sagte ich und ließ ihn mit seiner Wut allein.

Nun war es leer bis auf mich, Dreama, Roy Lee, Mr. Clowers und Junior, den Angestellten der Drogerieabteilung. Dreama zögerte, als Mr. Clowers sie aus runden, überraschten Augen ansah. »Ich kann das nicht«, flüsterte sie mir zu.

Mr. Clowers begriff, was los war. Er war ein freundlicher Mann. »Kommen Sie, junge Dame.« Er klopfte auf sein Knie. »Für ein hübsches Mädchen hat der alte Santa immer Zeit.«

Dreama zeigte ihre Unsicherheit, indem sie die Hand auf den Mund legte, doch dann schien sie ihren Mut zusammenzunehmen und rutschte auf den Schlitten und auf Mr. Clowers Knie. Ihre Tasche hielt sie fest umklammert. »Ich wünsche mir wirklich nichts«, sagte sie auf seine Frage.

»Ach, kommen Sie, jedes Mädchen wünscht sich etwas«, erwiderte Mr. Clowers.

Roy Lee kam herbei und stellte sich neben mich. Er stieß einen leisen Seufzer aus.

Dreama schüttelte ihre schmalen Schultern und drehte ihren Kopf. Ihr ganzer Körper verwandelte sich regelrecht in den eines schüchternen kleinen Mädchens. Mir kam es so vor, als wäre sie in diesem Moment wirklich das kleine Mädchen und könnte endlich das herauslassen, was sie einmal gewesen war oder gern gewesen wäre. »Ich hätte gern eine Babypuppe«, sagte sie mit der Stimme einer Sechsjährigen. »Und ein Fläschchen mit einem Sauger daran, damit ich sie füttern kann.«

»Nun, ich werde sehen, was ich tun kann«, sagte Mr. Clowers. Seine Augen waren feucht geworden. »Ist das alles?«

»Ja, Sir.«

»Bist du ein gutes Mädchen gewesen?«

»Ja, Sir.«

Der Laden kam mir wie verzaubert vor, als würde das, was ich sah, überhaupt nicht stattfinden, außer vielleicht im Traum eines hübschen Mädchens. Eine tiefe wütende Stimme machte den Zauber zunichte. »Sie sind ein unanständiger alter Mann, Jack Clowers. Sehen Sie, Tag, sehen Sie, wovon ich Ihnen erzählt habe? Sie ist hier gewesen und hat sich unsere Kinder angesehen, überlegt, welches sie sich grapschen könnte. Jetzt ist sie sogar hinter Santa Claus her.«

Mrs. Mallett war zurückgekommen und hatte Tag Farmer im Schlepptau. Es war ihm anzusehen, dass er litt. Er warf mir einen Blick zu und sah dann Dreama und Mr. Clowers an. Eilends stieg Dreama vom Schlitten. »Ich wollte gar nichts«, sagte sie. »Ich wollte nur den Kindern zusehen, wie sie sich freuen.«

»Warum wollten Sie die denn sehen?«, hakte Mrs. Mallett nach. »Sie dachten wohl daran, Cuke eins mitzubringen? Wir wissen, was er damals mit dem kleinen Mädchen gemacht hat. Weshalb er im Gefängnis war.«

Tag sagte: »Nun mal halblang, Cleo, dieses Mädchen war sechzehn. Was Cuke getan hat, war nicht rechtens, aber sie war schließlich kein Kind mehr.«

Das war alles neu für mich. Mir war nie zu Ohren gekommen, warum Cuke ins Gefängnis gemusst hatte. Und ich begriff auch jetzt noch nicht genau, was es war.

Dreama ließ den Kopf hängen. Sie murmelte etwas. »Was war das, Ma'am?«, fragte Tag.

Sie sah ihn an. »Ich möchte nur …« Sie sprach so leise, dass ich nichts mehr verstehen konnte.

»Ja, Ma'am, ich weiß«, sagte Tag. »Aber es ist vermutlich das Beste, wenn Sie jetzt gehen.«

»Sie wollen sie nicht verhaften, Tag? Verstehen Sie denn nicht, was sie da tut?« Mrs. Mallett sah mich und Roy Lee an. »Ich wette, sie ist auch hinter diesen Jungs her.«

Nun war Tag wirklich verlegen. »Lassen Sie's gut sein, Cleo.«

»Sie gehören nach Cinder Bottom und nicht an einen anständigen Ort wie Coalwood«, schleuderte Mrs. Mallett Dreama entgegen.

»Mrs. Mallett!« Das war Junior. Erschrocken drehte Mrs. Mallett sich zu ihm um. Der Angestellte mit der Brille beugte sich auf seiner Theke nach vorn. Seine Augen verrieten, dass er Angst hatte, aber auch sehr wütend war. »Ich denke,

Sie sollten meine Kunden in Ruhe lassen, Mrs. Mallett. Wenn Sie sich nicht besser benehmen können, dann sollten Sie … nun, dann sollten Sie einfach gehen.«

Mrs. Mallett musterte ihn. »Ein schwarzer Mann kann sich mit solchen Worten in große Schwierigkeiten bringen, Junior.«

»Okay, schon gut«, sagte Tag. »Das reicht jetzt. Ich möchte, dass alle gehen. Das schließt Sie mit ein, Cleo. Und auch euch, Sonny und Roy Lee.« Er tippte mit dem Finger an sein Mützenschild, als er sich Dreama zuwandte. »Sie auch, Ma'am. Es tut mir leid.«

In dem Moment tauchte eine verspätete Mutter mit ihrem Kind in der Tür auf. »Ho, ho, ho!«, rief Mr. Clowers erleichtert, als er sie sah. »Fröhliche Weihnachten!«

Dreama schlang sich die Arme um den Oberkörper und ging raschen Schritts mit gesenktem Kopf durch die Tür. Mrs. Mallett sah ihr hinterher, die fleischigen Arme vor der Brust verschränkt. Trotz Tags eindeutigem Befehl machte sie nicht den Eindruck, als hätte sie vor, das Feld zu räumen. »Sie machen da einen großen Fehler, Tag, das sag ich Ihnen.« Sie nahm uns alle ins Visier. »Ihr glaubt, ihr tut dieser Frau einen Gefallen, aber ich sage euch, die führt nichts Gutes im Schilde.«

Tag ging an die Erfrischungstheke und stützte sich darauf auf. Er rieb sich über das Gesicht, nahm seine Mütze ab und legte sie auf den Tresen. »Was ist das Stärkste, das Sie im Angebot haben, Junior?«, fragte er grimmig.

Junior überlegte. »Schokoladenmilchshake«, sagte er schließlich.

»Dann machen Sie einen doppelten daraus«, sagte Tag und legte sein Scrip auf die Theke. Dann sah er sich um, und seine Augen blieben an mir und Roy Lee hängen. Mrs. Mallett war neben dem kleinen Mädchen in die Hocke gegangen und sagte ihr gurrend, wie hübsch sie sei, woraufhin die Mutter strahlte. Tag zog die Augenbrauen hoch, und Roy Lee und ich verließen den Laden.

Auf der Fahrt nach Hause überholten wir Dreama, die auf dem Gehweg in Richtung Cukes Haus unterwegs war. »Wir sollten anhalten und sie mitnehmen«, sagte ich.

»Weißt du denn nie, wann Schluss ist?«, herrschte Roy Lee mich an. Und nur um es mir zu zeigen, drückte er das Gaspedal durch und ließ sie in einer blauen Abgaswolke zurück. »Lass sie in Ruhe. Du kannst ihr nicht helfen.«

Dann fiel mir ein, was Mrs. Mallett über Cuke gesagt hatte. »Hast du eine Vermutung, was Cuke mit dieser Sechzehnjährigen gemacht hat?«, fragte ich ihn.

Roy Lee lachte schnaubend. »Vergewaltigt hat er sie. Dafür jedenfalls ist er ins Gefängnis gegangen. Aber nach allem, was ich gehört habe, ist sie in Bradshaw von einer Reihe von Männern und so ziemlich regelmäßig vergewaltigt worden. Cuke wurde dabei von ihrem Daddy erwischt, und aufgrund dessen ist er dann für ein paar Jahre in der Staatspension gelandet.«

Während wir die Main Street entlangrumpelten, versuchte ich das, was ich über Cuke erfahren hatte, zu verarbeiten. Männer hatten eine Verantwortung gegenüber Frauen, egal, wie alt sie waren. Das hatte man mir mehr oder weniger von Geburt an beigebracht. Und ich glaubte auch daran, obwohl dieses Konzept ein paarmal auf eine harte Probe gestellt worden war, zum Beispiel, als Wanda Kirk mich in der Grundschule in der Pause verhauen hatte. Aber ich nahm an, dass ein reifer Mann gegenüber einem jungen Mädchen eine noch größere Verantwortung besaß. Und ein Mann, der diese Linie überschritt, hatte alles verdient, was rechtschaffene Männer für richtig hielten. Ich war froh, dass Cuke für das, was er getan hatte, ins Gefängnis gekommen war, und es tat mir leid, dass er nun in Dreama ein weiteres junges Mädchen gefunden hatte.

Roy Lee hielt vor meinem Haus an und ließ mich aussteigen. Doch ich hatte vorher noch eine Frage. »Was hat sie gesagt, Roy Lee?«, fragte ich. »Konntest du sie verstehen?«

Ich vermutete, dass er für diesen Tag ziemlich durch war mit mir. »Wen?«, blaffte er mich an.

»Dreama. Du weißt schon, als sie zu Tag sagte: ›Ich möchte doch nur …‹ irgendwas – ich konnte das nicht verstehen.«

»Mein Gott. Kannst du nicht endlich Ruhe geben?«

»Ich frag doch nur. Hast du sie verstanden?«

»Ja.«

»Und was hat sie gesagt?«

Wohl gegen seinen Willen verrieten Roy Lees Augen, dass er ein wenig traurig war. »Es war blöd.« Er wandte sich ab.

»Was hat sie nun gesagt, Roy Lee?«

Ich konnte seinen Gesichtsausdruck nicht sehen, aber seine Stimme klang bedrückt. »Sie sagte, sie wolle doch nur ein Coalwood-Mädchen sein.«

Es war die letzte Unterrichtswoche vor den Prüfungen und den Weihnachtsferien. Die Flure von Big Creek waren mit bunten Zuckerstangen, rotem und grünem Krepppapier und Kränzen geschmückt, und über fast jeder Tür hingen Mistelzweige. Überall herrschte kaum zu kontrollierende Aufregung. Unter den Mistelzweigen waren Küsse erlaubt, und wenn man lange genug unter einer Tür stehen blieb, hatte man gute Chancen, von einem Mädchen einen flüchtigen Kuss auf die Wange gedrückt zu bekommen, und sei es auch nur, damit man Platz machte. Handgemalte Plakate der verschiedenen Clubs wünschten allen frohe Weihnachten. Sandy Whitt und ihr Dekorationsteam für den Weihnachtsball hatten an strategischen Stellen Zettel aufgehängt, die alle an den großen Ball erinnerten. Das Motto dieses Jahres lautete: »Let it snow.«

Bereits vor einer Woche hatte Sandy mich zwischen englischer Literatur und Gemeinschaftskunde im Flur abgepasst. »Ich brauche Hilfe beim Dekorieren«, hatte sie gesagt.

»Ich gehe nicht zum Ball«, erwiderte ich.

»Warum das?«

»Ich habe keine Verabredung.«

»Das gibt es doch nicht. Das ist doch verrückt. Du bist der freundlichste Junge, den ich kenne.«

»Freundlich und verabredungstauglich passen offenbar nicht zusammen«, erwiderte ich. Dann fragte ich: »Was ist mit dir?« Ich erwartete wohl ein Wunder. Sandy Whitt war das beliebteste Mädchen der Schule.

»Dummerchen. Dave und ich sind schon seit einem Jahr fest zusammen.«

Das wusste ich. Dave Taylor war nicht nur ein Star unter den Footballern, er war auch ein rundum netter Kerl. Harte Konkurrenz. »Wann schmückst du?«

»Am Sonntag nach der Kirche den ganzen Tag, bis wir fertig sind.«

»Wenn ich kann, komme ich.« Widerstand war zwecklos, wenn Sandy einen erst mal im Visier hatte.

»Danke, Sonny, auf dich ist immer Verlass«, und schon war sie mit fliegendem Pferdeschwanz auf und davon.

Ginger, Betty Jane und Sue Burnett kamen mir entgegen, während ich weitereilte. Unser Lehrer in Gemeinschaftskunde, Mr. Short, war ein friedlicher Mensch, aber eine Sache fuchste ihn gewaltig. Zu spät kommen durfte man bei ihm nicht. Ginger löste sich aus ihrer Gruppe. »Du siehst müde aus«, sagte sie besorgt.

»Ich habe gestern Abend noch lang gelernt«, gab ich zu. »Ich versuche doch, in diesem Semester überall Einsen zu bekommen.«

»Da sind wir schon zu zweit«, sagte sie.

»Nun, du siehst wenigstens nicht müde aus.« Es war ein unbeholfener Versuch, ihr ein Kompliment zu machen.

»Das liegt daran, dass ich nicht ständig versuche, die Welt zu retten, Sonny Hickam«, erwiderte sie. »Hab gehört, wie du dich im Big Store für Dreama eingesetzt hast.«

»Ich habe sie nur in Schwierigkeiten gebracht«, entgegnete ich unglücklich.

»So hat Junior das nicht erzählt.« Es klingelte, und sie lief weiter, um ihre Mitschülerinnen einzuholen.

Ich sah ihr hinterher. Schon komisch. Ginger hatte über mich dasselbe gesagt wie Mom über Dad. Wir versuchten beide, die Welt zu retten. Ich konnte nur hoffen, dass die Welt das wusste.

»Wollen Sie zu mir in den Unterricht, Mr. Hickam?«, rief Mr. Short mir von der Tür entgegen. Ich rechnete mit Ärger, aber er lächelte nur, als ich an ihm vorbei ins Klassenzimmer eilte. Vermutlich hatte die Weihnachtsstimmung auch ihn erfasst.

Mr. Short nahm hinter seinem Pult Platz, einem riesigen Ding aus brauner Eiche. Er trug einen anthrazitfarbenen dreiteiligen Anzug und als weihnachtliches Accessoire eine grün-rot gestreifte Krawatte. Seine glatt nach hinten gekämmten Haare waren braun, doch sein Errol-Flynn-Schnauzbart und die Koteletten grau meliert. Er hatte ein freundliches Gesicht und sprach mit sanfter Stimme, aber die meisten von uns wussten sehr gut, dass man ihm lieber nicht blöd kommen sollte. Zudem war er stellvertretender Direktor, was ihm die Aura zusätzlicher Autorität verlieh.

Mrs. Turner tauchte in der Tür auf. »Entschuldigen Sie bitte, Mr. Short, dass ich Sie unterbreche, aber ich brauche Billy Rose«, sagte sie.

Nachdem Mr. Short ihm die Erlaubnis erteilt hatte, stand Billy auf, klemmte sich seine Bücher unter den Arm und folgte ihr mürrisch. »Er ist weg«, sagte Roy Lee. »Ich habe den Musterungsoffizier der Navy vor Mr. Turners Büro gesehen.«

»Möchten Sie Ihre Informationen vielleicht mit der Klasse teilen, Mr. Cooke?«, fragte Mr. Short.

Roy Lee wiederholte, was er mir erzählt hatte, und Mr. Short sagte: »Wenn jemand die Schule verlässt, liegen dem zwei Versäumnisse zugrunde: das der Lehrer und das des Schülers. Aber Billy hat nicht aufgegeben. Wenn er zur Navy geht, wird er dennoch versuchen vorwärtszukommen. Das dürfen wir nicht vergessen.«

Mr. Shorts Worte stimmten mit meiner Auffassung überein, aber ich fühlte mich trotzdem nicht besser.

Nach Gemeinschaftskunde zogen wir um in den Physikraum. Miss Riley bat uns alle, uns um ihr Pult zu stellen. Wenn sich ihre Vorräte an Chemikalien und Geräten auch dem Ende zuneigten, ihr Vorrat an Kreativität war unerschöpflich. Sie forderte uns auf, die Rasierklinge zu beobachten, die in einer flachen Schale auf der Wasseroberfläche schwamm. »Was hält die Klinge oben?«, fragte sie. Wir kannten alle die Antwort und wetteiferten darum, wer sie zuerst laut aussprach: Oberflächenspannung, die elastische Eigenschaft flüssiger Oberflächen. Dann träufelte sie ein wenig Flüssigreiniger ins Wasser, und die Rasierklinge sank. »Wie lässt sich das erklären?«, fragte sie.

Roy Lee sagte: »Weil es die Rasierklinge so schlüpfrig macht, dass sie durchrutscht?« Wir lachten über ihn, wussten aber auch keine bessere Antwort.

Quentin meldete sich zu Wort: »Ist euch nicht klar, dass das Reinigungsmittel einfach die Oberflächenspannung des Wassers reduziert, sodass es die Rasierklinge nicht mehr halten kann?«

Alle schwiegen. Quentin hatte die Lösung gefunden, da waren wir uns alle sicher.

»Sie haben beschrieben, *was* passiert ist, Quentin«, entgegnete Miss Riley sanft. »Aber *warum* ist es passiert? Das ist die viel wichtigere Frage.«

In Quentins Augen meldete sich Erstaunen. Er leckte sich die Lippen. Nun war er mit seinem Latein am Ende. Ich hatte eine Idee. »Könnte es sein«, sagte ich, »dass die Moleküle des Reinigungsmittels so klein sind, dass sie sich zwischen die Wassermoleküle drängen und diese daran hindern, sich zu verbinden? Wenn dem so wäre, wäre die Spannung weg. Als würde man die Beine unter einem Tisch wegschlagen.«

Quentin sah mich an. »Ein stringenter Gedanke, Sonny«, lobte er.

Ich war ein klein wenig stolz. Miss Riley lächelte. Ihre Experimente, auch wenn sie einfach waren, forderten uns zum Nachdenken heraus.

Nach dem Unterricht winkte Miss Riley mich zu sich. Sie legte ihre Wange in die Hand. »Können Sie Jake was von mir ausrichten?« Auf mein Nicken hin sagte sie: »Sagen Sie ihm, ich hätte seine Nachricht erhalten und werde seinem Wunsch nachkommen.«

Es freute mich zu hören, dass sie und Jake miteinander im Gespräch waren. Sie ging ihr Notenbuch durch. »Wenn Sie in der Prüfung eine Eins schreiben«, sagte sie, »werden Sie wohl in diesem Fach eine Eins bekommen. Was ich ganz sensationell finde, wie Quentin es ausdrücken würde.«

»Meine Chancen stehen gut, dass ich in allen meinen Fächern Einsen bekomme«, teilte ich ihr mit, gab mir aber Mühe, dass es nicht allzu stolz rüberkam.

»Wie kommt es zu dieser Kehrtwende?«

»Meine Raketen«, sagte ich auf Anhieb. »Wie es aussieht, kann ich sie in jedem Fach anwenden. Sogar in Rhetorik. Dort habe ich alle meine Reden über den Wettlauf ins All gehalten.«

Miss Rileys Lippen arbeiteten, konnten dann aber das schiefe Lächeln doch nicht zurückhalten. »Ich weiß. Miss Bryson meinte, sie würde ein wenig Abwechslung in Ihren Vorträgen begrüßen.«

»Nun, ich interessiere mich auch für das Monster von Loch Ness«, gab ich zu.

»Dann sollten Sie in der letzten Rede vielleicht Gebrauch von diesem Thema machen«, schlug sie vor.

Quentin wartete vor dem Klassenzimmer auf mich. »Ich gratuliere dir zu deinem stringenten Gedankengang zur Oberflächenspannung, Sonny«, schwafelte er los. »Roy Lees Idee, die Rasierklinge könnte schlüpfrig werden, war natürlich lächerlich, aber es könnte dich vielleicht interessieren, dass ich das ganze Konzept der Gleitfähigkeit in letzter Zeit überdacht habe, eine Problematik, die von den meisten Wissenschaftlern sträflich vernachlässigt wird. Ich glaube sogar, dass ich, wenn ich mich eingehend damit befasse, es schaffen könnte, die perfekte gleitfähige Oberfläche zu entwickeln. Die Anwendungsmöglichkeiten wären immens! Bratpfannen zum Beispiel. Wäre das nicht außerordentlich? Deine Mutter mit einer Bratpfanne, in der die Eier nicht festkleben? Ein komplexes Polymer könnte die Lösung sein. Ich habe überlegt, mit der chemischen Beschaffenheit der Banane anzufangen …«

»Nicht jetzt, Quentin«, stoppte ich ihn. »Ich habe gerade andere Dinge im Kopf.«

»Wie etwa?«

»Ich habe eine Liste. Das war dein Vorschlag. Willst du hören, was darauf steht?«

»Nicht wirklich«, gab er zu.

»Und wie wär's mit deiner verdammten keramikbeschichteten Düse? Willst du dazu was erfahren? Mr. Caton hat endlich herausgefunden, wie sich der Kitt auftragen lässt. Und ich kann dir sagen, das ist wirklich ganz sensationell!«

Quentin öffnete den Mund. Ich wusste, dass er »sensationell« sagen wollte, aber da ich es bereits gesagt hatte, war er nun tatsächlich um Worte verlegen. Schließlich sagte er: »Außerordentlich!«

»Quentin?« Er blieb sofort stehen. Sah mich fragend an. »Bitte fang nicht damit an, ›außerordentlich‹ zu sagen. Ich glaube, das halte ich nicht aus.«

Er nickte und gab vor, verstanden zu haben, doch ich wusste, dass dem nicht so war.

Wir liefen den Gang hinunter am Rektorat vorbei. Als ich durch die Glasscheibe der geschlossenen Tür spähte, entdeckte ich drinnen zu meiner Überraschung ein paar bekannte Gesichter.

Es waren die meiner Mutter und der Großen Sechs. In einer Ecke von Mr. Turners Büro stand ein Mann in Marineuniform. Billy sah ich nicht. »Was schließt du daraus, Sonny?«, fragte Quentin.

Hoffnung durchflutete mich. »Habe ich dir je erzählt, dass die Navy Coalwood mal besetzt hatte?«

Quentin kratzte sich am Kopf. »Nein. Warum haben sie das getan?«

»Weil sie was von uns haben wollten.« Ich warf noch einen Blick ins Rektorat. Mrs. Turner entdeckte mich und schloss die Zwischentür, aber davor sah ich Mrs. Lindley noch dem Mann von der Navy mit dem Finger drohen. Ich lachte. »Ich denke, da wurden gerade die Rollen getauscht.«

An diesem Abend saß Billy nicht mit im Schulbus zurück nach Coalwood. Und am nächsten Morgen stand er in Six auch nicht an der Bushaltestelle, aber er erschien zur ersten Unterrichtsstunde. Von Mom hatte ich die gute Nachricht schon am Abend davor erfahren. Mr. Turner würde Billy während der Prüfungswoche und sogar in den Weihnachtsferien bei sich zu Hause wohnen lassen. Falls nötig, könnte er auch für den Rest des Schuljahres bei ihm wohnen bleiben. Die Navy hatte man in die Wüste geschickt. »Du und die Großen Sechs, ihr habt da wirklich etwas Großartiges getan, Mom«, lobte ich.

Mom saß ganz oben auf der Leiter und konzentrierte sich auf die Federwölkchen, die den Himmel ihres Gemäldes schmückten. »Fürs Erste ist er gerettet«, sagte sie. »Drücken wir die Daumen, dass er auch das restliche Jahr durchsteht.«

Ich versuchte nicht, ihr nochmals Komplimente zu machen. Manchmal ist es schon Lob genug, etwas getan zu haben.

Jedes Mal, wenn ich am Gewerkschaftshaus vorbeikam, herrschte dort zunehmende Betriebsamkeit. Man hatte handgeschriebene Schilder aufgestellt. Auf einem hieß es: HICKMAN IST EINE RATTE. Auf einem anderen: HICKHAM STELLT

SICH GEGEN DEN ARBEITER. Die Schilder beunruhigten mich nicht. Jedes Mal, wenn gestreikt wurde, musste ich so etwas oder Schlimmeres lesen. Doch ich fragte mich, wie viele Jahre wir wohl noch in Coalwood würden leben müssen, bis die Leute wussten, wie unser einfacher Name geschrieben wurde.

Roy Lee, der über seinen Bruder den Finger am Puls der Gewerkschaft hatte, meinte, Mr. Dubonnet und Mr. Mallett seien darauf vorbereitet, ihre Männer während der Weihnachtswoche streiken zu lassen. Sie brauchten nur noch die Zustimmung der UMWA-Zentrale in Charleston. »Wenn es dazu kommt, kann dein Dad sich 11 East abschminken«, sagte Roy Lee. »Das wird nämlich einer ihrer Hauptbeschwerdepunkte sein. Man wird diesen Abschnitt für immer dichtmachen. Hast du inzwischen herausgefunden, was er da unten macht?«

»Ne.«

Roy Lee fuhr mich runter zur Werkstatt, weil Mr. Caton die von ihm gebaute Düse noch etwas nachbessern sollte. Ich hatte festgestellt, dass sie für das vorgesehene Gehäuse eine Idee zu groß war. Was vermutlich daran lag, dass ich den Entwurf mit einem dicken Bleistift und einem Lineal mit großer Maßeinteilung skizziert hatte.

Als wir am Club House vorbeifuhren, sah ich Mrs. Mallett und einige der anderen Frauen, die den neuen Verein gegründet hatten, wie sie die Arbeit ihrer Männer überwachten. Diese stellten Kamele, Schafe und andere weihnachtliche Figuren aus Sperrholz auf dem Rasen vor dem Club House auf. Einer der drei Weisen aus dem Morgenland hielt ein Schild mit der Aufschrift: »GESTALTET VON DEN C.O.W.-DAMEN.«

Eigentlich sollte es mir nichts ausmachen, aber das tat es. Coalwood würde in diesem Jahr nichts weiter als diese verpfuschte armselige Darbietung bekommen, und das war in gewisser Weise meine Schuld. Hätte ich mich sofort bereit erklärt, für Mom das Skript zum Krippenspiel zu schreiben, als sie mich darum gebeten hatte, hätte ihr das vielleicht den nötigen Schwung gegeben, es auch in die Tat umzusetzen. Trotz der Entscheidung der Gesellschaft, dieses Vorhaben, wie alle anderen auch, nicht zu unterstützen. Seufzend schüttelte ich den Kopf. »Lass gut sein«, sagte Roy Lee, bevor ich den Mund aufmachen konnte. »Es ist nicht dein Fehler.«

»Du bist ein guter Kerl«, sagte ich zu ihm.

Er zog die Schultern hoch. »Behalt das aber bitte für dich. Ich habe einen schlechten Ruf zu verteidigen.«

Mein Hirn war zum Bersten voll. Ich musste meine Gedanken auf Papier bringen, bevor mir alles zu den Ohren herauskam. Endlich war der Prüfungstag an der Big Creek Highschool da, und ich hatte bis zum Umfallen gelernt. Ich hielt meine Rede über das Ungeheuer von Loch Ness und sah dafür den erhobenen Daumen von Miss Bryson. Ich hatte eine Glückssträhne. Gemeinschaftskunde, englische Literatur, Maschineschreiben, Physik, Trigonometrie und Geschichte – alles lief wie geschmiert, eine Prüfung nach der anderen. Ich wusste, dass es gut gelaufen war, nachdem ich es hinter mir hatte. Das spürte ich einfach. Meine Einsen waren mir überall sicher. Ich erlaubte mir ein kleines Grinsen, das ich aber sofort wieder verbarg, für den Fall, jemand sähe meinen Stolz.

22. Zurück ans Zeichenbrett

Was denkst du?«, fragte Quentin nervös. Zum dritten Mal in einer Minute stellte er mir nun schon diese Frage. Wir standen an der Abschussrampe. *Auk XXIII-A* mit der Lavaldüse, von Mr. Caton stolz mit Kitt ausgekleidet, war bereit zum Start. Dean Crabtree, eine Hilfskraft der Rocket Boys, war aus Caretta hergekommen, um Roy Lee bei den Vorbereitungen an der Startrampe zu helfen. Aber nachdem ich den Kork hineingepresst hatte, der den Nickelchrom-Hitzdraht in der Düse hielt, sah ich Billy aus dem Nebel auftauchen und mit langen Schritten über die Halde eilen. Mit einem kleinen Grinsen im Gesicht kam er direkt zu mir. »Ich bin wieder dabei«, sagte er.

Am liebsten hätte ich ihn umarmt. Stattdessen ballte ich meine Hand zur Faust und schlug ihm damit auf die Schulter, nicht allzu fest allerdings. »Was ist passiert? Ich dachte, du bleibst bei Mr. Turner auf der anderen Seite des County.«

Die anderen Jungs kamen angerannt. Billy grinste sie alle verlegen an. »Ich sag euch was«, begann er. »Ich habe wirklich oft schlecht über Mr. Turner gesprochen, aber damit hat es sich jetzt. Wisst ihr, warum er uns so hart rannimmt? Weil wir ihm wichtig sind.«

»Ja, ja«, sagte O'Dell ungeduldig. »Aber warum bist du hier?«

Billy zuckte mit den Schultern, sein Lächeln verschwand. »Ich habe beschlossen, nach Hause zu gehen und durchzuhalten. Ich muss mich doch ohnehin um meine Geschwister kümmern. Aber es hilft mir sehr, zu wissen, dass ich einen Zufluchtsort habe, wenn es allzu schlimm wird.«

»Du kannst auch jederzeit zu mir kommen«, bot Sherman an. Bis auf Quentin wiederholten wir alle die Einladung in unsere Häuser.

Billy nahm mich beiseite. »Richte deiner Mom meinen Dank aus. Ich weiß zwar nicht, wie, aber ich werde mich bei ihr revanchieren.«

»Das erwartet sie nicht, Billy.«

»Ich finde schon was«, sagte er und ging zur Startrampe, um Roy Lee und Dean zu helfen.

Die Sonne brauchte ziemlich lang, um den Nebel aufzulösen, der den Rocket Mountain umwaberte. Wenn wir bei Nebel starteten, liefen wir Gefahr, die Rakete zu verlieren. Und dann könnten wir die Düse nicht inspizieren, was der eigentliche Zweck des Starts war. Wir mussten einfach abwarten, so schwer uns das auch fiel. Quentin kam zu mir, und wir gingen unsere Checkliste noch mal durch. »Ich denke, sie wird sich als spitzenmäßige Rakete erweisen«, sagte ich. Meinen Berechnungen nach müsste sie eine Höhe von exakt dreitausendzweihundert Metern erreichen. Und dies mit einer Halbpfund-Ladung aus stark schwefelhaltigem, aber geringwertigem Zinksprit mit hoher Rauchentwicklung. Was uns helfen sollte, die Rakete besser verfolgen zu können. Wenn sich der Nebel hob, hoffte ich entweder auf eine hohe feste Wolkendecke oder blauen Himmel. Beides war gut für die Nachverfolgung, weil sich die Gehäuse vor einem einheitlichen Hintergrund, ob klar oder wolkig, gut abzeichneten.

»Ich hätte deine Berechnungen überprüfen sollen«, meinte Quentin voller Unruhe. »Logarithmen sind nun mal weiß Gott nicht deine Stärke.«

»Hab ich dir schon gesagt, dass ich in diesem Semester lauter Einsen habe?«, fragte ich gelassen. Ich beobachtete Billy, der Dean zeigte, wie man die Spurstange aufstellte. Heute vermochte nichts meine gute Laune zu trüben.

»Etwa tausendmal«, sagte er. »Ist doch eine deprimierende Statistik, oder? Ein einziges Mal in wie vielen Semestern? Bis jetzt fünf auf der Highschool! Das heißt, du hast dein Potenzial während deiner akademischen Laufbahn zu achtzig Prozent nicht ausgeschöpft.«

»Bist'n echter Kumpel, Quentin«, sagte ich. »Ach übrigens, was hast du denn für Noten bekommen?«

Er legte die Stirn in Falten. »Besäße Coach Mams nur einen Funken Fairness, hätte ich auch überall Einsen. Wieder einmal wurde ich ungerechterweise mit einer Zwei minus in Sport benotet.«

»Weißt du, Q, es würde schon helfen, wenn du wenigstens hin und wieder mal an seinem Unterricht teilnehmen würdest«, schlug ich vor. »Ich weiß ja nicht, aber in Körpererziehung was Körperliches zu machen wäre vielleicht eine gute Idee, wenn du eine Eins bekommen möchtest.«

»Kann ich was dafür, wenn ich genau um diese Tageszeit ganz oft Kopfschmerzen bekomme? Glaubst du etwa, es sei leicht, so viel Gehirnmasse mit sich herumzuschleppen?« Er tippte sich an den Kopf.

»Wirst du jetzt endlich mal die Theodoliten-Station aufbauen?«, trieb ich ihn an. Das war der Punkt auf meiner Checkliste, der noch nicht abgehakt war.

»Sobald meine Assistenten eintreffen«, erklärte er arrogant.

»Deine was?«

»Meine Assistenten. Ah, da sind sie ja. Hier herüber, meine guten Männer!«

Ich folgte seinem Blick und erspähte Tug und Hug Yates, die über die Abraumhalde auf uns zugeschlendert kamen. Ich kannte sie gut. Die beiden waren Zwillinge, die in der Nachtschicht arbeiteten. Als meine Mitschüler und ich in die fünfte Klasse kamen, trafen wir dort auf Tug und Hug, die schon geduldig auf uns warteten. Tatsächlich hatten sie in Mrs. Mary Alice Cox' Klasse schon fast vier Jahre geduldig gewartet.

Damit war ihre Zeit in der Coalwood School dann auch zu Ende. Wenn Mrs. Cox ihnen nichts beibringen konnte, musste sich der Schuldirektor Mr. Likens schließlich eingestehen, konnte es keiner. Mrs. Cox hatte alles versucht, aber es war hoffnungslos. Nicht, dass Tug und Hug als Störenfriede in der Klasse aufgefallen wären, ganz und gar nicht, sie waren einfach nur völlig desinteressiert. Sie saßen in der letzten Bank und lasen, wenn sie dazu aufgefordert wurden, oder schrieben oder machten bei den Tests mit, die man ihnen gab, allerdings ohne auch nur einen davon annähernd zu bestehen. Sie traten auf der Stelle, bis Mr. Likens sie freiließ und sie Arbeit in der Zeche fanden.

Wir stiegen auf in die sechste Klasse und ließen Tug und Hug an ihren beiden Pulten im Klassenzimmer von Mrs. Cox zurück. Schließlich gab Mr. Likens auf. Er kam in ihr Klassenzimmer und sagte: »Jungs, wir haben für euch getan, was wir konnten. Ihr könnt jetzt gehen.« Mit einem Hurra waren sie von ihren Pulten aufgesprungen und runter zur Brücke gerannt, die von der Schule über die Bahngleise führte. Tug war so außer Rand und Band, dass er von der Brücke in einen voll beladenen Kohlenzugwaggon sprang, der unter ihm durchfuhr. Sein Bruder tat es ihm nach, nur hatte er nicht bemerkt, dass Tug den letzten Waggon erwischt hatte. Dahinter kam der Dienstwagen. Hug brach sich beide Beine. Dieses Missgeschick hatte ihren Einstieg ins Zechenleben verzögert, wenn auch unbedeutend. Sie waren zu zwei fortwährend fröhlichen Angestellten der Olga Coal Company geworden und wurden von meinem Vater mehr oder weniger dauerhaft für die Nachtschicht eingeteilt, denn er mochte die beiden Jungs und nutzte ihre intellektuellen Einschränkungen zum Vorteil der Gesellschaft wie auch zu ihrem eigenen. Tug und Hug waren sich selbst die besten Freunde. Nachts, wenn sie in der langen Reihe der Nachtschichtarbeiter zur Zeche marschierten, hörte ich von meinem Zimmer aus oft ihr unverwechselbares wieherndes Lachen. In der Stadt hielten alle große Stücke auf die beiden. »Bereit zur Arbeit, Cap'n«, verkündeten sie und salutierten vor Quentin.

»Was läuft da, Q?«

»Der Telefondraht ist schwer, und ich brauche Hilfe. Diese beiden freundlichen Herren hier haben sich freiwillig bereit erklärt, mich zu unterstützen. Im Gegenzug habe ich sie zu Ehrenmitgliedern der BCMA erklärt.«

Tug und Hug grinsten. »Wir sind gern Rocket Boys«, sagten sie. Dann schulterten sie den Telefondraht und Quentins Theodolite und liefen Richtung Einsatzgebiet.

Ich schnappte mir Quentin, bevor er ihnen folgen konnte. »Sie können nicht Teil der BCMA sein!«

Quentin schüttelte mich ab. »Wieso denn nicht? Ich finde, das sind richtig gute Jungs.«

»Willst du einen Club voll richtig guter Jungs oder Rocket Boys? Mir scheint, nur eins davon ist möglich.«

Quentin sah mich über seinen langen Nasenrücken hinweg an, seine stechend blauen Augen verengten sich. »Bis jetzt habe ich nicht gewusst, was du für ein blasierter Schnösel bist, Sonny Hickam. Zweifellos das Ergebnis deines privilegierten Lebens als Sohn eines Zechenleiters.«

Haspelnd suchte ich nach einer schlagfertigen Antwort, fand aber keine. »Versprich mir bloß, Quentin, dass du nicht noch mehr Grundschulabbrecher für die BCMA rekrutierst.«

Quentin zuckte mit den Schultern und stakste kopfschüttelnd davon. »Durch und durch blasierter Schnösel«, rief er mir über die Schulter zu.

Ich blickte zum Haldenende. Tug und Hug hatten den Telefondraht bereits angeschlossen und die Theodolite-Station aufgebaut. Quentin hätte dafür in seinem Tempo bestimmt eine Stunde gebraucht. Vielleicht hatte der Junge ja recht. Aber ich, ein *blasierter Schnösel*? Diesen Vorwurf strich ich als unwürdig aus meinem Gedächtnis und ging zum Kontrollbunker. »Alles bereit, Sherman?«

273

Sherman klopfte auf die Zündanlage. »Roger. Wie sieht's im Publikum aus?«

Ich ging nach draußen, um nachzusehen. Schätzungsweise hundert Zuschauer waren heute gekommen. Ich sah Basil Oglethorpe in seinem violetten Studebaker vorfahren. Als er ausstieg, hatte er schon seinen Notizblock gezückt. Er trug einen knöchellangen Pelzmantel und auf dem Kopf einen Strohhut mit einem roten Hutband. Ein paar der Kumpel, die ihn bisher noch nicht gesehen hatten, schielten immer wieder in seine Richtung. »Hey, Basil«, rief ich ihm zu.

Ein breites Grinsen breitete sich auf seinem schmalen Gesicht aus. »Ah, Sonny. Was für ein wunderbarer Tag für eine Fortsetzung der Abenteuer der Rocket Boys! Es wird mir eine Freude sein, euren Ruhm zu fördern. Jemand hat mir gesagt, ihr überlegt, an einer Wissenschaftswoche teilzunehmen. Stimmt das?«

»Vermutlich ja«, sagte ich. »Sofern wir unser Problem mit der Düsenerosion in den Griff bekommen. Wir probieren heute eine ablative, keramische Beschichtung aus.«

Basil hielt den Bleistift gezückt. »Ich hätte dieses Zitat gern ein wenig schmissiger«, sagte er.

»Wir wollen es wissen«, sagte ich.

»Ah.« Basil notierte es. »Wir ... wollen ... es ... wissen! *Ausgezeichnet!*«

Ich entschuldigte mich bei Basil, als ich Ginger im Buick ihrer Eltern vorfahren sah. Sie kam allein und schleuderte mir schon beim Näherkommen entgegen: »Hast du diese schrecklichen Sperrholzdinger gesehen, die von den COW-Damen vor der Club-House-Wiese aufgestellt worden sind? Was Kitschigeres kann man sich wohl kaum vorstellen, oder?« Sie stemmte die Hände in die Hüften. »Was wirst du dagegen unternehmen?«

»Ich kann gar nichts dagegen unternehmen«, erwiderte ich. »Ich bin für die BCMA verantwortlich und nicht für Weihnachten. Erinnere dich außerdem bitte an deine Worte, dass ich nicht versuchen soll, die Welt zu retten.«

»Das habe ich so nicht gesagt. Mir ist nur aufgefallen, dass du das tust.«

Sherman kam zu uns. »Hi, Ginger.«

Sie informierte ihn über die »schrecklichen Sperrholzdinger«.

»Ich weiß«, sagte er. »Ich hasse die auch.«

Als Billy, Roy Lee und Dean sahen, dass Sherman und ich unsere Arbeit unterbrochen hatten, um mit Ginger zu plaudern, gesellten sie sich ebenfalls dazu. »Wird es denn in diesem Jahr kein Krippenspiel geben?«, fragte Billy. Als ich berichtete, dass das gestrichen worden war, versuchte er nicht, seine Enttäuschung zu verbergen. »Ich bin da wirklich immer gern hingegangen, weißt du.«

»Dann muss es also ein Krippenspiel geben, und sei es nur Billy zuliebe«, sagte Sherman. »Außerdem ist es unser letztes Weihnachten hier. Wenn das kein Grund ist.«

Ich musste ihm die Stirn bieten. »Also ehrlich, Sherman. Denkst du etwa, du kommst an Weihnachten nicht zurück, um deine Eltern zu besuchen?«

»Sicher werde ich das«, erwiderte er, »aber dann bin ich kein Coalwood-Junge mehr. Du weißt doch, wie das ist. Wenn jemand von hier weggeht, kann er zwar zurückkommen, aber er gehört dann nicht mehr richtig zur Stadt dazu. Das ist unser letztes Weihnachten.«

Roy Lee mischte sich ein. »Verdammt, wenn wir eine Rakete bauen können, werden wir doch wohl auch ein kleines Krippenspiel auf die Beine stellen können.«

»Ist das so, Roy Lee?«, fragte ich, verblüfft, dass ausgerechnet er so etwas tun wollte. »Und was schlägst du vor, wie sollen wir das angehen?«

»Du kannst das übernehmen, Sonny«, sagte Sherman. »Du bist gut im Planen.«

Ich hatte es geahnt. »Kommt nicht infrage«, wehrte ich ab. »Das drückt ihr mir nicht aufs Auge.«

»Ich werde dir helfen und meine Mom auch«, sagte Ginger, als hätte ich bereits zugesagt. »Die Großen Sechs werden sich anschließen, das tun sie immer. Und wir kriegen auch den Chor der Community Church.«

O'Dell gesellte sich dazu, zusammen mit Quentin. Tug und Hug bildeten die Nachhut. »Teufel noch mal, ja«, begeisterte sich O'Dell, als Sherman ihm erzählte, worum es ging. »Ohne Krippenspiel wär's doch kein richtiges Weihnachten, oder?«

»Wovon sprecht ihr?«, fragte Quentin. Da er nicht aus Coalwood kam, hatte er noch nie eins unserer Krippenspiele gesehen.

»Wir singen Weihnachtslieder!«, warf Sherman ein.

»Es gibt eine Weihnachtskrippe«, ergänzte Billy.

»Jeder spielt eine Rolle als Engel oder so. Hey, kann ich ein Engel sein?«, meldete sich Roy Lee.

»Der Big-Creek-Liebesmeister kann doch wohl unmöglich ein Engel sein, oder?«, fragte ich sarkastisch.

Roy Lee war beleidigt. »Wir sprechen hier doch über *Schauspielerei*, Sonny.«

»Das hört sich sensationell an!« Quentin platzte fast vor Begeisterung. »Kann ich mithelfen?«

»Nein, kannst du nicht«, sagte ich, »weil es nämlich kein Krippenspiel geben wird. Wie ich schon sagte, man braucht die Unterstützung der Gesellschaft, um so was auf die Beine zu stellen. Ich meine, allein schon die Wiese vor dem Club House ist Eigentum der Gesellschaft.«

»Das ist Cape Coalwood auch«, hielt O'Dell dagegen, »was uns aber nicht davon abgehalten hat, es zu benutzen.«

»Wir haben aber die Erlaubnis dafür«, erwiderte ich. »Ich habe sie besorgt, erinnert ihr euch?«

»Dann besorg sie auch für das Club House.«

»Noch was. Es dauert Wochen, um so etwas vorzubereiten.

Heute haben wir den 19. Dezember. Wenn wir morgen anfangen, bleiben uns kaum fünf Tage.«

»Dann lass uns heute anfangen«, sagte Sherman. »Plane es, sag uns, was wir tun sollen, und wir tun es.«

»Die Gewerkschaft wird streiken«, sagte ich, noch immer bemüht, die Sache abzuwenden. »Wenn wir Bergarbeiter und Steiger zusammenbringen, wird es Randale geben und kein Krippenspiel!«

Es war vergebliche Mühe. Sherman sagte: »Alle, die dafür sind, sagen Ja!«

»*Ja!*«

»Neins?«, fragte er.

»Nein«, sagte ich, aber es kam nicht aus vollem Herzen. In Wahrheit war ein Funke ihrer Begeisterung auf mich übergesprungen, was ich allerdings nicht zugeben wollte. Erstens, weil Mom nicht hier wäre, um unser Krippenspiel zu sehen, was ich ziemlich traurig fände. Und außerdem zweifelte ich an unseren Fähigkeiten, das in so kurzer Zeit hinzubekommen. Ich wollte mich nicht umsonst für etwas einsetzen.

»Die Jastimmen überwiegen«, meinte Sherman selbstgefällig.

Ginger lachte. »Das wird ein großer Spaß!«

Ich bezweifelte ernsthaft, dass sie mit dieser Einschätzung richtiglag, behielt meine Meinung aber für mich. »Können wir jetzt unsere Rakete starten?«, fragte ich die Versammelten stattdessen.

Ich drückte auf den Startknopf, und *Auk XXIII-A* hob problemlos ab und stieg rasch in einem Trichter aus Zinkosprit-Rauch in die Höhe. Unser Publikum applaudierte und johlte begeistert. Die meisten Menschen reagierten so auf die mit Zinkosprit betriebenen Raketen. Es waren quirlig ausgelassene Raketen, und sie übertrugen diese Ausgelassenheit auf alle, die ihnen zusahen.

Nachdem sie am Ende der Halde zu Boden gegangen war, stapften wir zur Auk. Nach kurzer Kalkulation stand fest, dass wir um dreihundert Meter unter der von mir errechneten Höhenprognose geblieben waren. Ich wendete das Gehäuse mehrmals mit einem Stock, damit es schneller abkühlte. Dabei drehte ich es so, dass ich einen Blick in die Düse werfen konnte. »Kaum Erosion«, verkündete ich, »aber sie ist noch immer vorhanden … und zwar an der schlechtesten Stelle. Direkt am Düsenhals.«

Quentin stöhnte. »Wenn wir dieses Problem nicht lösen, können wir die Wissenschaftswoche vergessen – und unsere Zukunft auch.«

Dean legte einen Finger in die Düse und strich über den Rand; als er ihn herauszog, klebten Metallspäne und Ruß daran. »Vielleicht ist dieser Rand direkt am Düsenhals so scharf, dass der Kitt daran nicht richtig haften kann.«

Mr. Bolt und Mr. Caton kamen zu uns. Mr. Caton inspizierte die Ergebnisse. »Ich denke, Dean hat recht«, sagte er. »Dieser Rand ist wahrscheinlich wirklich ein kritischer Punkt. Wie wär's, wenn ich den glatter mache, indem ich die Kante abrunde?«

»Dann solltest du dich beeilen«, sagte Mr. Bolt. »Wie ich höre, wird in einem, höchstens in zwei Tagen gestreikt. Und bei einem Streik wird auch die Werkstatt geschlossen.«

»Ich setze mich gleich dran«, versprach Mr. Caton. »Sobald ich von Sonny die Zeichnung bekomme.«

»Sicher«, sagte ich. »Zurück ans Zeichenbrett. Was habe ich auch sonst zu tun, außer ein Krippenspiel zu planen? Wie gut, dass ich nicht zum Weihnachtsball gehe.«

»Ich schon!«, sagte Quentin zu meiner Überraschung.

Roy Lee zog die Augenbrauen hoch. »Schade«, meinte er, »ich wollte nämlich vorschlagen, dass du mit Sonny dorthin gehst.«

»Und mit wem bist du verabredet, Quentin?«, wollte Dean wissen.

»Mit Mary Kay Yates.«

»Der Schwester von Tug und Hug?«, johlte Roy Lee.

Jetzt wusste ich, was uns die neuen Ehrenmitglieder der BCMA beschert hatte. »Hoffentlich hast du Spaß«, sagte ich verdrießlich.

Roy Lees Augen glänzten. »Sein Hauptproblem mit Mary Kay Yates wird sein, dass er seine Hosen anbehält.«

Quentin errötete heftig. Tug und Hug grinsten stolz. Ich dachte daran, dass ich keine Verabredung und man mir das Krippenspiel aufs Auge gedrückt hatte, dazu noch meine Liste und alles andere. Dann überlegte ich, ob ich nicht eine Schaufel nehmen und zu graben anfangen sollte, um mich über Weihnachten unter der Abraumhalde einzunisten.

23. Strebbau

Weisungsgemäß traf ich mich um ein Uhr nachmittags mit Jake auf der Club-House-Veranda. Ich überbrachte ihm Miss Rileys Nachricht. »Sehr gut«, sagte er. Dann warf er mir einen Overall und einen Bergarbeiterhelm zu. »Zieh das über.«

»Ich dachte, wir wollten bergsteigen.«

»Ne. Genau die andere Richtung.«

Ich befolgte seine Anweisung. »Wohin gehen wir?«, fragte ich, während ich meine Arbeitsstiefel schnürte. Meine Overallhose hatte ich in den Stiefelschaft gesteckt, wie das alle Männer in Coalwood machten.

Jake ging nicht auf meine Frage ein, sondern lief zu seiner Corvette, und ich folgte ihm, doch wir stiegen nicht ein. Stattdessen steuerte er einen roten Jeep an, der auf der anderen Straßenseite stand. OLGA COAL COMPANY stand auf der Kühlerhaube und auf der hinteren Lukentür. »Steig hinten ein«, sagte er. »Wir haben noch einen weiteren Passagier.«

»Was hast du vor, Jake?«

»Zechenangelegenheit«, lautete seine brüske Antwort. Er klang nicht mehr wie der alte Jake, der fröhliche, sorglose Jake. Stattdessen wirkte er ganz geschäftsmäßig. Da ich geübt darin war, Erwachsenen zu gehorchen – jedenfalls solange ich erkennen konnte, worauf sie hinauswollten –, rutschte ich auf die Rückbank und wartete auf die Person, die kommen würde. Und die erwies sich als Mr. John Dubonnet.

Mr. Dubonnet trat in seinen Bergmannsklamotten aus dem Gewerkschaftshaus und setzte sich auf den Beifahrersitz des Jeeps. »Jake«, grüßte er und warf dann einen Blick über seine Schulter auf mich. »Sonny.« Er sah Jake fragend an.

»Deswegen«, sagte Jake und ließ den Motor an. Wir rasten die Main Street hoch, bis wir zur Grube kamen. Dort liefen wir zum Förderkorb, und der für das Geleucht zuständige Aufseher brachte uns die Helmlampen. Jake und Mr. Dubonnet nahmen ihre Erkennungsmarken: runde Messingplaketten mit einer Nummer darauf. »Ich kann das nicht«, sagte ich, als der Aufseher mir ebenfalls eine Erkennungsmarke gab. »Mom wird mich umbringen. Und dich auch, Jake.«

»Das ist nicht der richtige Zeitpunkt, dir Gedanken wegen deiner Mutter zu machen«, befand Jake mürrisch.

»Wohin gehen wir?«, fragte ich noch mal.

»11 East. Ich dachte, du solltest wenigstens wissen, warum alle dich vermöbeln wollen.« Dabei warf er einen Seitenblick zu Mr. Dubonnet. »Und warum einige Leute die Flinte ins Korn werfen wollen.«

»Hoffentlich kommt was Gutes dabei raus, Jake«, knurrte Mr. Dubonnet.

Jake drückte die Alarmglocke am Förderschacht. »Das ist nichts Gutes. Das ist Arbeit. Dann mal los.«

Vorbei an den Felswänden ging es im Schacht langsam nach unten. Schicht um Schicht, ganze geologische Zeitalter, Sediment von Millionen von Jahren zog vorbei. Jake und Mr. Dubonnet hingen schweigend ihren Gedanken und Absichten nach. Die rechteckige Öffnung oben am Schacht wurde immer kleiner, bis sie nur noch ein blinkender Stern war. Dann verschwand sie ganz. Wir waren unten angekommen.

»Schalt deine Lampe ein, Junge«, sagte Mr. Dubonnet, und ich griff an den Helm und knipste die batteriebetriebene Lampe an. Wir traten aus dem Förderkorb, nachdem der Anschläger ihn für uns geöffnet hatte. Eine Flurförderbahn wartete auf uns, vorne auf der Lokomotive hockte der Wagenführer. Ich erkannte Mr. Bradley, den Vater von Miss Liberty auf dem Veteran's-Day-Festzugswagen. Wir stiegen ein, und Jake klopfte gegen die Decke des Abteils. »Losfahren«, befahl er mürrisch.

Die Lokomotive setzte sich schlingernd mit einem schrillen Ton in Bewegung, fand Haftung auf den Schienen und nahm Geschwindigkeit auf. Bald schon rauschten Gebälk und Stützen auf der Hauptstrecke an uns vorbei. Die Wände waren weiß, weil der Gesteinsstaub von den Mannschaften der Nachtschicht gründlich entfernt worden war.

»Du hast doch keine Angst, oder, Sonny?«, erkundigte sich Mr. Dubonnet über das Rauschen des Luftzugs und das Wehklagen der Stahlräder auf den Gleisen hinweg. »Ein Junge aus West Virginia ist geboren für derartige Orte in der Tiefe. Wenn wir hier unten sind, fühlt sich das einfach richtig an. Und es würde mich nicht überraschen, wenn sogar ein Rocket Boy Gefallen daran findet.«

»Von Gefallen würde ich nicht sprechen, Sir«, erklärte ich ihm und fühlte mich seinen Gedanken plötzlich vollkommen ausgeliefert. »Aber Angst habe ich keine.«

Er musterte mich. »Als er dich mit hier runter nahm, was hat dein Daddy da zu dir gesagt?«

Ich erinnerte mich, dass Mr. Dubonnet uns an jenem Tag im letzten Frühjahr gesehen hatte. Natürlich ging es ihn nichts an, was Dad zu mir gesagt hatte, aber ich war so verärgert – weil Mr. Dubonnet versuchte, mir etwas Persönliches abzuschmeicheln –, dass meine Reaktion sehr heftig ausfiel. »Er sagte, er kennt die Grube wie einen Menschen. Er kennt sie, weil er jeden Tag hier herunterkommt, die Luft atmet, sie auf seinem Gesicht spürt, in den Alten Mann zurückkehrt und dort herumstochert. Er meinte, wenn er nicht hier herunterkäme, würden Männer womöglich zu Schaden kommen oder die Kohle nicht verladen werden. Kohle sei das Lebensblut des Landes, und ohne Kohle gäbe es keinen Stahl, und ohne Stahl hätte das Land keinen Bestand. Das hat er gesagt.«

Jake grinste, worüber, hätte ich nicht sagen können. Auch das ärgerte mich. Mr. Dubonnet verfiel in Schweigen, knipste seine Lampe aus und machte es sich bequem, scheinbar zu einem Nickerchen. Ich hatte ihn wohl verärgert, wusste aber nicht, womit. Die Flurförderbahn ratterte weiter und grub sich tiefer ins Eingeweide der riesigen Zeche.

Viele Minuten später, mir kam es fast wie eine Stunde vor, wurde die Bahn schließlich langsamer und kam zum Stehen. Jake richtete den Lichtstrahl seiner Lampe auf die seitliche Verriegelung. »Da sind wir«, brummte er und stieg aus. Mr. Dubonnet knipste seine Lampe wieder an und stieg hinter ihm aus. Ich kletterte ebenfalls raus, richtete mich auf, und schon schlug ich mit dem Helm gegen die Firste und rammte ihn mir dabei fast über die Ohren. Jake, Mr. Dubonnet und Mr. Bradley lachten. »Ich habe selbst lange Zeit versucht, diese alte Firste höher zu machen, Sonnyboy«, meinte Mr. Bradley.

Gleich darauf taumelte ich gegen ein Maschinenteil und schlug mir die Schienbeine an. Ich leuchtete mit meiner Lampe darauf. Es war ein Förderband. »Hier wird die Kohle rauskommen«, erklärte Jake und zeigte auf das Bandende. Er winkte uns weiter. Mr. Dubonnet zögerte, besprach sich mit Mr. Bradley und folgte dann.

Die Firste des Stollens, durch den wir liefen, wurde noch niedriger. Immer wieder versuchte ich, mich aufzurichten, aber mein Helm schlug gegen den Fels und drückte mich nach unten. Wir waren inzwischen fast gezwungen, im Entengang zu gehen, als sich der Stollen plötzlich zu einem großen Raum weitete. Ich richtete den Lichtstrahl meiner Lampe hoch an die Decke, eine unebene Kuppel, und sah, dass sie mit Stempeln versehen war. Überall im Raum standen Gerätschaften, gelbe Teile, die an Wagenheber erinnerten. »Das ist der Sammelplatz«, erklärte Jake.

Mr. Dubonnet schwang seine Lampe herum. »Strebbau«, sagte er. »Das also ist das große Geheimnis. Ich habe es mir schon gedacht, war mir aber aufgrund der Berichte meiner Männer nicht ganz sicher. Das ist ein Verstoß gegen die Gewerkschaftsvereinbarungen, Jake.«

»Darüber ließe sich doch reden«, entgegnete Jake, »und das wird man wohl auch, sollte es dazu kommen.«

»Es wird nicht dazu kommen«, knurrte er. »Ich habe heute Morgen von der Hauptverwaltung die Zusage für den Streik bekommen. Ich werde diese Operation stilllegen.«

Jake sagte nichts dazu, winkte uns einfach weiter. Es gab drei Stollen, die von dem Kuppelraum wegführten. Er wählte den mittleren. »Hier beginnen wir mit dem Vorstoß«, sagte er. »Wenn wir durch die söhlige Strecke kommen.«

Wir liefen weiter. Ich hatte jede Orientierung verloren. Der Stollen schien sich zu neigen, und es knackte immer wieder in meinen Ohren, weil die Luft schwerer wurde. Ein Lufthauch strich mir übers Gesicht. Weit vorn blinkten Lichter. Seitlich des Stollens befand sich ein Förderband, das unentwegt lief. Es beförderte Felsbrocken, keine Kohle. Wir kamen in einen weiteren kuppelartigen Raum, in dem noch mehr Ausrüstung lagerte. Ein riesiger Felsrutsch blockierte unseren Weg, und dort waren ein Dutzend Männer damit beschäftigt, per Hand Felsbrocken auf das Band zu laden. Vier Männer mit riesigen Bohrern, die an etwas angeschlossen waren, was ich für Druckluftschläuche hielt, standen beobachtend dabei. Ein elektrischer Kompressor heulte irgendwo in der Nähe. »Das Hangende«, sagte Jake. »Wenn wir da durchkommen, können wir mit dem Vorstoß beginnen.«

Mr. Dubonnet schwang seine Lampe über den Felshaufen. »Da werdet ihr nie durchkommen. Das hat der Captain schon nicht geschafft, und Homer Hickam wird es ebenso ergehen.«

Als sein Name fiel, sah ich mich ängstlich nach Dad um, aber er war nicht da. Dann tauchte plötzlich ein hässliches schnauzbärtiges Gesicht in meinem Lichtkegel auf. Es war der grinsende Cuke Snoddy. Er leuchtete mir mit seiner Lampe ins Gesicht, und ich schirmte meine Augen mit einer Hand gegen den grellen Schein ab. »Soso, der kleine Sonny, der Rocket Boy. Haha! Hast dich wohl verirrt, he?«

Sein Atem stank nach Tabak. Ein dicker Klumpen Kautabak steckte in seiner Backe, und braune Speichelfäden, gemischt mit Felsstaub liefen ihm aus dem Mund. Er grinste mich unentwegt an, als versuchte er, schlau aus mir zu werden. Ich sagte nichts, um ihn nicht zu provozieren. Jake und Mr. Dubonnet hielten ihre Lampen auf ihn. »Bist du bereit, Cuke?«, fragte Jake.

»Wenn Sie das sagen, Mr. Jake, werde ich Bewegung in dieses Hangende bringen. Verlassen Sie sich drauf«, sagte Cuke.

»Cuke ist unser Schießhauer«, erklärte Jake Mr. Dubonnet. »Der beste, den Olga hat.«

»Sie wollen hier drin sprengen? Das können Sie nicht. Dann geht die ganze Zeche in die Luft.«

Jake schüttelte den Kopf. »Haben Sie beim Reinkommen den Luftdruck gespürt? Die Bewetterung dieser Zeche ist ausgezeichnet, und in diesem ganzen Bereich haben wir mehr Löcher als in einem Nadelkissen. Wir blasen das Methan direkt an die Oberfläche.«

»Das ist wohl Ihre Hoffnung«, meinte Mr. Dubonnet. »Diese Kohle ist so gasreich, dass Sie einen ganzen Methaneinschluss erwischen könnten, ohne es zu merken. Sie können nicht sprengen.«

»Ich krieg das hin, Johnnyboy, glatt wie Hühnerscheiße«, warf Cuke ein und spuckte Mr. Dubonnet dann einen großen Schwall Tabaksaft vor die Stiefel. »Gibt kein', der mit Pulver besser umgeh'n kann, als der alte Cuke, und das Stickwetter erschnüffel ich.« Er tippte sich dabei an die Nase. Stickwetter nannten die Bergleute das Methan.

»Du tust das, was ich dir sage, Cuke«, konterte Mr. Dubonnet. »Du wirst streiken, wie alle anderen auch.«

Jake zeigte auf die Kuppel über uns. »Sehen Sie die Firste? Dünne Flöze. Perfekt für den Strebbau, John.«

»Man kann auch schwach dazu sagen«, meckerte Mr. Dubonnet. »Dieser ganze Abschnitt ist eine Todesfalle. War es schon immer.«

»Strebbau ist die Zukunft«, warf Jake ein.

»Das mag schon sein, aber nicht in dieser Grube«, blaffte Mr. Dubonnet.

»Was bedeutet denn Strebbau?«, fragte ich, aber Mr. Dubonnet stapfte davon, in den Stollen hinein. Jake beeilte sich, ihn einzuholen. Da ich nicht allein in der Gesellschaft von Cuke zurückbleiben wollte, rannte ich ihnen hinterher. Jake und Mr. Dubonnet führten einen Wortwechsel, den ich nicht verstehen konnte, und bogen dann in eine Abbaustrecke ein, die ich auf dem Hinweg nicht bemerkt hatte. Ich hatte Mühe, mit den beiden Männern mitzuhalten. Sie bewegten sich schnell in fast gekrümmter Haltung. Mein Nacken brachte mich um, denn ich musste ihn in einem ungünstigen Winkel aufrichten, damit mein Lichtstrahl die beiden erfasste. Wenn ich sie verlor, würde ich vermutlich für den Rest meines kurzen Lebens unter dem Coalwood Mountain umherirren.

Ich sah Lichter vor mir und hörte das kehlige Heulen einer riesigen Bestie, die offenbar gequält wurde. Als ich um eine Kurve bog, sah ich einen riesigen Fräslader, der einen Kohlestoß bearbeitete. Der Stollen war nach und nach höher geworden, sodass ich nun aufrecht stehen konnte, beinahe ohne mit dem Helm gegen die Decke zu schrammen. Ich drückte meine Faust ins Kreuz und massierte es. Ich war sechzehn, aber Bergleute, die doppelt, wenn nicht sogar dreimal so alt waren wie ich, kamen hier besser zurecht. Vermutlich war das Übungssache.

Einige Männer standen neben einem Pfeiler aus Kohle. Ein Kumpel aus ihrer Gruppe kam auf uns zu. Sein Gesicht war schwarz verrußt. Es war Dieter, der Deutsche. »Guten

Tag«, begrüßte er uns abwechselnd. »Ah, Sonny, der Junge am Teleskop.«

»Hallo, Dieter«, sagte ich, als er mich angrinste und seine weißen Zähne zwischen den kohlschwarzen Lippen zeigte.

Offenbar wusste Dieter, dass er Mr. Dubonnet über die Vorgänge informieren sollte. »Hier treiben wir eine von zwei Kopfstrecken rein«, erklärte er. »Gerhard führt dabei die Aufsicht über die Wetterkanäle und den Strebausbau.«

Mr. Dubonnet sah sich aufmerksam um. »Warum kümmert ihr euch dann um das Hangende?«, fragte er.

Dieter fasste sich unter den Helm und kratzte sich. »Wir glauben, dass sich auf der anderen Seite die Vollwertkohle befindet. Wenn dem so ist, wird das unser vorrangiger Abbaustoß. Dann können wir in wenigen Tagen doppelt so viel Kohle aus 11 East rausholen wie aus jedem anderen Abschnitt.«

»Das ist doch Spekulation«, wandte Mr. Dubonnet ein.

Dieter zuckte mit den Schultern. »Man hat mir gesagt, dass ich dort mit dem Strebbau beginnen soll.«

»Was ist denn Strebbau?«, fragte ich wieder.

Jake gab mir eine Antwort. »Man fräst einen breiten Stoß oder Streb zwischen die Kopfstrecken und baut dann entlang des ganzen Strebs ab. Wenn man rausgeht, lässt man hinter sich die Firste einstürzen. Manche nennen es auch Bruchbau. Die Kohle wird von beiden Seiten abgebaut, auf Förderbänder verladen und auf Loren geschüttet, die sie dann rausfahren. Das ist schnell und effizient. Deutschland hatte dieser Methode den Weg bereitet, und Dieter und Gerhard sind hier, um uns zu zeigen, wie wir die Geräte einsetzen, die wir von ihrer Gesellschaft gekauft haben.«

»Lass dich von Jake nicht an der Nase herumführen, Sonny«, mischte Mr. Dubonnet sich ein. »So einfach ist das nämlich nicht. Erstens kann man nur hoffen, dass die Firste auf eine Weise zusammenfällt, die erwünscht ist. Zweitens kann es zu gewaltigen Gebirgsschlägen kommen. Drittens sollte man für eine verdammt gute Belüftung sorgen. Bei einem so langen Stoß kommt das Methan kübelweise raus.«

Jake hielt dagegen: »Niemand hat behauptet, dass es keine Probleme gebe, aber sie sind lösbar.«

»Die UMWA hat das noch nicht unterschrieben, Jake«, sagte Mr. Dubonnet. »Wir würden das gern noch intensiver studieren.«

»Zu Tode studieren, meinen Sie wohl«, erwiderte Jake hitzig. »In der Zwischenzeit fördert die ganze Welt die Kohle billiger, und West Virginia hat den Anschluss verloren.«

Ein Mann löste sich aus der Gruppe neben dem Pfeiler und kam herüber. Es war Dad. Seine Lampe leuchtete mir ins Gesicht. »Was um alles in der Welt tust du hier?«, wollte er wissen.

Jake erwiderte ganz ruhig: »Ich hab ihn hergebracht, Homer.«

Dads Lichtkegel traf Jake im Gesicht und wanderte dann zurück zu mir. Er zog mich aus dem Licht der anderen Männer. »Manchmal verblüffst du mich.«

Ich wusste nicht, ob ich das als Kompliment oder Vorwurf verstehen sollte. »Jake sagte mir, ich solle mitkommen«, wandte ich ein, für den Fall, dass es Letzteres war.

»Hat Jake dir eine Waffe an den Kopf gehalten?« Als ich darauf nicht antwortete, sagte er: »Ich denke nicht.« Sein Licht verweilte noch etwas länger auf meinem Gesicht. »Wenn du's deiner Mutter nicht erzählst, werde ich das auch nicht tun«, sagte er, und dann verschwand das Licht.

Jake und Mr. Dubonnet ließen Dieter allein, und Jake gab mir ein Zeichen, ihnen zu folgen. Wir kehrten zur Flurschienenbahn zurück. Jake klopfte ans Dach und los ging's. Ich nahm an, dass wir auf dem Rückweg waren. Jake richtete seine Lampe auf mich. »Tut mir leid, falls ich dich in Schwierigkeiten bei deinem Dad gebracht habe«, sagte er.

»Du hast ja keine Ahnung. Wenn Mom davon erfährt, wird sie erst mich umbringen und sich dann dich vorknöpfen.«

»Und was ist, wenn ihr nicht durch das Hangende kommt?«, erkundigte Mr. Dubonnet sich unvermittelt.

»Dann sind wir geliefert«, sagte Jake. Er beugte sich vor, die Hände auf den Knien, und sah Mr. Dubonnet in die Augen. »Ich will ganz ehrlich zu Ihnen sein, John. Die Stahlgesellschaft hat uns bereits angewiesen, 11 East zu schließen. Das ist der Grund, weshalb man mich nach Coalwood zurückgeschickt hat – um dem Ganzen ein Ende zu setzen.«

»Und warum haben Sie's nicht getan?«

»Weil ich an den Strebbau glaube. Und weil ich es nicht mag, wenn ein Haufen Geld umsonst ausgegeben wird. Wir haben eine große Geldsumme in diesen Betrieb gesteckt. Wirklich groß. Wenn wir jetzt aufhören, wird die Olga Coal Company finanziell baden gehen und die Stahlgesellschaft dazu. Ich bin mir nicht sicher, ob wir das überleben werden. Entweder wir kriegen das mit diesem Strebbau hin, oder wir werden in wenigen Monaten diese Zeche verkaufen. Und danach, wer weiß? Wer auch immer sie kauft, könnte sie schließen und zum Verschrotten anbieten.«

Mr. Dubonnet schien zu zweifeln. »Wenn dem so ist, warum hat man Ihnen dann gesagt, Sie sollen 11 East schließen? Wäre es da nicht sinnvoller, weiterzumachen?«

Jake blickte auf seine Hände. »Weil die Manager der Stahlgesellschaft Angst haben. Wenn Olga weiter ausblutet, könnte das auch sie in Mitleidenschaft ziehen. Ich war eigentlich nur ihr Botenjunge, aber als ich hierherkam und sah, was Homer tat, gab ich ihm grünes Licht zum Weitermachen. Er ist so dicht dran, John. So dicht.«

»Sie sind verrückt.«

»Ich bin Kapitalist. Kann auf eine lange Ahnenreihe davon zurückblicken. Ich möchte, dass die Gesellschaft Geld verdient, damit sie ihre Arbeit fortführen kann. Sie sind Gewerkschafter. Sie möchten, dass Ihre Mitglieder arbeiten. Wenn wir in dieser Sache zusammenhalten, werden alle nur gewinnen.

Wenn Sie aber streiken, ist alles vorbei, für mich genauso wie für Sie.«

Mr. Dubonnet kratzte sich an der Nase. »Vielleicht finden Sie einen besseren Käufer für Olga, einen, der mehr Sympathien für die Gewerkschaft mitbringt.«

»Sie haben gehört, was Sonny Ihnen gesagt hat, John. Und Sie wissen, dass es die Wahrheit ist. Sie werden keinen besseren Mann finden als Homer. Er ist ein harter Brocken, aber er weiß, was er tut, und er schaut auf seine Männer.«

»Sie sind *meine* Männer!«, schrie Mr. Dubonnet, um das Kreischen der Räder zu übertönen, als wir um eine Biegung fuhren.

Jake schrie zurück: »Es sind Homers Männer, und das wissen Sie!« Die Räder beruhigten sich und gaben nur noch ein leises Rumpeln von sich, als wir einen geraden Streckenabschnitt entlangrollten. Jake passte seine Stimme dementsprechend an. »Wenn sie bei Ihnen im Gewerkschaftshaus sind, erklären Sie ihnen, was sie tun sollen. In der Zeche hat Homer das Sagen. Das ist der Unterschied. Coalwood-Männer sind zu allererst Bergleute und keine Gewerkschafter.« Jake richtete seine Lampe nach draußen und erleuchtete die Abbaustrecken, an denen wir vorbeiratterten. »Wenn Sie darauf setzen wollen, dass ein anderer kommt, nur zu.«

Eine Weile verfolgte Mr. Dubonnet die vorbeihuschenden Stützbalken. Dann knipste er seine Lampe aus, verschränkte die Arme und senkte den Kopf.

Wieder an der Oberfläche angekommen, stakste Mr. Dubonnet ohne ein weiteres Wort in die Waschkaue. Ich blieb bei Jake. »Warum sollte ich dich begleiten?«, fragte ich.

Jake lächelte. »Da John Dubonnet unglaublich eifersüchtig auf deinen Dad ist, habe ich damit gerechnet, dass er versuchen würde, dich über ihn auszuhorchen. Was du ihm über deinen Dad gesagt hast, war besser als alles, was ich hätte sagen können.«

Jake hatte mich also benutzt. Ich wollte es ihm vorhalten, befand dann aber, dass es der Mühe nicht wert war. Stattdessen fragte ich: »Warum ist Mr. Dubonnet denn eifersüchtig auf Dad?«

Jake lachte. »Weil er in deine Mutter verliebt ist. Immer schon war. Seit der Highschool, denke ich.«

Ich überlegte, blendete dann aber Jakes Bemerkung aus. Das überstieg meine Vorstellungskraft. Ich wollte von Jake Mosby eigentlich nur eins wissen: »Was ist der Grund dafür, dass du dich so sehr verändert hast? Du wirkst irgendwie anders.«

»Erwachsen meinst du wohl?«

Das war es. »Ja.« Es war ein Vorwurf.

Er nahm seinen Helm ab und strich sich mit der Hand durch sein schmutziges braunes Haar. »Ich weiß nicht. Manchmal muss das wohl sein.« Er lächelte sein altes Jake-Lächeln, wurde aber gleich darauf nachdenklich und ließ seinen Blick über den Berg hinter der Zeche wandern, als lägen dort die Antworten, die er suchte. »Ich verrate es dir«, sagte er nach einiger Zeit. »Meine Eltern haben es nicht geschafft, und Korea hat es nicht geschafft. Wer es dann geschafft hat, war dein Dad. Der hat mich drangekriegt.«

Mit dieser Antwort hatte ich nicht gerechnet. »Wie das?«, hakte ich nach.

Jake setzte seinen Helm wieder auf und zuckte mit den Schultern. »Er lief mir hinterher, brachte mich dazu, etwas zu lernen, auch wenn ich es nicht wollte. Hat mich geschliffen, könnte man wohl sagen.«

»Wie eine Töpferscheibe«, sagte ich und dachte dabei an Little Richards Gleichnis aus der Bibel.

Jake überlegte. »Ja, kann man so sagen. Wie eine Töpferscheibe.«

Ich wandte mich ab, um den Heimweg anzutreten. »Hey, Sonny«, rief Jake, »willst du dich nicht waschen?«

Ich ignorierte ihn und lief weiter. Ich hatte beschlossen, dass Mom mich so sehen sollte, wie ich war, mein Gesicht so schwarz wie die ihr so verhasste tiefe Grube. Sich vor ihr zu verstecken war ohnehin zwecklos. In Coalwood blieb nichts geheim. Auf dem Heimweg musste ich ständig an Jake denken. Manche Scheiben benutzt man, um zu formen, andere zum Schleifen. Mein Vater wirkte wie eine Schleifscheibe, und er hatte meinen Freund zurechtgeschliffen und in jemanden verwandelt, den ich kaum mehr wiedererkannte.

24. Die Hungerarmee

Als ich nach Hause kam, überraschte es mich nicht, Mom auf der Veranda zu sehen, wo sie bereits auf mich wartete. »Soso«, sagte sie, »da kehrt mein Sohn der Bergmann zurück. Wenn ich in einer Stunde auch nur ein Atom Kohlenstaub an dir finde, werde ich vergessen, wie schwer es war, dich zu gebären, und der Sache ein Ende bereiten. Ich habe noch immer die Pistole meines Daddys, weißt du.«

»Möchtest du gar nicht erfahren, was passiert ist?«

»Ich weiß, was passiert ist. Geh. Ich möchte dich erst wiedersehen, wenn du ein sauberes Gesicht hast.«

Ich blickte über die Reihe der Gartenzäune. Dort standen keine Frauen – noch nicht. Aber schon bald würden auf jene ganz wundersame Coalwood-Weise die Abenteuer von Jake, dem Spaßvogel, John, dem Gewerkschaftsboss, und Sonny, dem Trottel, die gemeinsam in die Zeche einfuhren, auch den letzten Winkel der Stadt erreicht haben und mit ihnen vermutlich auch das Geheimnis des Strebbaus in 11 East. Ich fragte mich, ob Jake das womöglich sogar beabsichtigt hatte. Coalwood stand mit dem Rücken zur Wand, und das sollte die Stadt auch wissen, Zechengeheimnis hin oder her. Für mich stand fest, dass ich dabei zur Zielscheibe des Spotts werden würde: der kleine Sonny Hickam, von Jake, dem Mann der Stahlgesellschaft, runter in die Grube gezerrt, nur um von seinem Daddy wieder rausgejagt zu werden. So würden die Klatschmäuler es hindrehen. Ich hatte lange genug hier gelebt, um das zu wissen.

Auf meinem Weg zur Kellertreppe und einer reumütigen Dusche kam Poteet mit irgendwas im Maul zu mir. Sie spuckte es mir auf die Stiefel. Es war ein toter Maulwurf. Ich wusste nicht, ob das als Geschenk oder Zeichen der Missachtung wegen meines Aussehens gedacht war. Mein Blick fiel auf den Christbaum, den Dad und ich hergeschleppt hatten. Er hatte sich keinen Zentimeter vom Fleck bewegt, war höchstens ein bisschen zusammengesackt. Mom hatte auf dem Picknicktisch daneben Samen ausgestreut, um die Vögel zu füttern. Es mussten an die hundert sein, Meisen, Indianermeisen, Haussperlinge, Kardinalvögel und Spechtmeisen, die alle fraßen, als gäbe es kein Morgen mehr. Offenbar litt in den Bergen einfach alles Hunger. Der Christbaum wirkte einsam, verlassen war er nicht. Die Vögel nutzten ihn als Sammelpunkt für ihre Angriffe auf den Picknicktisch. Leid tat er mir trotzdem.

Ich ging runter in den Keller und fing an, die Kohle abzuschrubben, wobei ich mich hauptsächlich auf mein Gesicht konzentrierte. Bergarbeiter liefen ständig mit Augen wie Kleopatra herum, wenn sie nicht wirklich intensiv den Staub entfernten, der sich in den feuchten Fältchen um die Augen herum einlagerte. Ich verwendete Lavaseife und bekam diese schließlich in die Augen. Das brannte höllisch, vermutlich der Beginn einer langen Reihe von Strafen.

Als ich wieder nach oben kam, suchte ich nach Mom, um mich ihr zu präsentieren, doch ich fand sie nicht. Vielleicht war sie zu den Nachbarinnen Mrs. Sharitz oder Mrs. Keneda gegangen. Ich zog mich auf mein Zimmer zurück und wollte den ereignisreichen Tag Revue passieren lassen. Daisy Mae hob ihren flauschigen Kopf, als ich ins Zimmer kam. Sie hatte auf dem Bett geschlafen, gähnte, rollte sich wieder zusammen und schlief weiter. Ich überlegte, es ihr gleichzutun. Es war ein langer Tag gewesen, der mit dem Raketenstart begonnen und mit der Reise in die Tiefen der Coalwood-Zeche geendet hatte. Allerdings ging mir noch so viel durch den Kopf, dass an Schlaf nicht zu denken war, und so setzte ich mich mit einem Blatt Papier und einem Bleistift an den Schreibtisch, um die Verbesserungen an der Rakete vorzunehmen. Dazu musste ich Berechnungen für die Zeichnung einer Raketendüse mit glattem Hals anstellen. Winkel zu berechnen war schon schwer genug, aber Kurven stellten eine noch größere Herausforderung dar. Nicht nur wegen der vertrackten Mathematik, sondern weil auch die Zeichnung des Ergebnisses sehr schwer werden würde. Irgendwie musste ich einen glatten Bogen hinbekommen, um Mr. Caton den Hals zu veranschaulichen. Ingenieure verwendeten dazu eine Auswahl an Hilfsmitteln, die ich aber nicht besaß. In einem ersten Anlauf machte ich mich an die Berechnungen, ließ das Zeichnen dann allerdings sein. Ich war hundemüde und außerdem frustriert, weil mir die richtigen Gerätschaften fehlten.

Dann fiel mir ein, dass man die Planung des Krippenspiels von mir erwartete. Ich zog meine Liste der Probleme hervor und setzte noch zwei Punkte drauf: *Gerundeter Raketenhals* und *Krippenspiel*. Doch irgendetwas fehlte noch. Was war das? Schließlich strich ich *Billy* durch. Das verschaffte mir Befriedigung, obwohl nicht ich es war, der zur Lösung dieses Problems beigetragen hatte.

Jetzt hatte ich den toten Punkt überwunden und beschloss, wenigstens eine Liste der Dinge zu erstellen, die für das Krippenspiel getan werden mussten. Und dies tat ich hauptsächlich, weil ich Ginger nicht enttäuschen wollte. Ich hatte keine Wahl, ich musste das einfach durchziehen. Also schrieb ich alles auf, was mir einfiel, versuchte, mich zu erinnern, wie wir die vorherigen Krippenspiele gestaltet hatten. Zudem überlegte ich, wie wir es in diesem Jahr in etwas abgeänderter Form präsentieren könnten. Als ich mir das Ergebnis ansah, konnte ich nur mit dem Kopf schütteln. In so kurzer Zeit war das unmöglich zu schaffen. Dann hörte ich, wie Mom mich zum Abendessen rief. Ich warf meinen Stift hin. Raketen zu starten und in der Kohlengrube zu arbeiten, zumal an ein und demselben Tag, konnte einem heranwachsenden Jungen ganz schön Appetit machen.

Als ich in die Küche kam, war Dad nicht da, nur Mom – und Jim. Meine Begeisterung überraschte selbst mich. »Jim!« rief ich fröhlich.

»Was?« Er stopfte sich gerade Kartoffelkuchen in den Mund. Zwei riesige Wäschesäcke mit seinem Namen darauf lagen neben der Kellertür.

»Du bist zu Hause!« Ich grinste ihn an, freute mich wirklich, ihn zu sehen. Zwar wusste ich nicht, warum, aber so war es. Jim, der gute alte Jim!

Er zog die Augenbrauen hoch. »Alles okay mit dir?«

Mom sah mich über den Rand ihrer Kaffeetasse hinweg an. »Möchtest du deinen Bruder umarmen, Sonny?«, fragte sie. »Er hat sicherlich nichts dagegen.« Ihre Bemerkung brachte mich wieder in die Realität zurück. Ich zuckte zusammen und Jim ebenfalls. Mom winkte mich an meinen Stuhl. »Wusstest du, dass Sonny sich entschlossen hat, in der Kohlengrube zu arbeiten, Jim? Heute hat er angefangen.«

Zum Glück hatte Jim sich wieder seiner Mahlzeit zugewandt und achtete nicht auf ihre sarkastischen Bemerkungen. Ich hielt meinen Kopf gesenkt und verkniff mir einen Kommentar. Wenn Mom schon ihr Süppchen kochen musste, dann bitte schön ohne meine Hilfe, zumal ich offenbar als Fleischeinlage vorgesehen war.

Nach dem Abendessen ging ich wieder nach oben, um weiter an meinen Berechnungen zu arbeiten, obwohl ich nicht in der Stimmung dazu war. Als ich gerade aufgeben und zu Bett gehen wollte, stieß Mom meine Tür auf. »Du hattest einen ziemlich langen Tag, nicht wahr?«, fragte sie.

»Ja, Ma'am«, erwiderte ich kläglich, um ein wenig Mitleid zu heischen. Das war eine Taktik, die keinerlei Nachdenken erforderte. Weitreichende Erfahrungen mit Elsie Hickam sagten mir, dass ein wenig Jammern zu Mitgefühl führte und ich dann aus dem Schneider war.

Diesmal wurde mir dieses Glück nicht zuteil. »Er wird noch ein wenig länger werden«, sagte sie ohne eine Spur von Mitgefühl in ihrer Stimme. »Ich brauche einen Chauffeur nach Welch, und der bist du. Jimmie wird sich um seine Wäsche kümmern, und davon hat er jede Menge.«

Dass mein Bruder seine eigene Wäsche machte, war möglicherweise das Ereignis dieses Tages, das mir am wenigsten nachvollziehbar war. »Warum muss ich dich nach Welch fahren?«, fragte ich.

Ich rechnete mit einer Antwort wie: »Weil ich es sage.« Doch stattdessen lächelte sie und sagte: »Weil du, mein lieber Sonnyboy, gerade in die Hungerarmee einberufen wurdest.«

Fast hätte ich ihn nicht bemerkt und es wäre zu spät gewesen. Ich trat auf die Bremse des Buick und schlitterte auf den Rehbock zu, der gleich hinter New Camp mitten auf der Straße stand. Wir rutschten dicht an ihn heran, seine Augen glühten wie leuchtende Kohlen im Licht der Scheinwerfer. Mom stützte sich mit einer Hand am Armaturenbrett ab, doch im letzten Moment sprang der Rehbock davon. Wir verfolgten seinen in der Dunkelheit verschwindenden weißen Spiegel. Mom lehnte sich zurück und presste die Hand aufs Herz. »Ich habe ihn auch nicht gesehen«, sagte sie und ergänzte dann: »Der war so klapperdürr, dass ich die Rippen zählen konnte.«

Mir klopfte das Herz bis zum Hals. Zitternd warf ich den Motor wieder an und legte dann vorsichtig und mit geringer Geschwindigkeit das kurze gerade Stück zurück, bevor die endlosen Haarnadelkurven anfingen, die uns zum Gipfel des Welch Mountain brachten. Ich hatte noch immer keine Vorstellung davon, wohin wir wollten und warum.

Mom hatte sich noch nicht wieder beruhigt. »Die armen Tiere«, sagte sie. »Sie hungern alle, selbst die Vögel. Ist es nicht schrecklich, wie etwas zu wenig Regen im Sommer den Viechern im Winter so viele Probleme bereiten kann?«

Ich erinnerte mich an etwas, das ich im Biologieunterricht gelernt hatte. »Mr. Mams hat uns erklärt, dass alles auf dem Planeten miteinander in Beziehung steht – die Luft, das Wasser, das Wetter, die Tiere und die Menschen. Wenn eins davon aus dem Gleichgewicht gerät, trifft es auch den Rest.«

Als sie nicht sofort darauf antwortete, wusste ich, dass sie Mr. Mams' Konzept nicht ganz zustimmte. Stattdessen sagte sie: »Nun, ich kann gar nicht genug Vogelfutter auslegen. So was habe ich noch nie erlebt. Vor allem, seit dein Dad diesen Baum angeschleppt hat. Da sitzen sie drin und wollen den ganzen Tag lang fressen.«

Ich wollte nicht länger beim Thema hungrige Tiere verweilen, denn über kurz oder lang würden wir sicherlich bei Chipper landen. Ich suchte krampfhaft nach einem anderen Thema und glaubte dann, ein sicheres gefunden zu haben. »Jim und ich könnten den Baum schmücken«, bot ich an. »Auch wenn du nach Myrtle Beach gehst.«

Mom verschränkte die Arme. »Ich gehe nicht nach Myrtle Beach. Wie könnte ich, nachdem du mich nach Six Hollow mitgenommen und mir das ganze Elend dort gezeigt hast?«

»Im Ernst?« Ich musste grinsen. Mom würde an Weihnachten zu Hause sein! Ich hätte nie gedacht, dass so etwas Grund zur Freude sein könnte. Ich meine, schließlich war es eine Selbstverständlichkeit, dort sollte sie auch sein, oder? Aber dieses Jahr war voll wundersamer Offenbarungen. Nur was hatte Six Hollow damit zu tun? Da gab es etwas zu enträtseln.

Sie bemerkte mein Grinsen und sagte: »Wie schön, dass du dich freust ...«

»Ja, Ma'am!«, gluckste ich.

Doch sie ergänzte in verbittertem Ton: »... dass ich nichts tun kann, was deinem Vater und mir eine glücklichere Zukunft ermöglicht hätte.«

Augenblicklich verging mir das Grinsen. Offenbar bewegte ich mich mit fast jedem Thema, das ich anschnitt, auf dünnem

Eis. Also konzentrierte ich mich aufs Fahren. Zum Welch Mountain ging es in engen Serpentinen, hin und her, hin und her. Als wir den Gebirgssattel erreicht hatten und die schwindelerregende Abwärtsspirale begann, beschloss ich, nun auch noch das schlimmste Thema hinter mich zu bringen. Wieso auch nicht. Schlimmer konnte ich es wohl kaum machen. »Ich verspreche dir, dass ich nie wieder in die Zeche einfahren werde, Mom«, sagte ich.

Zu meiner Überraschung lachte sie. »Oh Sonny, ich wusste davon schon, bevor du auf dem Weg dorthin warst. Jake hat mich vorher gefragt. Glaubst du wirklich, er hätte es riskiert, sich mit mir anzulegen?« Wieder lachte sie kurz. »Ich kenne ihn.« Sie schwieg einen Moment und sprach dann weiter. »Ich dachte, es wäre gut, wenn dein Dad dich da unten sieht. Aus freien Stücken, nicht weil er dich dazu gezwungen hat, sondern weil du sehen wolltest, was er dort macht. Tut mir leid, wenn es nicht funktioniert hat. Genauso wenig wie im letzten Jahr mit deinem Dad und Poppy. Immer wieder denke ich mir was aus, wie ich euch beide zusammenbringen kann, aber jedes Mal erweist es sich als Bumerang.«

Die Fahrt nach Welch in kalter Dunkelheit hatte die Erinnerung an Poppy bereits geweckt. »Dad war zu Recht zornig«, sagte ich. »Ich habe mich wie ein Feigling aufgeführt. Hielt es einfach nicht aus in diesem Zimmer.«

»Ich wäre nicht mal für eine Million Dollar mit den beiden Hickams in diesem Zimmer geblieben, Sonny. Du hast das besser gemacht als ich, besser als jeder andere. Keiner macht dir einen Vorwurf.«

»Dad schon«, erwiderte ich bitter.

»Nein, tut er nicht. Er war zornig, weil er seinen Dad verloren hat, und musste das an jemandem auslassen. Das weiß er auch, und ich wette, dass er sich dafür schämt. Dein Dad vergisst nur leider, den anderen zu sagen, was er empfindet, vor allem, wenn er im Unrecht ist. Also sage ich es dir jetzt. Streich

Poppy von deiner Liste. Dein Dad ist nicht zornig auf dich, und wo Poppy auch immer sein mag, er ist es auch nicht. So viel weiß ich.«

Ihre Worte waren Balsam für meine Seele, und ein Gefühl der Erlösung durchflutete meinen Körper. Dad hatte mir verziehen. Ich brauchte es nicht aus seinem Mund zu hören. Moms reichte mir. Doch dann stolperte ich über etwas, das sie gerade gesagt hatte, und die innere Wärme verschwand. »Meine Liste?«, sagte ich laut. »Du hast dir meine Liste angesehen?«

»Warum nicht«, antwortete sie, »sie lag in deiner Schreibtischschublade. Warum sollte ich sie mir nicht ansehen?«

Ich war außer mir, würde mir das aber nicht anmerken lassen. »Ach, ich weiß nicht. Vielleicht, weil sie ganz unten in der Schublade unter einem Stapel anderer Sachen lag, die mir gehören.«

Trotz meiner vorsichtigen Reaktion schien sie meine wahren Gefühle zu erahnen. »Solange du in meinem Haus wohnst, Sonny, ist alles, was du hineinbringst, für alle offen. Doch bevor du fragst, umgekehrt gilt das nicht. Erwachsene haben Dinge, die Kinder nicht sehen dürfen.«

»Soll das einen Sinn ergeben?«, fragte ich, ermutigt durch meine Wut.

»Nein. So ist das eben. Ich sag dir was. Irgendwann hast du vielleicht selbst Kinder. Dann wirst du wissen wollen, was sie vorhaben, und wirst mit allen Mitteln versuchen, das herauszufinden. Wenn sie dann wütend werden, erzählst du ihnen, dass Großmama Elsie Hickam dich das gelehrt hat: Eltern dürfen alles tun, um sicherzustellen, dass ihre Kinder richtig erzogen werden. So hat Gott das eingerichtet, und man kann noch so viel heulen und jammern und wird daran doch nichts ändern.«

Ich entschied mich dafür, es dabei bewenden zu lassen. Ich wusste ohnehin, dass Widerworte mich nicht weit bringen würden. Stattdessen beschloss ich, meine Liste zu verstecken, sobald wir nach Hause kamen. Ich ging im Geiste auch die anderen Dinge in meinem Schreibtisch durch und kam zu dem Ergebnis, dass nichts dabei war, was Mom nicht sehen durfte, auch nicht die etwa ein Dutzend unvollendeten Liebesbriefe an Dorothy Plunk. Schließlich zuckte ich nur mit den Schultern. Vielleicht hatte sie ja recht, auch wenn ich es im Moment haarsträubend fand. Hätte ich meine Privatsphäre haben wollen, hätte ich als Waise zur Welt kommen müssen. Nach allem, was an Gutem dabei für mich abfiel, nahm ich dann doch lieber meine Eltern, mit allen Fehlern, Nachteilen und Mängeln.

Schließlich erreichten wir die letzte Kurve auf der Rückseite des Welch Mountain und kamen am Footballfeld der Welch Highschool vorbei. Um dafür eine ebene Fläche zu bekommen, hatte man ein Stück in die Bergflanke hineinplaniert.

Das nächste Hindernis war Davy Mountain, den wir zum Glück aber nur umrunden mussten. Dazu stieg die Straße noch ein wenig an, dann folgte eine gerade Strecke, bevor wir zu den Autohändlern an dem Ort kamen, den alle Coney Island nannten. Als wir an den geparkten glänzenden, chromstarrenden Autos vorbeifuhren, musste ich an Gingers Freund denken. Ich war ein wenig eifersüchtig, sagte mir aber, dass es eine ziemliche Herausforderung sein musste, all diese Autos an Männer zu verkaufen, die nicht wussten, ob sie am nächsten Tag noch einen Job hatten. Ich bog nach links ab in die Straße, die man über dem Tug River gebaut hatte. Bald schon wären wir in der Stadtmitte von Welch. »Wohin genau wollen wir denn, Mom?«, fragte ich.

»Findest du den Weg zur Welch Highschool?«

»Ich denke schon.«

»Dahin fahren wir.«

Die Welch Highschool war ein weitläufiger Ziegelbau, der neben einer Bergflanke über der geschäftigen Kreisstadt thronte, der die Schule ihren Namen verdankte. Für mich war das eine Schule für Kinder reicher Eltern, die allesamt aufs College gehen und Ärzte, Anwälte, Banker, Autohändler und Politiker werden würden. Ich parkte vor dem Gebäude neben ein paar großen Lastwagen mit Stoffbespannung über der Ladefläche. Auf den Türen stand HEILSARMEE. »Weißt du, wo die Turnhalle ist?«, wollte Mom wissen.

Ich war mir nicht ganz sicher. Denn ich war nur ein einziges Mal an der Welch High gewesen, in der achten Klasse, als ich am Golden-Horseshoe-Test für die Geschichte West Virginias teilgenommen hatte. Fast hätte ich die unter den Schülern des ganzen County ausgetragene Prüfung gewonnen. Für einen Schüler aus West Virginia gab es keine größere Ehre, als mit dem Golden Horseshoe ausgezeichnet zu werden.

Mom hakte sich bei mir unter, als wir über die steile Treppe zum Eingang emporstiegen. Die Turnhalle zu finden war kein Problem. Ich vernahm das Echo von Stimmen und brauchte nur meinem Gehör zu folgen. Als wir eintraten, sah ich stapelweise Kisten, bündelweise Stofftaschen und einen Haufen bunt eingewickelter Pakete, die wohl Weihnachtsgeschenke waren. Jungs und Mädchen im Teenageralter arbeiteten zwischen den Kisten und Taschen. Sie schienen sie auf Quadrate zu verteilen, die mit Klebeband auf dem Boden markiert waren. Jedes trug einen Namen – Kimball, Keystone, Elkhorn, North Fork, alles Namen von kleinen Ortschaften im County, in denen Kohle gefördert wurde. Mom erspähte eine Frau im marineblauen Kleid und ging quer durch die Turnhalle auf sie zu. »Ich bin Elsie Hickam«, stellte sie sich vor.

Die Frau trug die Uniform der Heilsarmee, das Abzeichen glänzte an ihrem Revers. Sie schaute von ihrem Klemmbrett auf. »Oh, Mrs. Hickam! Wie geht es Ihrem lieben Mann? Ich bin Sergeant Martin.«

»Sie haben sicher viel zu tun, Sergeant.« Mom kramte in ihrer Handtasche und holte einen Scheck heraus. »Hier ist der Scheck.« Moms Hand zitterte, als sie ihn ihr hinhielt. Ich warf einen Blick darauf und las die Summe. *Fünfhundert Dollar!*

Das war eine Menge Geld, und der Privatscheck war auf Moms Konto bei der Welch First National Bank ausgestellt. Das erkannte ich daran, dass Moms Schecks grün waren. Die vom gemeinsamen Konto meiner Eltern waren weiß.

»Eine sehr großzügige Spende, Mrs. Hickam«, meinte Sergeant Martin. »Haben Sie auch die Liste der Familien und ihres Bedarfs dabei?«

Mom zog ein Blatt Papier aus ihrer Handtasche. »Hier, bitte. Wann, denken Sie, werden Sie liefern?«

»Wir werden am Heiligabend unsere Runde abfahren«, sagte sie. »Werden Sie mitfahren und uns zeigen, wohin wir müssen?«

Mom nickte. »Wo ich wohne, wissen Sie. Halten Sie einfach kurz an, hupen Sie, und ich komme raus.«

Das erstaunte mich. Die Heilsarmee kam nach Coalwood? Das war bisher noch nie vorgekommen. Und ebenso wenig, dass meine Mom ihr Geld für einen solchen Zweck einsetzte. Sie hatte es lange gespart.

Sergeant Martin unterhielt sich noch eine Weile mit ihr darüber, was die Heilsarmee im ganzen County leistete, und ich entfernte mich, weil mich die Jugendlichen neugierig gemacht hatten, die Kisten auf die Quadrate verteilten. Ich ging davon aus, dass sie Schüler der Welch High waren, war mir dann aber doch unsicher, weil sie keine Smokings oder Ballkleider trugen. Sie waren alle nicht viel anderes gekleidet als die Big-Creek-Schüler. Eins der Mädchen entdeckte mich und fragte: »Möchtest du mithelfen?« Sie streckte mir die Hand entgegen. »Ich heiße Don Juan Collins.«

Als ich sie daraufhin ansah, kam sie mir zuvor: »Frag nicht. Ich weiß auch nicht, warum meine Eltern mich so genannt haben. Woher kommst du?«

Als ich es ihr erzählte, meinte sie gleich sehr herzlich: »Mein Dad hat früher in der Coalwood-Zeche gearbeitet. Ist dein Daddy Homer Hickam? Er spricht andauernd von ihm.«

Ich gab zu, dass das mein Vater war. Ein Junge gesellte sich dazu. »Ich heiße Bill Phipps«, sagte er und hielt mir die Hand hin.

»Wir nennen ihn Preacher«, ergänzte Don Juan. »Sein Vater ist Pfarrer drüben in Davy.«

Nun näherten sich auch noch andere Jungs und Mädchen und stellten sich vor. Benny Chaos aus Davy sagte, sein Vater sei Bergmann. Die Zeche in Davy komme gerade so über die Runden, berichtete er. Ein Mädchen mit einem fröhlichen Grinsen schüttelte mir die Hand – sie hieß Fredda Horne. Meinte, ihre Mutter arbeite im Laden von Sears and Roebuck. Brenda Conn war Tambourmajorin. Sie war groß, hatte langes honigfarbenes Haar und wache braune Augen. Ich fragte mich sofort, ob sie für den Abend des Weihnachtsballs schon eine Verabredung hatte, bekam aber keine Gelegenheit, sie darauf anzusprechen. Sergeant Martin kam vorbei und meinte, wir sollten alle wieder an die Arbeit. Ich begleitete Don Juan und half ihr beim Kistenschleppen. »Wir sind Freiwillige«, antwortete sie auf meine Frage, warum sie hier war. »Es ist eine Möglichkeit, vielen unserer Mitschüler zu helfen.«

»Ich dachte immer, in Welch gibt es nur reiche Kids«, sagte ich.

Sie lachte. »Warst du mal oben in Twin Branch? Du wirst im ganzen Bundesstaat keine ärmeren Kinder finden.«

Ich sah die Welch-Schüler mit neuem Respekt an. Sie verstanden es auch, Spaß zu haben. Brenda kam rüber und fragte, ob die Schüler der Big Creek tanzen könnten. Ich nahm die Herausforderung an. »Ich denke doch«, sagte ich.

Preacher rannte ins Rektorat und schaltete dort das Radio an, das wir über Lautsprecher in der Turnhalle hörten. WLS in Chicago spielte Rock 'n' Roll. Nachdem wir unsere Arbeit erledigt hatten, zeigte ich Brenda, dass ein im Dugout geübter Junge durchaus den einen oder anderen Schritt draufhatte. Wir tanzten alle zusammen, bis Mom kam und nach Hause gefahren werden wollte.

Mom war schweigsam, als ich uns im Zickzack über die steilen Kurven des Welch Mountain steuerte. Ich stellte ihr keine Fragen und ließ auch keine Bemerkung zu ihrer Spende fallen. Ich hatte das Gefühl, dass dies ein heikles Thema war. Aber ich beschloss, ihr zu etwas anderem ein Kompliment zu machen. »Ich habe neulich Dreamas neuen Zahn gesehen. Es ist nur ein Provisorium, sieht aber gut aus. Das hast du gut gemacht, Mom.« Weiter ging ich nicht ins Detail. Denn mir war klar, dass sie alles andere, was an dem Tag passiert war, als Santa Claus Clowers im Big Store war, ohnehin schon wusste.

»Jetzt wünsche ich mir, ich hätte es nicht getan«, erwiderte sie.

Ihre Reaktion überraschte mich. »Weshalb?«

»Weil es falsch ist, etwas geradezubiegen, was nicht geradegebogen werden kann, deshalb«, sagte sie mit Nachdruck und schwieg dann.

Da fiel mir ein, dass ich ihr etwas erzählen könnte, was sie bestimmt noch nicht gehört hatte, nämlich, was Dreama gern wäre. »Sie kann kein Coalwood-Mädchen sein«, blaffte Mom. »Selbst wenn sie schon seit einer Million Jahren hier leben würde.«

»Weil sie mit Cuke zusammen ist?«, hakte ich nach.

»Sie ist nicht mit Cuke zusammen«, widersprach Mom. »Sie ist ins Club House gezogen. Dr. Hale hat mich gefragt, ob sie dort wohnen könne, bis er ihre Krone bekommt. Ich tat wieder, als wäre ich dein Dad, sagte Ja, das ginge in Ordnung, aber sobald ihr Zahn gerichtet ist, müsse sie gehen.«

Ich verdaute diese Information. »Ich bin froh, dass sie nicht mehr mit Cuke zusammen ist.«

»Sonny«, begann sie mit einem Seufzer, »bei einem Mädchen, wie sie eins ist, folgt ein Cuke auf den anderen. Oder schlimmer. Überleg doch, was sie getan hat. Es ist ihr gelungen, umsonst eine Bleibe zu finden. Ist sowohl von Dr. Lassiter wie von Dr. Hale umsonst behandelt worden. Als Nächstes wird sie die Regierung bitten, ihr Geld zu schicken. So machen wir das nicht in Coalwood, das ist nicht unsere Art. Es ist in Ordnung, dass man anderen Menschen hilft, wie das die Hungerarmee tut, aber wo kommen wir da hin, wenn die Leute erwarten, alles umsonst zu bekommen, ohne dafür zu arbeiten? Nein, Coalwood ist besser dran ohne sie.«

Ich hätte das, was Mom über Dreama gesagt hatte, gern noch ein wenig vertieft, wusste aber instinktiv, dass sie bereits alles gesagt hatte, was es dazu zu sagen gab. Also kam ich noch mal auf den Christbaum zu sprechen. »Jim und ich werden ihn aufstellen und schmücken und so.« Ich nahm an, dass ihr das gefallen würde.

Tat es aber nicht. »Ich glaube nicht, dass ich den Anblick ertrage«, sagte sie traurig. »Ich müsste ständig an Chipper denken.« Fast versagte ihr die Stimme. »Er ist so gern im Christbaum herumgetollt.«

In mir zog sich alles zusammen. Ich hatte es tatsächlich geschafft, sie auf genau das Thema zu stoßen, das ich den ganzen Abend zu vermeiden versucht hatte. Ich beschloss, den Mund zu halten. »Wie gefiel dir denn die Hungerarmee?«, fragt Mom, als ich das Tempo drosselte, weil wir das Ortsschild von Coalwood erreicht hatten.

»Die Heilsarmee meinst du?«

»Ja, das habe ich gesagt. Es ist Dads liebste Wohlfahrtseinrichtung. Meine inzwischen wohl auch«, ergänzte sie mürrisch.

»Ich fand die Kids der Welch High nett, die ich heute kennengelernt habe«, sagte ich.

»Hat dich das überrascht?«

»Ich dachte immer, das ist ein hochnäsiger Haufen.«

Mom lachte. »Als ich auf die Gary High ging, hielten wir die Kids von der Big Creek für hochnäsig. Und haben sie jedes Mal, wenn wir mit der Mädchen-Basketballmannschaft gegen sie antraten, richtig alt aussehen lassen. Ich brachte immer die meisten Bälle rein. Und es war mir immer eine Genugtuung, weil ich diesen reichen Mädels der Big Creek gezeigt hatte, wozu ein armes Gary-Mädchen imstande war.«

Ich fuhr weiter und grübelte darüber nach, dass meine Mutter mich jedes Mal, wenn ich glaubte, alles über sie zu wissen, aufs Neue überraschte. Sie war eine interessante Frau. Ich fand, dass ich mich glücklich schätzen konnte, sie zu kennen.

25. Der Weihnachtsball

Am nächsten Morgen wurde ich wach und dachte: *Heute ist der Weihnachtsball, und ich bin in meinem Abschlussjahr und habe keine Verabredung.* Dann sagte ich mir: *Es könnte schlimmer sein. Ich könnte eine Verabredung mit einem Mädchen haben, das ich gar nicht mag.* Wenn ich wollte, war ich durchaus in der Lage, das Positive zu sehen.

Von draußen drangen Geräusche herein, sie kamen von den Männern der Tagesschicht, die auf dem Weg zur Zeche waren. Es wurde nicht gestreikt, noch nicht. Nach dem Frühstück sah ich mir die Düsenberechnungen an, die ich tags zuvor gemacht hatte. Ich war ausgeruht und frisch und konnte mich darauf konzentrieren. Binnen Kurzem war ich fertig damit und arbeitete dann an der technischen Zeichnung. Zufrieden war ich nicht mit dem Ergebnis, aber es musste reichen. Um es besser zu machen, fehlte mir die Zeit. Hoffentlich konnte Mr. Caton etwas damit anfangen. Ich lieh mir den Buick aus, um schnell zur Werkstatt zu fahren. Mr. Caton betrachtete meine Zeichnung. »Mit den Krümmungen stimmt was nicht«, sagte er.

»Ich musste sie freihändig zeichnen«, brachte ich zu meiner Entschuldigung vor.

Er nickte. »Nun, ich werde mein Bestes versuchen, aber Innenkrümmungen wie diese brauchen etwas Zeit, um sie gut hinzubekommen. Wenn es zum Streik kommt, werde ich damit aufhören müssen.«

»Das verstehe ich, Sir«, versicherte ich ihm.

»Ich hab da was für dich«, sagte er und griff unter seine Werkbank. Es war eine Düse. »Ich habe noch eine wie eure letzte angefertigt, dann aber etwas geglättet. Vielleicht willst du sie testen, um zu sehen, ob's was bringt, bevor ich den Kitt auftrage.«

»Ja, Sir«, sagte ich. »Ich werde sie gleich heute ausprobieren.« Und das tat ich auch, obwohl die anderen Jungs ächzten und stöhnten. Sie meinten, sie hätten noch einiges vor, müssten sich auf den Ball vorbereiten. Müssten die Autos waschen, nach Welch fahren, um Anstecksträußchen für ihre Mädchen zu kaufen, und ihre Schuhe auf Hochglanz polieren. Ich hatte kein Erbarmen mit ihnen. Sie hatten mich bedrängt, die Sachen zu erledigen, und das hatte ich auch getan. Und fand, dass ich jetzt auch mal ein wenig Druck auf sie ausüben konnte. Wenn sie mit mir nicht nach Cape Coalwood gehen wollten, würde ich das eben allein tun. Auf diese Drohung hin gaben sie nach. Ihre Sorge, ich könnte ohne sie Spaß haben, war einfach zu groß.

Ich setzte Mr. Catons geglättete Düse auf einen vorgeladenen Zylinder, den ich rasch *Auk XXIV* nannte. Der Start erwies sich zu meinem Bedauern allerdings als Fehlschlag und lehrte mich wieder, dass man ohne sorgfältige Planung nichts Gutes erwarten konnte. Als Erstes fiel der Korken heraus, der den Zünder hielt, dann wurden wir von Pookie Suggs, einem ortsbekannten Taugenichts, ausgepfiffen, der ein paar Bergleute im Schlepptau hatte. Endlich konnten wir die Rakete starten. Die Erosion an der geglätteten Düse fiel geringer aus, aber mir war klar, dass wir brauchbare Ergebnisse erst bekamen, wenn wir eine mit Kitt ausgekleidete testeten. Alles in allem kam ich zu dem Schluss, dass dieser Start vergebliche Mühe gewesen war. Es tat mir leid, dass ich die Jungs so in die Mangel genommen hatte. Wenn ich es genau bedachte, musste ich mir eingestehen, dass ich es hauptsächlich aus Neid getan hatte, weil sie zum Weihnachtsball gingen und ich nicht.

»Wir wollen es wissen«, sagte Sonny Hickam, Kopf der Rocket Boys, am vergangenen Wochenende, als Ihr unerschrockener Reporter sich wieder einmal auf die Reise nach Cape Coalwood begeben hatte, um sich die neuste Konstruktion der Big Creek Missile Agency vorführen zu lassen. Getreu seinem Versprechen drückte der jugendliche Wissenschaftler auf den Startknopf und Auk XXIII-A *zischte Feuer und Rauch spuckend los. Den Mündern des zahlreichen Publikums entfuhr ein Freudenschrei, als das silbrige Geschoss himmelwärts stieg. Oh Rocket Boys, eure Flottengebilde sind wie von Göttern geworfene Speere! Jubel und Freudensprünge! Ein Hoch auf die überwältigende Brillanz unserer Rocket Boys aus Coalwood ... Frohe Weihnachten wünscht Ihnen die Belegschaft dieser Zeitung und zum Beginn des sicherlich großartigen Jahrzehnts der Sechziger das Beste für das neue Jahr.*
– The McDowell County Banner, Ausgabe Weihnachten 1959.

Ich beendete die Lektüre von Basils neuestem Artikel und schüttelte den Kopf. Roy Lee lachte. »Jedes Mal, wenn ich etwas von Basil lese, habe ich das Gefühl, man hätte Elfenstaub über mich gestreut.«

»Peter Pan«, sagte ich. »Großartiges Buch.«

»Mir hat die Walt-Disney-Version besser gefallen«, erwiderte Roy Lee. »Doch wie man einen Schatten mit Seife ankleben kann, ist mir noch immer ein Rätsel. Seit wann ist Seife denn ein Klebstoff?«

Wir waren auf dem Weg zum Weihnachtsball. Roy Lee war zu mir nach Hause gekommen und hatte darauf bestanden, dass ich zum Ball gehe. »Du bist in deinem Abschlussjahr, und ich sage dir, dass du mitkommen musst, auch wenn sonst keiner mit dir hinwollte.«

Seine letzte Bemerkung war eine Fehlinterpretation dessen, wie es sich tatsächlich zugetragen hatte, aber ich hielt den Mund. Ich suchte mir aus meinen Sachen ein angemessenes Outfit heraus, eine braune Sportjacke, weißes Hemd, hellbraune Hose und Slipper. Während ich mich fertig machte, warf Roy Lee einen Blick auf meinen Plan für das Krippenspiel. »Mannomann, warum baust du eigentlich nicht gleich das Taj Mahal?«

»Wenn wir das schon in Angriff nehmen, dann auch richtig«, erwiderte ich. »Womit ich nicht sage, dass wir es tun. Ich sehe nämlich keinen von den Jungs – dich eingeschlossen, wie ich ergänzen möchte – hier, um zu fragen, wie sie mir helfen können.«

Roy Lee tat es mit einem Kopfschütteln ab. »Wir können gleich morgen damit anfangen. Jetzt trödle nicht herum, sondern mach dich fertig.«

Zuerst fuhren wir nach Cucumber, um Roy Lees Balldame abzuholen, eine nette dralle Cheerleaderin namens Holly Faye Reed. Es war das erste Mal, dass sie miteinander ausgingen. Kaum hatte er ihr winziges Häuschen betreten – ihr Vater war Bergmann, was auch sonst –, kam er auch schon wieder raus, zusammen mit Holly Faye, die ihr Kleid hochhielt, damit der Saum nicht durch den Schmutz schleifte. Es war ein tief ausgeschnittenes limettengrünes Ballkleid mit vielen Rüschen. Um ihr Handgelenk wand sich das rosa Nelkenbukett, das Roy Lee ihr geschenkt hatte. Roy Lee hielt ihr die Tür auf. »Hi, Sonny«, sagte sie überrascht, als sie einstieg.

Nachdem Roy Lee hinterm Lenkrad Platz genommen hatte, sah sie ihn fragend an.

»Er brauchte eine Mitfahrgelegenheit«, erklärte er, als er ihren bohrenden Blick spürte.

Sie drehte sich um. »Mit wem bist du verabredet?«, fragte sie mich.

»Mit niemandem.«

Wieder sah sie Roy an.

»Ich habe ihn gebeten, mitzukommen«, sagte er.

»Warum hast du keine Verabredung?«, erkundigte sie sich.

»Hab keine gefunden.«

»Ich wollte nicht, dass er ganz allein zu Hause bleibt, okay?« Er versuchte, den ersten Gang einzulegen. Fand jedoch mehrere andere gleichzeitig. Die Kupplung klang, als würde jemand darin sitzen und mit dem Hammer draufschlagen.

»Begleitest du Roy Lee zu all seinen Verabredungen?«, fragte sie mich.

»So ziemlich«, erwiderte ich einfach nur so.

Fast hätte sie Roy Lee mit ihren Blicken durchbohrt. Er hatte das Radio aufgedreht. Die Four Tops schmetterten »The Book of Love«. *»I wonder, wonder, who, do-do-do, who wrote the book of love?«* Roy Lee sang mit – und zwar so schräg wie möglich – und gab vor, gar nicht zu bemerken, dass sie ihn scharf ansah.

»Ich glaube nicht, dass das der Text ist, den sie singen«, meldete ich mich vom Rücksitz.

Holly Faye ließ von Roy Lee ab und sah stattdessen mich finster an. »Was hörst du denn raus?«

»Gut. Hör zu. Es geht: ›*I wonder, wonder, who, do-do-do, who let the moo cow out?*‹«

»Mein Gott, ist das albern«, sagte Holly Faye, hörte aber genau hin. »Weißt du was, du hast recht. Sie singen tatsächlich, wer ließ die Muh-Kuh raus!«

»Ihr seid beide bekloppt«, motzte Roy Lee. »Mein Gott, kann man denn keinen Song genießen, ohne dass andere sich darüber lustig machen?«

Holly Faye und ich ignorierten ihn und sangen gemeinsam. *»I wonder, wonder, who, do-do-do, who let the moo cow out?«* Sie kriegte sich vor lauter Lachen gar nicht mehr ein.

»Du bist wirklich lustig, Sonny«, meinte Holly Faye. Sie kniete auf ihrem Sitz und beugte sich halb über die Lehne, um mich anzusehen. In dieser Position zeigten sich ihre Brüste ganz offenherzig. Nicht, dass ich es bemerkt hätte.

Ich grinste sie an. »Ich halte dich übrigens für die beste Cheerleaderin der Mannschaft«, sagte ich. »Du bist wirklich laut.«

»Oh, ist das dein Ernst?« Sie kaute Kaugummi, und ich roch die fruchtige Süße, die ihren rubinroten Lippen entstieg. »Nun, für mich bist du der süßeste, taffste kleine Trommler in der Marschkapelle.«

Während Holly Faye und ich unsere gegenseitige Bewunderung fortsetzten, presste Roy Lee seinen Fuß immer weiter aufs Gas. Wir rasten um die Kurven. »Hey!«, schrie Holly, als er bei einer ins Schleudern geriet. Sie fiel fast auf seinen Schoß.

»Oh Baby«, sagte Roy Lee. »Rede mit mir, Baby. Ich hab sonst Mühe, wach zu bleiben auf dieser dunklen Straße.«

Holly Faye kicherte und legte ihren Kopf auf seine Schulter. Roy Lees Augen blitzten mich im Rückspiegel an. Ich reagierte darauf mit meinem unschuldigsten Blick. Er grinste. Der gute Roy Lee. Der Big-Creek-Liebesmeister war in Hochform.

Die mit Krepppapier ausgekleidete Turnhalle von Big Creek leuchtete in flammendem Rot, war im Übrigen aber schummrig, was die Aufpasser Sandy und das Dekorationsteam hatten durchgehen lassen. Vor mir wiegten sich die Paare auf der Tanzfläche. Ich saß für mich allein und sah vom Zuschauerraum aus zu. Die Big-Creek-Turnhalle war wirklich einzigartig. Es war eigentlich eine große Bühne mit Zuschauersitzen auf einer Seite. Vorhänge erlaubten es, die Bühne für Theateraufführungen entsprechend zu verkleinern. Für Basketballspiele oder Tanzabende konnte man sie ganz öffnen. Es machte irgendwie Spaß, dazusitzen und zuzuschauen und der Musik zu lauschen, für die eine Band schwarzer Musiker aus Bradshaw sorgte. Sie waren gut und wurden immer besser, je weiter der Abend voranschritt. Immer mal wieder machten sie eine Pause, verschwanden und kamen dann umso lockerer zurück. Ein Streichholz hätte man wohl besser nicht in die Nähe ihres Atems bringen dürfen.

Nach einer Weile überkam mich ein wenig Selbstmitleid. Alle schienen jede Menge Spaß zu haben. Ich fragte mich, wie es Ginger wohl drüben beim Ball in Welch ergehen mochte. Dieser Gedanke munterte mich aber auch nicht auf. Ich überlegte gerade, mich davonzuschleichen und per Anhalter nach Hause zu fahren, als sich mir am Bühnenrand ein bezaubernder Anblick bot. »Sonny?« Es war Melba June Monroe.

»Hier bin ich«, meldete ich mich.

»Was machst du denn da?«

»Roy Lee hat mich überredet, mitzukommen.«

Melba June kam die Treppe herunter und quetschte sich dann zwischen den Sitzen durch, was in ihrem ausladenden pastellblauen Ballkleid, das hauptsächlich aus Rüschen und Spitze bestand, nicht einfach war. Von der Taille aufwärts schmiegte es sich eng an den Körper und betonte genau die richtigen Stellen. Sie setzte sich neben mich, und da der Rock ihres Kleides zwei Sitze beanspruchte, verschwanden mein Schoß und meine Beine unter Rüschen. Sie seufzte. »Mein Tanzpartner ist so langweilig.«

»Das tut mir leid«, erwiderte ich.

»Ich hab heute den Artikel über dich in der Zeitung gelesen.«

»Basil ist ein großartiger Schreiber. Er verwendet drei Adjektive, wenn auch eins reichen würde. Ich bewundere das.«

»Ich fand gut, was er über dich geschrieben hat.«

»Das freut mich.«

»Sonny?«

»Hm-hm?«

»Was meinst du, wird Roy Lee mich nach Hause mitnehmen? Ich will nicht mit Holder fahren.«

»Warum fragst du mich das?«

»Weil ich davon ausgehe, dass ich den Rücksitz mit dir teilen werde«, erwiderte sie schüchtern. »Und ich möchte dir nicht auf die Pelle rücken.« Dabei klimperte sie mit ihren langen Wimpern.

»Das macht mir nichts aus«, versicherte ich ihr und wünschte mir nichts mehr, als dass sie mir auf die Pelle rückte.

Sie rückte näher an mich heran, und Rüschen und Spitzen bauschten sich auf meinem Schoß. Mit rauer Stimme meinte sie: »Ich liebe deine Raketen!«

Wäre Basil in diesem Moment hier gewesen, wäre ich ihm um den Hals gefallen, egal, was Roy Lee dann von mir gedacht hätte. Stattdessen richtete ich mich auf und ließ meine Hand über die Lehne von Melba Junes Sitz wandern, bis ich ihre nackte Schulter berührte. Sie lehnte sich zurück, sodass ich nichts als Haut unter meiner Handfläche spürte. Die Engel im Himmel taten mir plötzlich leid. Denn ich würde mir mit Melba June Monroe im Dunkeln den Rücksitz eines Wagens teilen. Und sagte mir: *Fröhliche Weihnachten!*

26. Der zweite Sohn

Coalwood hatte diesem Tag seit Monaten entgegengefiebert. Carol Todds und Jimmy (Slug) DeHavens Hochzeit sollte das gesellschaftliche Ereignis des Jahres werden. Carol war als Stenografin bei der Bergwerksgesellschaft angestellt, außerdem aber weitaus mehr als das. In ihrer Verantwortung lag es, den Überblick über alle Zechenberichte zu behalten, Briefe für Dad und andere Führungskräfte zu schreiben, wenn sie selbst dafür zu beschäftigt waren (was nahezu immer der Fall war), und ganz allgemein dafür zu sorgen, dass sämtlicher Papierkram in die richtigen Kanäle geleitet wurde. Slug DeHaven war so etwas wie ein einheimischer Bergassessor. Er hatte Dads Bootcamp überlebt und dann einen Ingenieursposten bekommen. In der Stadt waren sich alle einig, dass man Carol und Slug unbedingt auf angemessene Weise ins gemeinsame Leben entlassen musste. Dad versprach, 11 East so lange ruhen zu lassen, dass er zur Hochzeit gehen konnte. Auf direktes Bitten von Carols Mutter hin versprach Mr. Dubonnet, noch einen Tag zu warten, bevor er seine Kumpel streiken ließ. Es sollte ein Tag des Friedens, wenn nicht der Ruhe werden. Mom würde den ganzen Tag in der Kirche sein und beim Schmücken helfen.

Die Trauungszeremonie wurde von einem neuen Pfarrer geleitet. In letzter Minute hatte es einigen Wirbel gegeben, weil Reverend Schrieber und seine Frau ihre Taschen gepackt und die Stadt verlassen hatten. Sie hatten im Pfarrhaus einen Brief hinterlassen. Es war kein netter Brief. Später erfuhr ich, dass darin Worte wie »altmodisch« und »engherzige Bürgerschaft«

standen. Überstürzte Anrufe beim Hauptsitz der Methodisten in Charleston führten dazu, dass Coalwood einen der erfahrensten und anerkanntesten Prediger, den Reverend George Clay, zugewiesen bekam, der vorübergehend Logis im Club House bezogen hatte.

Ich schlief an diesem Morgen bis zehn Uhr. Obwohl ich müde war, fühlte ich mich sehr gut. Woran Melba June keinen unerheblichen Anteil hatte. Bis Roy Lee Holly Faye vor ihrem Haus abgesetzt und Melba June dann nach Bartley gebracht hatte, waren meine Lippen wund vor lauter Küssen. Als wir zum Luftholen eine Kusspause einlegten, hatte Melba June mich gefragt, ob ich im Frühjahr mit ihr zum Junior-Senior-Abschlussball kommen wollte. Was Besseres konnte ich mir gar nicht vorstellen. Der Big-Creek-Liebesmeister war stolz, hauptsächlich auf sich selbst. »Hat ja funktioniert wie geplant«, kicherte er in sich hinein, als er mich zu Hause aussteigen ließ.

Während ich in der Küche frühstückte, kamen Sherman und Quentin vorbei. Quentin war mit Sherman und ihren jeweiligen Begleiterinnen zum Ball gegangen und hatte die Nacht dann bei ihm zu Hause verbracht. Er wollte noch zur Hochzeit bleiben und am Heiligabend dann per Anhalter zurück nach Bartley fahren. Es freute ihn zu hören, dass ich die Zeichnung für die Düse zur Werkstatt gebracht hatte. Er schien eher nachdenklicher Stimmung zu sein. Vielleicht hatte Mary Sue Yates was damit zu tun, überlegte ich. »Wie war denn deine Verabredung, Q?«, fragte ich.

Sherman gluckste. »Auf der ganzen Fahrt zum Ball hat Quentin Mary Sue die Grundlagen des Magnetismus und der Wechselwirkung der Ströme erklärt. Auf dem Rückweg hat sie es dann ihm erklärt.«

Quentin errötete. »Ist es nicht bemerkenswert, wie Dunkelheit, Wärme und eine kurvenreiche Fahrt auf dem Rücksitz eines Autos die Libido zu stimulieren vermögen?«

Sherman grinste anzüglich. Mir stand es nicht zu, mich über Quentin lustig zu machen. Schließlich hatte ich mit Melba June mehr oder weniger die gleiche Erfahrung gemacht.

»Hast du den Plan fürs Krippenspiel fertig?«, wollte Sherman wissen.

Ich händigte ihn aus. Er pfiff. »Willst du jetzt Disneyland bauen, oder was?«

»Wenn wir es machen, sollten wir es richtig machen.«

Sherman machte ein wenig Wirbel um den Plan und ein paar Vorschläge. Ich notierte sie. Heute würde allerdings ohnehin nichts passieren. Alle hübschten sich für Carols und Slugs Hochzeit auf. »Morgen«, versprach Sherman. »Da legen wir los.«

»Möglicherweise gibt es morgen einen Gewerkschaftsstreik«, gab ich zu bedenken. »Und selbst wenn wir Unterstützung von der Zeche kriegen, bekommen wir das unmöglich an einem Tag hin. Das ist nicht zu schaffen.«

Sherman runzelte die Stirn. »Das haben viele Leute auch über uns und unsere Raketen gesagt.«

Ich weigerte mich, im Falle des Krippenspiels etwas anderes als Logik gelten zu lassen. »Wir haben einfach nicht genug Zeit, das alles auf die Beine zu stellen, Sherman.«

»Dann werden wir eben das tun, was wir in der Zeit, die wir haben, schaffen können«, lautete seine einleuchtende Antwort. »Gib nicht auf, bevor du angefangen hast!«

Ich wusste, dass Sherman recht hatte, war aber zu stolz, das einzugestehen. Ich versuchte, ihn mit einer anderen Taktik auf meine Seite zu ziehen. Ich kleidete sie in eine Behauptung, die im reinen Gewand der Rechtschaffenheit daherkam. »Weißt du, was meine Haltung dazu ist?«, begann ich großmütig und reckte das Kinn. »Wenn man etwas nicht perfekt machen kann, lohnt es nicht, überhaupt damit anzufangen.«

Sherman sah mich drohend an, schüttelte dann aber den Kopf. »Dagegen kann ich nichts einwenden«, erklärte er finster.

Ich dachte, Shermans Zustimmung würde mich glücklich machen, aber dem war nicht so. Es war wieder einer dieser Momente, in denen ich genau das bekam, was ich wollte, und gleich darauf wusste, dass ich es eigentlich gar nicht wollte. Unglücklich sah ich zu, wie er aufstand, seinen Mantel anzog und aus der Küche humpelte.

Quentin betrachtete mich nachdenklich. »Weißt du, Sonnyboy«, sagte er, »es gibt ein evolutionäres Prinzip für das, was passiert, wenn ein Tier die Perfektion erreicht.«

Ich stützte meinen Kopf ab. »Und was wäre das, Q?«, hakte ich müde nach.

Quentin stand auf, zog seine Jacke an und stülpte sich eine Mütze über den Kopf. »Es verendet«, sagte er und folgte dann Sherman. Das Zuschlagen der Fliegengittertür war wie ein Schlag in mein Gesicht.

Ich verbrachte fast den ganzen Tag im Keller, wo ich eine Kapsel mit Zinkosprit füllte, damit sie für die neue gerundete Düse fertig war, falls Mr. Caton sie für uns bauen konnte. Während ich unten war, kam Dad von der Zeche nach Hause, um sich für die Hochzeit zurechtzumachen. Für einen Mann, der über Wochen kaum geschlafen hatte, wirkte er noch recht agil, trotz der Sorgenfalten auf seinem Gesicht. Außerdem hustete er viel, die zusätzliche Dosis Kohlen- und Steinstaub, den er in 11 East einatmen musste, dürfte seinen Gesundheitszustand verschlechtert haben. Jim kam runter in den Keller und begrüßte Dad mit der Bitte, sich den Buick ausleihen zu dürfen. Dad lehnte das glattweg ab. »Wie sollen deine Mutter und ich dann zur Hochzeit kommen?«, fragte er. Als Jim dazu schwieg, meinte Dad: »Du kannst mit uns und Sonny fahren.«

Ich mischte mich ein: »Ich fahre mit Roy Lee!« Nichts war für einen Teenager so demütigend, wie auf dem Rücksitz des elterlichen Wagens mitgenommen zu werden.

»Aber ich habe eine Verabredung für die Hochzeit«, erklärte Jim Dad. »Wenn ich sie nicht abhole, kann sie nicht herkommen.«

Dad zog sich aus, stieg in die Dusche und drehte das Wasser auf. »Die Antwort lautet Nein, Jim. Tut mir leid. Warum suchst du dir nicht einfach ein Coalwood-Mädchen?« Er zog den Duschvorhang zu.

Jim starrte unglücklich auf die Dusche. »Hast du Dad schon erzählt, dass du vom College gehst?«, fragte ich ihn in einer Lautstärke, die vom Wasserrauschen übertönt wurde.

Er richtete seinen Blick auf mich. »Ich hatte ganz vergessen, was für ein kleines Ekelpaket du bist«, sagte er.

»Und ich hatte ganz vergessen, was für ein großer Saftsack du bist«, konterte ich.

»Idiot.«

»Blödmann.«

»Miststück.«

»Armleuchter.«

Wir wandten uns beide ab. Wir hatten schon zu viel gesagt, nur mit Beschimpfungen schafften wir es, uns unsere Zuneigung zu zeigen. Hoffentlich fing ich nicht an, nachsichtig gegenüber meinem großen Bruder zu werden.

Als ich nach oben kam, stand Mom auf der Veranda und schaute nach draußen. Sie war gerade erst vom Schmücken der Kirche zurückgekommen. Sie beobachtete Jim, der auf der Böschung gegenüber der Tankstelle stand. Er hatte sich schick gemacht, trug einen langen Mantel über einem Anzug mit Krawatte. Er streckte den Daumen raus. Ich traute meinen Augen nicht. »Jim fährt per Anhalter?« Das war noch nie vorgekommen. Ich trampte ständig, Jim meinte jedoch, das sei wie Betteln.

»Er scheint zu frieren«, sagte Mom. »Hätte er doch nur seine Handschuhe angezogen. Wer wohl seine Verabredung sein mag?«

Ich wusste es, weil ich die beiden auf dem Weihnachtsball zusammen gesehen hatte. »Sie heißt Patsy Hoops. Sie ist im dritten Jahr.«

»Wo wohnt sie?«

»Yukon. Ob Jim und Patsy auch per Anhalter zurück nach Coalwood fahren?«

Mom sah mich so finster an, wie ich das auch verdient hatte. »Das ist nicht lustig.«

Ich gab ihr recht. Aber ich fragte mich trotzdem, wie Jim mit seiner Verabredung zurück nach Coalwood kommen wollte. Offenbar hatte er einen Plan.

»Geh nach oben und sieh auf Jimmies Kommode nach«, befahl Mom mir. »Ich habe dort ein Paar neue Handschuhe für ihn hingelegt. Er muss sie vergessen haben.«

»Hast du mir auch neue Handschuhe mitgebracht?«, fragte ich.

»Das letzte Paar, das ich dir gekauft habe, hast du mit nach Cape Coalwood genommen und ruiniert.« Und mit einem schnaubenden Lachen ergänzte sie: »Wohl eher nicht.«

Ich ging hoch in Jims Zimmer, und tatsächlich, dort lagen, nicht zu übersehen, seine neuen Handschuhe, ein hübsches Paar aus Leder. Meiner Meinung nach hatte Jim sie nicht vergessen. Bestimmt wollte er nur den Anschein erwecken, dass er fror. Ich konnte vor meinem Bruder nur den Hut ziehen. Ein ziemlich kluger Schachzug. Ich wettete darauf, dass sich meine Mom binnen weniger Minuten an Dad wenden (der sich hinter der *Welch Daily News* versteckte) und vorschlagen würde: »Homer, wir können uns doch zur Kirche von jemandem mitnehmen lassen. Überlass Jimmie doch das Auto.«

Als ich mit den Handschuhen wieder unten war, kam Mom gerade von der Veranda ins Wohnzimmer. »Homer«, sagte sie, »wir könnten doch auch den Zechenlaster nehmen? Dann kann Jimmie den Buick haben.«

Es war eine kleine Abweichung von meiner Vorhersage, aber nah dran. Aber dann sah ich, dass es darauf ohnehin nicht mehr ankam. Jim stieg gerade in ein Auto. Er hatte noch einen kläglichen Blick in Richtung Haus geworfen, aber die Ehre gebot es, dass er in das Fahrzeug stieg, das seinetwegen angehalten hatte. Ich zeigte darauf, und Mom sah es auch. »Oh wie gut«, sagte sie, klang dabei aber nicht sehr begeistert.

Kaum war Jims Mitfahrgelegenheit hinter der Biegung verschwunden, fing es zu schneien an. »Seht nur!«, sagte ich.

»Oh mein Gott«, entfuhr es Mom.

Je später es wurde, umso heftiger fiel der Schnee, und bald schon blieben die Flocken am Zaun haften und türmten sich. Immer wieder lief Mom zur Veranda, von wo aus man den Kipper sehen konnte, um zu überprüfen, ob noch Autos fuhren. »Wir hätten ihm den Buick überlassen sollen, Homer«, sagte sie. Das war während der letzten Stunde ihr Mantra gewesen.

»Er würde dennoch durch den Schnee fahren müssen«, verwies Dad auf das Naheliegende. Er hatte sich eine *Reader's Digest* vorgenommen, die zu klein war, um sich dahinter zu verstecken.

»Der Buick ist schwer«, meinte Mom. »Der hat eine gute Bodenhaftung.«

Dad widersprach tapfer: »Ähm.«

Um sechs Uhr abends lag bereits eine dicke Schneeschicht. Mom konnte das Umziehen nicht mehr länger hinauszögern und ging hoch auf ihr Zimmer. Sie kam in einem blassgrünen Wollkostüm zurück, an dessen Revers ein hübsches Bukett aus gelben Rosen steckte. Die offiziellen Hochzeitsfarben waren Grün und Gelb. Dad hatte seine kaum getragene Kleidung für den Kirchgang angezogen, einen anthrazitfarbenen Anzug mit schwarzer Krawatte.

Mom warf einen letzten besorgten Blick die Straße hinauf Richtung Zeche. Ich hatte seit über einer Stunde keine Autos mehr aus dieser Richtung kommen sehen. Der Schnee auf der

Straße funkelte unter dem grellen Schein der Lampe am Kipper. »Wir sollten ihm in deinem Lastwagen hinterherfahren«, meinte sie zu Dad.

»Wo sollten wir denn nach ihm suchen?«

Darauf hatte Mom keine Antwort. »Wir hätten ihm den Wagen überlassen sollen«, sagte sie wieder.

»Lass es gut sein, Elsie«, entgegnete Dad. »Jim ist alt genug, der kommt schon klar.«

»Lass uns die State Police anrufen«, bat Mom plötzlich.

»Und was sollen wir der sagen?«

Auf diese Frage hatte Mom keine Antwort, aber sie schaute sehnsüchtig auf das Haustelefon, das während des Sommers installiert worden war. Der heimische Telefonanschluss wurde kaum benutzt, aber theoretisch stellte er eine Verbindung zur Außenwelt dar, vielleicht sogar zur State Police, die in Welch einen Außenposten hatte. Ich blickte oft auf das Telefon und fragte mich, unter welcher Nummer wohl Wernher von Braun zu erreichen war. Irgendwo am anderen Ende des dünnen Drahts, der hinten aus dem Telefon herauskam, saß der größte Raketenspezialist aller Zeiten. Ich brachte aber nie den Mut auf, den Hörer abzuheben und zu überprüfen, ob er dort tatsächlich zu erreichen war.

Endlich brachen Mom und Dad auf, der Buick bog langsam um die Ecke und fuhr dann Richtung Coalwood Main. Roy Lee sollte mich erst in einer Stunde abholen. Er sah keinen Sinn darin, zeitig da zu sein. Bevor die Zeremonie nicht vorbei war, kamen wir ohnehin nicht an den Kuchen ran.

Ich ging nach oben und zog mich um. Ich beschloss, dieselben Klamotten anzuziehen, die ich auch beim Weihnachtsball getragen hatte, obwohl der Kragen meines Hemds Lippenstiftspuren aufwies und der Sportjacke eindeutig der Parfümduft eines Mädchens anhaftete. Um mein Ensemble ein wenig abzuändern, entschied ich mich für eine pfauenblaue Krawatte. Als ich im Badezimmer in den Spiegel schaute, um sie zu binden, hörte ich ein seltsames, sehr lautes Geräusch – abrupt und metallisch –, das vom Kipper kam. Das Haus hatte nicht gebebt, also ging ich nicht von einem Bergrutsch aus. Ich lief in mein Zimmer und schaute zur Tankstelle. Im Schein ihrer Lampen konnte ich sehen, dass es noch immer heftig schneite. Am Kipper sah ich ein helles Licht, das vom Fluss, der an der Zeche entlanglief, nach oben strahlte. An dieser Stelle hatte die Zechengesellschaft eine Steinmauer gebaut, um den Fluss zu kanalisieren. Das Licht gab mir Rätsel auf, aber dann bemerkte ich Bremsspuren im Schnee auf der Straße. Und da wurde mir klar, dass ein Wagen von der Straße abgekommen und in den Fluss gestürzt war. Ich konnte keinerlei Bewegung erkennen, niemand war auf der Straße, nichts außer dem Scheinwerferlicht, das vom Fluss heraufstrahlte.

Ich riss meinen Schrank auf, schnappte mir meine warme Cabanjacke und rannte aus dem Haus. Doch schon nach wenigen Schritten geriet ich ins Rutschen, und ich landete auf dem Hinterteil. Slipper waren nicht für frisch gefallenen Schnee gedacht. Ich richtete mich auf und bewegte mich schlurfend vorwärts, um den Halt nicht zu verlieren. Als ich mich dem Wagen näherte, der von der Straße abgekommen war, tauchte aus dem Dunkel eine Frau auf. Ich schlitterte auf sie zu, meine Slipper waren inzwischen voll Eis und Schnee. »Hey, ist alles in Ordnung?«, rief ich.

Die Beleuchtung vom Kipper erfasste ihr Gesicht. Es war Patsy Hoops. Ich schaute hinunter in den Fluss. Der Wagen stand auf dem Kopf. »Wo ist Jim?«, herrschte ich sie an.

Patsy sah mich bloß an. Seltsamerweise war sie nicht nass. »Wo ist Jim?«, fragte ich noch mal und sah dann, dass die Beifahrertür offen stand, die Fahrertür aber geschlossen war. Die dunkle Strömung des Flusses umtoste bedrohlich das halb untergetauchte Auto. Offenbar war Patsy auf das Heck des Wagens geklettert, um hoch auf die Straße zu kommen. Das bedeutete, dass Jim noch da unten war!

Ich trat auf die niedrige Steinmauer und versuchte, mir einen Überblick zu verschaffen. Einen kurzen Moment schwankte ich, aber dann rutschten meine Slipper auf dem Eis ab, und ich stürzte schreiend in den Fluss. Ich versuchte, Halt an den Steinen zu finden, um nicht flussabwärts mitgerissen zu werden, aber ich hatte vor Kälte kein Gefühl in den Händen. Dann schlug mein Rücken gegen einen Felsen, und ich klammerte mich verzweifelt daran fest.

Ich hörte Schreie. Da waren Menschen auf der Straße, rannten vorbei, liefen zum Auto. Sie sahen mich nicht. »Hilfe!«, rief ich mit rauer Stimme, aber sie liefen weiter. »Hilfe!«, keuchte ich, der Schock des eiskalten Wassers raubte mir fast die Stimme.

Ich hörte jemanden am Flussufer. Dann spürte ich, wie der Kragen meiner Jacke um meinen Hals enger wurde. Jemand zog mich raus. Wer immer es war, musste kräftig sein. Ich war völlig durchweicht. Ich kroch auf den Knien und sah, wie mein Retter zurück zum Ufer lief und dann über die niedrige Mauer stieg. Ich hatte Mühe, ihm zu folgen. Meine Slipper hatte ich verloren, und meine Jacke schien Tonnen zu wiegen. Dort, wo das Auto von der Straße abgekommen war, standen Leute. Wo war Jim? Vielleicht war er noch immer im Wagen, ertrunken? Ich drängte mich zwischen ihnen hindurch. Ich erkannte Tug und Hug. Es war die Nachtschicht von der Gesteinstaubstreuung. »Jim«, stieß ich keuchend hervor. Sie sahen mich aus großen Augen an. »Jim«, ich zeigte auf den Wagen, aber meine Zähne klapperten so heftig, dass ich fünf Sekunden brauchte, um eine einzige Silbe über die Lippen zu bringen.

»Was?«, sagte Jim, und als meine Augen an einem der Männer hängen blieben, sah ich, dass es tatsächlich mein Bruder war. Nicht mal seine Krawatte war verrutscht.

Ich jedoch war ein totales Wrack, ohne Slipper, die Jacke aufgequollen und steif von der Kälte, die Hose durchweicht und eingerissen und eiskalt an meinen Beinen, und meine blaue Krawatte war abstehend an meiner Brust festgefroren. »Ha-ha-hast …« Mehr brachte ich nicht heraus zwischen meinen klappernden Zähnen.

Jim sah mich kopfschüttelnd an. »Ja, ich hab dich rausgezogen. Was hast du überhaupt im Fluss gemacht, du Trottel? Ich bin rüber zur Zeche gegangen, um Tag zu rufen, dann zur Kirche, um Mom und Dad Bescheid zu sagen, und als ich zurückkomme, sehe ich, dass du schwimmen gegangen bist.«

»Wie … wie … wie … « Ich zeigte auf den Wagen, damit er verstand, was ich sagen wollte.

»Der Wagen ist erst reingestürzt, als wir draußen waren«, erklärte Jim. Er balancierte auf der Mauer. »Wir hatten Glück.«

»Das kannst du laut sagen«, warf Hug ein. »Wessen Auto ist das denn?«

»Das von meinem Daddy«, sagte Patsy.

Jim legte schützend seinen Arm um sie. »Ich habe es mir ausgeliehen. War wohl eine dumme Idee.«

Patsy drückte sich an ihn. »Du hast mir das Leben gerettet«, gurrte sie. »Du warst so mutig! Und dann hast du auch noch Sonnys Leben gerettet. Da warst du noch mutiger.«

»Du bist in diesem Schnee über den Coalwood Mountain gefahren?«, staunte Hug. »Du musst ein richtig guter Fahrer sein.«

»Der alte Jim ist in fast allem verdammt gut, was er anpackt«, warf Tug ein. »Hast du ihn mal Football spielen sehen?«

Ich stand daneben, halb erfroren, halb gedemütigt, und hörte zu, wie Jim in den höchsten Tönen gelobt wurde, obwohl er den Wagen seiner Freundin zu Schrott gefahren hatte. Ja, sicher, er hatte mich aus dem Fluss gezogen, aber da wäre ich aus freien Stücken gar nicht erst reingefallen. Mein nächster Gedanke galt dem Gerede der Nachbarn und was sie wohl daraus machen würden. Ich brauchte nicht lange zu überlegen. Darüber, dass Jim den Wagen ruiniert hatte, würde man elegant hinweggehen, aber dass ich in den Fluss gefallen war, das würde in Erinnerung bleiben und für immerwährenden Gesprächsstoff sorgen! Warum hatte Patsy mir nicht gesagt, dass Jim heil da rausgekommen und auf dem Weg zu Tag war? Ich warf ihr einen finsteren Blick zu, aber sie genoss die Aufmerksamkeit von Jim, ganz zu schweigen von Tug und Hug. Ich überlegte, mich noch mal in den Fluss zu stürzen, war mir aber nicht sicher, ob es überhaupt jemand mitbekommen oder jemanden interessieren würde.

Der Buick kam neben uns zum Stehen. Dad war als Erster draußen. »Bist du okay, mein Sohn?«, fragte er Jim.

»Ja, Sir«, sagte er, »ich hab's wohl vermasselt.«

»Das ist nicht dein Fehler. Diese Kurve ist viel zu hoch angelegt. Da braucht es nicht mal glatt zu sein und du wirst rausgetragen.«

Mom umarmte Jim. »Gott sei Dank bist du wohlauf.«

»Hi, Mom«, sagte ich.

Mit zerfurchter Stirn blickte sie in meine Richtung. »Was ist denn mit *dir* passiert?«

»Ich bin reingefallen.« Von meiner versuchten und unnötigen Heldentat zu berichten wäre sinnlos gewesen.

Sie machte Bestandsaufnahme. »Wo sind deine Slipper?« Ich versuchte, mit den Schultern zu zucken, aber mein Mantel war zu schwer, um meine Schultern anzuheben. »Geh heim, sieh zu, dass du trocken wirst, zieh dir was anderes an und komm in die Kirche«, sagte sie. »Beeil dich. Die warten mit der Zeremonie, bis wir zurück sind.«

Ich blieb noch einen Moment, rechnete wohl damit, dass sie oder Dad mir anboten, mich im Buick nach Hause zu fahren, aber als dieses Angebot ausblieb, schlurfte ich auf meinen gefrorenen Socken zurück. Der Buick überholte mich, als ich am Eingangstor angekommen war, Jim und Patsy saßen aneinandergeschmiegt auf dem Rücksitz.

In meinem Zimmer stellte ich mich vor das Heizungsgebläse, bis wieder etwas Blut in meinen Füßen zirkulierte. Roy Lee hupte draußen und kam, als ich nicht erschien, zu mir hoch. »Warum bist du noch nicht fertig?«, wollte er wissen. Ich gab ihm eine Zusammenfassung meines kleinen Abenteuers. Er lachte laut. »Du bist einfach nicht zum Helden geboren, Sonny.«

»Da hast du wohl recht«, erwiderte ich mürrisch. Ich zog

Jeans, ein Flanellhemd und ein Paar Tennissocken an. Mehr Auswahl gab es nicht.

»Willst du in Cape Canaveral tatsächlich in einem solchen Aufzug rumlaufen?«, wunderte sich Roy Lee. »Das mit den Raketenmädchen, vor denen du dich gar nicht wirst retten können, war wohl eine krasse Fehleinschätzung von mir.«

»Sei still«, brummte ich. Dann fiel mir ein, dass ich etwas wissen musste. »Würdest du mir die Wahrheit aufrichtig und kompromisslos ins Gesicht sagen, wenn ich dir eine Frage stelle?«

»Sicher, wenn du dich beeilst.«

Ich ging mit ihm nach unten und raus in den Garten. Poteet flitzte vorbei und sprang hoch in die Luft, fing mit ihrer Zunge fröhlich eine Schneeflocke. Dandy trottete ihr hinterher, warf sich in den Schnee und wälzte sich. Wenigstens hatten die Hunde ihren Spaß.

Wir setzten uns in Roy Lees Wagen und fuhren langsam die Main Street entlang. Überall Schnee und Eis, auch auf den Häusern. Weihnachtsgrün und bunte Lichter in jedem Fenster leuchteten uns den Weg. »Erinnerst du dich an das Gedicht über den Schnee, das wir in der Grundschule immer aufgesagt haben?«, fragte Roy Lee.

Er wusste immer, wie er mich aufmuntern konnte. Wir rezitierten es zusammen.

Oh der Schnee, der herrliche Schnee
Erfüllt den Himmel, legt sich auf den See
Auf die Erde, die Straßen, die Dächer,
Die Köpfe der Menschen, die in frohem Gelächter
tanzend und tändelnd darübergleiten
Schnee ist herrlich, wer will das bestreiten.

Als wir an Cukes trauriger Behausung vorbeikamen, erzählte ich Roy Lee, falls er es nicht ohnehin schon wusste, dass Dreama Cuke verlassen hatte.

Das war ihm bereits zu Ohren gekommen, aber er verfügte über neuere Informationen. »Ich habe gehört, sie ist zu ihm zurück«, sagte er. »Mom erzählte, sie habe sie gestern in Cukes Haus gehen sehen.«

Man sah im Vorbeifahren nur eine einzige Lichtquelle durch die schmutzverkrusteten Fenster des Hauses. Ich fragte mich, ob Dreama wohl in der Nähe dieser Lampe saß und was sie dort tat, was sie dachte. Und ich konnte mir beim besten Willen nicht vorstellen, welcher Art die Gedanken waren, die ihr durch den Kopf gehen mochten.

»Also, was für eine ehrliche, offene, kompromisslose Frage möchtest du beantwortet haben?«

Ich trug sie ihm vor. »Ist dir jemals aufgefallen, dass Mom und Dad Jim lieber mögen als mich?«

Roy Lee hielt den Blick auf die Straße gerichtet und lenkte vorsichtig. »Ja, das ist es, jetzt, wo du es ansprichst«, sagte er. »Ich dachte immer, dass meine Eltern meinen älteren Bruder mehr mögen als mich, und weißt du was? Ich denke, das tun sie wirklich. Mir hat das sehr zugesetzt, bis ich es aus einem anderen Blickwinkel betrachtete. Wenn ein junges Paar sein erstes Baby bekommt … ich meine – überleg mal – ein Junge und ein Mädchen, die es jede Nacht im Bett tun und eine wunderbare Zeit haben und ganz plötzlich entdecken, dass sie eine Frau und ein Mann mit einem Baby sind. Das muss sie doch verändern, und dieses Baby wird ihnen alles bedeuten. Sie – Mann, Frau und Baby – gegen den verdammten Rest der Welt! Dann kommt das zweite Kind, aber das ist nicht dasselbe. Kann es gar nicht sein. Weißt du, was ich denke, Sonny? Gegen diese Entwicklung bist du machtlos. Du bist der zweite Sohn. Und das bedeutet, du bist die Nummer zwei, mehr nicht. Deine Mom und dein Dad lieben dich sehr, wahrscheinlich mehr, als du verdienst, aber nicht genauso und nicht so sehr wie Jim. Beantwortet das deine Frage?«

27. Hochzeit in Coalwood

Den ganzen Weg zur Coalwood Community Church gingen mir Roy Lees Worte nicht aus dem Kopf, und mein Herz war eingeklemmt im eiskalten Schraubstock der Wahrheit und litt. Ich kam zu dem Schluss, dass Roy Lee recht hatte. Es war eine Frage der Entwicklung, mehr nicht. Lange Zeit hatte ich mich gefragt, warum meine Mutter und mein Dad Jim viel mehr liebten als mich, aber tief in meinem Herzen hatte ich immer daran gezweifelt, dass dem tatsächlich so war. Jetzt verstand ich die Sache voll und ganz. Mom und Dad liebten mich – mehr als genug –, aber eben nicht genauso wie Jim. Eine Frage der Entwicklung also. Zweiter Sohn und immer Zweiter in allem und für alle Zeit, egal, worum es ging. Mir wurde klar, dass ich selbst dann, wenn ich in einer meiner Raketen zum Mond reisen würde – *zum Mond!* –, in ihren Augen noch immer der zweite Sohn wäre. Jetzt wusste ich, dass Little Richard es nicht ganz auf den Punkt getroffen hatte. Nicht Gott hatte die Kontrolle über die riesige Töpferscheibe, die einen unaufhörlich, ohne zu überlegen und ohne Reue zu kennen, schliff, sondern die Entwicklung, das Rad der Zeit.

Dann sagte ich mir: Moment mal! Könnte dies womöglich hinter meiner Traurigkeit stecken, die mich immer wieder mal ohne erkennbaren Anlass überfiel? Könnte meine Liste, wenn ich alles zusammenaddierte, darauf hinauslaufen? Lag es daran, dass ich tief in meinem Herzen wusste, dass egal, was ich auch in meinem Leben zuwege brachte, Jim immer der Lieblingssohn sein würde? Ich wandte Quentins Logiktest darauf an. Da es zu passen schien, erfüllte mich die düstere Befriedigung, die man empfindet, wenn man endlich das passende Puzzleteil für eine besonders schwere Stelle gefunden hat. Aber wie ließ sich, wenn dem so war, mein nächster Schritt erklären? Warum blickte ich gleich darauf, ohne nachzudenken, nach oben und betete: *Lieber Gott, was ist es, was mich wirklich bedrückt?*

Ich wusste auf Anhieb, was ich getan hatte. Ein Seufzer entwischte mir. Roy Lee sah mich an. »Was ist?«, fragte er.

Ich konnte es ihm nicht sagen. Wusste nicht mal, ob ich es mir selbst eingestehen konnte. Ich konnte nur die Daumen drücken. Hab nur Spaß gemacht, Gott, betete ich. Aber ich wusste, dass ich in Schwierigkeiten steckte. Ich hatte Gott um etwas gebeten, was ich eigentlich gar nicht haben wollte. In Wahrheit war ich vor der Antwort auf die Frage, was mich die ganze Zeit bedrückte, in Deckung gegangen, weil ich davon ausging, dass sie meine schlimmsten Ahnungen überstieg. Jetzt hatte ich mich dafür geöffnet. Sie kam über mich. Ich konnte sie spüren. Und es gab keinen Ort, an dem ich mich davor verstecken konnte.

Wie sich herausstellte, war es eine wunderschöne Hochzeit, obwohl ich Mühe hatte, mich darauf einzulassen. Ich entdeckte Miss Riley neben Jake in einer der vorderen Bankreihen. Das freute mich. Jetzt war mir die Bedeutung ihrer Nachricht klar. Doch wie sollte sie bei dem vielen Schnee wieder nach Hause kommen? Der Heimweg – sofern daheim anderswo als in Coalwood war – könnte für eine Menge Hochzeitsgäste zum Problem werden. Doch sicherlich gibt es Schlimmeres, als zu entdecken, dass man in Coalwood festsitzt, überlegte ich. Mrs. Davenport würde nötigenfalls immer freie Zimmer im Club House finden, sofern jemand einen Platz zum Schlafen brauchte. Für kurze Aufenthalte würde Coalwood jeden mit offenen Armen aufnehmen. Das ließ mich an Dreama denken.

Unsere Stadt veränderte sich, aber sie hatte noch immer ihre eigenen Regeln, die bestimmten, wer willkommen war und wer nicht.

Tommy Todd, Carols Vetter, sang »If I Could Tell You«, »Always« und »The Lord's Prayer« zu Jeannette Odles Orgelbegleitung. Jeannette war eine von Mrs. Dantzlers ausgezeichneten Schülerinnen. Trauzeugin war Jane Yost, Tommys Schwester. Alle Brautjungfern, die Klassenkameradinnen des Big-Creek-Jahrgangs 1956 der Braut, trugen grüne samtartige Kleider und gelbe Chrysanthemenbuketts. Carols zauberhaftes Kleid war aus weißem Taft, bestickt mit Pailletten. Noch nie hatte ich ein solches Kleid gesehen und musste ständig daraufstarren. Freddie Allison, ein Coalwood-Junge, der zum Ingenieursstudium an die West Virginia Tech gegangen war, war Trauzeuge und trug wie der Bräutigam einen marineblauen Anzug. Es war alles ziemlich prachtvoll. Im Laufe der Hochzeitsfeierlichkeiten spürte ich, dass etwas in der Luft lag, das alle Probleme Coalwoods zu überwinden schien. Fast, als wären diese für den Moment außer Kraft gesetzt worden. Als es dann so weit war, dass Carol am Arm ihres Vaters zu den triumphierenden Klängen des Hochzeitsmarsches vor den Altar trat, waren fast alle Frauen in der Kirche in Tränen aufgelöst. Die Männer saßen steif und aufrecht, ohne nach links oder rechts zu schauen, als hätten sie Angst, ebenfalls von der Gefühlswoge, die schon die Frauen überrollt hatte, mitgerissen zu werden. Aber der Wahrheit halber muss gesagt werden, dass sie nicht zu stoppen war. Immer mehr rote Taschentücher wurden aus den Hosentaschen gezogen. Als Carol und Slug ihr Ehegelübde ablegten, wurde in den Bänken regelrecht geschluchzt – und dies durchaus auch von hartgesottenen ergrauten Kumpeln. Als das frisch verheiratete Paar dann aus der Kirche auszog, ging ein langer Seufzer durch die zu Tränen gerührte Gemeinde. Ich denke, selbst wenn aus heiterem Himmel plötzlich Engel aufgetaucht und durch die Kirche geschwebt wären, hätte das die

Gemeinde weder überrascht noch größere Gefühlsausbrüche hervorgebracht.

Anschließend, beim Empfang in den Kellerräumen der Kirche, kam Ginger zu mir herüber. Sie war herausgeputzt in einem puderblauen Kostüm und dazu passenden hochhackigen Schuhen. Ihre Blusenknöpfe waren kleine Perlen, und sie trug eine Perlenkette. Ich konnte mir kein hübscheres Mädchen vorstellen als sie. »Wie war's in der Welch High?«, erkundigte ich mich.

Sie nahm meinen Arm. »Viel Spaß hatte ich nicht«, gab sie zu. »Er ist als Junge ganz okay, hat aber offenbar wenig Schwung. Er wird seinen Collegeabschluss in Rechnungswesen machen und dann wieder zurückkommen, um den Autohandel seines Vaters zu übernehmen. Er ist nicht wie du, hat keine großen Träume.«

»Aber wenigstens hat er irgendeinen Traum«, wandte ich ein.

Sie zuckte mit den Schultern. »Was hast du am Ballabend gemacht?«

Zum ersten Mal seit meinem unfreiwilligen Bad im Fluss fühlte ich mich gut. Und das lag an Ginger. Sie war ein erstklassiger Kumpel. »Ich war dort!«, erzählte ich begeistert. »Roy Lee hat nicht lockergelassen. Und ich habe mich auch amüsiert. Tatsächlich habe ich sogar nach dem Ball ...«

»Sonny«, fiel sie mir ins Wort, »ich habe nachgedacht über ... nun, nachgedacht über uns. Weißt du was? Wir wären doch ein hübsches Paar. Das sagt auch meine Mutter.«

Oh, oh, dachte ich. »Das wären wir bestimmt, Ginger, aber ...«

»Ich weiß, ich bin ja erst in der zehnten Klasse, aber wenn du mit mir zum Junior-Senior-Ball gehen möchtest, würde mich das freuen.«

Ich schluckte. »Ich kann nicht«, gestand ich ihr und fühlte mich elend dabei. »Ich werde mit Melba June Monroe hingehen. Wir sind uns beim Ball nähergekommen.«

»Oh.« Ginger ließ meinen Arm los. Ihre Augen waren ein wenig umflort.

»Es tut mir leid«, sagte ich, und das hätte wahrer nicht sein können.

»Wir kommen wohl nie zusammen, oder? Egal, wie sehr wir einander mögen, entweder gehst du mit einer anderen oder ich mit einem anderen.«

Ich fand, dass sie damit ein wenig übertrieb, aber leugnen konnte ich nicht, dass es bisher so gelaufen war. »Ich wäre stolz gewesen, mit dir zum Junior-Senior-Ball zu gehen.«

»Und ich wäre stolz gewesen, als deine Begleitung dorthin zu gehen«, erwiderte sie. Es klang sehr förmlich, und ich konnte spüren, wie sie auf Distanz zu mir ging. Und um es wohl ganz offiziell zu machen, drehte sie sich um und ging ohne ein weiteres Wort.

Während ich dastand und herauszufinden versuchte, was gerade passiert war, kam Emily Sue Buckberry auf mich zu. »Gibt es nettere Mädchen als Ginger Dantzler?«, fragte sie.

»Emily Sue«, sagte ich, »du kennst dich in diesen Dingen weitaus besser aus als ich. Ist irgendwo festgeschrieben, dass jedes Mädchen, das mir was bedeutet, entweder mich verletzt oder von mir verletzt wird?«

»So steht's im Buch der Liebe«, meinte Emily Sue und tätschelte meine Wange. »Du weißt schon, ›I wonder, wonder, who, do-do-do, who wrote the book of love?‹«

Ich schenkte mir Witze über Muh-Kühe. Das hier war ernst. »Ich wüsste zu gern, wer dieses verdammte Ding geschrieben hat«, erwiderte ich, »mal sehen, ob sich da nicht ein paar Berichtigungen anbringen lassen.«

»Das würde wohl jeder Mensch gerne tun, Sonny«, hielt Emily Sue dagegen und nahm mich dann kurz in den Arm. »Du findest schon noch das richtige Mädchen. Vielleicht sind ein paar Versuche nötig. Du weißt doch, was man über die Liebe sagt. ›Besser geliebt und verloren ...‹«

»Tennyson«, sagte ich verdrießlich, als ich mich an Miss Brysons Unterricht in englischer Literaturgeschichte erinnerte.

»Genau der«, bestätigte sie und verschwand dann im aufgeregten Trubel der Coalwood-Gesellschaft.

Ich holte mir Kuchen und Punsch und wanderte umher, bis ich Dad sah, der mit Mr. Guy Cox und ein paar anderen Zecheningenieuren sprach, darunter auch die Bergbauassessoren Rollie und Frank. Aus irgendeinem Grund machte Rollie einen etwas deprimierten Eindruck. Frank war ungestüm wie immer. Sie unterhielten sich alle angeregt, also rückte ich, ganz neugierige Katze, ein wenig näher heran. »Wir sind bereit, das Hangende zu sprengen«, hörte ich Dad sagen.

»Und wenn dahinter nun noch eins kommt?«, erkundigte sich Frank besorgt.

»Dann haben wir ein großes Problem«, meinte Dad.

»Was war da eigentlich mit Sonny, der soll in den Fluss gefallen sein?«, erkundigte sich Mr. Cox. Er war es offenbar leid, über 11 East zu sprechen, und hatte mich nicht bemerkt.

Dad lachte. Vermutlich hat auch er mich nicht gesehen. »Dieser Junge. Nass bis auf die Haut. Hat sogar seine Schuhe verloren. Ein Glück für ihn, dass Jim so viel Kraft hat. Ein normaler Mann hätte Schwierigkeiten gehabt, ihn da rauszuziehen, so schwer von Wasser und Eis, wie er war.« Er schüttelte den Kopf und gluckste in sich hinein. »Dieser Junge.«

Alle schlossen sich Dad an und lachten herzhaft. Kein Sterbenswörtchen über Jim, der das Auto zu Schrott gefahren hatte. Frank fragte: »Aber Sie werden Sonny doch nach Cape Canaveral gehen lassen, Mr. Hickam?«

Dad überlegte sich seine Antwort und meinte dann: »Wenn er sich Hoffnungen macht, dahin zu kommen, wird er bessere Noten schreiben müssen.«

Es war ein Gefühl, als hätte eine Atombombe in meinem Gehirn eingeschlagen. Alles Blut stieg mir ins Gesicht, strömte als Sturzflut in meinen Schädel und schwemmte jeglichen Ansatz eines rationalen Gedankens mit sich fort. Ich hatte mein Schulzeugnis mit sämtlichen Einsen neben Dads Post auf den Esszimmertisch gelegt, wo er es nicht hatte übersehen können. Es lag noch immer dort. Aber er hatte sich nicht mal die Mühe gemacht, es aufzuschlagen und einen Blick hineinzuwerfen. Mein Mund, der kaum mehr mit meinem Gehirn verbunden war, begann zu arbeiten, und ich unternahm keinen Versuch, ihn davon abzuhalten. »Ich werde todsicher nach Cape Canaveral gehen«, sagte ich und stellte mich vor Dad. »Du hast dir mein Zeugnis nicht mal angesehen, nicht wahr?« Weil er daraufhin nichts sagte, sondern mich nur mit erstarrter Miene ansah, wurde ich noch wütender. »Ich habe lauter Einsen! Wie findest du das? Ich bin kein Versager«, geiferte ich, »wie dein kostbarer Jimmie! Wusstest du, dass Jimmie das College verlässt? Nun, er tut es!«

Dad war wie gelähmt. »Mach dich nie wieder lustig über mich«, knurrte ich. »Sag nie wieder *irgendwas* über mich!«

»Sonny, ich bin mir sicher, dein Dad wollte nicht …«, begann Mr. Cox.

Ich schnitt ihm das Wort ab. »Sagen Sie nichts. Sagen Sie einfach nichts!« Ich war den Tränen nah, eine lief bereits über meine Wange. Ich war machtlos dagegen und schämte mich. Ich habe keine Erinnerung daran, den Raum verlassen zu haben, aber das hatte ich, denn ich fand mich vor der Kirche wieder, von wo aus ich in die Dunkelheit hineinwatete. Es schneite so heftig, dass ich kaum meine Hand vor Augen sah, aber es kümmerte mich nicht, ich stürzte mich einfach hinein. Ich hatte keine Jacke angezogen, aber auch das kümmerte mich nicht. Auf halber Strecke blieb ich stehen, sah mich um und machte mir klar, wo ich war. Ich trampelte den Schnee fest, schlang meine Arme um den Körper und zitterte. Mein Herzschlag, der mir in den Ohren gedröhnt hatte, beruhigte sich, und alles um mich herum nahm Gestalt an, wurde wieder real.

Jetzt wusste ich, was mich in all den Monaten *tatsächlich*

gequält hatte. Ich hatte meine Raketen gebaut, Infinitesimalrechnen und Differenzialgleichungen gelernt, gute Noten bekommen, mir den Respekt, sogar die Bewunderung meiner Mitschüler und meiner Lehrer und sogar von Leuten aus dem ganzen McDowell County verdient. Aber mein Vater, mein wunderbarer ruhmreicher Vater hielt mich noch immer für dumm! Er glaubte, ich hätte nicht genügend Verstand, um meine Träume Wirklichkeit werden zu lassen, und das hatte er vor Gott und allen Menschen kundgetan! Nichts von alledem, was ich in diesen Monaten als Rocket Boy geleistet hatte, zählte etwas. Und genau das war mir immer bewusst gewesen und hatte mich traurig gemacht, auch wenn ich es nicht hatte benennen können. *Das war es also!* »Warum hast du mir das nicht einfach gesagt?«, forderte ich den Himmel heraus und schaute nach oben. Der Himmel antwortete mir nicht, schickte mir nur mehr Schnee ins Gesicht. Ich erinnerte mich, dass ich auch nicht gefragt hatte, nicht vor dem heutigen Abend.

»Ich gebe auf«, sagte ich. »Ich gebe einfach auf.« Nachdem ich taumelnd ein kurzes Stück Straße zurückgelegt hatte, fand ich eine andere Ausdrucksmöglichkeit. Ich brüllte, wenngleich der Schnee meine Stimme dämpfte. »Ich steige aus!«

Es fühlte sich gut und richtig und fast heilig an, dies auszusprechen. In zwei Tagen war Weihnachten, der fröhlichste Tag im Jahr. Mir war danach, dem Geist der Weihnacht ins Gesicht zu lachen, falls es so etwas wirklich gab. Kein Wunder, dass ich von Anfang an nichts mit dem Krippenspiel hatte zu tun haben wollen. In Wahrheit hasste ich Weihnachten, weil ich den Ort hasste, der für mich mit Weihnachten verbunden war – das hässliche, verdorbene, gemeine, schmutzige Coalwood, der ganze Ort und alle, die hier wohnten.

Ich konnte es kaum erwarten, meinen Entschluss allen und jedem zu verkünden.

Wisst ihr was? Fröhliche Weihnachten, aber ich steige aus! Lacht ihr ruhig über mich, na los doch.

Ich nahm eine schnelle Bewegung wahr und sah gleich darauf eine dunkle Gestalt aus dem tiefen Schatten des Waldes auf mich zukommen. Der Schnee behinderte mein Sichtfeld. Er klebte sogar an meinen Wimpern. Ich wischte ihn weg und spähte in die Richtung, aus der sich mir die Gestalt näherte. Ein plötzlicher Windstoß blies wirbelnd den Schnee beiseite, und ich sah, dass es der Rehbock war.

Er blieb stehen, stampfte mit den Hufen und starrte mich an. Als wollte er mir einen Vorwurf machen. »Was ist?«, fragte ich ihn. Seine Knochen zeichneten sich so scharf ab, dass ich befürchtete, sie könnten seine Haut durchstoßen. »Ich weiß nicht, was du willst«, teilte ich ihm mit. »Ich steige aus.«

Der Rehbock blockierte mir den Weg, als hoffte er immer noch, ich würde etwas tun oder sagen. Doch als ich stur stehen blieb, drehte er sich um und ging langsam davon, verschwand auf dem Waldpfad, der hinter Cuke Snoddys Haus vorbeiführte. Noch sah man den Lichtschein einer einzelne Lampe im vorderen Fenster, aber in dem Moment, als der Bock im Dunkeln verschwand, ging plötzlich das Licht aus. Ich starrte in die Dunkelheit. Hatte womöglich jemand im Haus mich oder den Rehbock gesehen? Hatten sie deshalb das Licht ausgeschaltet? Aber dann sagte ich mir: *Was kümmert's mich?* Ich hatte wichtigere Sorgen. Ich schüttelte den Kopf und machte mich auf den Heimweg. Es galt, eine wertlose Liste zu zerreißen. Das war so komisch, dass mir nach lautem Lachen zumute war. Auf dieser Liste hätte immer nur ein einziges Wort stehen müssen. Und endlich hatte ich herausgefunden, welches das war: *Dad.*

Dad.

Fröhliche Weihnachten, Dad. Ich steige aus.

28. Einst wie der schöne Schnee

Als ich am nächsten Morgen, dem Tag vor Heiligabend, aufwachte, fühlte ich mich heiter und gelassen. Ich hatte ein gutes Gewissen, einen klaren Kopf und eine klare Überzeugung. Ich war ein Aussteiger. Ich genoss mein Außenseitertum und dachte an all die Aussteiger, die ich kannte oder von denen ich gehört hatte. Wenn man an den Anfang der Geschichte zurückging, gab es da diesen Pharao, der mit dem Bau seiner Pyramide begann und dann einfach oben ein Stück abhackte. War er etwa mehr tot als die Pharaonen, die ihre Pyramiden bis hinauf zu den Sternen gebaut hatten? Ich denke nicht. Ein weiteres Beispiel für einen bekannten Aussteiger war Christoph Kolumbus, der eigentlich nach China unterwegs gewesen war, das aber abhakte, weil er in Amerika landete. Der gesamte Kongress der ganzen Vereinigten Staaten hielt so große Stücke auf Kolumbus, dass sogar ein Feiertag in seinem Namen eingerichtet worden war. Ach ja, dann gab es da noch den alten Napoleon, der bei Waterloo das Handtuch geworfen und mit eingezogenem Schwanz – wie Dandy bei Gewitter – nach Paris zuruckgeeilt war. Diesem großen Aussteiger hatte Frankreich ein prächtiges Grabmal errichtet und pries seine Größe bis heute. Es gab so viele berühmte und großartige Aussteiger, dass man sie kaum zählen konnte. Und was war mit den sogenannten Helden, die nicht ausstiegen? Was hatten sie gewonnen? Davy Crockett in Alamo, Scott am Südpol und Johanna von Orleans fielen mir ein. Jeder dieser Nicht-Aussteiger war besiegt und zerstört worden. Je mehr ich darüber nachdachte, umso klarer wurde mir, dass Aussteiger die wahren Gewinner waren. Ich badete in meinem neu entdeckten Wissen.

Vor meinem Fenster war alles weiß, und es schneite noch immer. Ich sah ein paar Bergleute auf ihrem Weg zur Zeche an unserem Haus vorbeilaufen und ihre Henkelmänner schwingen. Sah meinen Dad aus dem Garten kommen und sich ihnen anschließen. Wie dumm von ihnen, sagte ich mir. Kapierten sie denn nicht, dass es an der Zeit war, 11 East aufzugeben. Ich hatte Mitleid mit ihnen, vor allem mit Dad. Er glaubte, wenn er sich zu Tode schuftete, dann würde alles gut in Coalwood und auch anderswo. Armer, armer Mann. Dafür, dass er mich für dumm hielt, hatte er fast mein Wohlwollen verdient. Leute wie mein Vater, die nicht wussten, wie es in der wirklichen Welt zuging, hatten oft kein Verständnis für Außenseitertum und Aussteiger. Da kannte ich mich viel besser aus. Sein Anblick entlockte mir ein Grinsen.

Dads Blick war auf die Main Street gerichtet. Die anderen Männer waren stehen geblieben, und auch sie schauten dorthin. Dann setzten sie sich wieder in Bewegung Richtung Kipper. Dad lief ein paar Schritte hinterher, hielt wieder an und blickte erneut zur Main Street. Er rief seinen Männern etwas zu, aber ich konnte nicht hören, was sie sagten. Einer von ihnen mit einem weißen Helm – ich erkannte Mr. Blankenship – sagte etwas, und Dad schüttelte den Kopf. Er machte kehrt und lief zum Haus zurück. Ich beschloss aufzustehen. Konnte es kaum erwarten, alle wissen zu lassen, dass ich ausstieg. Vielleicht konnte ich es Dad als Erstem erzählen. Das würde ihm gefallen. Er hatte mich ja ohnehin schon aufgegeben. Da konnte ich es auch offiziell machen.

Ich hörte, wie der Motor des Zechenlasters in der hinteren Gasse angeworfen wurde, und sah ihn dann, wie er um die Ecke bog und Richtung Coalwood Main fuhr. Müßig überlegte ich, wohin er wohl wollte. Zu all den Dingen, die ich sein lassen wollte, sollte von nun an auch die Neugier gehören.

Mom war in der Küche. Sie war gerade vom Füttern der Vögel hereingekommen. Schneeflocken schmolzen in ihren Haaren. »Ich steige aus«, begrüßte ich sie.

»Ich auch«, erwiderte sie, ohne offenbar die Tragweite meiner Erklärung zu begreifen. »Diese Vögel fressen mir noch die Haare vom Kopf.« Ihr Kaffeekocher lief auf Hochtouren und erfüllte den Raum mit seinem milden Duft. Sie schenkte sich eine Tasse ein. »Möchtest du auch einen?«, fragte sie lakonisch.

»Ich trinke keinen Kaffee«, erwiderte ich, »du lässt mich ja nicht.«

Sie sah mich an und schenkte mir dann eine Tasse ein. Sie kam zum Tisch zurück, schob die Tasse über den Tisch und nickte. »Setz dich«, sagte sie.

Ich gehorchte, nahm die Tasse und roch daran. Das Aroma war köstlich. Dann trank ich einen Schluck und verzog das Gesicht, weil er so bitter schmeckte. »Igitt.«

»Da lernst du was Neues«, meinte sie. »Manchmal schmeckt das, was süß duftet, bitter, wenn man es kostet.«

Ich wollte mich nicht davon ablenken lassen, die Nachricht loszuwerden, wegen der ich aufgestanden war. »Ich steige aus«, sagte ich noch einmal.

Sie blies in ihren Kaffee. »Und wovon steigst du aus?«

Ich hatte mir über die Details noch keine Gedanken gemacht, also musste ich improvisieren. »Von allem.«

Ihre Augen wurden schmal. »Du befasst dich mit so vielen Dingen, Sonny, wäre es da nicht einfacher, weiterzumachen und sie zu tun, als aufzuhören?«

»Ich steige trotzdem aus«, erklärte ich mit Nachdruck.

»Lass mich mal raten«, sagte sie müde. »Dinge haben sich nicht ganz so entwickelt, wie du es dir erhofft hattest, ist es das? Nun, für mich haben sie sich auch nicht so entwickelt, aber siehst du mich aussteigen?«

Unbekümmert erwiderte ich: »Du wolltest nach Myrtle Beach.«

»Ja, um dort zu arbeiten. Na und?«

Ich erkannte, dass ich sie nicht überzeugen konnte, und verfiel deshalb wieder auf meine ursprüngliche Botschaft: »Ich steige aus.«

Sie nickte. »Dann sag mir, von was du aussteigst.«

»Ich bau keine verdammten Raketen mehr«, sagte ich. »Mach mir keine Gedanken mehr wegen meiner Noten. Hoffe nicht mehr darauf, dass du und Dad mich genauso lieben wie Jim. Werde nicht mehr versuchen, Dad davon zu überzeugen, dass ich nicht von Grund auf dumm bin. Das mal für den Anfang.«

»Okay«, sagte sie. »Einverstanden. Aber was willst du mit all deiner Freizeit anfangen, jetzt, nachdem du deine sämtlichen Aktivitäten aufgibst? Ich werde nicht zulassen, dass du hier im Haus herumlungerst und nichts tust. Wenn ich es mir recht überlege, habe ich tausend Dinge, die du tun kannst. Ich werde dir eine Liste erstellen. Am besten gehst du für den Anfang schon mal runter in den Keller und schaufelst Kohle in den Heizkessel.«

Ich stand auf und kippte den Kaffee in den Abfluss der Küchenspüle. »Warum hälst du das nicht Jim auf?«, fragte ich. »Er ist auch ausgestiegen, weißt du.«

»Ist er?«

»Du weißt sehr gut, dass er vom College geht«, erinnerte ich sie, als wäre das nötig.

»Ich habe gehört, dass du es gestern Abend deinem Vater erzählt hast. Wie bist du denn darauf gekommen?«

Jetzt spielte sie mit mir wie Lucifer mit einer Maus, aber damit würde sie bei mir nicht weit kommen. »Mom, du weißt genau, von wem ich das habe. Von Jimmie!«

Sie wehrte meine Worte ab. »Ach ja, nun, vermutlich hat dein Bruder etwas Derartiges verlauten lassen, als er an Thanksgiving zu Hause war, aber das hielt nicht lang an. Jim wird nicht aussteigen. Er ist nicht der Typ dazu. Du wohl schon, aber er nicht.«

Wie es aussah, würde ich mich für meine guten schlechten Beispiele wohl auf Napoleon, Kolumbus und einen Pharao berufen müssen, dessen Namen ich nicht wusste. Mom hielt mich allerdings davon ab, bevor ich es tun konnte. Sie zeigte auf die Kellertür. »Geh da runter und schaufle die Kohle. Und wenn du schon mal dabei bist, könntest du auch meine Waschküche aufräumen, da du nun ja keine Raketen mehr bauen wirst. Und schütte auch den Schwarzgebrannten weg!«

Auf dem Weg in den Keller wunderte ich mich, warum das Aussteigen mich so rasch zum Arbeiten gebracht hatte. »Wenn ich's mir recht überlege, Sonny«, rief meine Mutter mir hinterher, »kipp John Eyes Schnaps doch nicht weg. Bei so viel Schnee brauche ich ihn vielleicht zum Zeitvertreib.«

Ich ging runter in den Keller, krempelte die Ärmel hoch und begann, Kohlen zu schippen. Lucifer, Dandy und Poteet lagen zusammengekuschelt vor dem Heizkessel. Ich musste über sie drübersteigen, um zum Kohlenhaufen zu kommen. Ich hörte, wie die Gartentür aufging und dann Schritte die Kellertreppe hinunterkamen. Dad trat ein, sah mich an, ging weiter. Er wirkte nervös. Mehr noch, er wirkte erschrocken. Er nahm die Treppe hoch zur Küche. Obwohl ich beschlossen hatte, nicht mehr neugierig zu sein, fiel mir ein, dass ich Dad von meinem Aussteigen berichten musste. Das war die Ausrede, die ich brauchte. Ich warf die Schaufel hin und folgte ihm. »Oh Homer, nein!«, rief Mom, gerade als ich durch die Küchentür kam.

»Ich habe Tag runtergeschickt, um für Ordnung zu sorgen«, sagte er. »Da wird es schon bald einen Menschenauflauf geben.«

Mom saß mit abgespreizten Beinen auf ihrem Stuhl, als hätte sie plötzlich aufgegeben. Sie legte eine Hand über ihre Augen und wandte sich ab. »Ich fass es nicht.«

Ich hatte meine Neugier nicht im Griff. War vermutlich doch abhängig davon. »Was ist denn?«, fragte ich.

Dads Augen ruhten auf Mom. »Das geht dich nichts an«, sagte er.

»Oh doch, Homer«, sagte Mom. Sie tupfte sich die Augen mit ihrer Schürze ab. »Dein Dad hat gerade erfahren, dass Dreama Jenkins ermordet wurde, Sonny.«

Ermordet! Mir verschlug es die Sprache. *Mord* war etwas, was es im Fernsehen oder in Filmen oder in Büchern gab, aber doch nicht in Coalwood! *Ermordet!*

Ich fand die Sprache wieder. »Wer hat es getan?«

»Cuke«, sagte Dad. »Wer auch sonst? Als er nicht zur Arbeit erschien, fuhr ich zu seinem Haus, um ihn zu holen. Da fand ich sie, aber nicht Cuke.«

»Wie? Warum?« Die neugierige Katze war definitiv lebendig und wohlauf und wartete auf Befriedigung.

»Mit einem Jagdmesser«, sagte Dad verbissen und schauderte. »Es steckte noch in ihr.«

»Ich habe gestern Abend Licht in Cukes Fenster gesehen!«, platzte es aus mir heraus. Mom und Dad starrten mich an. »Da war dieser Rehbock, und er lief an Cukes Haus vorbei. Und dann ging auf einmal das Licht aus, genau in dem Moment, als ich hinsah und …« Ich sprach nicht weiter. War das der Moment gewesen, als Cuke sie ermordete? Unmöglich, das in Erfahrung zu bringen, aber ich hätte darauf gesetzt.

Mom stand vom Tisch auf. »Bring mich dorthin, Homer.«

Dad schüttelte den Kopf. »Nein, Elsie. Da hast du nichts verloren.«

»Nimm mich mit. Sie war ein Mädchen aus Gary. Das bin ich ihr schuldig, ich muss mich vergewissern, dass man gut mit ihr umgeht.«

»Das ist kein schöner Anblick, Elsie.«

»Bring mich hin.«

Dad gab nach und fuhr sie hin. Als sie warm eingepackt aufbrach, zeigte sie auf die fast leere Futterröhre. »Wenn du genügend Kohle in den Heizkessel geschippt hast, Mr. Aussteiger, kannst du dich um die Vögel kümmern.«

Ich erledigte alles, zog dann meinen Mantel, eine Mütze und

Galoschen an. Jim kam herunter, und ich berichtete ihm, was passiert war. Auch er warf sich einen Mantel über, und wir liefen, so schnell wir konnten, Richtung Main Street. »Wie ich höre, steigst du doch nicht aus«, sagte ich.

»Ich wollte weggehen, nicht aussteigen«, korrigierte er mich. »Ich habe es Dad erzählt, und er meinte, Hickams würden nie etwas aufgeben. Es stecke einfach nicht in uns.«

»Auch nicht, wenn es eine gute Idee ist?«, hakte ich nach.

»Offenbar dann erst recht nicht«, meinte Jim verbissen. »Ich werde wohl durchhalten müssen. Ich habe einen Vertrag unterschrieben, und das muss ich akzeptieren. So ist das nun mal.«

Als Jim und ich zu Cukes Haus kamen, hatte sich davor bereits eine Menschenmenge versammelt. Roy Lee, Sherman, Quentin und O'Dell standen beisammen. Billy war nicht dabei, aber mit ihm hatte ich auch nicht gerechnet. Es würde einige Zeit dauern, bis man oben in Six Hollow davon erfuhr. Jim gesellte sich zu Billy Hardin und einigen anderen Jungs seiner Klasse, die vom College oder vom Militär über Weihnachten nach Hause gekommen waren. »Deine Mutter und dein Dad sind reingegangen«, informierte mich Roy Lee, als ich dazukam. »Tag und der Doc sind auch drin, Jake ebenfalls.«

»Warum denn Jake?«, fragte ich.

Roy Lee zuckte mit den Schultern. Er wusste es nicht.

Alle standen in Grüppchen zusammen und tauschten sich über den Vorfall aus. Noch immer schneite es ununterbrochen und bisweilen so heftig, dass man Cukes Haus nicht mehr sah. Cleo Mallett und ihre Getreuen bildeten eine Gruppe. »Mich überrascht das gar nicht«, verkündete sie, und ihre Damen nickten zustimmend. »Wenn man Gesindel reinlässt, muss man mit so etwas rechnen. Also, ich würde sagen, Gott sei Dank sind wir sie los. Sie war nichts weiter als eine Schlampe.«

Mrs. Mary Alice Cox hörte sie und löste sich aus der Gruppe der Lehrerinnen, den Großen Sechs der Grundschule, wie wir sie nannten, und ihren Ehemännern. »Cleo«, sagte sie betont freundlich, »eine unwissende Seele kann so lange toleriert werden, solange sie schweigt. Halten Sie doch freundlicherweise Ihre Klappe, oder ich werde sie um Gottes willen für Sie schließen.«

»Wagen Sie es ja nicht …«, kreischte Mrs. Mallett, aber als ihr bewusst wurde, dass sie mit einer Lehrerin der Großen Sechs sprach, presste sie die Lippen zusammen und beließ es dabei. Sie wusste nur zu gut, wer letztendlich den Ton in der Gesellschaft von Coalwood angab, und das war nicht die Coalwood-Frauenorganisation.

Ich entdeckte Frank und Rollie. Letzterer saß auf einer Schneewehe, den Kopf zwischen den Knien. In dem sauberen weißen Schnee war gut zu erkennen, dass er sich übergeben hatte. Bestimmt hatte er den ganzen Abend getrunken. Frank stand neben ihm und hatte ihm die Hand auf die Schulter gelegt.

Für die neugierige Katze war das Gespräch, das Mr. Dubonnet und seine Gewerkschaftsleute führten, das interessanteste. Ich trat näher heran. »Das ist das Ende von 11 East«, sagte Leo Mallett. Er wirkte kleinlaut, offenbar war ihm der Auftritt seiner Frau peinlich. »Ohne Cuke«, ergänzte er, »kommen sie unmöglich durch diesen Felsen.«

»Das hätte nichts geändert«, entgegnete Mr. Dubonnet. Er klopfte auf seine Manteltasche. »Wir werden heute in Streik treten und nicht einfahren. Befehl von der Zentrale.«

»Ich frage mich, was hinter diesem Fels liegen mag«, warf ein anderer Mann ein. Es war Mr. Walls, der Wagenführer, der uns nach 11 East gebracht hatte.

Mr. Dubonnet zuckte mit den Schultern. »Noch einer vermutlich. Das war von Anfang an nichts weiter als ein Märchen.«

Ich ging rüber zu Frank und Rollie. »Was ist denn mit Rollie los?«, fragte ich.

Frank sah mich verzweifelt an. »Unerwiderte Liebe«, sagte er. »Na ja, vielleicht wurde sie ja erwidert. Rollie ist ein Gentleman. Er hat sich mir gegenüber nie deutlich ausgesprochen.«

Rollie ließ den Kopf hängen und sagte nichts. »Wovon sprichst du?«, hakte ich nach.

Frank zeigte mit dem Kopf auf Cukes Haus. »Rollie und Dreama ... sie trafen sich.«

»Ist das dein Ernst?«, fragte ich überrascht.

Rollie hob den Kopf. Sein Gesicht war bleich, die Augen rot. Rotz lief ihm aus der Nase. »Ich habe sie geliebt«, sagte er. »Sie war die süßeste kleine Frau, die ich kannte. Jetzt ist sie tot.« Er senkte wieder den Kopf und schluchzte.

Frank sah mich an und zuckte hilflos mit den Schultern. Rollie hielt sich die Hände vors Gesicht und stöhnte. Das Buch der Liebe hat wieder zugeschlagen, dachte ich. Dann kam mir der Rest des Gedichts in den Sinn, das Roy Lee und ich am gestrigen Abend so fröhlich rezitiert hatten. Es war kein Kindergedicht über den schönen Schnee, nicht wirklich. Es ging darin um mehr.

Geliebt einst für meine Unschuld so rein – Umschmeichelt,
umworben für meinen reizenden Schein ...
War ich einst rein wie Schnee, doch ich stürzte ab,
fiel wie Flocken vom Himmel zur Hölle hinab
Gnädiger Gott, ich bin gefallen so jäh!
Und war doch einst wie der schöne Schnee ...

»Es tut mir leid, Rollie«, sagte ich und ging weiter, bis ich mich neben einer Gruppe von Bergbauingenieuren wiederfand. Bei ihnen ging es nicht um Liebe und Dreama. Sie hatten dasselbe Gesprächsthema wie die Gewerkschafter. »Cuke sollte heute den Fels sprengen«, sagte Mr. Cassell.

»Der Mann mag ein Mörder sein, aber er ist der beste Sprengmeister im Bundesstaat«, ergänzte Mr. Keefler.

Irgendwo in den dunklen Verliesen meines Geistes regte sich etwas. Ich kannte noch einen guten Sprengmeister, nun, da ich darüber nachdachte. Als die BCMA mit dem Raketenbau angefangen und dazu mit wenig Erfolg Schwarzpulver zum Einsatz gebracht hatte, war es dieser Mann gewesen, der uns beriet, wie wir vorgehen mussten.

»Ich kenne einen guten Sprengmeister«, sagte ich.

Die Ingenieure sahen mich an und setzten dann ihr Gespräch fort. »Die Stahlgesellschaft wird ohnehin alles dichtmachen«, meinte Mr. Keefler. Er trug als einer der wenigen Männer in Coalwood einen Bart, einen weißen. Seit den Tagen Mr. Carters gehörte er zur Zeche. »Wenn wir heute nicht sprengen, ist 11 East gestorben.«

»Ich kenne einen guten Sprengmeister«, wiederholte ich.

»Ich habe zeitlebens nie so viel Felsgestein gesehen«, ergänzte Mr. Keefler. »Aber ich denke, wir standen kurz davor, ihn wegzusprengen. Nur noch ein wenig Pulver an der richtigen Stelle, das wär's gewesen.«

»Ich kenne einen guten Sprengmeister«, sagte ich noch einmal.

»Oder es hätte uns das ganze Ding um die Ohren fliegen lassen«, warf Mr. Cassell ein.

Ich wollte gerade noch mal verlauten lassen, dass ich einen guten Sprengmeister kannte, als ich jemanden rufen hörte: »Da kommen sie!« Es war Roy Lee. Ich kehrte zurück zu den Rocket Boys, um zu beobachten, wovon die Leute in Coalwood mit Sicherheit noch sehr lange Zeit reden würden.

Die Tür zu Cukes Haus ging auf, und die Grubenwehr, erkenntlich an den grünen Kreuzen auf ihren Helmen, kam mit einer Bahre nach draußen, die mit einem grauen Tuch zugedeckt war. Mom schritt fast hoheitsvoll nebenher. Ein Gary-Mädchen brachte ein anderes nach Hause. Ein Zechenlaster mit aufgezogenen Schneeketten wartete unten am Weg, um die Leiche in Empfang zu nehmen.

»Wohin wird man sie bringen?«, fragte Quentin.

»Alle Toten müssen nach Welch gebracht werden«, meinte Roy Lee. »Coalwood hat keinen Platz für Leichen.«

Sherman meinte: »Ich bezweifle, dass heute jemand nach Welch fahren wird, bei diesem Eis und Schnee.«

Roy Lee zuckte mit den Schultern. »Vielleicht bringt man sie in die Praxis vom Doc und lässt das Fenster auf oder so. Kalt genug, um sie einzufrieren, ist es ja wohl.«

Dr. Hale kam zusammen mit Dr. Lassiter heraus und zog ihn am Arm beiseite. Ich überlegte, mich dorthin zu schleichen, um zu hören, was sie sagten, sah dann aber, dass auch Reverend Little Richard sich dazugesellte. Er sah aus, als käme er geradewegs aus Sibirien. Er trug einen langen schwarzen Mantel mit weißem Pelzkragen, und auf seinem Kopf schien ein weißes Kaninchen zu sitzen. Doch das war sein Hut, ein großes, flauschiges Ding. Little würde mich entdecken, wenn ich zu nahe kam, also hielt ich mich zurück. Er sagte ein paar Worte zu den Ärzten. Dr. Lassiter kratzte sich am Kopf und nickte dann. Dr. Hale schüttelte Little die Hand, lief dann zum Laster und stieg in die Kabine ein. Dr. Lassiter folgte und setzte sich neben ihn. Little ging auf den Laster zu, betrachtete Dreamas Leiche und verneigte sich. Seine Lippen bewegten sich, zweifellos sprach er ein Gebet. Ich sagte mir, sollte ich jemals getötet werden, dann wollte ich, dass Little Richard für mich betete. Denn wenn jemand in den Himmel kam, stand für mich außer Frage, dass es dieser Mann war.

Langsam fuhr der Laster los, die Ketten rasselten. Er fuhr nicht Richtung Welch, sondern Coalwood Main. Dad stand neben Mom und blickte ihm nach. Jake kam heraus auf die Veranda, gefolgt von Tag, der Cukes Türe schloss. Sie liefen gemeinsam den Weg hinunter und gingen dann getrennter Wege. Jemand fragte Tag, was er vorhatte. »Nach Hause gehen und frühstücken«, antwortete er.

»Werden Sie Cuke nicht verfolgen?«, wurde gefragt. Das war Pooky Suggs, der in einer Gruppe von Männern mit Papiertüten stand. In diesen Tüten steckten mit Sicherheit Flaschen.

Tag blickte hoch zum schneebedeckten Berg hinter Cukes Haus und dann zum Berg auf der anderen Straßenseite jenseits des Flusses. »Wenn Sie da hochgehen wollen, nur zu Pooky«, sagte er. »Er versteckt sich da oben, dessen bin ich mir sicher. Vermutlich beobachtet er uns jetzt. Aber er wird entweder runterkommen und aufgeben oder erfrieren. Andere Chancen hat er nicht. Gib auf«, rief er mit erhobener Stimme, »oder wir finden deine Leiche im Frühjahr! Hast du gehört, Cuke?«

Es kam keine Antwort aus den Bergen, nur das Schweigen des Schnees. Tag schüttelte den Kopf und machte sich auf den Heimweg. Jake hatte sich den Ingenieuren angeschlossen. Ich ging zu ihm. »Er war der einzige Sprengmeister, dem ich diesen Job zugetraut habe«, sagte Jake gerade, als ich ihn erreichte. »Wir werden wohl aufhören müssen. Was auch sonst.«

»Ich kenne einen guten Sprengmeister«, sagte ich.

Jake sah mich an. »Wen denn? Quentin? Ich denke eher nicht, Sonny, aber trotzdem danke.«

»Du weißt, wen ich meine, Jake. Erinnerst du dich, wer uns mit dem Schwarzpulver geholfen hat?«

Jake sah mich fragend an, aber dann konnte ich verfolgen, wie ihm ein Licht aufging. Er wandte sich der Gruppe von Gewerkschaftern zu, die sich gerade auflöste. »Wartet mal!«, rief er. »Wartet mal!«

29. Das Leben ist, was man daraus macht

M r. Dubonnets Stiefel zeigten schon in Richtung seines Hauses, aber er drehte sich um, als er Jakes Ruf vernahm: »Warten Sie, John!«

Mr. Dubonnet neigte sich ihm zu, als Jake ihm den Arm um die Schulter legte. Dann richtete er sich auf und schüttelte Jakes Arm ab. Mr. Mallett und die anderen Gewerkschafter kamen durch den Schnee zurückgestapft, um zu sehen, was los war.

Reverend Richard kam auf mich zu und begrüßte mich. »Hey, Sonnyboy«, sagte er.

»Hallo, Reverend. Ist das nicht schrecklich?«

Little betrachtete nachdenklich Cukes Haus. Mom und Dad standen davor und besprachen sich mit den Großen Sechs und ihren Ehemännern. Mir fiel auf, dass Littles Hände in einem Muff steckten, und ich beneidete ihn darum. Der schien warm zu sein, wohingegen ich in meinen abgenutzten Handschuhen fror. »Ich kannte die Frau nicht, aber im Big Store habe ich sie gegrüßt.«

»Ihr größter Wunsch war, ein Coalwood-Mädchen zu sein. Seltsam, nicht wahr?«

»Ihr Wunsch wird in Erfüllung gehen«, sagte Little.

»Was meinen Sie damit?«

»Sie ist in Gottes Hand, aber ihr Körper wird auf dem Friedhof auf dem Mudhole Mountain seine letzte Ruhe finden. Dr. Hale bat mich um meine Zustimmung, das Mädchen dort zu begraben. Er meinte, sie habe keine Familie, und sagte, dass das ihr Wunsch gewesen wäre. Ich willigte ein, und genauso wird es geschehen.«

Über die Jahre hatte ich gehört, dass ein solcher Friedhof existierte. Als Coalwood gegründet wurde, so hieß es, habe Mr. Carter erlaubt, dass die Schwarzen ihre Toten auf dem Mudhole Mountain begraben dürfen, weil der für sie nächstgelegene infrage kommende Friedhof hundertsechzig Kilometer entfernt lag. Aber seit damals waren auch in Welch, Kimball und Bluefield entsprechende Friedhöfe entstanden. Meines Wissens nach war in Coalwood schon seit Jahren niemand mehr, egal, ob schwarz oder weiß, beerdigt worden. »Denken Sie, sie weiß es, Reverend?«, hakte ich nach. Dann erhöhte ich den Einsatz noch mal. »Wissen wir überhaupt noch etwas, wenn wir tot sind? Sagen Sie mir die Wahrheit.«

Little musterte mich. »Willst du eine Predigt?«

Ich stellte mich aufrecht hin. Ich war ein Rocket Boy. Eine Rakete war es nicht wert zu fliegen, wenn man nicht wusste, wie sie funktionierte. Mit dem Leben war es genauso, und Sterben war nur ein Teil des Lebens, wie ich annahm. »Ich möchte nur die Wahrheit erfahren«, sagte ich standhaft.

»Den reinen Stoff?«

»Rein wie der Schwarzgebrannte von John Eye.«

»Bist du dir da sicher?«

»Ich bin mir sicher.«

»Also gut. Hier ist sie. Ja, sie weiß es, weil du es weißt. Verstehst du?«

Ich war ehrlich zu ihm. »Nein, Sir.«

»Wir sind alle eins, Sonny. Es ist unwichtig, ob man schwarz oder weiß oder Amerikaner oder Russe ist. Gott hat in seiner Weisheit entschieden, uns in sterbliche Hüllen zu stecken, aber er gab uns auch einen Geist, der unsterblich ist. Dieser Geist verbindet uns dauerhaft. Mögen unsere Körper auch zu Staub zerfallen, wird der Geist von uns allen weiterleben, sofern nur einer von uns noch lebt.«

Ich schlug mich mit Littles Erklärung herum. Und kam zu dem Ergebnis, dass es sich ähnlich verhalten musste wie mit den Gleichungen für komplexe Variablen, die ich in meinem Rechenbuch studiert hatte. Ich konnte zwar nicht verstehen, wie sie funktionierten, aber ich glaubte von ganzem Herzen daran, dass sie stimmten. Manche Dinge muss man einfach akzeptieren. »Und was ist mit Cuke, Reverend?«, fragte ich. »Was passiert mit Menschen wie ihm, wenn sie sterben?«

Er zögerte keine Sekunde. »Cuke Snoddy wird in der Hölle schmoren, dessen bin ich mir gewiss.« Er überlegte noch ein wenig und ergänzte dann: »Vielleicht wird der Herr aber auch gnädig sein. Das zu beurteilen steht mir nicht zu.«

Selbst ein Rocket Boy konnte nur ein gewisses Maß an Wahrheit verarbeiten. Ich würde noch eine Weile über all das, was Little gesagt hatte, nachdenken müssen, hegte aber meine Zweifel, dass ich es jemals voll und ganz verstehen würde. Ich hatte einen Artikel gelesen, in dem Wernher von Braun zur Religion befragt worden war, und er hatte faktisch gemeint, dass man manchmal aufhören müsse, sich Gedanken zu machen, und einfach glauben solle. Vielleicht hat Gott komplexe Variablen geschaffen oder auch den Tod selbst, um uns davon zu überzeugen.

Little wechselte das Thema. »Ich habe gehört, dass du und Mr. Homer gestern Abend aneinandergeraten seid.«

Es wäre sinnlos gewesen, ihn zu fragen, woher er das wusste. »Ja, Sir, so ist es. Und jetzt weiß ich auch, was mich tatsächlich in all den Wochen gequält hat.«

»Dass dein Daddy auch jetzt noch nicht mehr von dir hält als damals, als du anfingst, Raketen zu starten?«

»Ja, Sir«, bestätigte ich verbittert. »Er hält mich nicht für gescheit genug, um es jemals nach Cape Canaveral zu schaffen.«

»Genau das habe ich mir von Anfang an gedacht.«

»Warum haben Sie es mir dann nicht gesagt?«, herrschte ich ihn an.

Er ignorierte meinen Ton. »Was wirst du jetzt daraus machen?«

»Ich bin ausgestiegen«, antwortete ich. »Hab es aufgegeben. Meine Raketen und alles andere, was mir einfällt.«

Little sagte: »Du kannst nicht damit aufhören, deine Raketen zu bauen, Sonny Hickam. Das kannst du genauso wenig, wie die Sonne aufhören kann, am Morgen aufzugehen oder der Mond am Abend. Und außerdem, was würde aus den Leuten in Coalwood ohne seine Rocket Boys? Du bist ein Teil dessen, was wir sind.«

Als ich nichts dazu sagte, fuhr er fort. »Aber was deinen Daddy betrifft, du musst ihn sehen, wie er wirklich ist.« Er zeigte mit seinem Muff auf Dad, der mit Jake sprach. Mr. Dubonnet stand ein paar Schritte entfernt und kickte, die Hände in den Taschen vergraben, den Kopf gesenkt, gegen den Schnee. »Dein Daddy *ist* Coalwood. Ohne ihn würde Coalwood sterben.«

»Ich hatte gehofft …«, begann ich.

»Du hättest beten sollen«, fiel Little mir ins Wort.

»Ja, Sir. Aber ich wollte doch nur, dass Dad …«

»Zu wollen, dass ein anderer etwas tut, ist bloß Wunschdenken«, blaffte Little. »Niemand vermag das Herz eines Menschen zu verändern, außer er selbst oder Gott. Aber ich möchte, dass du an all die Dinge denkst, die dein Daddy dir gibt, Sonny. Denk daran, wo du lebst, an die Wärme im Haus, dein Zimmer zum Arbeiten, all die Bücher, die du gelesen hast. Das alles kommt von deinem Daddy. Auf diese Weise zeigt er dir seine Liebe.«

»Ich möchte, dass er mich für intelligent hält.«

»Du hast noch viel Zeit, ihm zu beweisen, dass du es bist.«

»Und ich möchte, dass ich ihm wichtig bin, Reverend. Dass er nicht nur dafür sorgt, dass ich ein Dach über dem Kopf habe, sondern sich wirklich um mich kümmert.«

»Dann mach weiter und er wird es tun. Hör auf und er wird es nie tun.«

Er hatte mich besiegt. »Warum ist das Leben so schwer, Reverend?«, fragte ich.

Little sah mich schräg an. »Nun, das Leben ist, was man daraus macht, Sonnyboy. Es zählt nicht, wer du bist. Sicher, Gott formt dich ein wenig auf seiner Töpferscheibe, aber am Ende kommt es nur auf dich an. Du musst nehmen, was du bekommst, und dann das Beste daraus machen.«

»Ja, Sir«, sagte ich, überwältigt von der enormen Tragweite des Ganzen.

»Und jetzt möchte ich, dass du einen Blick da rüberwirfst«, sagte Little und deutete auf meine Eltern, Jake und Mr. Dubonnet.

Gehorsam schaute ich hin. Mom war einen Schritt auf Mr. Dubonnet zugegangen, und der Gewerkschaftsführer hatte seinen Hut abgenommen. Er sah sie mit einem schiefen Lächeln an.

»Gibt es eine traurigere Erinnerung als eine verlorene Liebe?«, fragte Little und drückte seinen Muff an sein Herz.

Der Wind fegte durchs Tal hinter Cukes Haus und wehte Moms Stimme zu uns herüber, kristallklar. »John, ich möchte, dass der ewige Kampf zwischen dir und Homer ein Ende hat«, sagte sie.

Dad schob sich an Jake vorbei und zupfte an Moms Arm. »Elsie, was machst du da?«, fragte er sie.

»Ich bin es leid, Homer«, sagte Mom und entzog ihm ihren Arm. »Seit dem Tag, als ich dich und John auf der Gary Highschool kennenlernte, habt ihr euch immer wegen der einen oder anderen Sache in den Haaren gelegen, das kann ich beschwören. Könnt ihr damit nicht mal für einen Tag aufhören?«

»Du bist eine gute Frau, Elsie«, sagte Mr. Dubonnet. »Viel zu gut für solche wie ihn.« Dabei nickte er Richtung Dad.

Mom hob mahnend den Finger vor Mr. Dubonnet. »Wenn dir nichts anderes einfällt, als Blödsinn zu reden, solltest du besser den Mund halten, John.«

»Geh heim, Dubonnet«, knurrte Dad. »Du wirst hier nicht gebraucht.«

Mr. Dubonnet war bei Moms Worten puterrot angelaufen. Er setzte seinen Hut auf und reckte sein Kinn vor. »Was sagen Sie dazu, Jake?«

Nach einem kurzen Blick auf Dad sagte Jake: »Ich brauche Sie, John, um den Fels zu sprengen.«

Dad schob ein: »Er hat seit zehn Jahren nichts mehr gesprengt. Wenn er's versucht, wird uns der ganze Abschnitt auf die Köpfe fallen.«

»Entweder er macht es, oder es wird nicht gemacht«, erwiderte Jake.

Mom sagte etwas zu Dad, so leise, dass ich es nicht verstehen konnte. Sein Gesicht verdüsterte sich, dann senkte er seinen Blick, als sie an ihm vorbei und in die Main Street zu unserem Haus lief.

»Wir sehen uns in der Zeche, John«, sagte Jake.

Dads und Mr. Dubonnets Blicke trafen sich kurz, und nachdem sie sich einen Moment lang angefunkelt hatten, wandten sie sich voneinander ab und stapften in entgegengesetzte Richtungen davon. Jake kam auf mich zu. »Danke«, sagte er. »Wie's aussieht, haben wir dir einen Sprengmeister zu verdanken.«

Als alle sich von Cukes Haus entfernten, schneite es unentwegt weiter. »Hey, Sonny!«, rief Quentin mir zu. »Schau mal, was Mr. Caton uns zu Weihnachten geschenkt hat.«

Quentin trug weder Mütze noch Handschuhe und nur einen dünnen Mantel. Wie üblich trug er seine ledernen Arbeitsschuhe, einer davon mit losem Schnürsenkel. Er musste auf den Boden stampfen, um seine Füße warm zu halten, doch auf gewisse Weise glühte er, als stünde er unter der warmen Tropensonne. Ich betrachtete das Ding in seiner rauen, schrundigen Hand. Es war eine prächtige, glänzende, perfekt bearbeitete, mit Keramik ausgekleidete Laval-Raketendüse mit gerundetem Hals, gefertigt in der Werkstatt von Coalwood.

Quentins Hand verschwamm und verschwand dann ganz im Flockenwirbel. Ich blickte mich um nach den schemenhaften Gestalten, die langsam im Schneesturm verschwanden, bis ich schließlich ganz allein war, eingeschlossen unter einer leuchtend weißen Glocke. Ich konnte den Druck spüren, als lägen riesige Hände auf mir. Von irgendwo hinter dem durchsichtigen Schleier hörte ich ein tiefes Lachen. Hahaha. Es klang ganz nach Reverend Little Richard.

Ich traf Mom in der Küche an. Sie hielt einen Farbroller in der Hand und betrachtete ihr Strandwandgemälde. »Was hast du vor, Mom?«, fragte ich sie.

»Die Welt von dieser Monstrosität zu befreien«, sagte sie und dippte den Roller in eine Schale weißer Farbe.

»Warum denn?«

»Weil manche Träume es einfach nicht verdient haben, Wirklichkeit zu werden«, erwiderte sie. »Es ist an der Zeit, das zu akzeptieren.«

»Quentin ist hier«, teilte ich ihr mit.

Mom drehte sich zu ihm um, und ihre Augen leuchteten. Sie liebte diesen Jungen.

»Ich glaube, ich kann Ihnen assistieren, wenn es um die richtige Form eines Möwenflügels für Ihr Gemälde geht, Mrs. Hickam«, sagte er. Dann sah er mich unwirsch an. »Wie immer hat Sonny es versäumt, mir den Kontext zu dieser Frage hinsichtlich des Möwenflügels mitzuliefern. Deshalb habe ich ihm nur eine kurze Antwort gegeben, und dafür möchte ich mich jetzt entschuldigen. Die Flügelform eines Vogels hängt natürlich davon ab, welche Geschwindigkeit und Manövrierfähigkeit damit erzielt werden soll, und für diesen Fall haben die Möwen, das heißt die Vögel der Gattung *Larus*, ein einzigartiges aerodynamisches Profil entwickelt. Um den Flügel angemessen beurteilen zu können, wird es natürlich nötig sein, dass wir über den *Archaeopteryx* sprechen, der, obwohl er wahrscheinlich flugunfähig war, dennoch die physikalischen Charakteristika zeigt, die für die Evolution der modernen Vögel, wie wir sie heute kennen, notwendig sind.«

Mom starrte Quentin an und schob dann mit ihrem Fuß einen Stuhl unter dem Tisch hervor. »Nun setz dich erst mal, Quentin. Heute ist weiß Gott ein guter Tag, um über den *Archaeopteryx* zu sprechen.« Sie legte den Farbroller beiseite. »Möchtest du ein Frühstück? Ein paar Eier mit Speck? Oder Waffeln mit heißem Walnusssirup?«

»Gern, Ma'am, das wäre mir sehr recht«, sagte Quentin und setzte sich. Mom ging zu ihren Küchenschränken und hantierte mit Töpfen und Pfannen. »Wissen Sie, Mrs. Hickam«, fuhr Quentin fort, »dieses Geschöpf war ebenso Reptil wie Vogel. Es hatte also Zähne und Federn und einen massearmen Kopf …«

»Sag bloß«, erwiderte Mom und schlug in Windeseile Eier auf.

»Ich geh mal runter in den Keller«, sagte ich erleichtert, als ich sah, dass Quentin die Lebensgeister meiner Mom belebt hatte. Allerdings war ich mir nicht ganz sicher, ob ich mich seiner Lektion über Vögel und Reptilien gewachsen fühlte. Mr. Catons Düse steckte sicher in meiner Jackentasche. »Ich werde einen Batzen Zinkosprit zusammenpanschen. Ein Gehäuse habe ich schon fast gefüllt.«

»Brauch nicht den ganzen Schwarzgebrannten auf«, rief Mom mir nach. »Vielleicht benötige ich was davon.«

»Ja, Ma'am.«

»Aber Moment mal, warum lädst du eine Rakete?«, hakte sie nach. »Ich dachte, du bist ausgestiegen und baust die Dinger nicht mehr.«

»Ausgestiegen?« Quentin zog fragend die Augenbrauen hoch.

»Nur eine flüchtige Laune«, erwiderte ich.

Kurz darauf wurde ich zum Frühstück gerufen. Anschlie-

ßend arbeitete Mom am Wandgemälde, und Quentin über-
wachte dabei die Ausführung der Flügelform der Möwen.
Während der frische Zinkosprit in der Röhre aushärtete, lief
ich durch den Schnee runter zur Coalwood Main. Dort gab es
jemanden, den ich treffen musste. Unterwegs begegnete mir
eine ganze Reihe von Männern, die auf dem Weg zur Zeche waren. Mit gesenkten Köpfen stemmten sie sich dem Schneetreiben entgegen. Tug und Hug waren unter ihnen. »Zusätzliche
Mannschaften für 11 East«, antwortete Tug mir im Weitergehen
auf meine Frage.

»Wir müssen eine Menge Fels bewegen«, ergänzte Hug.

Ich traf Mr. Cox an seinem Schreibtisch im Ingenieursbüro
neben dem Big Store an. Unter den Erwachsenen Coalwoods
war er mir einer der liebsten, ich aber hatte ihm den Mund
verboten, als ich meinen Vater anbrüllte. In seiner Jugend ein
Starathlet und noch immer einer der besten Tennisspieler von
West Virginia, war Mr. Cox mir gegenüber immer entgegen-
kommend und freundlich gewesen. Ich hatte kein Recht, ihm
Widerworte zu geben, und das beschäftigte mich. »Es tut mir
leid, dass ich Sie angebrüllt habe«, sagte ich. »Ich hatte kein
Recht dazu.«

Mr. Cox lehnte sich in seinem Stuhl zurück und verschränkte
die Arme über seinem kakifarbenen Arbeitshemd. »Mann,
Sonny, ich hätte dir auch keinen Vorwurf gemacht, wenn du
mich gegens Schienbein getreten hättest.« Mit einem breiten
Grinsen ergänzte er: »Du hattest was zu sagen, und, meine
Güte, du hast es gesagt!«

Ich konnte nicht zulassen, dass er es mir so einfach machte.
»Es tut mir dennoch leid, und ich entschuldige mich. Ich habe
mich wie ein Trottel benommen.«

Mr. Cox nickte. »Das hast du, das hast du. Entschuldigung
angenommen!« Er trommelte mit den Fingern auf die Arm-
lehne seines Stuhls. »Sag mal, soll ich dir nicht im Frühjahr
Tennisspielen beibringen?«

Ich wusste, dass er mich aufmuntern wollte, und so sagte ich, dass ich das schön fände, und ging dann weiter zum Dantzler-Haus. Als Mrs. Dantzler mir die Tür öffnete, war sie gekleidet, als würde sie zu einer Party in New York erwartet. Sobald Ginger meine Stimme hörte, tauchte sie hinter ihrer Mutter auf und schenkte mir ein müdes Lächeln. Sie trug einen flauschigen rosafarbenen Morgenmantel und flauschige rosafarbene Hausschuhe. An meinen Schuhen klebte so viel Schnee, dass ich nicht reinkommen konnte und mich deshalb von der Veranda aus mit ihnen unterhielt. Für den Fall, dass sie noch nicht Bescheid wussten, erzählte ich ihnen von Dreama und von 11 East. Natürlich hatten sie es ohnehin schon erfahren. Mrs. Dantzlers Augen funkelten. »Was diesem Mädchen passiert ist, ist eine ganz schreckliche Sache, aber es überzeugt mich umso mehr, dass wir unser Krippenspiel brauchen. Wenn es für Coalwood jemals nötig war, zusammenzurücken, dann jetzt, wie mir scheint. Und das Krippenspiel würde das bewirken.«

Ich sah mich um. Noch immer schneite es. Man konnte sich kaum vorwärtsbewegen. Mrs. Dantzler hatte durchaus recht, aber ich sah nicht, wie das möglich sein sollte, und sagte es auch.

»Wenn du also denkst, es sei unmöglich, findest du es wohl richtig, es gar nicht erst zu versuchen?«, forderte sie mich heraus. »Ich möchte, dass du nach Hause gehst und darüber nachdenkst, Sonny Hickam. Ich habe bereits einmal zugesehen, wie du etwas aufgegeben hast, junger Mann. Ich möchte das nicht ein zweites Mal erleben.«

Trotz dieser Herausforderung hatte ich noch immer Zweifel, wie sich das stemmen ließe. Es sah nicht danach aus, als würde der Schneefall nachlassen, und wie sollte es ein Krippenspiel geben, solange die Lage unten in 11 East nicht auf die eine oder andere Weise gelöst war? Wer außer den Dantzlers würde noch mithelfen wollen? Die Rocket Boys? Die Großen Sechs? Ich ging davon aus, dass sie wie die meisten Leute in

Coalwood vor ihren Öfen saßen und auf Nachricht von 11 East warteten.

Ich trottete im nicht nachlassenden Schneesturm nach Hause. Die Schneeverwehungen hatten die Zäune schon fast ganz unter sich begraben. Ich bewegte mich auf dem schmalen, festgetretenen Pfad mitten auf der Straße und wich dabei immer wieder zur Seite aus, um die heimkehrenden Kumpel vorbeizulassen. Sie waren von braun-weißem Felsstaub überzogen. »Dubonnet hat den Fels gesprengt«, berichtete Mr. Kirk mir. »Aber dahinter kam nur noch mehr Fels. Wir verluden ihn, bis die nächste Mannschaft runterkam. Alle drei Schichten wechseln sich ab, bis wir es auf die eine oder andere Weise geschafft haben.«

»Was wird jetzt passieren?«

Er zuckte mit den Schultern. »Darüber streiten sie. Dubonnet meint, dahinter sei keine Kohle, nur weiterer Fels. Dein Dad möchte es auf einen weiteren Versuch ankommen lassen. Jake steht irgendwie dazwischen.«

Ich ging nach Hause und belud weiter das Raketengehäuse. Mom stand auf der Veranda und behielt, ohne es sich anmerken lassen zu wollen, die Zeche im Auge. Quentin war auf der Couch eingeschlafen. Dann kam Jim runter in den Keller. »Lass uns den Weihnachtsbaum aufstellen«, schlug er vor.

Ich sagte ihm, dass Mom ihn nicht haben wollte. »Lass es uns trotzdem tun«, beschloss er.

Wie hätte ich meinem großen Bruder widersprechen können? Außerdem hatte ich ohnehin nichts Besseres vor. Wir wühlten im Keller, bis wir den Stahlständer gefunden hatten, den Mr. Bolt vor ein paar Jahren für die meist recht großen Bäume angefertigt hatte, die Mom jedes Jahr aussuchte, brachten ihn nach oben und stellten ihn an seinen angestammten Platz im Wohnzimmer.

Mom warf einen unduldsamen Blick auf unser Tun. »Hört auf«, sagte sie.

»Es ist fast Weihnachten, Mom«, erwiderte Jim.

Mom schüttelte den Kopf. »Es tut mir leid, Jimmie. Mir ist nicht nach Weihnachten. Mit Dreama und alledem ...« Sie zeigte auf den Kipper und verstummte.

Jim seufzte, ließ es dann traurig sein und kehrte in sein Zimmer zurück, um zu lesen und Musik zu hören. Gleich darauf geschah das Unvermeidliche bei einem Schneesturm in West Virginia. Der Strom fiel aus. Ich dachte an die Bewetterungsventilatoren. Wenn diese ausfielen, würde 11 East sich mit Methangas füllen. Doch obwohl sich die Bäume draußen unter der Schneelast bogen, hatten wir nach einer Stunde wieder Strom. »Gott segne unsere Stromversorgung.«

Ständig zogen Bergleute, von braun-weißem Staub bedeckt, in der einen oder anderen Richtung vorbei. Ich hielt es nicht mehr länger aus. »Ich werde jetzt mal hoch zur Zeche gehen«, teilte ich Mom mit.

Sie nickte und las weiter. Ich schlug Quentin vor, mich zu begleiten. Er willigte ein, und gemeinsam brachen wir zum Kipper auf. Eine Schneewehe so hoch wie unsere Köpfe hatte sich seitlich davon aufgetürmt. Wir stellten uns neben die Seilfahrt und sahen eine Weile zu. Die Männer, die aus dem Schacht herauskamen, wirkten fröhlich und zuversichtlich, obwohl sie voller Felsstaub waren. Es war egal, ob sie zur Gewerkschaft oder zur Leitung gehörten. Sie arbeiteten vereint gegen einen gemeinsamen Feind. Ich empfand Stolz auf die Bergleute von Coalwood, egal, wie ihr Krieg in 11 East ausgehen mochte.

Quentin wurde kalt vom Zusehen, und wir zogen uns in Dads Büro zurück. Ich setzte mich an seinen großen Schreibtisch, während Quentin die an die Wand gehefteten Zechenkarten studierte. »Eine komplexe Angelegenheit«, befand er. Er schniefte, zog ein großes rotes Taschentuch hervor und schnäuzte sich kräftig. »Im Bergbau gibt es offenbar Aspekte, die größere intellektuelle Fähigkeiten erfordern, als ich angenommen hatte.«

Mr. Chris Todd trat ein. Er war für das Geleucht zuständig. »Hab euch reingehen sehen, Jungs. Dachte mir, das könnte euch guttun.« Er brachte uns Becher mit heißem Kakao.

»Irgendwelche Neuigkeiten?«, fragte ich ihn.

»Sie bereiten sich darauf vor, eine Doppelladung zu zünden«, antwortete er.

»Sie wollen es wissen, verdammt noch mal!«, sagte Quentin und klatschte seine Faust in die Handfläche. Er hatte sich genauso mitreißen lassen wie alle anderen.

Ich machte mir Sorgen. Die Ventilatoren waren fast eine Stunde lang ausgefallen gewesen, bis der Strom zurückkkam. Hatte sich inzwischen womöglich Methan aufgebaut? Mr. Todd trank einen Becher mit uns. »Das war ja ein Ding gestern Abend bei der Hochzeit, Sonny«, sagte er.

»Ja, Sir. Ich entschuldige mich auch dafür.«

»Nicht nötig.« Er sah mich eindringlich an. »Was Homer da gesagt hat, war nicht richtig. Das haben wir ihm auch alle gesagt, nachdem du gegangen warst.«

Das überraschte mich. Noch nie war mir aufgefallen, dass in Coalwood jemand meinen Vater korrigierte. »Was hat er gesagt?«

»Er hat es zugegeben und gemeint, er wünschte, es wäre Weihnachten.«

Ich begriff nicht, warum er sich Weihnachten herbeiwünschte, und sagte das auch. Mr. Todd nahm seinen Helm ab und strich sich mit seinen schmalen Fingern durch das hellrote Haar. »Ein Junge sollte keine Meinung von seinem Vater haben, wenn die Wahrheit eine völlig andere ist«, sagte er.

Er öffnete einen Schrank und holte zwei bunt eingewickelte Päckchen heraus, eins etwa so groß wie ein Buch, das andere schmal und etwa dreißig Zentimeter lang. Er legte sie auf Dads Schreibtisch und schob sie dann vor mich hin. »Das sind die Weihnachtsgeschenke, die du von deinem Vater bekommst. Ich werde dich nicht dazu auffordern, aber vielleicht möchtest du Weihnachten ja ein wenig vorziehen.«

Ich betrachtete die Geschenke ungläubig, und Quentin gesellte sich dazu. Mr. Todd ging raus und kehrte zurück zu seinen Grubenlampen. »Was meinst du, Q?«, fragte ich.

Quentin grinste. »Wenn das meine wären, würde ich sie öffnen!«

Die Geschenke waren unbeholfen und unter Einsatz von zu viel Klebeband verpackt worden. Offenbar hatte Dad sie selbst eingewickelt. Meine Finger zitterten, als ich das Papier anfasste. Ich fing mit dem schmalen Geschenk an, riss erst ein bisschen Papier auf, dann ein bisschen mehr. Die neugierige Katze übernahm und entfernte es ganz.

Nun lag eine weiße Schachtel aus dünnem Karton vor mir. Ich öffnete sie und fand darin ein langes braunes Lederfutteral mit einer Schnallenlasche an einem Ende. Das nahm ich heraus und öffnete die Schnalle. Dann zog ich eine flache Leiste aus Plastik und Holz heraus, die mit kleinen Zahlen versehen war. Eine an den Rändern in Nuten eingelassene Gleitskala ließ sich verschieben, in deren Mitte befand sich eine Zunge aus mit Plastik überzogenem Holz. Auch diese war mit Zahlen versehen, die ins Plastik eingraviert waren. Ich kratzte mich am Kopf. »Was ist das?«

»Es ist ein Keuffel & Esser Log Log Decitrig, du Schwachkopf«, erklärte Quentin andächtig. »Ein Rechenschieber, Sonny! Hast du Wernher von Braun nicht im Fernsehen gesehen? Das ist das Instrument, mit dem er ständig herumhantiert! Damit kannst du auf Anhieb Potenzen errechnen, Logarithmen nutzen und trigonometrische Funktionen erstellen! Es ist ein ganz außerordentliches Werkzeug.«

Ich hielt den Rechenschieber und schob seine hölzerne Zunge vor und zurück, fühlte, wie glatt sie sich in den Nuten bewegte, wie auf gefetteten Kugellagern. Ich wusste nicht, wie man damit umging, wusste aber, dass ich es lernen würde.

Ich reichte Quentin den Rechenschieber und wickelte das zweite Päckchen aus. Darin war wieder eine weiße Schachtel aus dünnem Karton. Sie enthielt ein Etui aus schwarzem Kunstleder. Die Initialen K&E waren in Gold eingeprägt. Es hatte einen Schnappverschluss. Ich drückte darauf, und das Etui öffnete sich. Auf einem roten Polster lag eine Reihe glänzender Metallinstrumente. Eins davon kannte ich: ein Zirkel. Aber was für ein Zirkel! Er verfügte über eine Handschraube für die Feineinstellungen und eine Haltevorrichtung für Bleistifte. Ich suchte nach einer Erklärung bei Quentin.

»Professionelle Zeichengeräte, Sonny!«

Ich nahm jedes Gerät einzeln in die Hand. Es gab verschiedene Stifttypen, ein Tuschierlineal mit metrischer wie auch englischer Skala, den Zirkel, ein Kurvenlineal. Ich musste es mir und anderen nicht extra sagen. Diese Dinge standen für das, was mein Vater tatsächlich von meiner Arbeit hielt. Es wäre schon sehr unwahrscheinlich gewesen, wenn Homer Hickam professionelle Geräte, wie Ingenieure sie benutzten, einfach so irgendjemandem, und sei es sein zweiter Sohn, schenken würde, der seinen Ansprüchen nicht entsprach.

Ich beschäftigte mich den Rest des Tages mit meinen Geschenken. Quentin spielte eine Weile mit dem Rechenschieber, machte sich dann wieder auf den Weg zu mir nach Hause, wo er ausharren wollte, bis der Schneesturm nachließ. Mom würde sich mit Sicherheit freuen, ihn zu sehen.

Es schneite unentwegt, und draußen herrschte ein Kommen und Gehen von ein- und ausfahrenden Bergleuten. Ich hoffte darauf, endlich einen mit ein wenig Kohlenstaub bedeckt zu sehen, aber sie marschierten immer noch in Braun und Weiß vorbei. Immer wieder verließ ich das Büro, stellte mich an die Seilfahrt und hätte nur allzu gern Helm und Lampe aufgesetzt, um mich meinem Vater bei seiner Arbeit unten im Stollen anzuschließen.

Die Glocke an der Seilfahrt ertönte, und der Förderkorb kam hoch. In ihm befand sich Mr. McGlothlin, einer der Steiger. Ich begleitete ihn auf seinem Weg zur Waschkaue. »Noch ein Fels«, sagte er so müde, dass er Mühe hatte, seinen Stiefel auf die Stufe zu setzen, die zur Waschkaue führte. »Sie versuchen es jetzt mit Abteufen.«

Bergleute liefen an uns vorbei, um sich zu duschen. Einer von ihnen sang »In the Sweet Bye and Bye«. »Es ist vorbei, Jungs«, sagte er müde. Die anderen widersprachen ihm nicht.

Es war fast Mitternacht, als ich aus dem Schlaf hochschreckte. Dads Büro bebte, die Bücher auf dem Regal fielen um. Eine gerahmte Fotografie von Captain Laird fiel vom Nagel, krachte zu Boden, und das Glas zersplitterte. Draußen wurden Stimmen laut. Männer scharten sich um die Seilfahrt. Noch immer schneite es. Als ich auf meinem Weg zur Seilfahrt den Vorbau verließ, stürzte ich in eine kopfhohe Schneewehe. Ich schwamm mich frei und lief weiter. »Wir wissen nicht, was es war«, sagte Mr. Todd mit besorgter Miene. »Vielleicht ein Bergrutsch.« Ich warf einen Blick auf unser Haus. Auf der Veranda brannte Licht. Ich war mir sicher, dass Mom dort stand und alles beobachtete.

Minuten verstrichen, dann eine Stunde. Der Schnee dämpfte alles, selbst die Stimmen der Bergleute, die wartend herumstanden. Nachdem die Erde gebebt hatte, war noch eine Gruppe nach oben gekommen. Sie seien auf dem Rückweg im Hauptstollen gewesen, berichteten sie, und hätten es gespürt, was immer es war, wären aber weitergegangen. Eine weitere Gruppe von Kumpeln, angeführt von Mr. Mahoney, einem Ingenieur, der gerade seinen Dienst antrat, war eingefahren, um zu sehen, was passiert war. Mr. Todd versuchte, über das schwarze Telefon 11 East anzurufen. Es ging keiner dran. Ich zitterte, der Schnee türmte sich auf meinen Schultern und meinem unbedeckten Kopf. Schließlich schickte Mr. Todd mich zum Aufwärmen zurück in Dads Büro.

Als ich mich gerade hinsetzen wollte, flackerten die Lampen wieder und gingen dann aus. Ich saß in völliger Dunkelheit, wartete und hielt den Atem an. Mehr konnte ich nicht tun.

Draußen hörte ich das Jaulen der anspringenden Generatoren. Wenigstens die Seilfahrt hatte Strom. Aber ohne die Ventilatoren …

Ich saß lange Zeit so da, sog den Geruch von Dads Büro ein: seiner alten Zechenkarten, seines Schreibtischs, seiner verdreckten Schreibmaschine. Dann schlief ich wieder ein. Als ich aufwachte, waren die Lampen wieder an. Irgendwie hatte es der Stromerzeuger wieder hingekriegt. Ich wollte aufstehen, um nachzusehen, was an der Seilfahrt los war, doch da wurde die Tür zum Büro aufgestoßen, und vor mir stand mein Dad, die Augen wie weiße Murmeln im kohlschwarzen Gesicht. Er sah den Rechenschieber und die Zeichengeräte, die er mir zugedacht hatte, aber bevor er etwas sagen konnte, schob sich Mr. Dubonnet an ihm vorbei, gefolgt von Jake. Sie grinsten beide übers ganze Gesicht, ihre Zähne wie Perlen auf tiefschwarzem Stoff. »Wir haben den Mistkerl bezwungen!«, jubelte Jake. »Haben's ihm gezeigt!«

30. So läuft das in Coalwood

An einem anderen Ort als Coalwood wären mein Vater und ich uns vielleicht in die Arme gefallen. Stattdessen jedoch warf er einen traurigen Blick auf die Geschenke, die ich geöffnet hatte, ließ sich brummelnd darüber aus, was einem Jungen passieren konnte, der zu neugierig war, schleppte sich an seinen Schreibtisch und ließ sich, nachdem ich ihn freigeräumt hatte, auf seinen Stuhl fallen. Er legte den Kopf auf die Arme und schlief sofort ein.

Andere Männer, allesamt bedeckt von Kohlenstaub, kamen ins Büro gestapft. Darunter auch Dieter und Gerhard. »Es ist ein fast drei Meter hohes Flöz«, sagte Dieter glücklich. »Perfekt für den Strebbau. In nur einem Monat werden unsere Maschinen mit Spitzeneffizienz arbeiten.«

Mr. Dubonnet machte dem ungetrübten Siegestaumel bald ein Ende. »Das wird nicht viel bringen, egal, was er denkt«, sagte er und nickte dabei auf Dad. »Wir bekommen damit nur andere Probleme.«

»Was meinen Sie damit, John?«, hakte Jake nach. »Wir werden schon bald unsere Förderleistung verdoppeln!«

»Ja«, sagte Mr. Dubonnet mürrisch, »aber ohne dass weitere Bergleute eingestellt werden. Die Förderleistung wird zunehmen, die Arbeitsplätze werden abnehmen. Das ist immer der Preis einer Technisierung.«

»Sie irren sich. Wir werden neu einstellen, nicht entlassen«, sagte Jake. »Warten Sie's ab.«

Die nächste Runde der Unsicherheiten in der Stadt nahm ihren Anfang. So lief das in Coalwood, und ich wusste es so gut, dass ich keinen Anlass sah, es mir weiter anzuhören. »Hilf mir mit Dad«, bat ich Jake, aber Mr. Dubonnet reagierte darauf.

»Steh auf, Homer. Zeit, nach Hause zu gehen.« Mr. Dubonnet schob seine Hände unter Dads Arme und zog ihn hoch auf die Füße.

Dad stand schwankend da. Mr. Dubonnet legte den Arm meines Vaters um meinen Nacken. Ich führte ihn durchs Büro, und die Bergleute, die sich drinnen versammelt hatten, lächelten uns zu. »Weiter so, Homer«, sagte einer von ihnen.

Ein anderer meinte: »Der Captain wäre stolz, Homer.« Diese Ansicht erhielt gemurmelte Zustimmung.

Sobald wir durch die Bürotür und im Vorbau waren, hörte ich, wie Mr. Dubonnet und Jake erneut aneinandergerieten, dann mischten sich andere Stimmen in die Auseinandersetzung darüber ein, was der Sieg über 11 East tatsächlich bedeutete. Mir war es egal. Ich wollte Dad einfach nur nach Hause bringen. Ich stützte ihn auf dem gefurchten Pfad, der vom Kipper zur Straße führte. Für mich war es wie ein Weg des Ruhms. Alles, was mein Vater sich vorgenommen hatte, hatte er erreicht. Nun würden andere Männer das auseinanderklauben, vielleicht sogar zu dem Schluss kommen, er hätte es nicht tun sollen, aber er hatte seinen Traum verfolgt und mit beiden Händen zugegriffen. Was konnte ruhmreicher sein?

Dad zockelte dahin, sein Kopf wackelte auf und ab, als wäre er eine Marionette. Seine Knie knickten immer wieder ein. Ich musste jedes Mal anhalten und alle Kraft zusammennehmen, um ihn wieder aufzurichten. Er wurde wach und sah mich an, als wäre ich ein Fremder, was ich in vieler Hinsicht vermutlich auch war. »Was machst du da?«, brabbelte er.

»Ich bring dich nach Hause, Dad.«

Er blinzelte, und sein Gesicht zeigte einen Anflug von Wiedererkennen. »Bring mich heim, Sonny«, sagte er. »Ich bin ziemlich müde.«

»Ja, Sir.« Gemeinsam schlurften wir, Vater und zweiter Sohn, auf dem Weg des Ruhms zum Licht, das im Captain's House an der Ecke brannte.

31. Eine Seite aus Jeremia

Ich wachte auf der Couch auf. Es war Morgen. Ich erinnerte mich, dass ich Dad nach Hause gebracht und Mom ihn in Empfang genommen hatte. »Gütiger Gott, Homer«, hatte sie gesagt und ihn dann nach oben geführt. Quentin schlief in meinem Bett, Daisy Mae hatte sich zwischen seinen Beinen zusammengerollt. Ich zog mich auf die Couch zurück.

Ich hatte einen Albtraum gehabt. Hatte geträumt zu schlafen, während um mich herum alles drunter und drüber ging, irgendwas zerbrach, da waren Flüche und dann ein heftiger Rums. Ich sah mich um und erkannte im Licht der Morgendämmerung, das durch die Fenster des Wohnzimmers einfiel, dass der Christbaum mehr oder weniger aufrecht im Raum stand. Er neigte sich in einem komischen Winkel, aber er war da. Dann bemerkte ich Jim, der mir gegenüber auf Dads Hocker saß. Auch Billy Rose war da, in einem Stuhl neben dem Baum. Ich glaubte noch immer zu träumen und schloss die Augen. Als ich sie wieder aufschlug, waren beide Jungs noch immer da. »Was ist?«, fragte ich.

»Da«, sagte Jim und zeigte mir seinen Finger.

Ich griff nach meiner Brille. Jims Fingerspitze war blutig. Es sah aus, als wäre er von einer Schlange gebissen worden. »Was ist passiert?«

»Ich wollte einfach einen Christbaum haben«, sagte er. »Also wollte ich schon mal Vorarbeit leisten und ihn allein aufstellen. Ich bin heute Morgen aufgestanden und hab Billy auf der Straße gesehen.«

»Ich hatte ohnehin vor, bei euch vorbeizuschauen«, sagte Billy. »Ich dachte, ich könnte vielleicht Schnee räumen oder sonst eine Aufgabe für deine Mutter erledigen.«

»Ich bat Billy, mir mit dem Baum zu helfen, und wir holten ihn rein.«

»Da saß ein Vogel drin«, ergänzte Billy.

»Wir haben jetzt fast eine Stunde damit verbracht, ihn zu jagen. Eben erst konnte ich ihn durch die Hintertür hinausscheuchen.«

Das erklärte die Geräusche in meinem Traum. »Hat der Vogel dich gebissen?«

Jim schüttelte den Kopf. »Nein, nachdem er draußen war, kam ich wieder zurück, und da meinte Billy, er habe noch einen weiteren Vogel im Baum rascheln hören. Ich griff hinein, um ihn aufzuscheuchen.«

»War es ein Vogel?«

»Nein.«

»Eine Schlange?«

»Nein. Schlimmer.«

Meine Augen und mein Gehirn waren noch immer trübe. »Was denn?«

Er zeigte auf den Beistelltisch, wo die durch die Mangel genommene Familienbibel der Hickams lag. Sie war aufgeschlagen, und darauf saß etwas Wuscheliges, Graues. Eine Seite aus der Bibel war herausgerissen, und das Ding schien sie zu fressen. Ich blinzelte noch mal und wusste dann, was das Ding war. »Chipper!«

Als es seinen Namen hörte, quiekte das kleine Eichhörnchen und sprang auf die Rückenlehne der Couch, lief daran entlang und war dann mit einem Satz am Vorhang und schaukelte, sein Halbschwanz zuckte krampfhaft. »Ich glaube, er hat schon eine ganze Weile im Baum gewohnt«, meinte Jim.

»Das würde auch erklären, warum Mom mit dem Füttern der Vögel gar nicht mehr nachkam«, sagte ich.

»Chipper!« Das war Mom, die von oben herunterkam, um nachzusehen, was hier los war. Sie hatte sich ihren Morgenmantel übergeworfen. Chipper hörte auf, Theater zu machen, sprang zu Boden und kletterte dann an Moms Morgenmantel hoch und weiter auf ihren Kopf, wo er sich ein Nest in ihren Haaren grub. »Mein kleiner Junge«, sagte sie entzückt.

Ich war nun so weit wach, dass ich mir die Bibel ansehen konnte. Chipper hatte eine ganze Seite aus Jeremia gefressen. »Jim und Billy haben Chipper gefunden«, sagte ich und zollte Anerkennung – oder Vorwurf –, wem Anerkennung – oder Vorwurf – gebührte.

»Er hat mich gebissen«, sagte Jim leidend. Billy grinste nur stolz.

»Danke, Jimmie. Und auch dir danke, Billy. Ich kann euch gar nicht genug danken.«

Chipper kam aus Moms Haaren herunter in ihre Arme, in denen sie ihn dann wie ein Baby hielt. Zufrieden ballte er seine Pfötchen. »Mein kleiner Junge, mein kleiner Junge«, umschmeichelte sie ihn. »Ich weiß, du warst ganz weit weg, aber dann musstest du doch wieder zu mir nach Hause kommen, nicht wahr? Du hast nicht aufgegeben, nicht wahr?«

Jim und ich sahen einander an und zuckten mit den Schultern. Die Familie Hickam war wohl oder übel wieder vereint. Das verlorene Eichhörnchen war zurückgekehrt.

Mom blickte von Chipper auf und sah dann Jim und mich an. »Welchen Tag haben wir heute?«

»Nun, es ist Heiligabend«, sagte Jim.

Sie lief zur Veranda und warf einen kritischen Blick nach draußen. Es hatte aufgehört zu schneien, aber der Schnee lag so hoch, dass man keine Zäune mehr sah. Auch die Straßen waren zugeschneit. »Die Hungerarmee wird nicht kommen«, sagte sie bitter. »Die werden es nicht über den Berg schaffen.« Sie atmete tief durch. Chipper sprang auf ihre Schulter, und sein kleines Rattengesicht mimte Konzentration. Moms Gesicht nahm den gleichen Ausdruck an, nur sah sie nicht wie eine Ratte aus. Sie sah müde aus, aber als ich sie ansah, wurde ich Zeuge einer Verwandlung. Es schien, als würde sie von innen zu leuchten beginnen, als würde ein inneres Feuer, das nur noch geglommen hatte, plötzlich wieder auflodern.

»Jimmie«, sagte sie, »ich möchte, dass du Jake Mosby suchst. Sehr wahrscheinlich ist er entweder noch in der Grube oder im Club House. Wo immer du ihn findest, scheuch ihn auf und sag ihm, er soll dafür sorgen, dass die Straße nach Welch geräumt ist. Sag ihm, dass er mir das schuldig ist, und sollte er sich darüber mit mir streiten wollen, könne er das später tun, denn wir haben keine Zeit für seine üblichen Sperenzchen. Sag ihm, dass die Hungerarmee nach Coalwood kommt und er für sie den Weg freimachen muss, koste es, was es wolle.«

»Ja, Ma'am«, sagte Jim.

»Zieh die Schneeketten auf den Buick, damit du hinkommst.«

»Ja, Ma'am.«

»Wenn du das erledigt hast, kommst du zurück. Ich muss rüber nach Welch. Du bist der beste Fahrer in Coalwood. Wenn jemand mich dahin bringen kann, dann du.«

»Ja, Ma'am. Ich werde Jake nerven und dich dann nach Welch fahren.« Jim sprach mit wilder Entschlossenheit. Er schlüpfte in seinen Mantel und ging.

»Ich möchte auch helfen, Mrs. Hickam«, meldete sich Billy. »Wenn nötig, schaufle ich Ihnen einen Weg nach Welch.«

»Danke dir, mein Lieber«, sagte sie. »Das glaube ich gern.«

Ich fühlte mich außen vor gelassen. »Was kann ich tun?«, fragte ich.

»Ich kann keinen Aussteiger gebrauchen«, sagte sie.

»Ich glaube, ich bin kein Aussteiger mehr«, erwiderte ich kleinlaut.

»Das überrascht mich nicht. Ihr Jungs habt ja gar keine Ahnung, was Aussteigen bedeutet. Um das zu wissen, habt ihr vermutlich noch nicht genügend Erfahrungen gesammelt.«

374

Moms Blick richtete sich auf den Kipper. Eine gewaltige Dampfwolke stieg aus dem Schacht, wand sich durch die Seilfahrt, kringelte sich und breitete sich aus, bis sie in einer Schicht dicker weißer Wolken verschwand, die über dem Tal hingen. Kopfschüttelnd verschränkte sie die Arme vor der Brust, als fröstelte sie. »Aus manchen Dingen muss man jedoch aussteigen. Nicht aus vielen, aber aus manchen. Den Unterschied wirst du schon noch kennenlernen.«

Sie nahm Billy und mich ins Visier und presste ihre Lippen aufeinander, wie das immer der Fall war, wenn sie sich etwas überlegte. »Aber das hat Zeit.« Sie sah sich den ungeschmückten Christbaum an. »Wollt ihr beiden wissen, was ihr tun könnt? Ich sag's euch. Macht das Unmögliche wahr. Es scheint ein guter Tag dafür zu sein.«

Ich grübelte über ihre Worte nach und wusste dann, was Mom von mir wollte. Es war unmöglich, natürlich, aber ich konnte es kaum erwarten, es in Angriff zu nehmen.

32. Die Könige von Coalwood

Vierzehn Stunden fieberhafter Arbeit von mindestens hundert Leuten brauchte es, um die notwendigen Vorbereitungen zu treffen. Da war es dann schon neun Uhr abends. Während meine versammelte Armee sich in beiden Richtungen über die Main Street bewegte, teilten wir uns die Straße mit einem brummenden Konvoi von Zechenlastern. Als Erstes hatte ein Zechenbulldozer die Main Street freigeräumt, dann die Straße, die am Kipper vorbeiging, anschließend Six Hollow. Die Laster hatten Kohlengrus aus der Abraumhalde bei Six geladen. Der Bulldozer bog dann ab Richtung Welch Mountain, gefolgt von den Lastern und Männern, die den Kohlengrus auf die Straße schaufelten. Das gab zwar eine Riesenschweinerei, sorgte aber für Haftung. Jim und Mom fuhren hinter den Lastern her, wobei der Buick vom feuchten Grus nach und nach immer grauer wurde. Die Prozession verschwand, als die Straße hinter Substation Row Richtung New Camp und des Berges anzusteigen begann.

Gemäß meiner Planung hatte jeder etwas zu tun. Quentin und Billy kümmerten sich um die Beleuchtung und die Pyrotechnik. Sie machten sich in meinem Kellerlabor an die Arbeit. Sherman half Roy Lee beim Aufziehen der Schneeketten, und danach fuhren sie los und klapperten alle Leute ab, um ihnen zu erklären, welche Rolle ihnen zugedacht war. Alle, bis auf meinen Dad, der noch immer schlief und den ganzen Tag im Bett bleiben würde, machten begeistert mit. Als Dad endlich aufstand und erfuhr, was wir getan hatten und welche Rolle ihm zugedacht war, weigerte er sich. »Ich bin kein Schauspieler«, sagte er, aber nachdem ich ihm erzählte, was Mom tat, willigte er doch ein. Mom kam ihrer Pflicht nach, also würde auch er das tun.

O'Dell war fürs allgemeine Schnorren zuständig. Red fuhr ihn im Müllwagen überallhin. O'Dells Aufgabe bestand darin, so viele Verlängerungskabel und Elektrokabel wie möglich aufzutreiben. Ich bat ihn auch, sich um den Schnee auf dem Rasen vor dem Club House und um Sitzgelegenheiten für das Publikum zu kümmern. Mr. McDuff übernahm die Zimmermannsarbeiten, ohne sich dafür erst die notwendigen Bewilligungen der Zeche einzuholen. Dasselbe galt für die Werkstatt. Mr. Bolt meinte, er werde sich sofort um meine Entwürfe kümmern, und trommelte ein halbes Dutzend seiner besten Leute zusammen. Bald schon wurde in der Werkstatt mit Feuereifer gewerkelt, Funken sprühten von den Schweißgeräten, Drehbänke und Sägen summten.

Den ganzen Tag über gewannen wir an Fahrt, und immer mehr Menschen bekamen mit, was wir machten. Ginger kümmerte sich um die Musik, nachdem sie sich mit meinem Plan befasst hatte. »Trauen wir uns, das zu traditioneller Weihnachtsmusik zu machen?«, fragte sie.

»Ja«, sagte ich. Ich hatte das Gefühl, mich im Zustand der Gnade zu befinden. Sie versprach, sich gleich an die Arbeit zu machen.

Als der Aufbau der Kulissen auf dem Rasen vor dem Club House begann, halfen mehr Leute mit, als Platz war. Mr. McDuff musste letztendlich einige davon nach Hause schicken. Mithilfe der halben Bevölkerung von Frog Level bekamen O'Dell, seine Brüder und Red den Müllwagen wieder flott, nachdem sie stecken geblieben waren, und transportierten die verrottenden Heuballen aus dem Stall von Trigger und Champion, die als Sitzgelegenheiten für das Publikum gedacht waren. Kleine Kinder schippten den ganzen Tag lang Schnee, um Platz zu schaffen. Die Heuballen sollten sich als bequeme Sitzgelegenheiten erweisen.

Für den Beginn des Krippenspiels war keine Uhrzeit festgelegt. Sobald man mit allem fertig war, würde man anfangen, nicht eher und nicht später. Die Leute schienen zu begreifen, dass wir hier mehr als ein Krippenspiel auf die Beine stellten. Hier wurde Coalwood gefeiert.

Als die Schatten länger wurden, kamen Billy und Quentin mit ihrer Ausrüstung aus dem Labor. Sie hatten wunderbare Neuigkeiten zu berichten: Zwei große Lastwagen der Heilsarmee waren eingetroffen, angeführt von einem verdreckten Buick. Der Konvoi war Richtung Six Hollow abgebogen. Auch Snakeroot, Mudhole und Frog Level würden nicht vergessen werden. Keinem Kind in Coalwood würde es in diesem Jahr an Essen und Weihnachtsgeschenken fehlen.

Das Publikum traf paarweise, in kleinen Gruppen und als ganze Familien ein. Aus allen Vierteln Coalwoods kamen sie zu Fuß herbei und nahmen auf den Heuballen Platz. Einige der Männer waren nach einer Aufräumschicht in 11 East direkt aus der Grube gekommen. Sie trugen noch ihre Helme und hatten Kohlenstaub an den Kleidern. Ungeachtet des Schmutzes lehnten ihre Frauen sich dicht an sie, und die Kinder klammerten sich an ihre Beine. Der Schneefall hatte aufgehört, fing nun aber erneut an. Immer wieder hörte man eine kleine Dachlawine vom Postamt oder der Kirche herunterkommen. Angst hatte keiner. Die Stimmung war fröhlich, und eine tiefe, angenehme Zufriedenheit überwand die feuchte Kälte des Schnees.

Ich sah Roy Lee mit dem Bulldozer auf der Straße nach Frog Level fahren. »Wohin will der denn?«, fragte ich Quentin.

»Ist Teil meines Plans«, sagte er, während er wild fuchtelnd Elektrodraht verband.

»Und was für ein Plan soll das sein?«

»Ich mache meine Arbeit, du machst deine«, blaffte er.

Bis auf den Lichtschein einer einzigen Lampe blieb das Club

House dunkel, damit kein Streulicht von den Krippenspielkulissen auf dem Rasen ablenkte. Es gab zwei Spielstätten, einen Krippenstall und einen Turm. Der Stall war vorne offen und hatte ein schräges Dach. Der Turm stand auf der anderen Seite des Rasens und ragte fast fünf Meter hoch auf. Um die Kulissen herum war der Schnee festgetreten, damit die Akteure sich bewegen konnten.

Während die letzten Vorbereitungen um das Club House getroffen wurden und die Leute sich auf den Heuballen einfanden oder auf der Straße standen, musste noch immer der ein oder andere Nagel eingeschlagen werden. Ich sah Billy Mahoney, der erst vor wenigen Tagen vom College nach Hause gekommen war, mit Sägemehl auf dem Mantel hinter einer Kulisse hervorkommen. Alle Jungen und Mädchen, die Coalwood verlassen hatten, aber vom College oder Militär oder Jobs an entfernten Orten über Weihnachten heimgekehrt waren, hatten sich begeistert bereit erklärt, mitzuhelfen. Ich sah mich nach ihnen um. Billy Hardin und Eddie Auxier schleppten gerade einen Sägebock fort und versteckten ihn hinter einem Busch. Claudia Allison, in Jeans, tauchte mit einem Eimer voller Nägel auf und verschwand in den Schatten. Johnny Todd nagelte ein letztes Brett an den Turm und gab Mr. McDuff Bescheid, der wiederum mir Bescheid gab.

Quentin und Billy lagen in den letzten Zügen bei der Verkabelung zweier Steckplatinen. Diese bestanden aus zwei rechteckigen Sperrholzplatten mit Elektrokabeln und Schaltern. Sie waren nummeriert, entsprechend der Stellen in meinem Skript, an denen Beleuchtung oder Pyrotechnik benötigt wurde. Plan und Ausstattung waren einfach und grob und gaben mir Hoffnung, dass sie auch wirklich funktionieren würden.

Dann traf Mom mit Jim ein. Ich war zu beschäftigt, um mit ihnen zu sprechen. Sie setzten sich auf einen Heuballen ganz vorne. Mom wirkte erschöpft. Jim stolz.

Eine weiche Schulter stupste mich an, ich blickte mich um

und sah, dass Dorothy Plunk neben mir stand. Die anderen Mädchen von Linda DeHavens Schlafanzugparty nahmen ihre Plätze auf der Veranda ein. Sie würden ein Doo-Wop-Medley aus Weihnachtsliedern singen, während das Publikum eintrudelte. Lynn Ridenour, Janice Taylor, Eleanor Marie Dantzler und Guy Linda Cox, allesamt Collegestudentinnen, schlossen sich ihnen an. Dorothy sagte: »Wie ich höre, hast du eine Freundin. Ich bin eifersüchtig.«

Ich starrte in ihre Augen, die wie zwei tiefe blaue Seen waren. Unsere Gesichter waren nur Zentimeter voneinander entfernt, und sie kam noch näher. »Du weißt, wo du mich findest, wenn du mich brauchen solltest«, sagte sie. Dann gab sie mir einen Kuss auf die Wange, ganz flüchtig, und ging hoch auf die Veranda zu den Doo-Wop-Mädchen. Emily Sue bedachte mich von dort mit einem wissenden Lächeln. *I wonder, wonder, who, do-do-do, who wrote the book of love?*

Aus Richtung Frog Level vernahm ich fernes Donnergrollen. Ich wunderte mich. Ein Gewitter während eines Schneesturms?

Quentin meinte: »Billy und ich würden es sehr schätzen, wenn du mit dem Geturtel mal aufhören und mit anpacken würdest.«

Mrs. Dantzler setzte sich ans Club-House-Klavier, das man auf die Veranda geholt hatte. Die Doo-Wop-Mädchen begannen, leise zu singen, als sie spielte, wurden aber mit wachsendem Selbstvertrauen lauter. Sie sangen »Jingle Bell Rock«, »Blue Christmas« und »Rudolph the Red-Nosed Reindeer«, während Quentin und Billy fieberhaft an ihrer Anlage bastelten. Ich unterstützte die beiden, indem ich Verlängerungskabel verlegte und Lampen testete. Tug und Hug kamen vorbei und sprangen ebenfalls ein.

Als Quentin und Billy dann erklärten, dass ihre Vorbereitungen abgeschlossen waren, ging ich hoch zur Club-House-Veranda und schmiegte mich an Ginger. »Bist du bereit?«

»Schon längst.«

»Dann ist es wohl an der Zeit.«

»Das wird ein Riesenspaß«, sagte sie.

»War es ja schon.«

Ich ließ meinen Blick übers Publikum wandern, das von Minute zu Minute größer wurde. Auf der Straße drängten sich die Leute vom Big Store bis runter zur Community Church. Ich wünschte, Little Richard könnte es sehen. Ich hatte im Laufe des Tages bei ihm vorbeigeschaut, um ihn und seine Gemeinde zum Krippenspiel einzuladen, aber er meinte, sie hätten ihren Weihnachtsgottesdienst und würden die neuen Fenster einweihen. Diese waren noch immer mit Stoffbahnen zugehängt, sodass ich nicht sehen konnte, was so besonders daran war. »Wir kommen vorbei, sobald wir fertig sind«, meinte er geheimnisvoll.

Ich zeigte ihm mein Skript, das er sich gründlich durchlas. Das verunsicherte mich ein wenig. »Ist was falsch daran, Reverend?«, fragte ich besorgt.

Er gab mir das Skript zurück, setzte seine Brille ab und klappte sie mit seinen langen schmalen Fingern zusammen. Dann schob er sie in seine Manteltasche und klopfte darauf. Offenbar benötigte er etwas Zeit, um die richtigen Worte zu finden. »Für diese Geschichte ist jeder Ort Bethlehem«, sagte er leise, »und jede Zeit ist jetzt. Da ist nichts Falsches dran. Manche werden es für dreist halten. Aber falsch ist es nicht.« Auf Littles Gesicht breitete sich ein Lächeln aus. »Gott wird lachen, dessen bin ich mir sicher.«

Da ließ ich meinen Blick hoch zum Kamm des Mudhole Mountain wandern. Er folgte diesem. »Miss Dreama ist jetzt zu Hause, Sonny. Mr. Dantzler hat einen Kiefernsarg gespendet, und Leute meiner Gemeinde haben ihr Grab ausgehoben. Sie hat einen guten Ruheplatz und einen schönen Blick auf die Berge und den Himmel.«

Als die Mädchen ihre Lieder auf der Veranda zu Ende gesungen hatten, dachte ich an Dreama und stellte mir vor, wie der

Schnee, der schöne Schnee ihren »guten Ruheplatz« zudeckte. Auf dem Mudhole Mountain gab es reichhaltige Erde. Wenn der Schnee schmolz und der Frühling die Hügel wärmte, würden sich Bergphlox und Fire Pink im Licht wiegen und südliche Lüftchen sie umwehen. Das würde ihr sicher gefallen.

Der Chor der Community Church, gekleidet in kastanienbraune Kutten, versammelte sich auf den Verandastufen des Club House. Ginger blies in eine Stimmpfeife, und der Chor wärmte die Kehlen an. Mrs. Dantzler griff in die Tasten, und der Chor begann zu singen. Sie begannen mit »Oh Little Town of Bethlehem«, und die Menge wurde still, als sie die vertrauten Worte hörte. Doch ganz so vertraut waren sie gar nicht.

Oh kleine Stadt von Coalwood,
in den Appalachen so steil,
täglich fahren deine Männer
in die Kohlengrube ein.

In deinen Tiefen glänzet
Ein Licht so hell und klar
Auch wenn du manchmal hart bist
Bist du mein Ort fürwahr.

Am Ende meiner Umdichtung des alten andachtsvollen Klassikers wurde leises Gemurmel im Publikum laut, dann wurde gekichert und bald zufrieden gesummt. Ich atmete erleichtert auf. Ich wäre schon zufrieden gewesen, keine empörten Reaktionen zu hören.

Unterhalb der Verandastufen hatte Mr. McDuff eine niedrige Holzbühne für die Sprecher aufgebaut. Billy legte den Schalter um, der einen kleinen Scheinwerfer einschaltete, den O'Dell von der Zeche geschnorrt hatte. Er beleuchtete die Bühne, und Sherman begrüßte alle Versammelten und trug ein Gebet vor, kurz und einfach mit der Bitte an den Herrn um Hilfe und der

Hoffnung auf Frieden überall. Billy legte den zweiten Schalter um, und im Stall ging ein schwaches Licht an. Alles war voll Stroh. Durch ein Fenster guckte Champions Kopf herein. Er fraß seelenruhig aus einem Eimer. Dieser war mit Karotten bestückt, die aus der Gemüseabteilung des Big Store stammten. Shermans Stimme dröhnte über die Versammelten:

In jenen Tagen erließ Governor Underwood in Charleston den Befehl, dass alle sich in ihrer Heimatstadt versammeln sollten. Und jeder ging in die Stadt, in der er geboren worden war.

Als der Chor leise zu summen begann, legte ich den nächsten Schalter um, und oben am Stall ging ein kleiner Scheinwerfer an. Slug DeHaven trat mit Helm und Bergarbeiterkleidung ins Licht. Er hielt Triggers Zügel. Trigger trug Weihnachtsgrün um den Hals und Glöckchen an seinem Geschirr. Er stampfte mit den Hufen, wusste wohl, dass er eine gute Rolle hatte. Seine Glöckchen bimmelten fröhlich. Sherman las weiter.

Und ein Mann namens Joe, der wegen der Konjunktur zum Arbeiten in einen anderen Teil des Staates hatte gehen müssen, kam in die Stadt von Mr. Carter, genannt Coalwood, im McDowell County, weil Joe hier zur Welt gekommen war, wo sein Vater ein Bergmann war, wie zuvor der Vater seines Vaters.

Slug holte Trigger ins Licht. Im Damensitz saß Carol, seine junge Braut, im Sattel. Sie und Slug waren vom Schnee in Coalwood festgehalten worden und hatten ihre Flitterwochen in Myrtle Beach winterbedingt verschieben müssen. Carol trug einen schlichten Stoffmantel und ein Tuch um ihren Kopf. Sie hielt sich mit beiden Händen am Sattelhorn fest. Es hatte einiger Überredungskunst bedurft, sie dazu zu bringen, auf Trigger zu reiten, aber da sie nun mal im Sattel saß, hatte sie nicht vor, durch ein Missgeschick herunterzufallen. Trigger wieherte

Champion zu, und Champion zog seine Nase kurz aus dem Eimer, um seine Ohren zu spitzen und zu schnauben.

Joe brachte Mary mit, weil er sie liebte. Sie war schwanger und wäre vermutlich besser zu Hause geblieben. Aber Joe wollte ihr Coalwood zeigen, die Stadt, in der er geboren und aufgewachsen war. Er war stolz darauf. Sie war voll hart arbeitender, gottesfürchtiger Menschen, und er wusste, dass er und Mary hier sicher sein würden.

Slug führte Trigger und Carol hinüber zu den Stufen des Club House. Mrs. Davenport erwartete sie dort mit vor der Brust verschränkten Armen. Slug gab vor, mit ihr zu sprechen, und sie schüttelte verneinend den Kopf.

Aber es war kein Platz für sie im Club House, denn es wurde belegt von einigen Bergassessoren aus Ohio, die lernen sollten, wie man Kohle abbaute, und von Deutschen, die gekommen waren, um den Bergleuten von Coalwood den Strebbau beizubringen. Aber Moment, die Leiterin des Club House sagte ...

Mrs. Davenport hob theatralisch den Zeigefinger und deutete auf die Krippe.

Es gibt einen Maultierstall in Coalwood. Der ist alt, und er wurde seit vielen Jahren nicht mehr benutzt. Hier hatte der alte Carter seine Maultiere untergestellt, die er über alles liebte, die man aber wegbrachte, weil sie überflüssig wurden, als er die Zeche verkaufte. Dort werdet ihr Obdach finden. Ich habe sogar den Schlüssel dafür.

Mrs. Davenport hielt einen Schlüssel hoch, und Slug nahm ihn und führte Trigger hinüber zum Stall. Er half Carol, die sich noch an das Sattelhorn klammerte, beim Absitzen. O'Dell kam hinter einem Busch hervor, nahm Triggers Zügel und führte ihn diskret weg. Seine Glöckchen bimmelten in der Dunkelheit. Champion wieherte ihm zu. Slug und Carol setzten sich auf die Heuballen, die im Stall bereitlagen. Billy schaltete die Beleuchtung aus.

Und siehe da, für Mary kam die Zeit ihrer Niederkunft, und sie gebar ihren erstgeborenen Sohn und wickelte ihn in eine Decke der Heilsarmee und legte ihn ins Stroh.

Die Lampe ging wieder an, und man sah die Wiege zwischen Slug und Carol, und drinnen lag ein echtes Baby, ausgeliehen von einer Mutter aus Snakeroot Hollow. Man konnte gerade noch ihren Mantel erkennen, als sie hinter dem Stall verschwand. Immer wieder riskierte sie einen Blick, um sich zu vergewissern, dass es ihrem kleinen Jungen gut ging.

Carol schaukelte die Wiege und betrachtete das Baby mit jenem liebevollen Leuchten im Gesicht, das eine junge Frau für ein Kind empfindet. Das in Blau gekleidete Baby schlief brav. Sherman und Roy Lee hatten für diese Rolle die richtige Wahl getroffen. Ich konnte nur hoffen, dass sie ihm nicht was von John Eyes Zaubertrank eingeflößt hatten, um es ruhigzustellen. Roy Lee war das durchaus zuzutrauen.

Billy schaltete eine weitere Lampe an, diesmal am Turm. Acht Männer in Bergmannskleidung standen davor und fummelten an ihren Batterien und Lampen herum, als wollten sie sich darauf vorbereiten, in die Grube einzufahren.

Nun war der Moment für Quentins erstes Feuerwerk gekommen. Eine Rauchwolke entstieg dem Turm. Sie kam aus einem kleinen Eimer mit Raketenkaramell. Vergnügt klopfte ich Quentin auf den Rücken. »Es hat funktioniert!«, flüsterte ich ihm aufgeregt ins Ohr.

»Gab's da Zweifel?«, meinte er und zuckte mit den Schultern.

Aus dem Rauch tauchte Linda DeHaven auf. Sie trug einen weißen Umhang und große Papierflügel. Sie fächelte den Rauch beiseite und hob ihre Arme zu einem Segen, während der Chor zur Melodie von »The First Noel« den abgeänderten Text sang.

In dieser Weihnacht hat der Engel erzählt
Hatten sich arme Kumpel
Zu verdienen ihr Geld
Zu verdienen ihr Geld
Geschart um den Kipper zur Spätabendschicht
Um einzufahren, da sahen sie das Licht.

Noel, Noel, Noel, Noel
Geboren das Kind, von dem ich erzähl …

Sherman fuhr fort:

Und da stand oben an der Straße am Eingang Nummer eins die Nachtschicht und legte ihre Lampen und Batterien an, bereit, einzufahren.
Und siehe da, der Engel des Herrn kam über sie an der Seilfahrt, und der Glanz des Herrn umstrahlte sie; doch da sie Bergmänner waren, hatten sie keine Angst, doch beeindruckt waren sie.
Und der Engel sagte zu ihnen: Blicket auf, denn ich verkünde euch große Freude, euch ist der Retter geboren, Christus der Herr.
Und das soll euch als Zeichen dienen: Ihr werdet ein Kind finden, das in eine Decke der Heilsarmee gewickelt in Mr. Carters altem Maultierstall liegt.

Der Chor hob an zu »Hört der Engel große Freud'«, wobei sich der abgewandelte Text an der Vorstellung orientierte, die

Sherman mir in den Kopf gesetzt hatte, als wir dem kleinen Rehkitz oben am Sis' Mountain beim Sterben zusahen – dass nämlich Zeit und Ort für Gott ohne Bedeutung sind und nur die Geschichte zählt, die Er erzählen möchte.

Hört die Engelsboten singen,
preist den neugeborenen Herrn!
Friedvoll versöhnt gebt euch die Hand
Steiger und Kumpel im ganzen Land.
Hebt das Haupt ihr Knappen all
Stimmet ein zum Jubelschall
Mit den Engeln klingt das gut
Christ ist geboren in Coalwood.
Hört die Engelsboten singen,
preist den neugeborenen Herrn!

Als die Stimmen verklungen waren, fuhr Sherman fort:

Und es begab sich, dass die Kumpel zueinander sagten, lasst uns vorbei an Tipple Row die Main Street runtergehen, vorbei an der Schule und am Big Store und am Club House und der Community Church und an Snakeroot Hollow und den Werkstätten, lasst uns sogar nach Middletown vor Mudhole und Frog Level gehen und am alten Maultierstall haltmachen und uns ansehen, was sich begeben und was der Herr uns kundgetan hat.

Und sie eilten herbei, schwenkten ihre Henkelmänner und fanden Mary und Joe und das Baby genauso, wie die Engel es gesagt hatten.

Die Bergmänner liefen über die Wiese vor dem Club House zur Krippe, nahmen ihre Helme ab und knieten nieder neben dem schlafenden Kind in der Wiege. Der Chor sang:

Freue dich, Stadt! Der Herr ist da:
Lasst uns empfangen unseren Herrn.
Lasst uns ihm unsre Liebe zeigen,
Und ganz Coalwood singet laut
Und ganz Coalwood singet laut
Und Coalwood, ganz Coalwood singet laut.

Freue dich, Stadt! Unser Retter regiert:
Stimmt an das Freudenlied
und Berge, Zechen und Täler
Halden und Kohlenzüge
Stimmt ein ins Freudenlied
Stimmt ein ins Freudenlied.
Stimmt ein und singt das Freudenlied.

Als der Chor zu Ende gesungen hatte, las Sherman weiter.

Und siehe da, es kamen drei Könige nach Coalwood und sagten: Wir haben seinen Stern gesehen und auch eine Rakete, und sind gekommen, um ihn anzubeten.

Was als Nächstes kam, war etwas vertrackt. Auf dem Scheitelpunkt des breiten Gehwegs zwischen dem Club House und der Community Church saß eine kleine Rakete, auf der wir den Frachtzylinder angebracht hatten, den Mr. Bolt mir gleich nach dem Veteran's Day gegeben hatte. Quentin und Billy hatten die Rakete mit Raketenkaramell gefüllt, einem Treibstoff, der sehr heiß wurde und lang brannte und hübsche rosafarbene Abgase produzierte. Tug und Hug bewachten die Rakete und hielten Neugierige fern, die ihr zu nah kamen.

Quentin legte den Schalter um. Ich hielt die Luft an, drückte beide Daumen und schloss die Augen. Nun ja, ich schielte unter den halb geschlossenen Lidern hervor. Aber als ich hörte, wie die Rakete losging, riss ich die Augen weit auf. Sie flog perfekt. *Gutes altes Raketenkaramell!* Aus dem Publikum ertönte ein lang gezogenes, tiefes »Oooooh«, als die Rakete stieg und die rosafarbene Flamme aus dem Heck hoch in die Dunkelheit schoss. In einer Höhe von etwa dreihundert Metern explodierte die Blitzpulvermischung aus dem Frachtzylinder und sorgte für eine große weiß-rote Salve flatternder Glühwürmchen. Bald schon hörten wir in den Bäumen hinter der Kirche etwas abstürzen. Ich stieß einen Seufzer der Erleichterung aus. Im Publikum brach anhaltender Applaus aus.

Billy bediente einen Schalter, der oben auf dem Stall die farbigen Lichter zum Leuchten brachte, die um den großen Weihnachtsstern – eine Aluminiumkonstruktion, die wir der Werkstatt zu verdanken hatten – gewunden waren. Ein prächtiger Anblick. Quentin richtete sich auf und verneigte sich. Ich sorgte dafür, dass er es sein ließ. Ich war nämlich dagegen gewesen, eine Rakete so dicht neben einem sitzenden Publikum zu zünden. »Du machst dir zu viele Gedanken«, meinte Quentin verächtlich.

Und siehe da, sie folgten diesem besonderen Stern, bis er über dem Maultierstall zum Stillstand kam.

Man hörte das Geräusch von Schneeketten, die rasselnd über die schneebedeckte Straße krochen, und vor dem Eingang zum Club House kam ein Jeep der Olga Coal Company zum Stehen.

Da frohlockten die Könige von Coalwood in übergroßer Freude.
Und brachten ihm ihre Geschenke dar.
Als Erster kam der Zechenkönig und machte dem Baby Kohle aus West Virginia zum Geschenk, den schwarzen Diamanten, aus dem Stahl gemacht wird. Denn ohne Kohle missrät der Stahl, und ohne Stahl missrät das Land.

Mein Dad entstieg in seiner alten Lederjacke und dem weißen Steigerhelm linkisch dem Jeep, den er gelenkt hatte, und erklomm die Stufen, die zum Gehweg vor dem Club House führten. In seinen ausgestreckten Händen trug er ein weißes Kissen, darauf ein großer Klumpen sehr schwarzer Kohle, der selbst bei diesem gedämpften Licht funkelte. Er blieb vor der Wiege im Stall stehen, verneigte sich, ging in die Knie und legte das Kissen ans Wiegenende.

Als Zweiter kam der Gewerkschaftskönig und machte die Arbeit von West Virginia zum Geschenk, denn ohne sie gäbe es keine Kohle, keinen Stahl, kein Land.

Mr. Dubonnet stieg in seiner Bergmannskluft und dem schwarzen Helm als Nächster aus dem Jeep. Er trug eine Kohlenschaufel. Er kniete neben Dad nieder, wobei er ihn ein wenig schubste und dafür einen bösen Blick erntete, und legte die Schaufel dann neben das Kissen.

Als Dritter kam der Lehrmeisterkönig und brachte dem Baby das Größte der Geschenke West Virginias dar, Bildung, die es lesen und schreiben und unsere Geschichte und Traditionen verstehen lehrte und der Unwissenheit ein Ende bereitete.

Jake ging zum Jeep und half Miss Riley beim Aussteigen. Obwohl ich für diese Rolle eigentlich Mr. Likens vorgesehen hatte, den Direktor der Coalwood School, hatten er und die Großen Sechs entschieden, diese Ehre stattdessen Miss Riley zuteilwerden zu lassen. Sie war natürlich eine Königin, aber manchmal muss ein Autor darauf bauen können, dass das Publikum den künstlerischen Anspruch hinter seinen Worten erkennt.

Miss Riley, in einem Tweedmantel und Galoschen, die ihr zu groß waren, stützte sich auf Jake, richtete sich dann aber auf

und lief allein weiter. Sie trug Schulbücher, die sie am Fußende
der Wiege neben Kohle und Schaufel legte und sich dann neben
Dad und Mr. Dubonnet kniete.

*Dann huldigten sie ihm, wie das auch alle Menschen von Coal-
wood taten, die vereint waren wie nie zuvor.*

Plötzlich tauchte Roy Lee aus dem Schatten des Club House
auf. Er bahnte sich seinen Weg rüber zu mir, Quentin und Billy.
Er hatte das Gehäuse in der Hand, das ich während der letzten
beiden Tage gefüllt hatte. »Seht mal!«, flüsterte er. Die Röhre
war verfärbt, als wäre sie sehr heiß geworden.

»Ich habe Roy Lee unsere neue Düse im Standlauf testen
lassen«, erläuterte Quentin mir. Und ergänzte flüsternd: »Ich
konnte es einfach nicht erwarten, zu sehen, ob wir das Problem
gelöst haben.«

Ich war wütend. »Hättest du mich nicht wenigstens fragen
können?«

»Der Ignorant zögert, der Intelligente erbringt den Beweis«,
konterte er.

Ich starrte ihn an. »Wie bitte?« Sein Quentinesisch war nun
auch für mich zu hoch.

»Ich habe die Röhre mit der Düse kopfüber in den Abraum
gesteckt«, berichtete Roy Lee, ohne auf unser Geplänkel einzu-
gehen, »und die Zündschnur angezündet. Mann, war das laut!«

Ich erinnerte mich an den Donnerschlag, den ich aus Richtung Frog Level gehört hatte.

»Hat es funktioniert?«, flüsterte Billy aufgeregt.

Mit einer Taschenlampe zeigte Roy Lee uns das Ergebnis.
»Seht ihr!«

Wir guckten alle ins Innere der Röhre auf die Düse. »Nicht
die Spur einer Erosion«, verkündete Quentin laut. »Ist das
nicht das stringenteste Ergebnis, das wir erwarten konnten? Es
ist ein Wunder!«

Das war es, aber ich hieß sie dennoch schweigen. Quentin, Roy Lee und Billy wurden still.

Ginger, die eine Chorkutte trug, war die Treppe zum Club House hochgestiegen und drehte sich um. Ein strahlendes Lächeln lag auf ihrem Gesicht. Fast unhörbar gab ihre Mutter ihr den Ton auf der Stimmpfeife vor, und dann begann sie, in der reinsten, ätherischsten Stimme zu singen, die je gehört wurde. Jeder Ton saß perfekt. Mit ihrem Klang, wie aus zartestem und reinstem Kristall, schwebten sie von Ginger weg hinauf in den Himmel.

Stille Nacht
Heilige Nacht
Coalwood ist still
Coalwood wacht

Es hatte wieder zu schneien begonnen, und es schien, als hätte sich ein weißer, durchsichtiger Schleier über den Rasen vor dem Club House gelegt. Ich hörte Stimmengemurmel und sah dann, dass sich die Leute auf den vordersten Heuballen einer nach dem anderen erhoben. Auch Miss Riley stand nun, dann erhoben sich auch Slug, Carol, Dad und Mr. Dubonnet. Champion wieherte leise. Die Mutter des Babys kam, holte ihr Kind aus der Wiege und hielt es im Arm. Aller Augen waren auf eine dunkle Gestalt gerichtet, die ich nicht richtig sehen konnte, die aber um den Stall herumkam. Als das Schneetreiben nachließ, sah ich, was es war. »Ein Reh!«, sagte Quentin.

Es war der Rehbock. Er kam in den Stall und fing an, die Streu zu fressen. Champion wieherte leise eine Begrüßung. Dann kam eine Ricke und näherte sich der ersten Reihe von Heuballen. Die Leute, die darauf gesessen hatten, machten Platz. »Sieh doch, Mommy«, rief ein kleines Mädchen. »Das ist das Rentier von Santa Claus!«

Die Ricke steckte ihre große schwarze Nase in das Heu,

schnappte sich ein Bündel, kaute und schluckte gierig. Gleich darauf kam eine zweite Ricke aus dem Dunkel, gefolgt von drei weiteren und einem Kitz hinter dem Club House hervor. Ginger sang weiter.

Wie das traute, hochheilige Paar
Holder Knabe im lockigen Haar

Auf den Schreck folgte Gekicher. Bald verfolgten alle gebannt, wie sich die Rehe über die Heuballen hermachten. »Fröhliche Weihnachten«, hörte ich Sherman sagen. »Ich denke, wir sehen hier ein echtes Wunder.«

Schlaf in himmlischer Ruh,
Schlaf in himmlischer Ruh.

Als Ginger fertig war, griff eine andere Stimme ihren letzten perfekten Ton auf. Es war eine Frauenstimme, tiefer, kehliger. Dann fiel der Chor ein. Vor der Community Church stand ein großer, in Gold gekleideter Chor. Anfangs dachte ich wirklich, es wären die himmlischen Heerscharen. Dann trat eine Frau vor und sang »Stille Nacht« zum synkopierten Klatschen der anderen, und alle wiegten sich zu einem Takt, von dem ich nie gedacht hätte, dass er auf ein altes Lied angewandt werden konnte. Ich entdeckte einen Mann, der etwas abseits stand, gekleidet mit einem Anzug, der an eine goldene Rüstung erinnerte. Tatsächlich war er aus Goldlamé, und es trug ihn kein anderer als Reverend Julius »Little« Richard. Die Mudhole Church of Distinct Christianity sang weiter, und bald schon stimmten alle ein und klatschten mit. Ich entdeckte Ginger, die auf der Veranda des Club House ein Tänzchen hinlegte und begeistert auf den Punkt mit dem Mudhole Chor sang und klatschte.

Als der Chor das Lied beendet hatte, stellte Reverend Little sich vor seine Leute. »Meine Freunde, ihr wart so freundlich, mich und meine Gemeinde zu dieser Versammlung einzuladen, aber da wir selbst auch eine Versammlung geplant hatten, kommen wir ein wenig verspätet. Aber nun lade ich euch alle ein, uns zurückzubegleiten und unterwegs den Herrn zu loben, um euch anzusehen, was es zu sehen gibt.«

Und das taten wir dann auch, alle Menschen ließen die ausgehungerten Rehe zurück, die sich satt fressen konnten. Der Mudhole Kirchenchor in Gold mischte sich mit dem Coalwood Kirchenchor in Kastanienbraun. Sie stimmten »Joy to the World« an. Und alle sangen mit. Ich warf einen Blick über die Schulter und sah, dass die Rehe fröhlich weiterfraßen. Ihre Freude war zweifellos groß.

Als wir am alten Maultierstall vorbeikamen, dem Vorbild für unseren fiktionalen Stall, konnte ich Littles Kirche bereits erkennen. In die Fassade waren zwei perfekt runde Fenster eingelassen. Mit dem von innen nach außen strahlenden Licht erinnerten sie an Sonne und Mond. »Was bedeutet das, Reverend?«

»Was das bedeutet? Nun, mein Kind, diese Fenster sollen Töpferscheiben darstellen. Erinnerst du dich an die Verse aus Jeremia?«

Little lief weiter, um die vereinten Chöre einzuholen, die sich unter den leuchtenden Kreisen aufstellten. Sie stimmten »Go, Tell it on the Mountain« an. Ich konnte meinen Blick nicht von Littles Fenstern abwenden.

Seht, wie der Ton in der Hand des Töpfers, so seid ihr in meiner Hand.

Alle nur erdenklichen Weihnachtslieder wurden gesungen, und wir hielten uns an den Händen oder hakten uns beieinander unter und wiegten uns im Takt der Musik. Dann endlich spürte ich, dass dies der Abschluss dieses denkwürdigen Abends war. Alle anderen schienen das ebenfalls so zu empfinden und traten, spirituell gesättigt, grüppchenweise den Heimweg an. Ich trottete hinter meiner Mutter und meinem Vater her. Sie hielten sich an den Händen wie verliebte Schulkinder.

Als wir den Big Store erreichten, hatte sich daneben ein kleiner Menschenauflauf zusammengefunden. Beim Näherkommen sah ich, dass die Leute zu einem Mann aufblickten, der auf der Laderampe stand. Er trug den Kopf gesenkt und zitterte, hatte die Arme um sich geschlungen. Als er sie löste, entdeckte ich, dass er eine Pistole trug. Es war Cuke Snoddy, und wie üblich in Coalwood hatte sich auf das Licht dieses großartigen Abends ein Schatten gelegt.

Cuke weinte, schnäuzte sich und schniefte. Er fuchtelte mit der Waffe herum.

Tag stand auf der Betonrampe, die von den Lastwagen zum Entladen genutzt wurde. Er hatte die Hände in die Hüften gestemmt. Seine Pistole ruhte im Holster. »Du kannst jetzt nicht unter anständigen Menschen sein, Cuke«, sagte er. »Komm runter von da oben und dann ab mit dir.«

Cuke sagte: »Ich wollt se nich töten. Wollt ihr nur'n wenig Angst machen. Dann wurd ich so sauer auf sie, dass ich nicht mehr wusste, was ich tat. Versteh'n Sie nicht?«

»Das zu verstehen steht mir nicht zu«, erwiderte Tag ganz ruhig. »Komm runter, Cuke.«

»Ich werde nie wieder jemandem etwas antun«, schniefte Cuke. »Warum kann ich nicht einfach nach Hause gehen. Und sein, wer ich immer war?«

»Weil du eine Grenze überschritten hast, Cuke. Ein Mann, der die Grenze des Anstands überschreitet, muss uns für immer verlassen. So läuft das bei uns, und das weißt du.«

Cuke stampfte mit den Füßen in den Schnee auf der Rampe. »Was wird'n nun aus mir?«

»Du wirst für immer eingesperrt bleiben und für uns gestorben sein«, sagte Tag, ohne eine Spur von Mitleid in der Stimme.

»Das wäre unerträglich«, stöhnte Cuke. »Da bring ich es lieber gleich zu Ende«, sagte er.

»Hör auf, Cuke«, ermahnte Tag ihn. »Du erschreckst die Damen.«

»Dann sag'n Sie ihnen, sie soll'n nicht hersehen«, erwiderte Cuke.

»Es hat genug Morde bei uns in Coalwood gegeben, Cuke, das wird uns für lange Zeit reichen«, meinte Tag müde. Er stieg die Holzstufen zur Rampe so langsam hinauf, als wären seine Schuhe tonnenschwer. Cuke wich zurück. Tag streckte seine Hand aus. »Gib mir die Pistole, und ich gebe dir was zu essen. Du kannst heute Nacht auch an einem warmen Ort schlafen. Du brauchst nicht mal zu denken. Nur zu schlafen.«

Tag legte seine Hand um die Pistole und packte dann fest zu. Cuke ließ los. Tag gab die Waffe an jemanden in der Menge weiter, nahm Cuke am Arm und führte ihn hoch zur Straße. An Mr. Dubonnet gewandt sagte er: »Ich sperre ihn im Gewerkschaftshaus ein, John, sofern Sie keine Einwände haben.«

Mr. Dubonnet erwiderte: »Er ist noch immer Gewerkschaftsmitglied, bis wir ihn rauswerfen.«

»Werden Sie mir helfen, Mr. Dubonnet?«, fragte Cuke.

»Nein. Das werde ich nicht«, erwiderte Mr. Dubonnet finster.

Mom, Dad, Jim und alle anderen liefen die Main Street hoch, während Tag Cuke ins Gewerkschaftshaus abführte. Einmal glitt Cuke aus und ging in die Knie, aber Tag zog ihn sanft hoch. Sie gingen hinein, die Tür wurde geschlossen, und ein Licht ging an.

Dann war ich plötzlich allein, bis auf die Rehe, die noch immer auf dem Rasen des Club House ästen. Ich beobachtete sie eine lange Zeit. »Es war ein wunderschönes Krippenspiel, nicht wahr?«, fragte Ginger, die von ihrem Haus auf mich zugelaufen kam. »Ich sah dich da ganz allein stehen«, ergänzte sie.

»Ich bin mir ziemlich sicher, dass das in unsere Annalen eingehen wird«, antwortete ich.

Sie ergriff meinen Arm. »Alles in Ordnung mit dir?«

»Bestens. Und mit dir?«

»Ja.«

»Ich gehe jetzt hoch aufs Club-House-Dach«, sagte ich. »Möchtest du mitkommen?«

»Hast du denn Zutritt?«

Ich lachte. »Komm mit. Ich zeig's dir.«

Ich nahm sie an der Hand und half ihr, als sie die letzte Stufe der wackeligen Holzleiter erklomm, die aufs Dach führte. »Dort wird das Teleskop befestigt«, erklärte ich und zeigte auf den schweren Sockel unter der Zeltplane. »Wir verwahren das Teleskop unten und bringen es nur hoch, wenn wir es brauchen.«

»Du blickst von hier oben in die Sterne?«

»Das tue ich bei klarer Sicht. Und manchmal schaue ich einfach auf Coalwood.«

Ich führte sie an den Dachrand. Im Lichtschein des Zechengebäudes glänzte der Schnee, als hätte ein Riese eine Million Diamanten verstreut. Die Luft duftete nach Heu und Weihnachtsgrün. Von fern erklang das Plätschern des kleinen Baches, der hinter der Werkstatt floss, und oben in den Bergen hörte man den tief tönenden Winterwind durch die blattlosen Bäume streichen. Coalwoods industrielle Symphonie pausierte für einen Moment und überließ dem Althergebrachten das Feld, das sich eines Tages wieder alles zurückerobern würde.

»Ich bin gern hier oben«, sagte ich.

»Aus diesem Blickwinkel habe ich Coalwood noch nie gesehen«, meinte Ginger. »Ist wirklich schön, oder?«

»Ich kann mir nichts Schöneres vorstellen.«

Dann wurde mir bewusst, dass es schon nach Mitternacht war und der Weihnachtstag begonnen hatte, der letzte, den ich als Coalwood-Junge erleben würde. Ich stand da, schaute und lauschte und sog die Düfte ein. In dem Moment wusste ich, dass dem nicht so war, ich Coalwood nie verlassen würde, nicht an Weihnachten oder zu einer anderen Zeit. Coalwood war meine

Töpferscheibe. Sie hatte mich zu dem geformt, der ich war. Und egal, wohin ich ging oder was ich tat, ich würde für immer ein Coalwood-Junge bleiben, dessen Vater ... ich musste lächeln ... dessen Vater selbst wider bessere Einsicht seinen zweiten Sohn ausreichend respektierte, um ihm Zeicheninstrumente und einen Rechenschieber zu schenken, damit er seine Raketen bauen konnte. Und dessen Mutter ... hier grinste ich ... dessen Mutter ihm aus Liebe inspirierte Unannehmlichkeiten schenkte, damit er über seine eigene Kleinlichkeit hinauswachsen konnte.

Meinen Eltern und allen Menschen von Coalwood verdankte ich die einzig wahren Geschenke, die sie zu geben vermochten: das ihrer Weisheit und ihrer Träume und ihrer Liebe. Alle Furcht, Traurigkeit und Wut in mir waren verschwunden. Ich wusste, wer ich war und woher ich kam und wer meine Eltern waren. Ich war bereit aufzubrechen, weil ich nichts davon zurücklassen könnte.

Ginger lehnte sich an mich. »Müde?«, fragte sie.

»Ja.«

»Möchtest du nach Hause?«

»Nein.«

Wir setzten uns an den Rand des Club-House-Daches und betrachteten gemeinsam Coalwood. Ginger legte ihren Kopf auf meine Schulter. Bald darauf wurden ihre Atemzüge langsam und gleichmäßig. Ich dachte, sie sei eingeschlafen, aber dann sagte sie wie von weit her: »Ich denke noch immer, dass wir ein hübsches Paar gewesen wären.«

Ich löste mich vom Anblick Coalwoods und schaute hoch in den Himmel. Eine dicke Wolkenschicht überzog ihn, aber ich blickte trotzdem hinauf. Denn ich war mir sicher, dass irgendwo dort oben, so weit wir blicken konnten, Sterne waren.

Homer Hickam
Albert muss nach Hause
€ 9,99, Taschenbuch
ISBN 978-3-95967-126-2

Homer liebt Elsie. Und Elsie liebt Albert. Eigentlich einfach. Bis auf
ein großes grünes Manko: Albert ist ein Alligator. Und Homer will
sein Badezimmer keinen Tag länger mit einem bissigen Reptil teilen.
Elsie entscheidet sich für Homer – unter einer Bedingung: Gemeinsam müssen sie Albert nach Hause bringen. Vom trostlosen West-
Virginia ins sonnenverwöhnte Florida. Mit dem Alligator auf dem
Rücksitz ihres Buicks unternehmen sie die Fahrt ihres Lebens –
und die führt sie weiter, als sie es sich hätten träumen lassen.

www. harpercollins.de

Harper
Collins

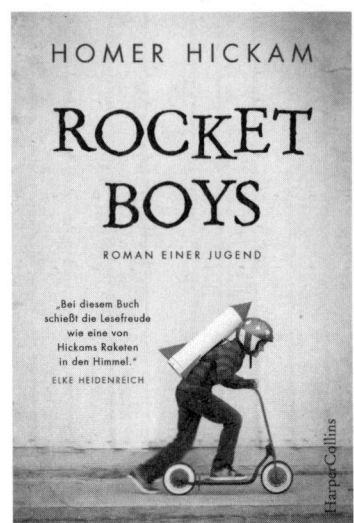

Homer Hickam
Rocket Boys
€ 10,00, Taschenbuch
ISBN 978-3-9596-7300-6

Für die einen ist Sputnik nur ein heller Fleck am Himmel. Doch Sonny bedeutet er die Welt. In der tristen Bergarbeiterstadt Coalwood gibt es für ihn nur zwei Möglichkeiten: Entweder er erhält ein Football-Stipendium am College oder er fristet sein Dasein in der Kohlemine seines Vaters. Doch Sonny hat eine Mission: Er will eine Rakete bauen. Gemeinsam mit seinen Freunden wagt er es, seine Zukunft in neue Bahnen zu lenken. Gegen die Angst. Gegen den Willen seines unnahbaren Vaters. Für die Hoffnungen einer ganzen Stadt.

www.harpercollins.de